D1663214

Kirchenaustritt – oder nicht?

Wie Kirche sich verändern muss

Kirchenaustritt – oder nicht?

Wie Kirche sich verändern muss

Im Auftrag des Bistums Essen
herausgegeben von
Markus Etscheid-Stams,
Regina Laudage-Kleeberg
und Thomas Rünker

FREIBURG · BASEL · WIEN

Bistum Essen

Umschlaggestaltung: Verlag Herder
Umschlagmotiv: Tatiana Popova, shutterstock
Satz: Barbara Herrmann, Freiburg
Herstellung: CPI books GmbH, Leck
Printed in Germany
ISBN Print 978-3-451-38071-6
ISBN E-Book (PDF) 978-3-451-83071-6

Inhalt

Kirchenaustritte dürfen uns nicht egal sein! – Vorwort

Klaus Pfeffer

Es ist paradox, was sich gegenwärtig im Bistum Essen entwickelt: Einerseits zwingen die stagnierenden bis sinkenden finanziellen Ressourcen seit Jahren dazu, liebgewordene kirchliche Strukturen abzubauen – bis hin zur Aufgabe von weit mehr als 100 Kirchengebäuden. Andererseits hat ein intensiver Dialogprozess unter Beteiligung einer großen Zahl an verantwortlichen Gläubigen im Jahre 2013 zur Formulierung eines Zukunftsbildes geführt, das eine sehr optimistische Kirchenvision beschreibt. Es enthält eine klare Botschaft: Wir sehen den gesellschaftlichen Realitäten nüchtern ins Auge und wissen, dass die Menschen in einer pluralen Welt sich nur aus persönlicher Überzeugung und in einer freien Entscheidung auf den Weg des Christseins in einer Kirche begeben. Wir wissen, dass die Zeit der Volkskirche zu Ende ist. Aber wir wollen dennoch nicht zu einer Kirche werden, die im gesellschaftlichen Abseits landet und als bedeutungslose Minderheit für die breite Mehrheit der Menschen keinerlei Relevanz mehr hat. Im Gegenteil: Wir wollen eine Kirche sein, die neu auf alle Menschen zugeht. Sie soll für alle offen stehen und dazu einladen, den christlichen Glauben als attraktive Lebensgrundlage zu entdecken und zu leben. Denn wir sind überzeugt von der Faszination und Kraft unseres Glaubens!

„Du bewegst Kirche" – so ist das Zukunftsbild im Bistum Essen überschrieben und macht damit deutlich, was eine zukünftige Kirche auszeichnet: Überzeugte und überzeugende Christinnen und Christen gestalten aus eigenem Antrieb das Leben der Kirche, übernehmen Verantwortung und leben ihren Glauben. Sieben Begriffe bringen dabei auf den Punkt, was eine solche Kirche auszeichnet: Sie weiß sich von Gott *berührt*; das ist Antrieb ihres Christseins. Sie ist *wach* für die jeweils gegenwärtige Welt, will *vielfältig* sein, entwickelt sich *lernend* weiter, versteht sich als von Gott *gesendet,* will *wirksam* Lebensbedingungen verbessern und ist *nah,* indem sie sich anstrengt, erreichbar zu sein.

Es ist eine Vision, ein Traum – keine Frage. Wahrscheinlich ist vieles davon erst in Ansätzen erfahrbar – aber immerhin drücken die Gedanken des Zukunftsbildes aus, wonach sich die breite Mehrheit der Katholikinnen und Katholiken sehnt und wie unzufrieden sie mit dem gegenwärtigen Zustand unserer Kirche ist. Das wurde und wird im Rahmen vieler Diskussionen immer wieder deutlich.

Die innerkirchliche Unzufriedenheit geht mit einem denkbar schlechten Ruf einher, unter dem unsere Kirche in der Öffentlichkeit insgesamt leidet. Deutliches Symptom dafür ist die seit vielen Jahren hohe Zahl an Kirchenaustritten. Nichts deutet darauf hin, dass sich der Trend der Kirchendistanzierung von sich aus ändert; vielmehr explodieren die Austrittszahlen immer mal wieder, sobald es einen äußerlichen Anlass dafür gibt. Im Verlauf der Überlegungen, wie das Bistum Essen sein Zukunftsbild konkret umsetzt, wurde klar: Es braucht eine Auseinandersetzung mit den Menschen, die unsere Kirche verlassen haben oder verlassen wollen. Was bewegt sie eigentlich? Wie ist es zur Distanzierung von der Kirche gekommen? Was hätte helfen können oder könnte künftig helfen, Kirchenaustritte zu vermeiden?

Es kann doch nicht sein, dass uns innerhalb der Kirche völlig egal ist, wenn eine erschreckend hohe Zahl getaufter Katholikinnen und Katholiken enttäuscht, frustriert oder gar zornig zum Amtsgericht geht, um den Austritt aus der Kirche zu erklären. Diese Menschen müssen uns doch etwas zu sagen haben! Und: Auch diejenigen, die (noch) bleiben, aber bereits mit dem Gedanken spielen, sich zu verabschieden, müssen für uns wichtige Ansprechpartner(innen) sein.

So entstand ein eigenes Projekt, das nach den Gründen fragt, die viele Frauen und Männer zum Kirchenaustritt veranlassen – und ebenso nach Hinweisen sucht, weshalb Menschen in der Kirche verbleiben, ohne regelmäßige Angebote zu nutzen oder sich gar innerkirchlich zu engagieren. Das Projekt verfolgt das Ziel, sich ernsthaft den Menschen zuzuwenden, die in unseren binnenkirchlichen Kreisen nur selten oder gar nicht vorkommen. Innerhalb der Kirche drehen wir uns viel zu sehr um uns selbst – und nehmen gar nicht wahr, wie sehr wir uns von vielen Menschen in unserer Kirche entfernt haben – und von weiteren Menschen ebenso entfernen.

Es gibt viele gute Gründe dafür, dass wir uns für diese Menschen und deren Motive für ihre Entfremdung von der Kirche interessieren. Vor allem sind sie getaufte Christinnen und Christen, denen Gottes Geist zugesagt ist – Gottes Geist wirkt auch durch sie und spricht in unsere Kirche hinein. Unabhängig davon dürfen wir uns nicht damit abfinden, wenn unsere Kirche „schrumpft" und damit in unserer Gesellschaft an Relevanz verliert. Es gehört zu unserem missionarischen Auftrag, möglichst vielen Menschen den christlichen Glauben anzubieten.

Die Studie unseres Projektes will verstehen, was Menschen dazu motiviert, aus der katholischen Kirche auszutreten. Zugleich fragt sie nach den Konsequenzen, die wir als Kirche daraus ziehen sollten. Wir haben darum die Autoren der Studie ausdrücklich um Empfehlungen für unseren Bischof und unser Bistum gebeten, um Kirchenaustritten entgegenzuwirken und zum Verbleib in der Kirche zu motivieren. Daran werden wir nun weiterarbeiten.

Die Studie ist in drei Teile untergliedert, die sich gegenseitig ergänzen:

- Das Zentrum für angewandte Pastoralforschung (ZAP) an der Ruhr-Universität Bochum, das dem Bistum Essen eng verbunden ist, wertet in einem ersten Teil eine große Zahl an bereits existierenden Studien und Publikationen aus, die sich mit vergleichbaren Fragen in beiden großen Kirchen im deutschsprachigen Raum auseinandergesetzt haben, und formuliert in einer Meta-Studie erste Dimensionen der Kirchenbindung.

- Für den zweiten Teil hat ein Forschungsteam den Kontakt zu Menschen gesucht, die aus der Kirche ausgetreten sind. Eine breite Online-Umfrage war die Grundlage für einzelne Tiefeninterviews mit Personen, die ihre „Kirchenbiografien" eindrucksvoll offenlegen. Die Ergebnisse werden mit den Erkenntnissen aus dem ersten Teil der Studie verglichen und führen zu konkreten Empfehlungen für das Bistum Essen.

- Schließlich erfolgt im dritten Teil eine ausführliche theologische Reflexion der Erkenntnisse aus den empirischen Befunden. Welche Perspektiven sind fundamental- und pastoraltheologisch daraus verantwortbar zu entwickeln? Und: Welche theologischen „Hausaufgaben" ergeben sich daraus für das Ruhrbistum?

Die Ergebnisse unserer Studie laden zu einer spannenden, aber auch herausfordernden innerkirchlichen Auseinandersetzung ein. Denn natürlich muten uns Menschen, die der Kirche den Rücken gekehrt haben, einiges an äußerst kritischem Feedback zu. In der Regel steht der Kirchenaustritt am Ende eines längeren Prozesses der Kirchendistanzierung. In der Untersuchung werden Biografien sichtbar, die von Enttäuschung, Verletzung und Kränkung geprägt sind. Oft braucht es nur einen konkreten Anlass, um dann das sprichwörtliche Fass der Unzufriedenheit mit der Kirche zum Überlaufen zu bringen. Es muss nachdenklich machen, dass mit dem Kirchenaustritt für die einzelnen Menschen häufig keineswegs ein Glaubensverlust verbunden ist. Vielmehr zeigt sich eine erhebliche Entfremdung zwischen dem einzelnen Menschen und der Kirche insgesamt oder auch der konkreten Gemeinde vor Ort.

Besonders bedrohlich ist, dass vor allem viele jüngere Menschen aus der Kirche austreten – denn sie fehlen uns noch viele Jahrzehnte. Das hat pastorale und auch massive finanzielle Auswirkungen. Dies markiert einen dringenden Handlungsbedarf, wenn der Abwanderungstrend nicht noch dramatischer werden soll. Dazu gehört vor allem eine ernsthafte Selbstkritik: Wenn eine immer größer werdende Zahl an Menschen unsere Kirche als „altmodisch" und nicht mehr zeitgemäß erlebt; wenn unsere Kirche als bürokratischer „Machtapparat" wahrgenommen wird, der zudem „unglaubwürdig" erscheint; und wenn nicht zuletzt manche Lehrauffassungen und damit verbundene moralische Bewertungen zu konkreten Fragen der Lebensführung und Sexualmoral als völlig inakzeptabel empfunden werden – dann muss ernsthaft danach gefragt werden, ob wir dies auf Dauer einfach so hinnehmen können und wollen. Es ist an der Zeit, in solch massiver Kritik auch Anfragen des Geistes Gottes zu entdecken, der durch die Menschen spricht, die den Weg der Kirche nicht mehr mitgehen wollen.

Die Empfehlungen unserer Studie bieten wichtige Impulse, um diese selbstkritische Auseinandersetzung zu wagen. Um diese Empfehlungen haben wir seitens des Bistums Essen die Verfasser der Studie ausdrücklich gebeten, weil wir keine Studie wollen, die die Bücherregale anreichert, sondern die dazu beiträgt, unsere kirchliche Wirklichkeit weiter zu entwickeln und zu verändern. Darum laden wir mit dieser Veröffentlichung zur Diskussion ein – in unserem Bistum, aber natürlich auch weit darüber hinaus. Wir werden uns dabei manchen sehr grundsätzlichen Fragen stellen müssen:

– Wie flexibel und offen wollen wir als katholische Kirche gegenüber den sehr vielfältigen und individuellen Wünschen und Bedürfnissen der Menschen sein?
– Sind wir bereit, unterschiedliche Formen der Zugehörigkeit zur Kirche zu akzeptieren – möglicherweise auch mit Auswirkungen auf die Zahlung von Kirchensteuern?
– Schätzen wir auch diejenigen, die nur zu bestimmten Anlässen den Kontakt zu uns suchen?
– Können wir uns eine größere Offenheit und Flexibilität bei unseren Angeboten und Strukturen vorstellen?
– Sind wir auch bereit, in Fragen des Glaubens und der damit verbundenen Überzeugungen verständlich und offen ins Gespräch zu kommen, inklusive der Bereitschaft, uns von den Perspektiven anderer auch verändern zu lassen?

In jedem Fall signalisieren die Ausgetretenen sehr deutlich: Eine Kirche, die Menschen in ihren eigenen Wünschen und Bedürfnissen nicht ernst nimmt, hat heute keine Chance mehr auf Akzeptanz. Bevormundungen lassen sich die Menschen zu Recht nicht mehr gefallen. Die Anstöße und Fragen gelten keineswegs nur für diejenigen, die auf den unterschiedlichen Ebenen der Kirche leitende Verantwortung tragen – sondern für alle Katholikinnen und Katholiken, denen daran liegt, dass Kirche und Christentum auch heute und morgen noch bei möglichst viele Menschen auf Resonanz stoßen.

Unsere Studie profitiert von der Zusammenarbeit vielfältiger Partner aus verschiedenen Fachrichtungen, Konfessionen und Generationen: Herzlich danke ich den Wissenschaftlern Björn Szymanowski, Dr. Benedikt Jürgens und Prof. Dr. Matthias Sellmann vom Zentrum für angewandte Pastoralforschung (ZAP) in Bochum, Prof. Dr. Ulrich Riegel von der Universität Siegen, Dr. Thomas Kröck sowie Prof. Dr. Tobias Faix von der CVJM-Hochschule in Kassel, die über das Institut empirica für Jugendkultur und Religion für uns tätig waren, und Jan Niklas Collet, Prof. Dr. Thomas Eggensperger OP und Prof. Dr. Ulrich Engel OP vom Institut M.-Dominique Chenu in Berlin.

Außerdem danke ich den Mitgliedern der Arbeitsgruppe, die sich in unserem Zukunftsbild-Projekt „Initiative für den Verbleib in der Kirche" für das Thema einsetzen – Dr. Severin Gawlitta, Elisabeth Hotze, Michael Kreuzfelder, Marius Schmitz. Zudem danke ich ganz herzlich Herrn Matija Vudjan für das zuverlässige, schnelle und genaue Lektorat des Manuskripts. An dieser Stelle danke ich besonders dem Steuerungsteam des Projekts, Markus Etscheid-Stams, Regina Laudage-Kleeberg und Thomas Rünker, in deren Verantwortung die Konzeption und Leitung der Studie lag. Sie geben am Ende einen ersten Ausblick, wie mit den Ergebnissen und Empfehlungen der Studie weiter umgegangen werden kann.

Warum sich das Bistum Essen um die (fast) Ausgetretenen bemüht

Markus Etscheid-Stams/Regina Laudage-Kleeberg/Thomas Rünker

1. Veränderung als DNA der Kirche im Bistum Essen

Seit seiner Gründung im Jahr 1958 ist das Bistum Essen ein zerrissenes: Bewusst wurde der räumliche Zuschnitt so gewählt, dass neben den urbanen Gebieten auch ländliche Räume in der „Diaspora" des Sauerlands zum Bistum Essen gehören; umgekehrt sind die Großstadt Dortmund, Städte am nördlichen Rand und vor allem einzelne Stadtteile mit wohlhabender (und damit Kirchensteuer-zahlungskräftiger) Bevölkerung – bspw. das heutige Essen-Kettwig – bei ihren „Mutter-Bistümern" verblieben.[1] Finanziell wurde das Bistum Essen nur so ausgestattet, dass es „von der Hand in den Mund" leben konnte. Mit Rücklagen und Vermögen – wenigstens annähernd in dem Verhältnis, wie sie in den vergangenen Jahren bei den umliegenden Bistümern bekannt wurden – ist das Bistum Essen bei seiner Gründung von den Mutter-Diözesen Köln, Paderborn und Münster nicht ausgestattet worden. Die Finanzverantwortlichen im Bistum Essen hatten deshalb immer die finanzielle Situation des Bistums sowie die dahingehenden Entwicklungen in besonderer Weise zu beachten.

Auch pastoral stand und steht das Bistum Essen unter Druck: Zu Beginn sollte es eine neue, adäquate Form von Kirche für das noch prosperierende Ruhrgebiet mit seinem Arbeitermilieu entwickeln.[2] Gleichzeitig entwickelte sich das Ruhrgebiet in den vergangenen 60 Jahren, seit der Gründung des Bistums, extrem rasant. Vieles in der Region drückt diesen massiven Wandlungsprozess aus: Durch den andauernden Zuzug gilt das Ruhrgebiet als „Schmelztiegel" von Kultur und Milieu. Das Ruhrgebiet

---

[1] Vgl. dazu W. *Damberg*, Die Begründung des Bistums Essen 1958. Gesellschaftlicher Wandel und Kirchengeschichte im Ruhrgebiet, in: R. Göllner (Hrsg.), Das Ruhrbistum in Vergangenheit, Gegenwart und Zukunft. 50 Jahre Bistum Essen (Theologie im Kontakt 17), Berlin 2010, 9–25.

[2] In den 1960er Jahren mag sich das Ende von Kohle und Stahl bereits abgezeichnet haben. Die Idee eines „Ruhrbistums" geht jedoch bereits in die 1920er Jahre zurück. Vgl. dazu R. *Haas*, Warum scheiterte 1928 der erste Plan für ein Ruhrbistum Essen?, in: R. Göllner (Hrsg.), Das Ruhrbistum in Vergangenheit, Gegenwart und Zukunft. 50 Jahre Bistum Essen (Theologie im Kontakt 17), Berlin 2010, 27–63.

ist auch Ort des wirtschaftlichen Umbruchs: Die Zeit der Kohle- und Stahlindustrie ist längst vorbei; heute bestimmen Hochschulen, Medizin-Industrie, Energiewirtschaft und Dienstleitungsbranchen den Arbeits-markt. Das alles verändert die Rahmenbedingungen, unter denen das Bis-tum Essen Kirche gestalten will. Im Ruhrgebiet scheint vieles schneller zu reagieren: Wirtschaftliche, auch prekäre, urbane, kulturelle, soziale und säkularisierende Transformationen, darunter in den vergangenen Jahr-zehnten insbesondere die große Zahl von Menschen mit Migrationshinter-grund in der Bevölkerung, der Umschwung von der Montanwirtschaft zur Hochschul- und Dienstleistungsregion sowie die aus dem Strukturwandel erwachsenen sozialen und wirtschaftlichen Herausforderungen verändern die Region und damit die Kirche besonders schnell und intensiv – wie un-ter einem Brennglas. Das provoziert notwendigerweise besonderen Inno-vationsgeist, Kreativität und Mut. Den Menschen im Ruhrgebiet wird ein hoher Pragmatismus zugeschrieben. Dies gilt sicher auch für die Entwick-lungen in der Kirche. Das Bistum Essen spürt viele Veränderungen früher und intensiver, als sich diese in vielen Regionen in Deutschland zeigen. Zu-dem fehlt die Möglichkeit, Abbrüche finanziell zu kompensieren und Veränderungen durch Finanzmittel zu stabilisieren. Neuere soziologische Studien zeigen, dass die Entwicklung des Ruhrgebiets im Bereich der Säku-larisierung der gesamtdeutschen Entwicklung um viele Jahre voraus ist.[3] Sechzig Jahre nach Gründung des Bistums versteht es sich als „For-schungslabor" der deutschen Kirche.

Die Kirchensteuerzahler im Blick

Seit dem Abbruch der volkskirchlichen Strukturen und Selbstverständlich-keiten sind vor allem die 10–20 % der Kirchenmitglieder im Blick des kirchlichen Handelns, die mehr oder weniger regelmäßig Angebote in An-spruch nehmen und den gemeindlichen Alltag gestalten. Aus pastoralen Gründen – vom Grundauftrag der Kirche her gedacht[4] –, aber auch wegen der zunehmend prekären Situation gab es im Bistum Essen mehrfach den Versuch, sich den übrigen 80–90 % der Katholikinnen und Katholiken

---

[3] Vgl. ausführlich dazu D. *Pollack*, Religion in der Moderne. Ein internationaler Ver-gleich, Frankfurt a. M. u. a. 2015. Vgl. außerdem: W. *Damberg/J. Meier*, Das Bistum Essen 1958–2008. Eine illustrierte Kirchengeschichte der Region von den Anfängen des Christentums bis zur Gegenwart, Münster 2008, 278.
[4] Vgl. u. a. Mt 28,19: „Darum geht und macht alle Völker zu meinen Jüngern; tauft sie auf den Namen des Vaters und des Sohnes und des Heiligen Geistes."

stärker zuzuwenden. Bereits 1997 hat das Bistum Essen – als erste deutsche Diözese – mit einer großen Beratungsgesellschaft zusammengearbeitet, um seine ökonomische Situation zu stabilisieren. McKinsey empfahl in seinem Abschlussbericht unter anderem eine „Kirchensteuerzahler-Halte-Strategie", zu deren Umsetzung es aber nicht unmittelbar kam. Priorität hatten damals akut stabilisierende Maßnahmen.

Erst Jahre später wurde im Sinne einer integrierenden und integrierten Kommunikation über ein Bistums-Magazin als Mitglieder-Magazin für alle Katholikinnen und Katholiken im Ruhrbistum nachgedacht. Seit dem Advent im Jahr 2013 wird BENE[5] an rund 530.000 katholische Haushalte geschickt. Ausgehend vom „Zukunftsbild" des Bistums Essen (2013) soll die große Mehrheit der Menschen, die zwar Mitglied der Kirche sind, aber über die bestehenden Angebote und Medien kaum erreicht werden, direkt angesprochen werden. BENE soll eine neue Möglichkeit des Dialogs eröffnen, indem das Magazin ein modernes, zeitgemäßes Bild von Kirche zeichnet, neue Lust auf Glaubensthemen macht und dabei unterhaltsam ist. Anders als die seit 1959 erschienene klassische Kirchenzeitung „RuhrWort" muss BENE nicht abonniert werden, sondern wird als ein Mitgliedermagazin kostenlos an die katholischen Haushalte im Ruhrbistum verschickt. Im Hintergrund der Entscheidung stehen der wirtschaftliche und der pastorale „Druck": So wie die Zahl der Katholikinnen und Katholiken im Ruhrbistum gesunken ist, ist über die Jahre auch die Zahl der RuhrWort-Abonnent(inn)en deutlich zurückgegangen. Zuletzt bezogen nur noch rund 15.000 der damals etwa 845.000 Katholik(inn)en im Bistum Essen das RuhrWort. Nur mit steigenden Zuschüssen konnte das Bistum Essen die größer werdenden Jahresfehlbeträge auffangen. Für die Bistumsleitung stellte sich damit die Frage, ob dieser letztlich von allen Kirchensteuerzahlerinnen und -zahlern zu tragende Zuschuss angesichts der immer geringer werdenden Zahl von Gläubigen, die das RuhrWort lesen, noch gerechtfertigt ist. Das Ende der Kirchenzeitung und der Start des Bistumsmagazins ist ein gutes Beispiel für eine Maßnahme, die sowohl finanz- wie auch pastoral-strategisch motiviert zu einer radikalen Veränderung führte. In der Lokalzeitung wurde dies entsprechend ambivalent kommentiert: „Etwas ist schon jetzt klar: Mit ‚Bene' ist der mediale Fortschritt ins Bistum eingezogen, dafür bleibt die Tradition auf der Strecke."[6]

---

[5] www.bene-magazin.de [letzter Zugriff am 03.11.2017].
[6] Vgl. dazu P. *Hesse*, Neue Bistumszeitschrift „Bene" will Katholiken erreichen, in: Westdeutsche Allgemeine Zeitung (WAZ), 13.12.2013, https://www.waz.de/staedte/

1.1 Kirchenentwicklung im Bistum Essen

Als sich Bischof Dr. Franz-Josef Overbeck am Dreifaltigkeitssonntag 2011 mit einem Hirtenwort[7] an die Katholikinnen und Katholiken des Bistums Essen wandte und sie zu einem umfassenden, offenen und ehrlichen Dialogprozess einlud, war dieser wegweisende Schritt nicht allein dem 2010 publik gewordenen Missbrauchsskandal in der deutschen katholischen Kirche geschuldet. Schon in den Jahren zuvor hatte sich im Ruhrbistum ein erheblicher Gesprächsbedarf gebildet. Denn das Bistum hatte zuvor auf allen Ebenen einschneidende Umstrukturierungen durchlaufen. Mit dem vom damaligen Bischof Dr. Felix Genn 2005 in Kraft gesetzten „Zukunftskonzept" reagierte das Bistum auf innerkirchliche, gesellschaftliche und wirtschaftliche Veränderungen: Seit der Gründung des Bistums Essen im Jahr 1958 war die Zahl der Katholik(inn)en von rund 1,5 Millionen auf 950.000 im Jahr 2005 gesunken (2017: knapp 800.000). Allerdings wurden in den ersten 25 Jahren der Bistumsgeschichte 119 Kirchen neu gebaut. Weitere Marker für die Veränderungen waren die im Bundes- und Landesvergleich hohe Arbeitslosigkeit, der Strukturwandel im Ruhrgebiet, die demografische Entwicklung, die Abwanderung von Arbeitskräften, die abnehmende Zahl von Priestern sowie die Kirchenaustritte. Damit ging ein erheblicher Rückgang der Kirchensteuereinnahmen einher, teilweise auch bedingt durch Steuerreformen. Schließlich waren die Rücklagen des Bistums aufgebraucht und zur Finanzierung des Haushaltes musste im Jahr 2005 ein Kredit in Höhe von 40 Millionen Euro aufgenommen werden. Die Kirche von Essen musste sich – mit Blick auf ihre eigene pastorale und wirtschaftliche Handlungsfähigkeit – eine neue Struktur geben. „Nichts ist mehr, wie es war, auch wenn es manchmal noch so scheint. Die Fiktion anhaltender Normalität hat lange vorgehalten, aber sie zerreißt", sagte Bischof Genn damals. In seinem Hirtenwort im Jahr 2005 schrieb er: „Wir können nicht mehr alles tun, was wir für wichtig, für wertvoll und für schön erachten." Ziel allen Handelns sei der Grundauftrag der Christen, „näm-

---

essen/neue-bistumszeitschrift-bene-will-katholiken-erreichen-id8767599.html [letzter Zugriff am 02.11.2017].

[7] *F.-J. Overbeck*, Hirtenwort zum Dialogprozess, Dreifaltigkeitssonntag, 19. Juni 2011, https://www.bistum-essen.de/fileadmin/subsites/zukunftaufkatholisch/Hirtenwort.pdf [letzter Zugriff am 03.11.2017].

lich die Menschen unserer Tage in Berührung mit dem Evangelium und mit der Person Jesu Christi zu bringen".[8]

Abb. 1: Statistik im Bistum Essen 1958–2016

Jahr	Situation	Katholik(inn)en	Pfarreien	Anteil der Gottesdienst-besucher(innen) an allen Katholik(inn)en
1958	Gründung des Bistums Essen	1.449.145	283	32,5 %
1962	höchste Anzahl an Katholik(inn)en	1.489.596	311	32,4 %
1987	höchste Anzahl an Pfarreien	1.139.498	327	16,4 %
2006	Erste Neuordnung der Pfarreien	919.948	259	10,8 %
2012	Beginn Dialogprozess	844.188	43 (mit 174 Gemeinden)	9,3 %
2016	Beginn der Studie zum Kirchenaustritt	782.453	42 (mit 172 Gemeinden)	8,5 %

Zukunftskonzept brachte tiefe Einschnitte

Die Einschnitte ab dem Jahr 2005 waren tief. Der Bistumshaushalt wurde in den Folgejahren um rund 70 Millionen Euro reduziert. Bis zum Jahre 2009 wurden die 259 bisherigen Pfarreien zu 43 Großpfarreien zusammengefasst. 96 Kirchen sollten in der neuen Struktur nicht mehr als Pfarr-, Gemeinde- oder Filialkirchen genutzt und in den finanziellen Zuweisungen an die Pfarreien damit nicht mehr berücksichtigt werden. Umnutzung, befristete kirchliche Weiternutzung, Vermietung an andere christliche Konfessionen, Verkauf oder auch Abriss waren und sind hier die Optionen. Zudem wurde die so genannte „Mittlere Ebene" (Gemeindeverbände) in den Stadt- und Kreisdekanaten aufgelöst. Die Familienbildungsstätten und Bildungswerke wurden in einer gemeinsamen Trägerstruktur zusammengefasst und auf einige Standorte konzentriert. Für die ehemals 375 Kindertageseinrichtungen wurde 2006 ein gemeinsamer Träger ge-

---

[8] *F. Genn:* Hirtenwort zur Absicherung der pastoralen und wirtschaftlichen Handlungsfähigkeit des Bistums Essen, 10. Januar 2005, https://zukunftsbild.bistum-essen.de/fileadmin/medien/Dialogprozess/Dokumentation_Die_erste_Wegstrecke.pdf [letzter Zugriff am 03.11.2017].

gründet: der „Zweckverband katholische Tageseinrichtungen für Kinder im Bistum Essen" mit heute insgesamt 269 Einrichtungen mit rund 17.000 Plätzen für Kinder im Alter von sechs Monaten bis zum Schuleintritt. Die kirchliche Jugendarbeit wurde neu strukturiert, indem die katholischen Jugendämter auf der Regionalebene aufgegeben wurden. Durch den Umbau der Verwaltungsebenen und durch die Neustrukturierung wurden sozialverträglich rund 1.000 Stellen abgebaut.

Wirtschaftlich und seelsorglich handlungsfähig bleiben

Ein Ziel war es, das strukturelle Defizit des Bistumshaushaltes zu beseitigen und über die Zeit die wirtschaftliche Handlungsfähigkeit des Ruhrbistums zu sichern. Doch es ging nicht allein um ein Finanzierungs- und Sanierungskonzept. Dass dieses nur eine Seite der Medaille war, machte Bischof Felix Genn ebenfalls schon 2005 deutlich: „Das Ziel muss (vielmehr) sein, dass wir als Kirche von Essen in den einzelnen Gemeinden und Gemeinschaften und auf den Feldern der Seelsorge eine Kirche bleiben, die ihren seelsorglichen Auftrag wahrnimmt, die ihre missionarische Kraft entfaltet, die hineinwirkt in den gesellschaftlichen und politischen Bereich dieser Region mit den ihr eigenen Strukturkrisen und sozialen Problemen, die caritativ tätig bleibt, in der es ein ehrenamtliches Engagement in voller Entfaltung wie bisher gibt, und in der es möglich ist, dass unsere Gemeinden geistliche Zentren werden." Es ging also nicht nur um Strukturveränderungen, sondern vielmehr um eine pastorale Neuorientierung des gesamten Bistums. Doch die strukturellen Einschnitte und großen Veränderungen lösten bei nicht wenigen Kirchenmitgliedern Unverständnis, Wut, Schmerz, Trauer, Skepsis, Lähmung oder gar Resignation aus. Es galt, von Gewohntem und Liebgewordenem Abschied zu nehmen und sich den Veränderungen zu stellen. Das war und ist kein leichter Schritt. Diese Erfahrung machte auch Bischof Genns Nachfolger, Franz-Josef Overbeck, als er nach seiner Amtsübernahme Ende 2009 im Jahr 2010 alle Pfarreien des Ruhrbistums besuchte. „Mir ist bewusst geworden, dass die Veränderungen der vergangenen Jahre viele im Bistum und in unserer Region sehr nachdenklich stimmen", schrieb der Bischof in seinem Hirtenwort Anfang 2011.[9] Und ihm

---

[9] F.-J. Overbeck, Hirtenwort zum 1. Januar 2011, https://www.bistum-essen.de/fileadmin/bereiche/za-kom/Bischof_Dr._Franz-Josef_Overbeck_-_Hirtenwort_zum_1._Januar_2011.pdf [letzter Zugriff am 03.11.2017].

war klar, dass es Zeit brauchte, die einschneidenden Veränderungen zu verarbeiten, sie anzunehmen und als Chance zu begreifen.

Vertrauensverlust durch den Missbrauchsskandal

In den vielen Begegnungen und Gesprächen ging es nicht allein um die Umstrukturierung und ihre Folgen. Ein anderes Thema kam hinzu, das die Situation zusätzlich belastete und das Empfinden der Menschen noch verstärkte, dass sich die Kirche in einer Krise befinde: der Anfang 2010 bundesweit publik gewordene Missbrauchsskandal in der katholischen Kirche. Auch das Bistum Essen war betroffen, in zweierlei Weise: zum einen durch Missbrauchsfälle im Bistum selbst, zum anderen durch die massiven Kirchenaustritte infolge des Missbrauchsskandals.[10] „Die ungeheuerlichen Taten beschämen mich und machen mich fassungslos", sagte Bischof Overbeck auf der Pressekonferenz am 5. Mai 2010 und forderte eine rückhaltlose und konsequente Aufklärung. Missbrauch dürfe in der Kirche keinen Platz haben. Das bestehende Vertrauen in die Kirche wurde durch den Missbrauchsskandal stark erschüttert. All dies veranlasste die Deutsche Bischofskonferenz, auf ihrer Vollversammlung im Herbst 2010 eine Dialoginitiative zu ergreifen, die sowohl die Bischöfe als auch die Bistümer und ihre Gemeinden einbeziehen sollte. Angeregt wurde ein strukturierter Dialog in den Diözesen „über das Bezeugen, Weitergeben und die praktische Bekräftigung des Glaubens". Nach Ansicht der Bischöfe sei eine konsequente Option für die Menschen und die Nähe zu ihrem Leben erforderlich. Eine Kirche der Zukunft müsse eine „Kirche des Hörens" sein und der Weg des Dialoges von Offenheit und Ehrlichkeit geprägt sein. Es gehe darum, „überzeugender eine pilgernde, dienende und hörende Kirche zu sein". Über die konkrete Umsetzung der Dialoginitiative sollte in jedem Bistum einzeln entschieden werden.[11]

---

[10] Im Jahr 2010 sind 5.296 Menschen aus der katholischen Kirche im Bistum Essen ausgetreten. In diesem Jahr lag die Austrittsrate um gut 56 % höher als im Durchschnitt der fünf Jahre zuvor.

[11] Vgl. Pressemeldung 24.09.2010, Abschluss der Herbst-Vollversammlung der Deutschen Bischofskonferenz in Fulda, https://www.dbk.de/presse/details/?presseid=1675 &cHash=6d401bf0d6c445d2714a7f7a14649a09 [letzter Zugriff am 02.11.2017].

1.2 Aufruhr im Ruhrbistum: Ein Dialogprozess beginnt

Motiviert durch die Ankündigung der Dialoginitiative beschloss der Diözesanrat der katholischen Frauen und Männer im Bistum Essen auf seiner Vollversammlung am 5. April 2011 unter dem Motto „Auf!RuhrBistum – Kirche gestalten. Jetzt!" eine pastorale Dialog-Initiative anzustoßen. Bis Ende des Jahres 2011 sollte allen noch an Kirche Interessierten im Bistum Essen die Möglichkeit gegeben werden, ihre Stimme zu erheben und sich am Prozess der Erneuerung der Kirche aktiv zu beteiligen. „Nicht nur uns, sondern viele, die noch an Kirche interessiert sind, beschleicht das Gefühl großer Vergeblichkeit, wenn wir bei dringenden Fragen den Dialog einfordern", heißt es in dem Beschluss.[12] Deshalb wolle man allen Christinnen und Christen im Bistum Essen „im Sinne der Einladung der Bischöfe" Gelegenheit geben, ihre Stimme deutlich zu Gehör zu bringen. In einem Brief vom 8. Mai 2011, der bistumsweit in Gottesdiensten verlesen und in den Kirchen ausgelegt wurde, machte der Diözesanrat sein Anliegen öffentlich.[13] Es war ein Brief, der zum Reden, Zuhören und Handeln „bewegen" sollte. „Es geht hier und heute um nichts weniger als um die Zukunft Ihrer Kirche, unserer Kirche", betonte der Vorstand des Diözesanrates damals. Von einer „tiefen Krise" war die Rede, davon, dass „wir weniger und weniger werden". Bei vielen hätte die Umstrukturierung des Ruhrbistums „viel Ärger, Ohnmacht und Verunsicherung" ausgelöst. „Es gibt für uns keinen anderen Weg als den der Offenheit, der Ehrlichkeit und den des Zuhörens", zitierte der Aufruf den Vorsitzenden der Deutschen Bischofskonferenz, Erzbischof Dr. Robert Zollitsch. Darin seien zwei Zusagen enthalten: „Lasst uns miteinander reden" und „Die Bischöfe wollen auch zuhören".

„Die Menschen und die Welt haben der Kirche Entscheidendes zu sagen", sagte Erzbischof Zollitsch als Vorsitzender der Deutschen Bischofskonferenz. Genau das wollte der Diözesanrat mit den gewählten Vertreterinnen und Vertretern aus Pfarreien und Gemeinden, Verbänden und Organisationen mit seiner Initiative „Auf!RuhrBistum" tun. In seinem Appell, sagte der Diözesanrat den Katholikinnen und Katholiken des Ruhrbistums, gehe es darum, mit allen Verantwortlichen im Bistum einen Dialog darüber anzustoßen, „wie wir heute angesichts der kirchli-

---

[12] Die Vollversammlung des Diözesanrats der katholischen Frauen und Männer im Bistum Essen, Auf!RuhrBistum – Kirche gestalten. Jetzt!, 5. April 2011, unveröffentlicht.
[13] Vgl. Aufruf des Diözesanrats Auf!RuhrBistum – Kirche gestalten, 8. Mai 2011, unveröffentlicht.

chen und gesellschaftlichen Umbrüche verantwortlich und zeitgenössisch Kirche sein wollen und können". Die Ergebnisse der Initiative sollten „offensiv und transparent" in einen weitergehenden Dialogprozess mit Bischof Franz-Josef Overbeck eingebracht werden.

In den Folgemonaten nahm die bistumsweite Dialoginitiative Fahrt auf. Es galt, Themen zu sammeln, Anfragen zu formulieren, zukünftige Wege vorzuschlagen und der Kirche im Bistum Essen Botschaften mit auf den Weg zu geben. Die Initiative stieß auf große Resonanz: Über 3.400 Teilnehmer(innen) besuchten die zahlreichen Veranstaltungen.[14]

Erste Schritte des Dialogprozesses

Bevor Bischof Franz-Josef Overbeck in seinem Hirtenwort im Juni 2011 die Katholikinnen und Katholiken des Bistums Essen zu einem umfassenden Dialogprozess einlud, hatte er schon in seiner Neujahrsbotschaft auf die Notwendigkeit hingewiesen, Neues auf den Weg zu bringen.[15] Die großen Veränderungen in Kirche und Gesellschaft führen nach damaliger und heutiger Ansicht des Bischofs bei vielen Menschen zu Verunsicherung und stellen eine große Herausforderung dar. „Wer diese Herausforderungen, die kirchlich und gesamtgesellschaftlich von hoher Relevanz und Brisanz sind, zu bewältigen hat, muss Ziele im Blick haben und Inhalte bestimmen", betonte Overbeck in der Predigt im Essener Dom. Mit Blick auf die Eindrücke, die er beim Besuch aller Pfarreien des Ruhrbistums gesammelt hatte, sei ihm deutlich geworden, „dass es wichtig ist, nach einer Phase des Abschiednehmens, die durchlebt werden muss, lohnenswerte Horizonte zu haben". Die wirtschaftliche und demografische Entwicklung des Ruhrgebietes und des märkischen Sauerlandes sowie eine „andere, neue Kirchlichkeit" stellten das Bistum Essen vor die Aufgabe, „der Gestalt unserer Kirche einen neuen Stil zu geben". Diese „von Gott gestellte Aufgabe" verlange, viel Neues auf den Weg zu bringen. „In den kommenden Jahrzehnten werden wir in dem oft sehr Kräfte zehrenden Spannungsbogen zwischen dem Gewohnten und Geliebten, und dem, was erst als zarte Pflanze neu wächst und doch sehr ungewohnt ist, leben", so Bischof Overbeck.[16]

---

[14] Vgl. *Bistum Essen* (Hrsg.), Zukunft auf katholisch – lebendige Kirche im Dialog. Die erste Wegstrecke des Dialogprozesses im Bistum Essen, Essen 2014, 8.

[15] Vgl. *F.-J. Overbeck*, Hirtenwort zum 1. Januar 2011 (s. Anm. 9).

[16] *F.-J. Overbeck*, Predigt im Pontifikalamt am Oktavtag von Weihnachten – Hochfest der Gottesmutter Maria – 54. Gründungstag unseres Bistums, Neujahr 2011, Hoher

Von der „Volkskirche" zur „Kirche im Volk mit volkskirchlichen Elementen"

Das Gespräch über die Fragen zur Zukunft der Kirche zu suchen und möglichst viele Dialogprojekte zu entwickeln, dazu rief Bischof Franz-Josef Overbeck in seinem Hirtenwort vom Juni 2011[17] auf. „Mein Wunsch ist es, dass wir im Miteinander-Sprechen Wege finden, um die in Teilen spürbare Lähmung und Resignation zu überwinden", so der Bischof. Er verwies auf die Vollversammlung der deutschen Bischöfe im Herbst 2010, auf der ein breiter Prozess des Dialoges angeregt worden war. Auch im Bistum Essen gebe es schon erste Schritte und Initiativen, um auf vielen Ebenen möglichst viele Menschen miteinander ins Gespräch zu bringen. „Die Hoffnung ist groß, dass dabei alles zur Sprache kommt, was uns in unserem Bistum und darüber hinaus bewegt – das, was uns lähmt und belastet, aber auch das, was uns für die Zukunft ermutigt", so Overbeck. Die Veränderungen im Ruhrbistum innerhalb der vergangenen Jahre würden vielen Menschen immer noch „schwer zu schaffen" machen. Es gelte, Abschied von der „Volkskirche" zu nehmen und sich darauf einzustellen, „als Katholiken in einer pluralen Gesellschaft zu leben und als Kirche im Volk eine gesellschaftliche Gruppe unter anderen zu sein", betonte der Bischof. Aus der Volkskirche sei eine „Kirche im Volk mit volkskirchlichen Elementen" geworden, die wesentlich kleiner und „völlig anders" werde. Das bedeute „schmerzhafte Verluste und Abschiede von unserem gewohnten kirchlichen Leben". Der Missbrauchsskandal habe die Situation zusätzlich verschärft. In der inner- und außerkirchlichen Öffentlichkeit habe es in den vergangenen Monaten viele und teils heftig geführte Diskussionen gegeben. „Das zeigt mir, wie hoch der Gesprächsbedarf ist", so Overbeck. Es werde zu viel übereinander statt miteinander geredet. Die Kirche befinde sich in einer Krise. „Ich verstehe dieses Wort im Sinne von Wandel und Veränderung", unterstrich der Bischof. In solchen Zeiten gebe es auf offene Fragen keine einfachen Antworten und für Probleme keine schnellen Lösungen. Geschichtliche Entwicklungen könne man nicht zurückschrauben. „Und wir werden lernen müssen, mit vielem, was unabänderlich ist, zu leben", so der Ruhrbischof. Es sei ausdrücklich erwünscht, um gemeinsame Positionen für

---

Dom zu Essen, https://www.bistum-essen.de/fileadmin/bereiche/za-kom/Bischof_Dr._Franz-Josef_Overbeck_-_Predigt_am_Hochfest_der_Gottesmutter_Maria_-_1._Januar_2011.pdf [letzter Zugriff am 02.11.2017].

[17] *F.-J. Overbeck*, Hirtenwort zum Dialogprozess (s. Anm. 7).

den zukünftigen Weg zu „ringen": „Lassen Sie uns einen ehrlichen, offenen und von einem guten geistlichen Stil geprägten Austausch in unserem Bistum suchen. Lassen Sie uns auch in Verbindung treten mit der Welt um uns herum, mit den Menschen, die ein sehr distanziertes oder gar kein Verhältnis zur Kirche haben", betonte der Bischof. Diesen Weg des Dialoges wolle er „ganz bewusst und selbstverständlich" mit den Katholikinnen und Katholiken des Ruhrbistums gehen, wobei sich alle als eine „Lerngemeinschaft"[18] verstehen sollten. „Zukunft auf Katholisch" – das war das Motto dieses Dialogprozesses im Bistum Essen.

Bistumsforen an verschiedenen Orten des Bistums

Ausdrücklich ermunterte Bischof Overbeck Pfarreien, Gemeinden, Verbände, Gruppen und Einrichtungen, in Dialogveranstaltungen vor Ort eigene Initiativen zu ergreifen und Ideen sowie Impulse zu pastoralen Kernthemen zu sammeln. Zentrale Frage müsse dabei sein: „Wie kann die Kirche im Bistum Essen in Zukunft unter völlig veränderten Bedingungen eine lebendige Kirche sein?" In zahlreichen Projekten und Veranstaltungen wurde dies umgesetzt. Zentrales Element des Dialogprozesses waren die großen Bistumsforen: Hier sollten unter Beteiligung vieler und auf breiter Ebene Themen und Fragen der Kirche und des Glaubens ausgetauscht und gemeinsam Ideen und Impulse entwickelt werden. Alle Foren sollten ergebnisorientiert geführt werden und konkrete Schritte für die Seelsorge vor Ort und im Bistum auf den Weg bringen. Eingeladen waren Frauen, Männer und Jugendliche, Hauptamtliche genauso wie Ehrenamtliche, Priester, Diakone, Ordensleute und Laien. Von Beginn an hatte man sich dazu entschieden, dass Delegierte aus allen Ebenen an den Foren teilnehmen sollten. Durchgeführt wurden insgesamt sechs ganztägige Bistumsforen sowie ein Abschlussfest:[19]

---

[18] Der Begriff der „Lerngemeinschaft" impliziert, dass sich der Bischof mit den Gläubigen seines Bistums auf einer gemeinsamen Ebene sieht. In dieser Hinsicht kann man den Dialogprozess als eine praktische Umsetzung zentraler Inhalte des Zweiten Vatikanischen Konzils verstehen. Dieses bezeichnet die Kirche als „Volk Gottes" (Kirchenkonstitution *Lumen gentium*, Nr. 9ff.) und spricht davon, dass man mit der Taufe Anteil erhalte am „gemeinsamen Priestertum der Gläubigen" (*Lumen gentium*, Nr. 10). Durch den Dialogprozess wurde den Gläubigen die Möglichkeit eröffnet, an der Zukunft der Kirche, deren grundlegender Bestandteil sie selbst sind, aktiv mitzuwirken und so ihrer Verantwortung gerecht zu werden.

[19] Zu diesem Abschnitt ausführlicher: *Bistum Essen* (Hrsg.), „Auf!RuhrBistum – Kirche gestalten. Jetzt!" (s. Anm. 14).

- 28. Januar 2012: Erstes Bistumsforum: „Zukunft auf katholisch – lebendige Kirche im Dialog", Congress Center Essen
- 5. Mai 2012: Zweites Bistumsforum: „In unserem Bistum zuhause und lebendige Kirche sein", Maschinenhalle Gladbeck
- 24. November 2012: Drittes Bistumsforum: „Offenes Ohr – klares Wort – konkrete Tat. Dialog als Prozess. Eine erste Ergebnissicherung", Luise-Albertz-Halle Oberhausen
- 26. Januar 2013: Viertes Bistumsforum: „Sorge um den Nächsten: Als Christinnen und Christen Verantwortung tragen", Schauinsland-Reisen-Arena Duisburg
- 13. April 2013: Fünftes Bistumsforum: „Wie feiern wir Gott?", Henrichshütte Hattingen
- 1. Juni 2013: Sechstes Bistumsforum: „Glaubensweitergabe in der Welt", Schützenhalle Lüdenscheid
- 13. Juli 2013: „Wir feiern den Dialog" – Fest zum Abschluss der Bistumsforen, Burgplatz Essen

In der katholischen Akademie „Die Wolfsburg" in Mülheim an der Ruhr standen in der Reihe „Dialoge mit dem Bischof" in insgesamt acht Veranstaltungen (März 2012 bis Oktober 2013) Themen im Mittelpunkt, die vor allem innerkirchlich sehr kontrovers diskutiert werden und gleichzeitig von hoher Relevanz sind (Beteiligung, Toleranz, Sexualität, Rolle der Frauen, Scheitern, Macht, Gemeinde, Ökumene). Bischof Franz-Josef Overbeck wollte damit ganz bewusst „kirchenkritische" Fragen nicht aussparen und sich auch hier der Diskussion stellen, auch wenn diese Fragen einer gesamtkirchlichen Beantwortung bedürfen.

1.3 Das neue „Zukunftsbild"[20]

Die katholische Kirche im Bistum Essen wolle zukünftig neue Wege gehen. Das unterstrichen Bischof Franz-Josef Overbeck und Generalvikar Klaus Pfeffer auf dem Fest zum Abschluss der Bistumsforen des Dialogprozesses „Zukunft auf katholisch" am Samstag, dem 13. Juli 2013, in Essen. „Wir müssen unter völlig neuen Bedingungen Kirche sein, mit bei-

---

[20] Vgl. zu diesem Abschnitt: *Bistum Essen*, Eine Kirche, der man die Lust am Christsein anmerkt, 14. Juli 2013, https://www.bistum-essen.de/presse/artikel/eine-kirche-der-man-die-lust-am-christsein-anmerkt/ [letzter Zugriff am 02.11.2017].

den Beinen auf dem Boden und nah bei den Menschen", betonte Overbeck, der mit Generalvikar Pfeffer als wesentliches Ergebnis des Dialogprozesses ein Zukunftsbild vorstellte. Es ist ein Leitbild, das notwendige Haltungen für eine zukunftsfähige Kirche im Ruhrbistum benennt. Dieses mit Spannung erwartete Zukunftsbild lockte viele Besucherinnen und Besucher aus dem gesamten Bistum auf den Essener Burgplatz. Unter dem Motto „Wir feiern den Dialog" wurde Rückschau gehalten, Zwischenbilanz gezogen und der Blick in die Zukunft gerichtet.

Der Dialogprozess hat mit dem Abschluss der sechs Bistumsforen, an denen rund 1.650 Frauen und Männer teilnahmen, eine erste wichtige Wegmarke erreicht. Die Bilanz, die Bischof Franz-Josef Overbeck und Generalvikar Klaus Pfeffer zogen, fiel deutlich positiv aus. „Vieles und auch Unerwartetes ist aus dem bisherigen Weg erwachsen: eine von Offenheit, Ehrlichkeit, Respekt und Toleranz geprägte Gesprächskultur, Vertrauen, konkrete Ideen und Anregungen und ein Zukunftsbild, das uns bei der Suche nach neuen Wegen für die zukünftige Gestalt des Christseins im Bistum Essen Orientierung geben soll". Wiederholt unterstrich Bischof Franz-Josef Overbeck beim Abschlussfest in Essen, dass der Dialogprozess kein äußerlicher „Reparaturprozess" sei, der allein mit Strukturveränderungen auf die tiefgreifenden ökonomischen, sozialen und gesellschaftlichen Veränderungen reagiere. Denn so wie bisher könne es nicht mehr weitergehen. „Wir tragen nicht die Ruinen der Vergangenheit durch die Welt, sondern bauen an einer neuen Kirche", sagte er. Dazu müsse man sich von Altem verabschieden und Selbstverständliches hinterfragen.

Eine Kirche, der man die Lust am Christsein siebenfach anmerkt

Das Zukunftsbild, das aus dem zweijährigen Dialogprozess erwachsen ist und in das zahlreiche Impulse und Ergebnisse aus den vielen Bistumsforen des Dialogprozesses eingeflossen sind, modelliert die Kirche im Bistum Essen in sieben kennzeichnenden Leitworten: „berührt", „wach", „vielfältig", „lernend", „gesendet", „wirksam" und „nah".[21] Jedes dieser Leitworte beruht auf biblischen Grundlagen und stellt theologische

---

[21] Das Zukunftsbild und die sieben Leitworte wurden bei einem Festgottesdienst mit Bischof Franz-Josef Overbeck und Generalvikar Klaus Pfeffer am 13. Juli 2013 in Essen vorgestellt. Vgl. dazu ausführlich: *Bistum Essen* (Hrsg.), „Auf!RuhrBistum – Kirche gestalten. Jetzt!" (s. Anm. 14), 62–66.

Bezüge her, insbesondere im Rückgriff auf das Zweite Vatikanische Konzil. „Berührt" meint die lebendige Beziehung mit Gott, die sich aus der Berührung Gottes in Taufe und Firmung speist. „Wach" bezieht sich auf die Aufgabe der Kirche, die Lebenswirklichkeit der Menschen im Blick zu behalten. Mit dem Leitwort „vielfältig" erkennt das Bistum Essen an, dass es eine Vielfalt an unterschiedlichen Lebensentwürfen gibt und dass Menschen zuallererst Individuen sind. Der Begriff „lernend" schließt unmittelbar daran an: Wenn die Gesellschaft eine plurale ist, maßt sich die Kirche nicht an, immer die passende Lösung für alle Probleme und Herausforderungen zu kennen, sondern bietet sich als ernsthafter Dialogpartner an. In diesem Sinne ist die Kirche von Essen auch eine „gesendete": Sie möchte den Glauben an Gottes Gegenwart ermöglichen. „Wirksam" beschreibt den diakonischen Auftrag der Kirche, die gegenwärtigen Lebensbedingungen nicht nur zur Kenntnis zu nehmen, sondern auch an deren nachhaltiger Verbesserung mitzuwirken. „Nah" meint deswegen, als Kirche dort zu sein, wo sich das Leben abspielt, also am Wohnort genauso wie in Krankenhäusern, Gefängnissen, Kindergärten, Schulen und anderswo. Denn an all diesen Orten wirken Getaufte. Prägnant kann man die sieben Leitworte also folgendermaßen zusammenfassen: Kirche lebt aus der Beziehung zu Gott; Kirche muss einen Blick für die Lebenswirklichkeit der Menschen haben; Kirche soll offen für Vielfalt sein, selbstkritisch, fehler-tolerant, als lernende Organisation agieren; sie soll diakonisch handeln und nah bei den Menschen sein. Konkret zeigen sich die sieben Leitworte u. a. – hier nur eine sehr kleine Auswahl – in der Absicht, die liturgische Praxis (z. B. durch neue Gottesdienstformen und eine neue Erschließung der liturgischen Orte) weiterzuentwickeln, die Kompetenz von Ehrenamtlichen stärker wertzuschätzen, neue Angebote zur Glaubensvermittlung zu schaffen und die bereits bestehenden zu intensivieren, sowie daran zu arbeiten, als Kirche zuallererst für andere da zu sein. „Es geht mir dabei um eine Nähe zu Menschen, die weniger auf Gebäuden beruht, sondern vor allem auf menschlichen Beziehungen", erläuterte Bischof Overbeck. Wichtig seien die Stärkung ehrenamtlichen Engagements, das die Talente und Charismen der Menschen wertschätze, die Qualifizierung von Laien sowie die Förderung von Frauen in Führungspositionen. Im Zukunftsbild ist von einer dienenden Kirche die Rede, die nicht um sich selbst kreist, sondern die sich der Gesellschaft öffnet und Menschen zeigen will, wie wertvoll der Glaube an Gott ist. „Wir wollen gemeinsam eine Kirche entfalten, der man die Lust am Christsein siebenfach anmerkt", so der Bischof. Und

Generalvikar Klaus Pfeffer ergänzte: „Unser Ziel ist, dass die Grundhaltungen, die hinter dem Zukunftsbild stehen, von vielen Menschen verinnerlicht werden und sich so die Praxis ändert. Wir meinen es sehr ernst mit diesem Prozess."

1.4 „Du bewegst Kirche" – so will man Kirche sein

Das Zukunftsbild greift die zentralen Reflexionen der bisherigen Kirchenentwicklungsprozesse auf und verdichtet sie zu einem neuen Bild von Kirche. Es ist eine erste konkrete Antwort auf die Frage, die den Dialogprozess begleitete: Wie können wir in Zukunft unter völlig veränderten Bedingungen eine lebendige Kirche sein? Viele Menschen waren beim Entstehen des Zukunftsbildes bis 2013 beteiligt, haben ihre Visionen von Kirche mit eingebracht. Andere haben diesen Prozess eher am Rande verfolgt, in Gesprächen oder Berichten kleine Eindrücke gewonnen, waren gespannt, ob und wie ein Ergebnis eines solchen Dialogprozesses aussehen kann. Wieder andere hatten von der Entstehungsgeschichte des Zukunftsbildes noch gar nichts mitbekommen, kannten dieses nicht. So stand in einer neuen Phase der Bistumsentwicklung von 2013 bis 2015 die Streuung von Informationen zum Zukunftsbild an erster Stelle. Die Christinnen und Christen im Bistum Essen sollten erfahren, dass es dieses Zukunftsbild gibt. Rund 35 haupt- und ehrenamtliche Moderatorinnen und Moderatoren, die sich als Botschafterinnen und Botschafter des Zukunftsbildes verstanden, brachten die sieben Leitworte in verschiedensten Gruppen ins Gespräch, so z. B. in Pfarrgemeinderäten, im Rat der Ordensleute und im Priesterrat, im Diözesanrat, in Kindertagesstätten-Teams, Leiterrunden sowie in verschiedenen Abteilungen im Bischöflichen Generalvikariat. Dabei ging es nicht nur um die sieben Leitworte, sondern insbesondere auch um die dazugehörigen Bezüge zum Evangelium und die Sinnspitzen des Zweiten Vatikanischen Konzils. Auch den Gläubigen wurde das Zukunftsbild auf vielfältige Weise vorgestellt. Dafür wurde eine ganze Reihe an Materialien entwickelt, darunter ein Faltplan zum Zukunftsbild, von denen in den folgenden Jahren über 100.000 Stück verteilt wurden. Über die reine Information hinaus war eine persönliche Auseinandersetzung mit dem Zukunftsbild angezielt: Wie stehe ich als Christ(in) zum Zukunftsbild? Teile ich die beschriebene Vision von Kirche? Wie stelle ich mir die Zukunft der Kirche vor? Es ging darum, Kultur und Haltung zu hinterfragen und neue Perspektiven anzustoßen.

„Wir müssen radikal anders Kirche werden"

Bischof Franz-Josef Overbeck rief alle Gläubigen und besonders all jene mit einer besonderen – ehrenamtlichen oder hauptberuflichen – Verantwortung im Bistum Essen dazu auf, mit dem Zukunftsbild eine neue Kirche mitzubauen. In Zeiten eines radikalen gesellschaftlichen Wandels müsse auch die Kirche anders werden, betonte Bischof Overbeck. So solle die Kirche im Ruhrbistum zukünftig lernend sein und somit stets dazu bereit, sich zu verändern und zu wandeln. Dabei solle sie von Menschen geprägt sein, die selbst von Gott berührt seien und „um Wege ringen, die auch anderen Menschen helfen, sich von Gott berühren zu lassen", so der Ruhrbischof. Die Verantwortung hierfür dürfe zukünftig nicht mehr nur bei geweihten Amtsträgern und hauptberuflich Beschäftigten liegen. Vielmehr sollten sich alle Getauften als berufen und gesendet verstehen,[22] um den Glauben an Gottes Gegenwart in dieser Welt zu ermöglichen. „Unser Zukunftsbild ist keine theoretische Idee, sondern eine Vision mit sehr konkreten Konsequenzen", bekräftigt Bischof Franz-Josef Overbeck. Jede Katholikin und jeder Katholik solle überlegen, welche Folgen dieses Zukunftsbild für ihn oder sie persönlich haben könne. „Entwickeln Sie Ideen für Ihre Gemeinde, Ihren Stadtteil, Ihre Pfarrei – und setzen Sie diese um!"[23]

So wurden an vielen Orten konkrete Erfahrungen mit dem Zukunftsbild gemacht: in den Pfarreien, Gemeinden, Verbänden und der Jugendarbeit, in Kindertagesstätten und Schulen, in Krankenhäusern und Caritaseinrichtungen wurde nach Strategien gesucht, um die sieben Perspektiven des Zukunftsbildes erlebbar werden zu lassen. Es wurden erste kleinere Projekte entwickelt, die durch einen Innovationsfonds unkompliziert unterstützt und umgesetzt werden konnten, erste Schritte der Umsetzung des Zukunftsbildes wurden gegangen. Exemplarisch wurde zudem im Advent 2014 am Essener Dom mit drei Aktionen der Versuch unternommen, mit anderen (als den klassischen katholischen) Zielgruppen ins Gespräch zu kommen. Bei der Aktion „Advent to go" wurden

---

[22] Vgl. die Metapher der Kirche als „Volk Gottes" in: *Lumen gentium*, Nr. 9ff.

[23] *F.-J. Overbeck*, Hirtenwort zum 01.01.2014, in: Kirchliches Amtsblatt im Bistum Essen, 57. Jahrgang, Stück 1 (1.1.2014), Nr. 1.

insgesamt 40.000 Tüten an Passantinnen und Passanten verteilt, deren Inhalt dazu einlud, in der hektischen Vorweihnachtszeit ein wenig Ruhe und Besinnung zu finden. „Der Dom leuchtet" stellte zum 1. Advent den Essener Dom mit Lichtinstallationen des Bochumer Lichtkünstlers Thomas Zehnter in ein neues Licht. Zu „Nikolaus bittet zu Tisch" wurden Passant(inn)en am Nikolausabend zu einem gemeinsamen Mahl in die Essener Anbetungskirche eingeladen.[24]

1.5 Zukunftsbild-Projekte: So soll sich Kirche konkret verändern

500 engagierte Christinnen und Christen, vier zentrale Herausforderungen für die Kirche – und 40 innovative Ideen, um diesen zu begegnen: Beim Zukunftsforum am 20. Juni 2015 trugen Verantwortliche aus allen Bereichen und Regionen des Bistums Essen ihre Erfahrungen mit dem Zukunftsbild zusammen und diskutierten intensiv Projektvorschläge für die weitere Entwicklung des Ruhrbistums. Damit aus der Theorie auch Praxis wird, hatte das Bistum knapp zwei Jahren nach der Präsentation des Zukunftsbildes zu einem ersten Erfahrungsaustausch eingeladen, um von dort aus mit konkreten, bistumsweiten Projekten die nächste Etappe auf dem Zukunftsbild-Weg zu starten. Unter einem weiten Zeltdach auf dem Gelände des Jugendhauses St. Altfrid standen am Vormittag zunächst vier zentrale Herausforderungen für die Kirche im Fokus:

- „Du wirst gebraucht" fragt nach der tätigen Nächstenliebe von Christinnen und Christen.
- „Du überzeugst" stellt die Gottesbeziehung jedes Christen und jeder Christin in den Mittelpunkt – und die Schwierigkeit, darüber mit anderen ins Gespräch zu kommen.
- „Du feierst das Leben" fragt danach, wie unser Leben mit seinen großen Momenten und Themen in unseren Gottesdiensten Raum finden kann.
- „Du glaubst nicht allein" bündelt die vielen Fragen, wie in Zukunft gemeinschaftliches Leben in der Kirche gelebt werden soll und kann.

Am Nachmittag diskutierten die Teilnehmerinnen und Teilnehmer in 40 Workshops 40 verschiedene Projektideen, die jeweils Antworten auf eine der Herausforderungen geben. Bei der abschließenden Bewertung der

---

[24] *Bistum Essen* (Hrsg.), „Zukunftsbild – Du bewegst Kirche!". Chronologie & Ereignisse. Projekte & Ergebnisse, Essen 2015, 20.

vielen Ideen zeichneten sich einige „Favoriten" ab, die den Kirchen-Ver-
antwortlichen besonders wichtig waren und unbedingt umgesetzt werden sollten: Die Projekte wurden aus den insgesamt 40 Ideen ausgewählt,
die in der anderthalbjährigen „Kennenlernphase" nach der Präsentation
des Zukunftsbildes seit Sommer 2013 gesammelt worden waren.

Mit 20 beim Zukunftsforum 2015 qualifizierten und besonders be-
fürworteten Projekten bringt das Bistum Essen zwischen Sommer 2015
und 2018 das Zukunftsbild Schritt für Schritt weiter in die Praxis der
Kirche an Rhein, Ruhr und Lenne. Bis zum Frühjahr 2018 setzen die
aus hauptberuflichen und ehrenamtlichen Mitarbeiterinnen und Mitarbeitern bestehenden 20 Zukunftsbild-Projektgruppen ihre jeweiligen
Projektaufträge um:

1. Kirche und Kommunalpolitik: Dieses Projekt möchte die Kontakte
   zwischen Kirche und Kommunalpolitik verbessern. Politisch aktive
   Katholikinnen und Katholiken sollen im Dialog besser vernetzt werden.
2. Sozialpastorale Zentren: In sozialpastoralen Zentren stehen die Menschen eines Stadtteils im Mittelpunkt; dort greifen Seelsorge und konkrete Unterstützung in schwierigen Lebenssituationen ineinander.
   Das Bistum Essen möchte an bestehende Zentren anknüpfen und
   Pfarreien zu sozialpastoralem Engagement ermutigen.
3. Neue Formen der Gemeindecaritas: Die Kirche verändert sich, aber
   viele soziale Herausforderungen bleiben. Das Projekt sucht nach
   neuen Wegen, wie Christinnen und Christen mit konkreten Ideen die
   Lebenssituation in der Nachbarschaft verbessern können.
4. Interreligiöser Dialog: Das Projekt setzt sich dafür ein, in der religiös-
   pluralen Landschaft des Ruhrgebiets einen guten Kontakt zu den anderen Religionsgemeinschaften zu schaffen und zu pflegen.
5. Citypastoral-Projekte und Citypastorales Projekt am Dom: Kirche in
   der Stadt(mitte) befindet sich in einem lebendigen Umfeld. Das Projekt möchte Kirche – mit unterschiedlichen Schwerpunkten – gerade
   dort zur Ansprechpartnerin machen, wo viele Menschen unterwegs
   sind.
6. Rückmeldungen zu Gottesdiensten: Dieses Projekt unterstützt dabei,
   Feedback zu Gottesdiensten zu sammeln, miteinander darüber ins
   Gespräch zu kommen und die Qualität der Gottesdienste auf dieser
   Basis weiterzuentwickeln.
7. Ansprachen und Glaubenszeugnisse von Laien: Die Kirche im Bistum
   Essen möchte eine vielfältige Kirche sein – auch beim Sprechen von

Gott. Deshalb unterstützt dieses Projekt Frauen und Männer, die Gottesdienste und Katechese künftig häufiger durch ein persönliches Glaubenszeugnis oder eigene Ansprachen bereichern wollen.

8. Exerzitien und geistliche Begleitung: Dieses Projekt will neue Wege der Kommunikation und Vermittlung erarbeiten, um eine größere Zielgruppe für die bereits vorhandenen spirituellen Angebote anzusprechen und um neue spirituelle Angebote für eine jüngere Zielgruppe zu entwickeln.

9. Pilgerwege im Ruhrgebiet: Im dicht besiedelten Ruhrgebiet gibt es derzeit kaum eine sichtbare Pilgerinfrastruktur. Mit diesem Projekt werden bestehende und neue Pilgerwege erschlossen, spirituelle und kulturelle Orte vernetzt und neu erlebbar gemacht.

10. Initiative für den Verbleib in der Kirche: Dieses Projekt fragt, warum Katholik(inn)en ihre Kirche verlassen – und warum ihr andererseits auch viele Menschen die Treue halten. Es entwickelt Ideen, wie Menschen künftig in der Kirche gehalten und vielleicht auch neue Mitglieder hinzugewonnen werden können. Aus diesem Projekt ist die vorliegende Studie entstanden.

11. Segnungsgottesdienste für Neugeborene: Dieses Projekt möchte die Kirche künftig noch stärker am Beginn des Lebens verorten und mit Familien in Form von Segnungsgottesdiensten schon kurz nach der Geburt dieses freudige Ereignis feiern.

12. Zentren für Tod und Trauer: Tod und Trauer bewegen die Menschen. Viele suchen bei der Kirche Unterstützung und Begleitung, auch wenn sie keine Beziehung zu einer Gemeinde haben. Dieses Projekt arbeitet an Kompetenz-Zentren zum Thema Tod und Trauer.

13. Pfarrübergreifendes Team für Trauungen: Für den ‚schönsten Tag im Leben' suchen viele Paare den Kontakt zur Kirche. Dieses Projekt stellt ein Team zusammen, das die Wünsche von Brautpaaren aufgreifen und ihnen einen umfassenden Service anbieten soll.

14. Vielfalt der Gottesdienstformen: Jenseits der Eucharistiefeier gibt es zahlreiche Möglichkeiten, Gottesdienste zu feiern. Dieses Projekt möchte die gottesdienstliche Vielfalt bekannter machen und möglichst viele Menschen einladen, die für sie passenden Gebets- und Gottesdienstformen zu finden und zu erproben.

15. Neue Kirchenräume und liturgische Raumkonzepte: In welchen Räumen wollen wir in Zukunft feiern, beten, andächtig sein? Dieses Projekt entwickelt und realisiert an konkreten Orten im Ruhrbistum Ideen zum liturgischen Raum.

16. Modelle ehrenamtlicher Leitung: Ehrenamtliche übernehmen seit Langem Verantwortung in Gemeinden und Pfarreien vor Ort. In Zukunft sollen Ehrenamtliche auch selbst die Leitung ihrer Gemeinden übernehmen. Dazu werden verschiedene Modelle an mehreren Orten im Bistum ausprobiert und daraus Standards für das Ruhrbistum entwickelt.

17. Neue Nutzungsmöglichkeiten für Kirchen: Dieses Projekt möchte in den Pfarreien und Gemeinden vor Ort Unterstützung bei der Frage anbieten, ob und wie Kirchenräume auf neue Weise genutzt und lebendige Orte für viele Menschen sein können.

18. Innovative Musiker – „Pop-Kantoren": Dieses Projekt will das bisherige Kirchenmusik-Angebot durch moderne Elemente der Pop-Musik erweitern. Innovative Musiker(innen) sollen angefragt werden können, um Gottesdienste oder Konzerte mit christlicher Pop-Musik zu unterstützen und zu gestalten.

19. Gründerbüro für pastorale Innovationen: Die Kirche braucht immer wieder neue Formen, um mit ihrer Frohen Botschaft Gehör zu finden. Weil es Innovationen in kirchlichen Strukturen nicht immer leicht haben, entwickelt dieses Projekt ein Gründerbüro.

20. Willkommenskultur in Kirchengemeinden: Dieses Projekt startet eine Kampagne für eine Willkommenskultur in der Kirche und entwickelt Ideen und Tipps für einladende Gemeinden.

1.6 Drei Prozesse, ein Ziel

In der Mitte der Entwicklungen im Bistum Essen steht das „Du bewegst Kirche!" als Slogan des Zukunftsbildes. Dieser ist unter Beteiligung vieler seit dem Jahr 2011 mit dem Dialogprozess gewachsen. Das Zukunftsbild beschreibt die Perspektive, wie man im Bistum Essen Kirche sein will. Damit ist das Zukunftsbild die Basis für die Kirchenentwicklung im Bistum Essen, mit der auf ganz veränderte Rahmenbedingungen reagiert wird. An diese Basis sind drei große pastorale Entwicklungsprozesse angedockt: die 20 Zukunftsbild-Projekte, der Pfarreientwicklungsprozess und der Gesprächsprozess der pastoralen Dienste. Alle drei sind aufeinander verwiesen. Erstens werden in den 20 Zukunftsbild-Projekten Innovationen entwickelt und getestet, neue Strukturen und Zuständigkeiten ausprobiert. Zweitens wird im Pfarreientwicklungsprozess auf pastoraler Grundlage ein wirtschaftlich abgesichertes Handlungskonzept für die Pfarreien entwickelt. Und drittens, etwas zeitversetzt, um die Er-

Abb. 2: Du bewegst Kirche!

fahrungen aus den beiden anderen Prozessen einbeziehen zu können, hat der intensive Gesprächsprozess der pastoralen Dienste das Ziel, die Herausforderungen für die kommenden Jahre zu identifizieren, die sich aus allen Veränderungen für die Rollen und Aufgaben der pastoralen Dienste ergeben. Denn diese ändern sich zwangsläufig unter den veränderten Rahmenbedingungen mit.

Am Ende haben alle drei Prozesse ein gemeinsames Ziel: Es geht um Wachstum und Lebendigkeit der Kirche – sowohl in spiritueller als auch in qualitativer sowie quantitativer Hinsicht. Es gibt keine fertigen Pläne; niemand weiß, wie genau der beste Weg ist. Es geht darum, die künftige Gestalt der Kirche im Bistum Essen gemeinsam und im Dialog zu entwickeln. Dieser Zusammenhang und die innere Logik der verschiedenen Prozesse lassen sich in dieser Form darstellen (Abb. 3).

Der Prozess zur Entwicklung der Pfarreien

Nach der bistumsweiten Umstrukturierung und der ersten Neuordnung der Pfarreien im Bistum Essen zwischen 2006 und 2009 wurde schnell erkennbar, dass weitere Entwicklungsschritte notwendig waren. Angesichts sinkender Mitgliederzahlen, angesichts einer kleiner werdenden Anzahl an Priestern, die für ein Pfarramt zur Verfügung stehen, und angesichts der finanziellen Entwicklungen ist eine neue Auseinandersetzung über die Struktur und die wirtschaftlich-strategische Entwicklung der Pfarreien nötig geworden. Zugleich stellte sich pastoral-strategisch die im Zukunftsbild begründete Frage danach, wie die Gemeinden zukünftig eine lebendige Kirche sein wollen. In subsidiär orientierten und in der einzelnen Pfarrei zu steuernden Prozessen gibt es seit 2015 über diese Fragen eine strukturierte Auseinandersetzung, die dem Dreischritt von Sehen, Urteilen

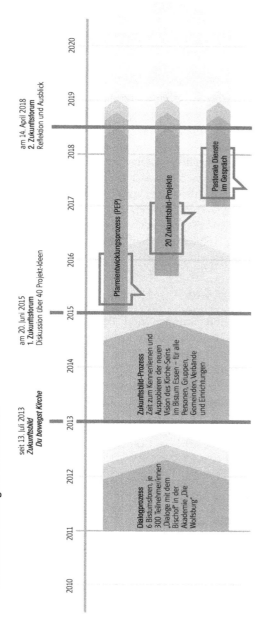

Abb. 3: Prozesse im Zeitstrahl

und Handeln folgt[25]. Bis zum Jahr 2018 haben sich viele Menschen in ihren Pfarreien einer komplexen Herausforderung gestellt: Orientiert an der Vision des Zukunftsbildes suchen sie neue Perspektiven für die Zukunft der Kirche in den Pfarreien des Bistums. In dem Prozess zur Entwicklung der Pfarreien geht es dabei um Grundsätzlicheres als bloß um eine strukturelle Anpassung an veränderte Rahmenbedingungen; es geht um mehr als die Organisation einer geordneten Neuausrichtung bei geringer werdenden Ressourcen. In den Pfarreiprozessen geht es um „lokale Kirchenentwicklung" unter den zukünftigen Bedingungen des Ruhrbistums. Das geschieht auf der Grundlage von zwei Fragen: Erstens, wie sich die Kirche inhaltlich neu ausrichten könne, und zweitens, wie eine Neuausrichtung in wirtschaftlicher Hinsicht aussehen könne. Entscheidend ist dabei, dass die einzelnen Pfarreien selbstverantwortlich agieren. So sind Partizipation und Transparenz wichtige Merkmale des Pfarreientwicklungsprozesses: Weil es dabei um grundsätzliche Fragen des christlichen Zusammenlebens vor Ort in der Zukunft geht, ist die innerkirchliche sowie die gesamte Öffentlichkeit aktiv in den Prozess eingebunden.[26]

Gesprächsprozess der pastoralen Dienste

Priester, Diakone, Pastoralreferentinnen und Pastoralreferenten, Gemeindereferentinnen und Gemeindereferenten, Ordensleute – alle Mitarbeiterinnen und Mitarbeiter im pastoralen Dienst spüren und wissen um die unterschiedlichen Veränderungen im Bistum Essen. Dabei leisten sie selbst einen wichtigen Beitrag für den notwendigen Wandel, u. a. in den Pfarreientwicklungsprozessen und den 20 Zukunftsbild-Projekten.

---

[25] Der Dreischritt „Sehen – Urteilen – Handeln" entstammt der christlichen Soziallehre und stellt ein Methodenraster für den Umgang mit Problemen und Herausforderungen aus sozialethischer Sicht dar. „Sehen" beinhaltet die detaillierte Situation der Ausgangslage unter Zuhilfenahme von sozialwissenschaftlichen Methoden (z. B. Statistiken). „Urteilen" bedeutet, die Ausgangslage im Lichte des Evangeliums einzuordnen und zu deuten. „Handeln" heißt, konkrete Wege zu entwickeln, wie problematische Strukturen in der Gesellschaft überwunden werden können. Vgl. dazu ausführlich: *M. Heimbach-Steins*, Christliche Sozialethik für die Welt von heute (Kirche und Gesellschaft, Nr. 380), hrsg. von der Katholischen Sozialwissenschaftlichen Zentralstelle Mönchengladbach, 2011.

[26] Vgl. hierzu ausführlich: *Bistum Essen* (Hrsg.), Pfarreiprozesse. Leitfaden und Arbeitshilfe, Essen 2015, https://www.bistum-essen.de/fileadmin/relaunch/Bilder/Pfarreien_und_Gemeinden/Pfarreinentwicklungsprozess/Arbeitshilfe-Pfarreiprozesse_AKTUELL.pdf [letzter Zugriff am 01.10.2017].

Manche Mitarbeitende fühlen sich nicht hinreichend eingebunden, sind verunsichert oder auch verärgert. Alle erleben, dass die bekannten Rollen und Berufsidentitäten der pastoralen Dienste in einer Wechselwirkung mit den vielen Veränderungen stehen und sich ebenso in einem radikalen Wandel befinden. Über all die damit verbundenen Fragen will Bischof Franz-Josef Overbeck mit den pastoralen Diensten ins Gespräch kommen und dazu anregen, auch untereinander über die anstehenden Herausforderungen und Perspektiven zu sprechen. Unter der Überschrift „Du bewegst Kirche! – Pastorale Dienste im Gespräch" wird ein intensiver Austausch über die Kirchen- und Bistumsentwicklung ermöglicht. Dafür bieten drei zentrale Treffen (im September 2017, im Januar sowie im September 2018) den Rahmen. Dazwischen treffen sich die einzelnen Berufsgruppen, um miteinander über ihre Rollen und Aufgaben zu sprechen. Außerdem ist ein Intranet für die pastoralen Dienste eingerichtet worden, das mehr Transparenz und Kommunikation ermöglichen soll.

Zum Auftakt dieses Gesprächsprozesses trafen sich im September 2017 über 350 Mitarbeiterinnen und Mitarbeiter im pastoralen Dienst in der Essener Philharmonie zu einem ersten Gesprächstag mit Bischof Franz-Josef Overbeck und Generalvikar Klaus Pfeffer. Dabei betonte der Bischof, dass „wir […] auf einer Brücke unterwegs [sind] in ein Land, von dem wir im dichten Nebel bislang allenfalls Umrisse erkennen können".[27] Generalvikar Klaus Pfeffer ergänzte mit Blick auf die Pfarreiprozesse: „Es kommt doch gar nicht darauf an, dass wir alle unsere Gebäude erhalten, sondern dass wir etwas haben, das uns auch noch in 20 Jahren durchs Leben trägt!"[28] Der Gesprächsprozess deckt sehr konkrete und praktische Fragen für die pastoralen Berufsgruppen auf, die sich in drei Themenbereiche gliedern:

1. Rollen und Miteinander der Akteure (Berufs-Rollen/Aufgaben, Team, Führung, Ehren-/Hauptamt)
2. Rüstzeug und Ausstattung (Quellen, Aus- und Fortbildung, Personalentwicklung)
3. Gemeinsamer Kurs/Weg (Zukunftsbild, Verbindlichkeit, mehr „Wir")

---

[27] https://www.bistum-essen.de/presse/artikel/seelsorger-diskutieren-ueber-die-zukunft-ihrer-arbeit/ [letzter Zugriff am 13.10.2017].
[28] https://www.bistum-essen.de/presse/artikel/seelsorger-diskutieren-ueber-die-zukunft-ihrer-arbeit/ [letzter Zugriff am 13.10.2017].

Zweites Zukunftsforum am 14. April 2018

Um die Erfahrungen aus den drei Kirchenentwicklungs-Prozessen auszuwerten, sind zum zweiten Zukunftsforum – nach dem Forum im Sommer 2015 – nun im April 2018 die Mitglieder der 20 Zukunftsbild-Projektgruppen, die Mitglieder der Koordinierungsgruppen der Pfarreientwicklungsprozesse sowie viele weitere Verantwortliche aus allen kirchlichen Handlungsfeldern eingeladen. Ziel ist es, gemeinsam noch mehr vom „neuen Bild von Kirche" zu erkennen. Dafür werden verschiedene Polaritäten diskutiert, die in unterschiedlicher Schwerpunktsetzung zur Kirche gehören. Die Teilnehmerinnen und Teilnehmer positionieren sich dazu – und erleben gleichzeitig, wie vielfältig die Kirche in sich ist und dass die Entwicklungen auf der Grundlage des gemeinsamen Glaubens geschehen: Gott führt sein Volk!

So werden auch die Erfahrungen aus dem Zukunftsbild-Projekt „Initiative für den Verbleib in der Kirche" in die weitere Entwicklung im Bistum Essen einfließen. Die vorliegende Studie hilft zu verstehen, was die Menschen von Kirche erwarten und welche Änderungen nötig sind, um dem ureigenen Auftrag nachzukommen: „Die Kirche ist ja in Christus gleichsam das Sakrament, das heißt Zeichen und Werkzeug für die innigste Vereinigung mit Gott wie für die Einheit der ganzen Menschheit."[29]

2. Kirchenaustritte und ihre Folgen

Die historische Entwicklung der Austrittszahlen

Historisch betrachtet sind eine relativ hohe Zahl von Kirchenaustritten sowohl im Bistum Essen als auch in der gesamten (west-)deutschen katholischen Kirche kein neues Phänomen. Vielmehr lässt sich die zweite Hälfte der 1960er Jahre als der Zeitraum eingrenzen, in dem in einem Klima der (amts-)kirchenkritischen Bewegung der „68er" auch das Thema Kirchenaustritte in einer zuvor durch und durch christlichen Gesellschaft zu einem auch für die breite Öffentlichkeit wahrnehmbaren Phänomen avanciert ist. Gleichwohl muss man eingrenzen, dass die kirchliche Bindungskraft schon seit Beginn des 20. Jahrhunderts nachgelassen hat. Die Erfahrung zweier Weltkriege hat diesen Prozess zwar

---

[29] *Lumen gentium*, Nr. 1.

entschleunigt – nicht umsonst wurde die Kirche nach dem Zweiten Welt-
krieg landläufig als „Siegerin in Trümmern" bezeichnet. Doch Thomas
Großbölting weist in „Der verlorene Himmel. Glaube in Deutschland
seit 1945" darauf hin, dass „in den Führungszirkeln der Kirche und ihrer
Funktionäre" schon ein Jahrzehnt nach Kriegsende die Überzeugung
Raum gegriffen habe, „dass das Ziel einer umfassenden Rechristianisie-
rung nicht zu erreichen war".[30] Eine Umfrage anlässlich des 73. Katholi-
kentages in Bochum 1949 ergab zudem, dass „weite Teile der katholisch
geborenen Bevölkerung [...] sich der Kirche entzogen hätten."[31] Den ra-
santen Anstieg der Austrittszahlen Ende der 1960er Jahre sieht Großbölting indes auch durch eine neue mediale Dimension des Themas erklärt:
Zunächst fragte das Magazin „Stern" in einer Titelgeschichte im April
1967: „Warum treten Sie nicht aus der Kirche aus?" – und ermittelte einen radikalen Traditionsabbruch: „Genau 46 Prozent glauben nicht
mehr an das, was bislang der entscheidende Grund für jede Religion
war: daß es das Jenseits gibt."[32] Ein Austritt war der Umfrage zufolge
indes für die allermeisten Christ(inn)en seinerzeit dennoch kein Thema:
93 % der Katholik(inn)en sei noch nicht die Idee gekommen, aus der
Kirche auszutreten, hieß es in dem „Stern"-Artikel. Nicolai Hannig beschreibt die vom „Stern" bereits 1967 dargestellte Situation 2010 mit
dem modernen Begriff des „Belonging without Believing".[33]

Ein gutes halbes Jahr nach dem „Stern" legte der „Spiegel" in seiner
Weihnachtsausgabe 1967 mit einer umfangreichen Berichterstattung
über die Umfrage „Was glauben die Deutschen?"[34] nach. Darin be-
schrieb das Magazin die „Christen ohne Kirche. Sie sind nicht gegen,
aber auch nicht für die Kirche. Sie wollen sie nicht abschaffen, aber halten sie für überflüssig."

Mit Blick auf diese beiden Magazin-Artikel von 1967 fasst Großbölting zusammen: „Die mit Hilfe der sozialwissenschaftlichen Unter-
suchungsmethoden aufgedeckte Krise wurde in der Folgezeit zu einer
weit in die Öffentlichkeit ausstrahlenden Debatte."[35]

---

[30] *Th. Großbölting*, Der verlorene Himmel. Glaube in Deutschland seit 1945, Göttingen 2013, 99.
[31] *N. Hannig*, Die Religion in der Öffentlichkeit. Kirche, Religion und Medien in der
Bunderepublik 1945–1980, Göttingen 2010, 311.
[32] „Warum treten Sie nicht aus der Kirche aus?", in: Stern 13/1967.
[33] *N. Hannig*, Die Religion der Öffentlichkeit (s. Anm. 31), 319.
[34] „Glauben. Diesseits und Jenseits", in: Der Spiegel 52/1967.
[35] *Th. Großbölting*, Der verlorene Himmel (s. Anm. 30), 100.

Hier spiegelt sich eine Debatte, die – neben anderen Entwicklungen – ein Katalysator gewesen sein dürfte, dass die Zahl der Kirchenaustritte seit Mitte der 1960er Jahren angestiegen ist und sich seitdem insgesamt auf einem deutlich höheren Niveau bewegt. Lag die Zahl der Austritte aus der katholischen Kirche im Bereich der damaligen Bundesrepublik zwischen 1956 und 1966 stabil zwischen 20.000 und 24.000 pro Jahr, stieg diese Zahl[36] 1968 auf 28.000, 1969 auf 39.000 und erreichte 1970 mit 69.000 einen bis dahin nicht gekannten Spitzenwert.[37] Diese Bewegung war auch im Bistum Essen zu beobachten: Traten 1965 noch 1.784 Männer und Frauen aus der katholischen Kirche im Ruhrbistum aus, waren es fünf Jahre später bereits 4.650. Ein Wert, der erst Anfang der 1990er Jahre übertroffen wurde – mit 8.750 Austritten in 1991 und 9.518 im darauffolgenden Jahr indes ausgesprochen deutlich. Vor allem die finanziellen Belastungen durch den damals erstmals erhobenen Solidaritätszuschlag wurden seinerzeit als Erklärung für diesen sprunghaften Anstieg herangezogen.[38] Auch in den folgenden Jahren gab es immer wieder auffällige Ausschläge bei der Zahl der Kirchenaustritte – sowohl im Bistum Essen als auch bundesweit –, für deren Erklärung zumindest in der öffentlichen Kommunikation ebenfalls finanzielle Gründe herangezogen wurden – oder kirchliche Skandale. Das folgende Schaubild zeigt die Entwicklung im Bistum Essen seit Mitte der 1960er Jahre und verdeutlicht die auffälligen Ausschläge in einzelnen Jahren (Abb. 4).

Bezieht man die Zahl der ausgetretenen Katholikinnen und Katholiken auf die Gesamtzahl der Kirchenmitglieder im Bistum Essen, so hat sich dieser Anteil von 0,13 % in 1965 über 0,33 % in 1970 bis auf 0,76 % in 1991 und 0,83 % in 1992 erhöht. Das Jahr mit der höchsten Austrittsquote im Bistum Essen war 2014, als der Anteil 0,92 % erreichte. Neben den Nachwirkungen des im Jahr 2013 öffentlich heftig diskutierten Falls um den damaligen Limburger Bischof Franz-Peter Tebartz-van Elst[39] wurde seinerzeit als Erklärungsversuch vor allem auf

---

[36] Alle Zahlen sind auf glatte Tausender-Werte gerundet.

[37] *J. Eicken/A. Schmitz-Veltin*, Die Entwicklung der Kirchenmitglieder in Deutschland (2010), https://www.destatis.de/DE/Publikationen/WirtschaftStatistik/Gastbeitraege/EntwicklungKirchenmitglieder.pdf?__blob=publicationFile [letzter Zugriff am 18.10.2017].

[38] Es gibt einen nachgewiesenen Zusammenhang zwischen der Erhöhung von Steuern und ähnlichen Zwangsabgaben sowie dem Kirchenaustritt. Neben dem Solidaritätszuschlag waren auch die Einführung der Pflegeversicherung 1995 sowie die Einführung des automatischen Verfahrens zum Einbehalt der Kirchensteuer auf die Kapitalertragsteuer 2014 Ursache für steigende Kirchenaustritte in den entsprechenden Jahren.

[39] Bischof Franz-Peter Tebartz-van Elst sorgte 2013 für einen bundesweiten Skandal,

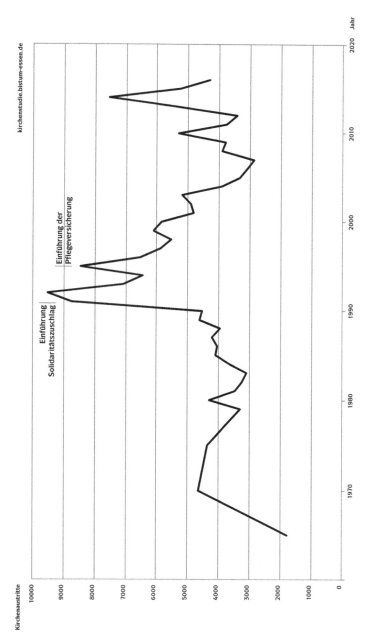

Abb. 4: Kirchenaustritte im Bistum Essen (1965–2016)

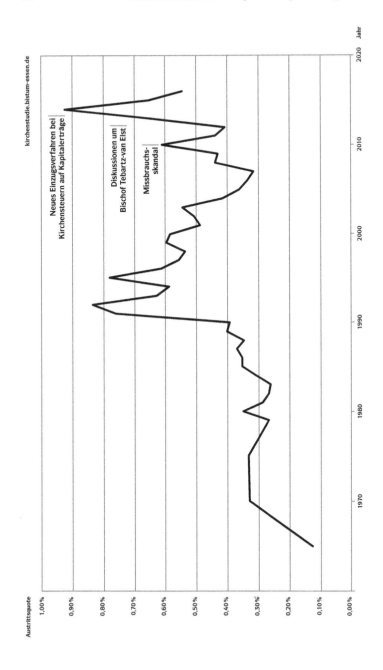

kirchenstudie.bistum-essen.de

Neues Einzugsverfahren bei Kirchensteuern auf Kapitalerträge

Diskussionen um Bischof Tebartz-van Elst

Missbrauchs- skandal

Austrittsquote

1,00 %
0,90 %
0,80 %
0,70 %
0,60 %
0,50 %
0,40 %
0,30 %
0,20 %
0,10 %
0,00 %

1970   1980   1990   2000   2010   2020   Jahr

Abb. 5: Austrittsquoten Bistum Essen (1965–2016)

ein 2014 neu eingeführtes Verfahren zum Kirchensteuereinzug bei Kapitalerträgen verwiesen. Zudem spiegelt die Rekordhöhe der Austrittsquote 2014 – im Vergleich zu höheren absoluten Austrittszahlen z. B. 1992 und 1995 – auch die zwischenzeitlich spürbar gesunkene Gesamtmitgliederzahl der Kirche im Bistum Essen wider (Abb. 5).

2.1 Die theologische Dimension der Kirchenmitgliedschaft

Der historische Abriss zu den Kirchenaustritten macht deutlich, dass Austritte vielschichtig begründet wurden und werden. Alle Ausgetretenen haben aber auch etwas gemeinsam: Sie sind getaufte Christinnen und Christen. Das Sakrament der Taufe begründet aus theologischer Sicht den Eintritt in die Gemeinschaft aller Getauften.[40] Wie die Kirche ihre Mitglieder organisiert, welchen Charakter diese Mitgliedschaft bekommt, ist rund um den Globus ausgesprochen unterschiedlich.[41] In Deutschland ist an die Frage der Mitgliedschaft auch eine unmittelbare

---

als er die immens gestiegenen Kosten für den Neubau des Bischofshauses auf dem Limburger Domberg durch persönliche Wünsche in die Höhe trieb und dies nachhaltig verschwieg. Der für ursprünglich zwei Millionen Euro veranschlagte Neubau kostete letztlich etwa 31,5 Millionen Euro. Vgl. dazu: Abschlussbericht über die externe kirchliche Prüfung der Baumaßnahmen auf dem Domberg in Limburg. http://www.dbk.de/fileadmin/redaktion/diverse_downloads/presse_2014/2014-050b-Abschlussbericht-Limburg.pdf [letzter Zugriff am 15.10.2017].

[40] Das Zweite Vatikanische Konzil bezeichnet die Taufe (sowie die Firmung und die Eucharistie) als „Sakramente der Initiation" (Liturgiekonstitution *Sacrosanctum Concilium*, Nr. 65 u. 71), also als Sakramente der Eingliederung in die Kirche. Durch die Taufe wird man Teil des Volkes Gottes (vgl. dazu *Lumen gentium*, Nr. 9ff. sowie die Ausführungen unter Anm. 17 in dieser Studie). Daran anschließend formuliert das Zweite Vatikanum sehr pointiert, wie Walter Kasper feststellt: Die Wesensbestimmung der Kirche „beginnt vielmehr mit der gemeinsamen Teilhabe aller am prophetischen, priesterlichen und königlichen Amt Jesu Christi. Damit beginnt das Konzil mit dem, was Laien, Priestern und Bischöfen gemeinsam ist und mit dem, was allen späteren Unterscheidungen vorausliegt, sie umgreift und in ihnen durchhält, nämlich mit dem gemeinsamen Priestertum der Getauften" (*W. Kasper*, Katholische Kirche. Wesen – Wirklichkeit – Sendung, Freiburg i. Br. [2]2011, 286f.). In dieser Hinsicht ist die Taufe das Tor zur Teilhabe und Mitwirkung an der Kirche.

[41] Aus ekklesiologischer Perspektive ist dies legitimierbar durch die Unterscheidung zwischen Universalkirche und Ortskirchen (vgl. *Lumen gentium*, Nr. 23). Die Organisation einer Diözese ist grundsätzlich Sache des Diözesanbischofs. In der Regel setzen sich jedoch die Diözesen eines Sprachgebietes oder eines Staates zu einer gemeinsamen Bischofskonferenz zusammen. Vgl. zur Ortskirche: *J. Werbick*, Kirche. Ein ekklesiologischer Entwurf für Studium und Praxis, Freiburg i. Br. 1994, 331–333.

Beteiligung an der Finanzierung der Kirche gebunden: An den Status dieser Mitgliedschaft ist ein Mitgliedsbeitrag in Form der Kirchensteuer
geknüpft. Die Kirchensteuer entstand im 19. Jahrhundert in den Gebieten des späteren Deutschen Reiches als Instrument, das den Kirchen
eine Finanzierung aus sich heraus ermöglichte. Zuvor waren den Kirchen
aufgrund der Säkularisation die seit dem Mittelalter gewachsenen Finan-
zierungsmöglichkeiten (z. B. Abgaben aller Grundbesitzer an den kirchlichen Landesherren) genommen worden. Schuldeten die katholischen
Gläubigen ihre Kirchensteuer in früheren Zeiten direkt ihrer jeweiligen
Pfarrei, wird die Kirchensteuer seit 1950 direkt von den Bistümern erhoben.[42] So entsteht ein Ausgleich zwischen den Pfarreien mit vielen und
jenen mit weniger Kirchensteuer-Zahlern. Aktuell zahlen katholische
Christen in den meisten Bundesländern einen Betrag in Höhe von 9 %
ihrer Einkommenssteuer als Kirchensteuer; nur in Bayern und Baden-
Württemberg beträgt der Satz 8 %.

Dazu kommt: Wer in Deutschland katholisch getauft wird oder als
Getaufter einer anderen christlichen Konfession in die katholische Kirche
übertritt[43], wird automatisch Mitglied zweier Körperschaften des öffentlichen Rechts: eines Bistums und einer Kirchengemeinde. Kirchenrechtlich betrachtet wird der/die Getaufte Mitglied der römisch-katholischen
Kirche. Da sich diese unter anderem in verschiedene Bistümer unterteilt,
wird der Getaufte in Deutschland aufgrund seines Wohnsitzes auch Mitglied eines Bistums und einer Kirchengemeinde. Daher kann diese Mitgliedschaft durch Umzug wechseln. Der Staat erkennt sowohl die Bistümer als auch die Kirchengemeinden als Körperschaften des öffentlichen
Rechts an. Auch hier gilt das Wohnort-Prinzip. Aus staatskirchenrecht-
licher Sicht ist dabei die folgende Bestimmung grundlegend: „Wird einer
Religionsgemeinschaft der Status einer Körperschaft des öffentlichen
Rechts zuerkannt, umfaßt dieser auch deren kirchenverfassungsrechtlich
notwendige Institutionen. Besitzen diese nach Kirchenrecht eigene
Rechtsfähigkeit und sind damit selbständige Vermögensträger, erstreckt

---

[42] Vgl. dazu: *Th. Sternberg*, Vertrauen allein reicht nicht. Finanzen der katholischen
Kirche in Deutschland, in: HerKor 71 (2017, 9), 27–31, 28; *W. Damberg*, Die Begründung des Bistums Essen 1958. Gesellschaftlicher Wandel und Kirchengeschichte im
Ruhrgebiet, in: R. Göllner (Hrsg.), Das Ruhrbistum in Vergangenheit, Gegenwart
und Zukunft. 50 Jahre Bistum Essen (Theologie im Kontakt 17) (s. Anm. 1), 9–25, 12.
[43] Seit der Magdeburger Erklärung vom 29. April 2007 erkennen die Römisch-katholische und zehn weitere christliche Kirchen in Deutschland die jeweiligen Taufen wech-
selseitig an.

sich der öffentlich-rechtliche Status auch auf diese Rechtsträger. [...] Die im Status einer öffentlich-rechtlichen Körperschaft angelegte Hoheitsgewalt kommt gebietsbezogen im Parochialrecht zum Ausdruck, das die Zugehörigkeit jedes Mitglieds einer korporierten Religionsgemeinschaft zu einer Kirchengemeinde allein durch seinen Wohnsitz begründet. Das Mitglied braucht der Gemeinde also nicht beizutreten, sondern wird zugehörig allein durch den Zuzug. Die so begründete Zugehörigkeit zu einer Kirchengemeinde ist auch für das staatliche Recht, insbesondere für die Kirchensteuer-Erhebung, verbindlich."[44]

Diese so strukturierte Mitgliedschaft liegt in unterschiedlichen Ausprägungen vor. Erstens kann sich der Charakter der Mitgliedschaft in der katholischen Kirche durch bestimmte Aufgaben und Ämter verändern. So sind nicht alle getauften Christen regelmäßige Kirchgänger und nicht alle Kirchgänger sind in kirchlichen Gremien aktiv oder üben ein kirchliches Ehrenamt aus. Zweitens kann ein aus kirchlicher Sicht bestimmtes Fehlverhalten zu Einschränkungen der Rechte und Ansprüche des jeweiligen Kirchenmitglieds führen. So kann etwa wiederverheirateten Geschiedenen oder Menschen, die ihren Kirchenaustritt erklärt haben, der Zugang zu den Sakramenten verwehrt werden. Drittens haben Priester und Bischöfe bis hin zum Papst – aus amtstheologischer bzw. kirchenrechtlicher Perspektive – im Vergleich zu Laien teilweise deutlich erweiterte Kompetenzen in die Kirche betreffenden Fragen.

Aus theologischer Sicht kann die Mitgliedschaft in der Kirche nicht gekündigt werden. Auch wenn der Mensch sich von Gott und der Kirche abwendet – z. B. durch den formalen Akt des Kirchenaustritts –, bleibt die Taufe in einer ontologischen, d. h. das Wesen des Menschen betreffenden Weise, gültig: Der in der Taufe handelnde Christus als der eigentliche Spender des Sakramentes verändert das Bewusstsein und die Seinswirklichkeit des Menschen nachhaltig. Dies ist jedoch nicht umkehrbar.[45]

---

[44] Dazu ausführlich: P. *Kirchhof*, Die Kirchen und Religionsgemeinschaften als Körperschaften des öffentlichen Rechts, in: Handbuch des Staatskirchenrechts der Bundesrepublik Deutschland, Bd. 1, Zweite, grundlegend neubearbeitete Auflage, Berlin 1994, 651–685, 670f.

[45] Die christliche Theologie versteht die Taufe als eine bleibende Zusage Gottes an den Menschen; „der theol[ogischen] Sinnbestimmung nach wird in ihr der Grund der österlichen christl[ichen] Existenz im Glauben an Jesus Christus gefeiert" (D. *Sattler*, Art. Taufe, in: W. Beinert/B. Stubenrauch [Hrsg.], Neues Lexikon der katholischen Dogmatik, Freiburg i. Br. 2012, 620–624, 620). Die Taufe ist „unwiderruflich und unwiederholbar" (Katechismus der Katholischen Kirche, Nr. 698): Vgl. dazu ausführlicher: *Th. Schneider*, Zeichen der Nähe Göttes. Grundriss der Sakramententheologie, Mainz

Bei der Mitgliedschaft in der öffentlich-rechtlichen Organisation Kirche ist es genau umgekehrt: Jedes Mitglied kann die Organisation verlassen, allerdings gibt es formal keine Abstufungen der Mitgliedschaft – entweder man ist Kirchenmitglied oder man ist es nicht.

Beleuchtet man die Kirchenmitgliedschaft hingegen aus soziologischer Sicht, so gibt es theoretisch viele verschieden ausgeprägte Intensitäten der Mitgliedschaft, abhängig von der persönlichen Verbundenheit des jeweiligen Mitglieds, der Inanspruchnahme von Gottesdiensten und anderen Angeboten der Kirche oder bspw. des ehrenamtlichen Engagements in der Kirche.

Zwischen diesen verschiedenen Sichtweisen – einer theologischen, einer organisationalen und einer soziologischen Logik – auf die Kirchenmitgliedschaft entstehen Spannungsfelder, die nicht nur theoretischer Natur, sondern in der täglichen Arbeit von Kirchengemeinden und Bistümern sehr real sind. Immer weniger Kirchenmitglieder engagieren sich in kirchlichen Gremien und Verbänden. Dies hat Auswirkungen auf die kirchliche Infrastruktur, deren Angebote angesichts sinkender Zahlen von Priestern und anderen hauptberuflichen Mitarbeiterinnen und Mitarbeitern vielerorts zunehmend auf Ehrenamtliche angewiesen sind. Zudem gibt es in den Kirchengemeinden immer wieder Diskussionen um die Gestaltung von Gottesdiensten zu Sakramenten und Kasualien (z. B. bei Taufen, Trauungen oder Beerdigungen). Diese Rituale sind nach wie vor für viele Katholikinnen und Katholiken wichtig. Auch aus Mangel an Erfahrungen mit der kirchlichen Praxis treffen hier jedoch immer wieder Erwartungen an eine solche Feier auf kirchliche Rituale und Normen, die mit diesen nur schwer kompatibel sind.

Ferner nimmt nur noch ein sehr geringer Teil der Kirchenmitglieder ein kirchliches Kernangebot des regelmäßigen Gottesdienstbesuchs wahr, zu dem sie formal sogar verpflichtet sind.[46] Bundesweit liegt der Anteil

---

1979, 91 f.; *E. M. Faber,* Einführung in die katholische Sakramentenlehre, Darmstadt [3]2011, 91.

[46] Kirchenrechtlich ist der Besuch der Hl. Messe an Sonntagen und anderen gebotenen Feiertagen verpflichtend (vgl. c. 1247, CIC/1983). Diese Pflicht lässt sich auch theologisch einholen: „Wenn die Kirche Jesu Christi das eigentliche äußere Zeichen des Heils, das Gefäß der wirksamen Gegenwart Gottes ist, dann kommt der Eingliederung in diese Gemeinschaft in der Taufe, wie der Aktualisierung in der Eucharistie, eine besondere Stellung zu" (*Th. Schneider,* Zeichen der Nähe Gottes. Grundriss der Sakramententheologie, Mainz 1979, 51). Die Eucharistie erneuert also die in der Taufe und der Firmung schon vollzogene Eingliederung in die Kirche fortwährend. Von daher

der Gottesdienstbesucher an der Gesamtzahl der Kirchenmitglieder an einem durchschnittlichen Sonntag bei lediglich rund 10 %[47], im Bistum Essen liegt er mit rund 8,5 % sogar noch leicht darunter. Es gibt bundesweit also mehrere Millionen Menschen, die zwar rechtlich gesehen Mitglied der katholischen Kirche sind – und diese mit ihrer Kirchensteuer auch finanzieren –, eines ihrer oder all ihre Kernangebote aber kaum oder nie wahrnehmen.

2.2 Die finanzielle Dimension der Kirchenmitgliedschaft

Vor diesem spannungsgeladenen Hintergrund ist das Bistum Essen im Rahmen seines Zukunftsbild-Prozesses im Herbst 2015 angetreten, sich dem Thema Kirchenmitgliedschaft zum ersten Mal sehr grundsätzlich und mit einem für die Kirche eher ungewöhnlichen Fokus zu nähern. Standen und stehen bei Diskussionen um Kirchenmitgliedschaft, Aus- und Wiedereintritt oft eher pastorale Überlegungen im Fokus, lag der inhaltliche Schwerpunkt der Zukunftsbild-Projektgruppe „Initiative für den Verbleib in der Kirche" von Beginn an auf den finanziellen Bedeutungen der Kirchenmitgliedschaft für die Organisation Kirche, konkret für das Bistum Essen. Dass damit keineswegs der besondere Charakter der Kirche als außergewöhnliche Mitgliedergemeinschaft negiert werden soll, sei hier ebenso betont wie die Tatsache, dass dieser Projektansatz keineswegs eine Alternative zu pastoralen Ansätzen darstellt, die sich z. B. einer Stärkung des Taufbewusstseins widmen.

Ein Grund für diesen ungewöhnlichen, eher ökonomie-logischen Ansatz ist in erster Linie die starke Abhängigkeit des Bistums Essen von der Kirchensteuer als zentraler Einnahmequelle für das pastorale Handeln in Gemeinden, Caritas, Schulen, Kindertagesstätten und an vielen anderen kirchlichen Handlungsorten. Dabei wird deutlich, dass die Kirche auf Zugänge und Abgänge unter ihren Mitgliedern nur bedingt aktiv reagieren kann. Die Geburtenrate lässt sich ebenso wenig von der Kirche beeinflussen wie die Zahl der Todesfälle unter Katholikinnen und Katholiken. Beide Bevölkerungsgruppen – Säuglinge und betagte Senioren – sind zu-

---

kann man den regelmäßigen Gottesdienstbesuch durchaus als Kriterium für die intensivste Form der Integration in die Kirche deuten.

[47] *Sekretariat der Deutschen Bischofskonferenz,* Katholische Kirche in Deutschland, Zahlen und Fakten 2015/16, 46.

dem mit Blick auf Kirchensteuereinnahmen noch nicht bzw. kaum mehr relevant. Auch auf die wirtschaftliche Entwicklung, die sich über die Zahl der Arbeitslosen unter Katholikinnen und Katholiken und die Höhe von Lohnabschlüssen katholischer Arbeitnehmer(innen) auf die Kirchensteuereinnahmen auswirkt, kann die Kirche weitgehend nur passiv reagieren. So bleibt für die Kirche die Zahl der Austritte – und gegebenenfalls auch der (Wieder-)Eintritte bzw. Taufen – die wesentliche und aktiv beeinflussbare Größe, wenn es um die Mitgliederbasis und damit um die Zahl potentieller Kirchensteuerzahler(innen) geht.

Bei der Betonung der finanziellen Konsequenzen von Kirchenaustritten geht es um eine alternative Sichtweise – und damit um eine Ergänzung der bekannten Ansätze: Solange die Frage der Mitgliedschaft in der Kirche in Deutschland so eng an die Frage der Kirchenfinanzierung geknüpft ist, muss die Kirche auf allen Ebenen ein existenzielles Interesse daran haben, die Mitgliedsbasis zu stärken und die Zahl der Kirchenaustritte zu senken. Im Bistum Essen ist die Lage besonders brisant: Mangels Einnahmen aus kaum vorhandenem Vermögen und anderen Erträgen finanziert die Kirche im Bistum Essen ihre Arbeit zu etwa drei Vierteln aus Kirchensteuer-Einnahmen.[48] Ausschläge nach oben oder unten machen sich im Bistumshaushalt unmittelbar bemerkbar.

2.3 Die Bedeutung der Kirchensteuer – für das Kirchenmitglied und für die Kirche

Wie brisant die finanziellen Auswirkungen eines Kirchenaustritts für die Kirche sind, wird beim Blick auf Zahlen am Beispiel des Bistums Essen deutlich: So trug – zunächst rein durchschnittlich – laut dem Finanzbericht des Bistums im Jahr 2016[49] jedes Kirchenmitglied – vom Säugling bis zum Greis – 213 Euro Kirchensteuer zu den Netto-Einnahmen des Bistums bei. Die tatsächlichen Verluste durch einen Kirchenaustritt dürften indes noch um einiges höher liegen. Denn nach den internen Ana-

---

[48] Der größte Teil der Bistums-Erträge, die nicht aus Kirchensteuer-Einnahmen stammen, sind öffentliche Zuschüsse für den Betrieb der Bischöflichen Schulen. Rechnet man diesen „durchlaufenden Posten" aus der Ertrags-Übersicht heraus, liegt der Kirchensteuer-Anteil bei rund 90 %. Hinzu kommen Erträge z. B. aus Tagungen und der Vermietung von Räumen. Vgl. dazu *Bistum Essen* (Hrsg.), Finanzbericht 2016, 14/15, https://www.bistum-essen.de/fileadmin/relaunch/Bilder/Bistum/Finanzen/Finanzbericht_2016.pdf [letzter Zugriff am 03.11.2017].
[49] *Bistum Essen* (Hrsg.), Finanzbericht 2016, 14.

lysen des Bistums treten vor allem berufstätige Menschen aus der Kirche aus – 96 % der Ausgetretenen im Jahr 2016 waren zwischen 16 und 65 Jahren alt. Zugleich erwirtschaftet diese Mitgliedergruppe den allergrößten Anteil der Kirchensteuereinnahmen.[50] In Bezug auf diese Gruppe der erwerbstätigen Kirchenmitglieder ergibt sich ein deutlich höherer Wert für die durchschnittliche Kirchensteuer-Zahlung – und damit den durchschnittlichen jährlichen Verlust durch einen Kirchenaustritt. Auf der Basis erklärtermaßen konservativer Schätzungen kalkulieren die Finanzverantwortlichen im Bistum Essen hier mit einem Betrag von jährlich mindestens 500 Euro, der dem Bistum je Kirchenaustritt nachhaltig fehlt – das heißt vom Jahr des Kirchenaustritts an bis mindestens zum Beginn des Ruhestands. Tendenziell dürfte dieser Wert noch höher liegen. Legt man z. B. das durchschnittliche deutsche Jahresgehalt von rund 35.000 Euro sowie einen Einkommensteuersatz von 20 % und einen Kirchensteuersatz von 9 % zugrunde, liegt die Kirchensteuerzahlung bei 600 Euro. Bei Alleinstehenden, gut verdienenden Steuerzahlern dürfte dieser Wert aufgrund der Steuerprogression noch deutlich höher liegen. Tritt also ein 30-Jähriger aus, summiert sich der Verlust für die Kirche bis zu dessen Ruhestand mit 67 Jahren nur durch die nichtgezahlte Kirchensteuer auf Basis des geschätzten Durchschnittswertes auf mindestens 18.500 Euro. Verzinst man den jährlichen Verlust von 500 Euro über diese Zeit mit einem relativ moderaten Zinssatz von 2 %, entsteht gar ein Verlust von mindestens 27.500 Euro je Austritt.

Die finanzielle Gesamtdimension lässt sich erahnen, wenn man alle Austritte eines Jahres in den Blick nimmt. Die 4.304 Kirchenaustritte im Jahr 2016 dürften für das Bistum Essen – auf Basis des geschätzten 500-Euro-Werts – einen finanziellen Verlust von mindestens zwei Millionen Euro bedeutet haben, allein im ersten Jahr. Diese Summe entspricht in etwa dem jährlichen Zuschuss, mit dem das Bistum Essen zwei seiner Schulen oder rund 20 katholische Kindertagesstätten finanziert. Schaut man zunächst bis zum Jahr 2026, so entsteht allein in diesen zehn Jahren durch die Kirchenaustritte des Jahres 2016 ein – wiederum mit 2 %

---

[50] Die Kirchensteuer wird in Abhängigkeit von der Einkommensteuer erhoben – damit betrifft sie vor allem Menschen, die einer Erwerbsarbeit oder einer selbstständigen Tätigkeit nachgehen. Seit 2005 werden zudem auch Renten besteuert – und dies bis 2040 in einem sukzessive steigenden Ausmaß. Bislang machen die Kirchensteuereinnahmen auf diesem Wege jedoch nur einen geringen Anteil aus. Ähnliches gilt für diese Altersgruppe für die Höhe der Kirchensteuer-Einnahmen aus der Besteuerung von Zinseinkünften.

verzinster – summierter Verlust von mehr als 26 Millionen Euro.[51] Für ein Finanzsystem, das auf kontinuierlichen Einnahmen aus einer annähernd stabilen Mitgliederbasis basiert, wirken Kirchenaustritte wie ein Turbolader – nur mit umgekehrtem Vorzeichen.[52]

Zudem dürften die finanziellen Auswirkungen der Kirchenaustritte bundesweit betrachtet noch brisanter sein. Zum einen sind 2016 bezogen auf alle Katholikinnen und Katholiken in ganz Deutschland mehr Menschen ausgetreten als im Bistum Essen. Bundesweit lag die Quote bei 0,68 %, während sie im Bistum Essen 0,55 % betrug.[53] Zum anderen liegt die durchschnittliche Kirchensteuerzahlung im Bistum Essen lediglich im unteren Drittel aller deutschen Diözesen.[54] Gerade der tatsächliche Kirchensteuerverlust durch Kirchenaustritte dürfte insbesondere in Regionen mit einem höheren Durchschnittseinkommen als im Ruhrgebiet – z. B. in Süddeutschland oder rund um Frankfurt am Main – deutlich höher liegen als die 500 Euro pro Jahr, mit denen das Bistum Essen orientierungshalber rechnet.

2.4 Kirchenaustritt – entweder in der „Rush Hour des Lebens" oder zur „Midlife Crisis"

Betrachtet man die Frage, in welchem Lebensalter das Thema Kirchenaustritt für die Menschen besonders akut ist, fallen deutliche Schwerpunkte auf. So gab es 2016 im Bistum Essen bis zur Volljährigkeit und nach dem 66. Lebensjahr jeweils Austrittsquoten von „nur" rund 0,15 %. Zwischen dem 25. und 30. Lebensjahr erhöhen sich die Quoten indes auf bis zu 2 % pro Jahrgang, insbesondere bei den Männern. In der „Rush-Hour des Lebens", zwischen Karriere- und Familienplanung, kündigen so viele Menschen ihre Mitgliedschaft wie in keinem anderen

---

[51] Da die meisten Menschen in jüngeren Lebensjahren aus der Kirche austreten, lassen sich in diesem Beispiel Reduzierungen des Gesamtverlustes durch die Tatsache, dass im betrachteten Zeitraum einige der Ausgetretenen womöglich in den Ruhestand treten und deshalb weniger Kirchensteuer zahlen, zunächst vernachlässigen.

[52] In den vergangenen Jahren wurde diese Erkenntnis finanziell kaum sichtbar, da im Zuge der bundesweit historisch positiven Wirtschaftsentwicklung sowohl die Erwerbstätigkeit als auch Löhne und Gehälter überkompensierend stiegen.

[53] Eigene Berechnungen auf der Grundlage von *Sekretariat der Deutschen Bischofskonferenz* (Hrsg.), Katholische Kirche in Deutschland: Zahlen und Fakten 2016/17, Bonn 2017, 47.

[54] *Bistum Essen* (Hrsg.), Finanzbericht 2016, 14.

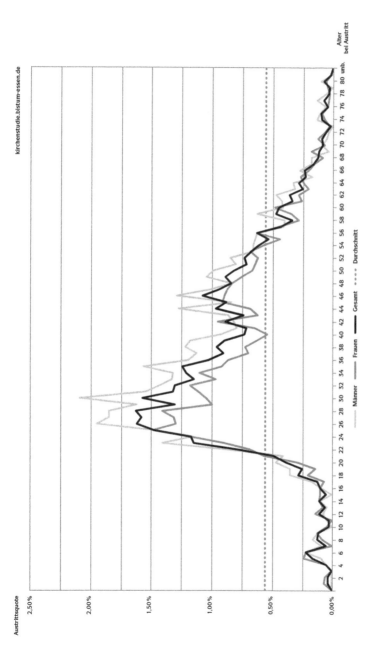

Abb. 6: Austrittsquoten Bistum Essen nach Lebensalter (2016)

Lebensalter. Von den insgesamt 4.304 Menschen, die im Jahr 2016 die Kirche im Bistum Essen verließen, waren gut 42 % zwischen 23 und 35 Jahre alt. Einen weiteren Höhepunkt in der Statistik gibt es in der zweiten Hälfte der 40er-Jahre, also etwa dort, wo gemeinhin eine mögliche „Midlife Crisis" verortet wird.

Beim Verhältnis von Kirchenaustritt und Lebensalter gibt es zudem gewisse Unterschiede zwischen den Geschlechtern: Die stärksten Austritts-Jahrgänge bei den Frauen liegen jeweils einige Jahre vor denen der Männer. Abbildung 6 zeigt die unterschiedliche Entwicklung der relativen Austrittsquoten in den einzelnen Jahrgängen aufgeteilt nach Männern und Frauen. Dieses hier für das Jahr 2016 dargestellte Profil hat sich in seiner grundsätzlichen Ausrichtung in den vergangenen Jahren als relativ stabil dargestellt.

3. Forschung mit praktischen Konsequenzen

Neben den Kirchenaustrittsstatistiken und dem Zukunftsbild-Prozess im Bistum Essen war es der Blick nach außen, der die vorliegende Studie geprägt hat. Bei Literaturrecherchen und im Austausch mit anderen (Erz-)Bistümern und Wissenschaftler(inne)n wurden mehrere Punkte deutlich:

Es gibt zwar erstens eine Reihe von Studien zur Zufriedenheit der Gläubigen. Allerdings existiert weder eine veröffentlichte Synopse noch eine Meta-Studie, die Schlüsse aus den Studienergebnissen zieht und Handlungsstrategien gegen den vermehrten Austritt aus der Kirche ermöglicht.

Zweitens basieren die Studien häufig auf unterschiedlichen Kirchenbildern und stagnieren auch auf dieser Basis. Die Ergebnisse der „Zufriedenheitsstudien" werden deswegen häufig unterschiedlich ausgedeutet, was den Weg zu gemeinsamen Handlungsstrategien deutlich erschwert. Das pluriforme Kirchenbild, das im Zukunftsbild des Bistums Essen affirmiert wird, benötigt deswegen eine systematisch-theologische Vertiefung.

Drittens gibt es keine qualitative Erhebung für das Ruhrgebiet bzw. das märkische Sauerland, die die andernorts erhobenen Ergebnisse mit den Einstellungen der Katholikinnen und Katholiken im Bistum Essen in Beziehung setzt.

Viertens bedarf es möglichst konkreter Handlungsempfehlungen für das Bistum Essen, die auf wissenschaftlichen Ergebnissen und dem dialogischen Ansatz des Zukunftsbildes beruhen.

Fünftens hat die Erfahrung der letzten Jahre im Dialog- und Zukunftsbildprozess gezeigt, dass eine flankierende, zum Teil niedrigschwellige, Kommunikation mit der kirchlichen Öffentlichkeit im Bistum Essen sehr wichtig ist, um komplexe Themen zum Anliegen vieler zu machen.

Desideraten begegnen

Um diesen Desideraten zu begegnen, hat die Projektgruppe eine Studie mit kommunikativem Projektdesign aufgelegt, die diesen Bereichen Rechnung trägt. Das Projektteam hat sich nach intensiver Auswahl-Phase für die Zusammenarbeit mit drei Wissenschaftler-Teams entschieden:
- Meta-Studie: Björn Szymanowski, Dr. Benedikt Jürgens, Prof. Dr. Matthias Sellmann (Zentrum für angewandte Pastoralforschung [ZAP] an der Ruhr-Universität Bochum)
- Empirische Erweiterung: Prof. Dr. Ulrich Riegel (Religionspädagogik, Universität Siegen), Prof. Dr. Tobias Faix (Institut empirica für Jugendkultur und Religion, Kassel), Dr. Thomas Kröck (Universität Siegen)
- Systematisch-theologische Reflexion: Jan Niklas Collet, Prof. Dr. Thomas Eggensperger OP, Prof. Dr. Ulrich Engel OP (Institut M.-Dominique Chenu, Berlin)

Neben ihren forschenden Beiträgen haben diese Teams jeweils aus ihren Ergebnissen und aus dem Diskurs untereinander und mit Expertinnen und Experten[55] Handlungsempfehlungen entwickelt. Diese Empfehlungen werden vom steuernden Projektteam im Abschlusskapitel dieser Studie reflektiert, geordnet und zu drei Entwicklungsfeldern zusammengeführt. Für jedes Entwicklungsfeld werden Thesen und Handlungsempfehlungen formuliert, die im Anschluss an die Studie der praktischen Weiterarbeit dienen. Ab 2018 werden im Bistum Essen konkrete Maßnahmen im Dialog mit Ehrenamtlichen und Hauptberuflichen im Bistum Essen entwickelt.

Um die Kommunikation zwischen dem steuernden Projekt-Team und den Wissenschaftler-Teams zu sichern, trafen sich die Beteiligten quartalsweise zu insgesamt vier Workshops, bei denen vorläufige Ergebnisse

---

[55] Am 29. Mai 2017 fand im Bistum Essen ein entsprechendes Expertenhearing statt, zu dem Fachleute aus Kirche, Theologie, Wirtschaft und Non-Profit-Organisationen eingeladen waren. Die Forscherteams haben dort ihre Ergebnisse zur Diskussion gestellt und die Expert(inn)en haben gemeinsam Ideen und Handlungsempfehlungen entwickelt.

diskutiert sowie weitere Schritte abgestimmt wurden. Das Studiendesign war zu Beginn in drei Phasen gegliedert: „Fragen finden", „Hypothesen überprüfen", „Strategie entwickeln".[56]

In der ersten Phase wurden vor allem durch die Meta-Studie Fragen und Dimensionen zum Bindungsverhalten der katholischen Gläubigen in Deutschland entwickelt. Die empirische Erweiterung durch das Forscherteam Riegel/Kröck/Faix begann etwas zeitversetzt. Auf der Basis der Dimensionen zur Kirchenbindung (Szymanowski/Jürgens/Sellmann) und in Abstimmung mit dem Projekt-Team entwickelte das empirische Team ein leitfragengestütztes narratives Format für persönliche oder telefonische Interviews, einen vertiefenden Online-Fragebogen sowie eine niedrigschwellige Online-Umfrage. Wieder etwas zeitversetzt nahm das systematische Team seine Reflexion auf. Ausgehend von soziologischen Überlegungen zur Bewegungsorganisation reflektierten die Forscher die im Zukunftsbild vorhandenen Kirchenbilder und brachten diese miteinander ins Gespräch.

In den Workshops wurde deutlich: Die Phasen 1 und 2 gehen ineinander über und lassen sich inhaltlich und zeitlich nicht genau trennen. Von einer zusätzlichen, ursprünglich angedachten, größeren empirischen Überprüfung der entstandenen Hypothesen wurde aufgrund der soliden Basis der vorliegenden Ergebnisse abgesehen. Darüber hinaus wurde während der Zusammenarbeit mit den drei verschiedenen Forscher-Teams sichtbar, dass die Ergebnisse der Meta-Studie und der empirischen Erhebungen sich zwar nicht widersprechen, sich aber unterschiedliche Themenschwerpunkte herauskristallisieren, was in den jeweiligen Kapiteln vertieft dargestellt wird.

Parallel zur wissenschaftlichen Arbeit wurde durch das Projektteam im Bistum Essen die Studie kommunikativ begleitet. Über Pressemitteilungen, Social-Media-Beiträge und „Citycards", die in Kneipen, Restaurants und öffentlichen Gebäuden auslagen, wurde auf die niedrigschwellige Online-Umfrage hingewiesen. Auf die Frage „Should I stay or should I go?" gingen mehr als 3.000 Männer und Frauen ein und nahmen am Online-Fragebogen teil; rund 10 % erklärten sich dort auch zu einem persönlichen Interview mit den Wissenschaftlern bereit.

---

[56] Das Projektteam hatte zu Beginn des Projekts Fragen, Hypothesen und Handlungsideen entwickelt, die durch die Studie und das Expertenhearing überprüft werden konnten. Die Erkenntnisse sind im Ausblickskapitel in diesem Band nachzulesen.

Literatur

Bistum Essen, Eine Kirche, der man die Lust am Christsein anmerkt, 14. Juli 2013, https://www.bistum-essen.de/presse/artikel/eine-kirche-der-man-die-lust-am-christsein-anmerkt/ [letzter Zugriff am 02.11.2017].

Bistum Essen, Finanzbericht 2016, 14/15, https://www.bistum-essen.de/fileadmin/relau nch/Bilder/Bistum/Finanzen/Finanzbericht_2016.pdf [letzter Zugriff am 03.11.2017].

Bistum Essen (Hrsg.), Pfarreiprozesse. Leitfaden und Arbeitshilfe, Essen 2015, https://www.bistum-essen.de/fileadmin/relaunch/Bilder/Pfarreien_und_Gemeinden/Pfarrein entwicklungsprozess/Arbeitshilfe-Pfarreiprozesse_AKTUELL.pdf [letzter Zugriff am 01.10.2017].

https://www.bistum-essen.de/presse/artikel/seelsorger-diskutieren-ueber-die-zukunft-ihrer-arbeit/ [letzter Zugriff am 13.10.2017].

Bistum Essen (Hrsg.), Zukunft auf katholisch – lebendige Kirche im Dialog. Die erste Wegstrecke des Dialogprozesses im Bistum Essen, Essen 2014

Bistum Essen (Hrsg.), „Zukunftsbild – Du bewegst Kirche!". Chronologie & Ereignisse. Projekte & Ergebnisse, Essen 2015, 20.

W. Damberg/J. Meier, Das Bistum Essen 1958–2008. Eine illustrierte Kirchengeschichte der Region von den Anfängen des Christentums bis zur Gegenwart, Münster 2008, 278.

W. Damberg, Die Begründung des Bistums Essen 1958. Gesellschaftlicher Wandel und Kirchengeschichte im Ruhrgebiet, in: R. Göllner (Hrsg.), Das Ruhrbistum in Vergangenheit, Gegenwart und Zukunft. 50 Jahre Bistum Essen (=Theologie im Kontakt 17), Berlin 2010, 9–25.

http://www.dbk.de/fileadmin/redaktion/diverse_downloads/presse_2014/2014-050b-Abschlussbericht-Limburg.pdf [letzter Zugriff am 15.10.2017].

https://www.dbk.de/presse/details/?presseid=1675&cHash=6d401bf0d6c445d2714a7f7 a14649a09 [letzter Zugriff am 02.11.2017].

Deutsche Bischofskonferenz, Katholische Kirche in Deutschland: Zahlen und Fakten 2016/17

J.Eicken/A. Schmitz-Veltin, Die Entwicklung der Kirchenmitglieder in Deutschland (2010), https://www.destatis.de/DE/Publikationen/WirtschaftStatistik/Gastbeitraege/EntwicklungKirchenmitglieder.pdf?__blob=publicationFile [letzter Zugriff am 18.10.2017].

E. M. Faber, Einführung in die katholische Sakramentenlehre, Darmstadt [3]2011.

F Genn, Hirtenwort zur Absicherung der pastoralen und wirtschaftlichen Handlungsfähigkeit des Bistums Essen, 10. Januar 2005, https://zukunftsbild.bistum-essen.de/fileadmin/medien/Dialogprozess/Dokumentation_Die_erste_Wegstrecke.pdf [letzter Zugriff am 03.11.2017].

„Glauben. Diesseits und Jenseits", in: Spiegel 52/1967.

T. Großbölting, Der verlorene Himmel. Glaube in Deutschland seit 1945, Göttingen 2013.

R. Haas, Warum scheiterte 1928 der erste Plan für ein Ruhrbistum Essen?, in: R. Göllner (Hrsg.), Das Ruhrbistum in Vergangenheit, Gegenwart und Zukunft. 50 Jahre Bistum Essen (Theologie im Kontakt 17), Berlin 2010, 27–63.

N. Hannig, Die Religion in der Öffentlichkeit. Kirche, Religion und Medien in der Bunderepublik 1945–1980, Göttingen 2010, 311.

M. Heimbach-Steins, Christliche Sozialethik für die Welt von heute (Kirche und Gesellschaft, Nr. 380), hrsg. von der Katholischen Sozialwissenschaftlichen Zentralstelle Mönchengladbach, 2011.

P. Hesse, Neue Bistumszeitschrift „Bene" will Katholiken erreichen, in: Westdeutsche Allgemeine Zeitung (WAZ), 13.12.2013, https://www.waz.de/staedte/essen/neue-bistumszeitschrift-bene-will-katholiken-erreichen-id8767599.html [letzter Zugriff am 02.11.2017]

W. Kasper, Katholische Kirche. Wesen – Wirklichkeit – Sendung, Freiburg i. Br. ²2011, 286f.

P. Kirchhof, Die Kirchen und Religionsgemeinschaften als Körperschaften des öffentlichen Rechts, in: Handbuch des Staatskirchenrechts der Bundesrepublik Deutschland, Bd. 1, Zweite, grundlegend neubearbeitete Auflage, Berlin 1994, 651–685.

F.-J. Overbeck, Hirtenwort zum 1. Januar 2011, https://www.bistum-essen.de/fileadmin/bereiche/za-kom/Bischof_Dr._Franz-Josef_Overbeck_-_Hirtenwort_zum_1._Januar_2011.pdf [letzter Zugriff am 03.11.2017].

F.-J. Overbeck, Hirtenwort zum Dialogprozess, Dreifaltigkeitssonntag, 19. Juni 2011, https://www.bistum-essen.de/fileadmin/subsites/zukunftaufkatholisch/Hirtenwort.pdf [letzter Zugriff am 03.11.2017].

F.-J. Overbeck, Hirtenwort zum 01.01.2014. In: Kirchliches Amtsblatt im Bistum Essen, 57. Jahrgang, Stück 1 (1.1.2014), Nr. 1.

F.-J. Overbeck, Predigt im Pontifikalamt am Oktavtag von Weihnachten – Hochfest der Gottesmutter Maria – 54. Gründungstag unseres Bistums, Neujahr 2011, Hoher Dom zu Essen, https://www.bistum-essen.de/fileadmin/bereiche/za-kom/Bischof_Dr._Franz-Josef_Overbeck_-_Predigt_am_Hochfest_der_Gottesmutter_Maria_-_1._Januar_2011.pdf. [letzter Zugriff am 02.11.2017].

D. Pollack, Religion in der Moderne. Ein internationaler Vergleich, Frankfurt a. M. u. a. 2015.

D. Sattler, Art. Taufe, in: W. Beinert/B. Stubenrauch (Hrsg.), Neues Lexikon der katholischen Dogmatik, Freiburg i. Br. 2012, 620–624

Th. Schneider, Zeichen der Nähe Göttes. Grundriss der Sakramententheologie, Mainz 1979.

Sekretariat der Deutschen Bischofskonferenz, Katholische Kirche in Deutschland, Zahlen und Fakten 2015/16, Bonn 2016.

„Warum treten Sie nicht aus der Kirche aus?" in: Stern 13/1967.

Th. Sternberg, Vertrauen allein reicht nicht. Finanzen der katholischen Kirche in Deutschland, in: HK 71 (2017, 9), 27–31

J. Werbick, Kirche. Ein ekklesiologischer Entwurf für Studium und Praxis, Freiburg i. Br. 1994.

Dimensionen der Kirchenbindung. Meta-Studie[*]

Björn Szymanowski/Benedikt Jürgens/Matthias Sellmann

1. Einleitung – Methodik, Reichweite, Studien

1.1 Erste Wahrnehmung der Austrittsproblematik

Im Jahr 2015 gehörten knapp 23,4 Millionen Menschen in Deutschland der katholischen Kirche an. 1950 waren es noch 200.000 Katholikinnen und Katholiken weniger. Vergleicht man beide Werte, erscheint die Brisanz aktueller kirchlicher Endzeitszenarien zunächst unverständlich. Begibt man sich allerdings tiefer in die Diachronie, tritt einem das ganze Ausmaß der kirchlichen Mitgliedererosion vor Augen. Nicht nur nahm in diesen 65 Jahren die Bevölkerungszahl von 50 auf 82 Millionen zu, sondern auch die Katholikenzahl erreichte nach der Wiedervereinigung zwischenzeitlich Werte von über 28 Millionen (1990–1993). Setzt man diese Zahlen in Relation zu der Gesamtbevölkerung, ergibt sich folgendes Bild: Waren 1950 noch 46 % der Bundesdeutschen Mitglied der katholischen Kirche, fiel dieser Satz im Jahr 2013 bereits unter die 30 %-Schwelle. Der Prozentsatz ist somit bereits seit den 1950er Jahren grosso modo rückläufig. Mit der deutsch-deutschen Wiedervereinigung schnellt die Bevölkerungszahl nach oben und der Katholikenanteil bricht von etwa 43 auf 35 % ein.[1]

Als ob das Abbruchphänomen damit noch nicht hinreichend deutlich geworden wäre, offenbaren die Austrittszahlen eine weitere besorgniserregende Entwicklung: In den 1950er und frühen 1960er Jahren kompensierte die Zahl der Eintritte und Wiederaufnahmen annähernd die

---

[*] Bei dieser Studie handelt es sich um eine Kurzfassung der Magisterarbeit von Björn Szymanowski, die im Jahr 2017 an der Katholisch-Theologischen Fakultät der Ruhr-Universität Bochum eingereicht wurde (Erstgutachter: Prof. Dr. Matthias Sellmann; Zweitgutachter: Prof. Dr. Wilhelm Damberg). Für Hinweise und Verbesserungsvorschläge dankt der Verfasser den Herren Dr. Benedikt Jürgens und Prof. Dr. Matthias Sellmann, die die Arbeit wissenschaftlich begleitet haben.

[1] Vgl. für die genannten Werte: *Sekretariat der Deutschen Bischofskonferenz* (Hrsg.), Katholische Kirche in Deutschland. Bevölkerung und Katholiken 1950–2015, Bonn 2016.

Austrittszahlen. Der Prozentsatz an katholischen Christinnen und Christen nahm von 1950 bis 1955 leicht zu. Die Kirche erschien als ,Siegerin in Trümmern'. Der Wegfall des Drucks durch die nationalsozialistische Regierung erklärt wohl die hohe Zahl von Wiederaufnahmen (10.000 im Jahr 1950), das gestiegene Prestige und die Sehnsucht nach Halt im zerstörten Deutschland vermutlich die der Eintritte (20.000). Bis 1970 nahmen die Austritte jedoch deutlich zu. Ihre Zahl verdreifacht sich von knapp 23.000 (1965) auf annähernd 70.000 pro Jahr.[2] Den Hintergrund dafür bilden freilich die Transformationen der 60er Jahre, die den Höhepunkt einer seit den 1950er Jahren kursierenden Aversion gegen traditionelle Normen und Autoritäten darstellten. Zündstoff für die 68er-Generation bot nicht zuletzt die kirchliche Sexuallehre. Die Ereignisse dieser wenigen Dekaden hatten maßgeblichen Einfluss auf die künftige Erscheinungsgestalt des Religiösen in Deutschland.

Die deutsche Einheit hat das Relevanzproblem der katholischen Kirche noch einmal verstärkt: Im Jahre 1990 haben sich die Austrittszahlen auf 143.000 pro Jahr verdoppelt.[3] Die erwartete Renaissance des religiösen Lebens nach dem Zusammenbruch des SED-Regimes in der DDR blieb aus. Es herrschte – und herrscht nach wie vor – eine ,Kultur der Konfessionslosigkeit': knapp drei Viertel der Bevölkerung sind konfessionslos. Innerhalb von 45 Jahren hat sich der Anteil der Konfessionsmitglieder von 91 % (1945) auf ein Viertel reduziert.

Die Austrittszahlen der Bundesrepublik fluktuieren seit den 1990er Jahren stark. 2005 sinkt der Wert unter die 90.000-Schwelle. Im Skandaljahr 2010[4] sind es hingegen über 180.000 Katholikinnen und Katholiken, die aus der Kirche austreten. Im Jahr 2014 erreicht die Austrittszahl mit 217.716 Ausgetretenen ihren vorläufigen Höhepunkt. Die Zahl der Eintritte und Wiederaufnahmen ist demgegenüber verschwindend gering. Insgesamt sind 2015 nur etwa 9.000 Menschen (wieder) in die Kirche eingetreten.[5]

---

[2] Vgl. *Sekretariat der Deutschen Bischofskonferenz* (Hrsg.), Katholische Kirche in Deutschland: Wiederaufnahmen, Eintritte, Austritte 1950–2015, Bonn 2016.

[3] Ebd.

[4] Im Jahr 2010 kam es zu einer Reihe von Enthüllungen über sexualisierte Gewalt in der Kirche, die eine hohe mediale öffentliche Aufmerksamkeit erfuhren und zu einer breiten gesellschaftlichen Debatte führten.

[5] *DBK*, Katholische Kirche in Deutschland: Wiederaufnahmen, Eintritte, Austritte 1950–2015 (s. Anm. 2).

1.2 Methodisches Vorgehen

Die folgende Darstellung leistet in Form einer Meta-Studie einen Beitrag zur Reflexion dieser Transformations- und Erosionsprozesse. Dabei orientiert sie sich methodisch an dem Modell der zusammenfassenden qualitativen Inhaltsanalyse nach Mayring aus der empirischen Sozialforschung. Grundprinzip ist die Zusammenfassung einer großen Materialmenge – in unserem Fall sind dies ausgewählte Kirchenbindungsstudien – durch die Verallgemeinerung der Abstraktionsebene.[6] Mithilfe eines Strukturierungsprozesses soll die Fülle an Daten durch eine Kategorisierung konzentriert und auf die dem Forschungsinteresse entsprechenden wesentlichen Inhalte angepasst werden. Das Ziel der Analyse, so formuliert Mayring, „ist es, das Material so zu reduzieren, dass die wesentlichen Inhalte erhalten bleiben, durch Abstraktion einen überschaubaren Corpus zu schaffen, der immer noch Abbild des Grundmaterials ist".[7] Die Definition der Analysekategorien stellt dabei einen zentralen Schritt der Inhaltsanalyse dar. Zur Bildung dieser Kategorien lassen sich zwei Vorgehensweisen voneinander unterscheiden: Eine deduktive Definition „bestimmt das Auswertungsinstrument durch theoretische Überlegungen" *vor* der Sichtung des Materials. Die Kategorien – für uns Dimensionen – würden in diesem Fall auf der Grundlage bestehender Hypothesen generiert. Damit wäre aber zugleich auch eine Implementierung von Vorannahmen verbunden, die die Analyse der Daten verzerrte oder zumindest im hohen Maße vorprägte. Diese Meta-Studie lehnt sich deshalb an das Modell der induktiven Kategorienbildung an. Dieses „leitet die Kategorien direkt aus dem Material in einem Verallgemeinerungsprozeß ab, ohne sich auf vorab formulierte Theorienkonzepte zu beziehen".[8]

Der Ablauf einer solchen induktiven Kategorienbildung soll im Folgenden als Rekapitulation für die Generierung der in dieser Meta-Studie verwendeten Dimensionen kurz vorgestellt werden[9]. Am Ausgangspunkt der Kategorienbildung stand das Ziel der Analyse: die Frage nach den Faktoren, die die Kirchenbindung der Katholikinnen und Katholiken in einem positiven oder negativen Sinne beeinflussen, oder ganz konkret: ‚Warum kommen Menschen zur Kirche? Warum bleiben sie und warum

---

[6] Vgl. *P. Mayring*, Qualitative Inhaltsanalyse. Grundlagen und Techniken, Weinheim und Basel 2015, 59.

[7] Ebd., 58.

[8] Vgl. ebd., 74f.

[9] Vgl. zu diesem Abschnitt flankierend: ebd., 74–76.

gehen sie?' Damit war zugleich das Selektionskriterium für die Analyse bestimmt. Die Signifikanz der ausgewerteten Studienergebnisse bemaß sich nach der Relevanz für die Beantwortung der zentralen Leitfrage. In einem ersten Schritt wurde dann das vorläufige Abstraktionsniveau der zu eruierenden Kategorien – hier Dimensionen – bestimmt. Aufgrund des induktiven Vorgehens musste es zunächst niedrig angesetzt werden. Denn bei einem hohen Abstraktionsniveau und einer dementsprechend engen Rasterung bestünde die Gefahr, wichtige Ergebnisse nicht einordnen zu können. Dann folgte die erste Materialsichtung. Erfüllten einzelne Daten der untersuchten Studien das Selektionskriterium, wurden auf dessen Grundlage synchron vorläufige Kategorien gebildet. Passte das Material zu einer bereits vorhandenen Dimension, wurde es darunter subsumiert. Diese Dimensionen differenzierten sich mit zunehmendem Datenmaterial immer weiter aus. Das Abstraktionsniveau konnte so sukzessive angehoben werden. Die induktive Kategorienbildung sieht nach der ,Sättigung' der Kategorien (nach etwa 10–50 % des Materials) eine Revision ebendieser vor. Dementsprechend wurden die bestehenden Dimensionen im Rahmen einer Rückkopplungsschleife auf Redundanz und Prägnanz überprüft und revidiert. Am Ende dieses Ausdifferenzierungs- und Reduktionsprozesses stand das nun der Meta-Studie zugrunde liegende Kategoriensystem, dem entsprechende Daten zugeordnet worden sind.

Das Ergebnis dieser induktiven Methode sind insgesamt sieben Dimensionen, die den maßgeblichen Ertrag dieser Meta-Studie strukturieren und zugleich zentrale Aufgabenfelder kirchlichen Bindungsverhaltens markieren: die individuelle, interaktive, gesellschaftliche, liturgische, strukturelle, finanzielle und kommunikative Dimension. Die Sequenzierung der Dimensionen folgt damit einer bestimmten Logik: dem ,bottom-up-approach'. Das meint: Vom Individuum ausgehend nimmt dabei die Verflechtung des Subjekts in die strukturellen Zusammenhänge zu. Für eine Analyse der zahlreichen verschiedenen Studienergebnisse sind diese sieben Dimensionen allerdings noch zu breit. Deshalb war es nötig, Unterkategorien zu entwickeln, die eine angemessene Interpretation ermöglichen. Jeder Dimension wurden daher noch entsprechende induktiv gewonnene Items zugeordnet.

Die induktive Bildung der Dimensionen ist für die qualitative Inhaltsanalyse von zentraler Bedeutung. Bei der Gewinnung und Operationalisierung der Dimensionen ist daher mit größtmöglicher Sorgfalt vorzugehen. Neben der Offenlegung der methodischen Vorgehensweise gehört nicht zuletzt die Herstellung intersubjektiver Nachvollziehbarkeit der Kodierung zu den Gütekriterien qualitativer Inhaltsforschung. Die Zuverlässigkeit des Messinstruments und damit die Güte der Dimensionen werden durch die sogenannte ‚Intercoderreliabilität‘ messbar. Darunter versteht man die Sicherstellung der Objektivität der Messung durch die Übereinstimmung in der Kodierung verschiedener Forscher. Verorten verschiedene Personen dieselben Inhalte repräsentativ ausgewählter Datenmaterialien in einer Dimension und lassen sich alle relevanten Daten ausnahmslos den vorhandenen Dimensionen zuordnen, so ist das Kategorienraster reliabel.[10] Die Reliabilität der Dimensionen der vorliegenden Meta-Studie wurde von einer siebenköpfigen Forschergruppe des Bochumer Zentrums für angewandte Pastoralforschung (ZAP) überprüft und bestätigt.

Die endgültige Schematisierung der Dimensionen und eine kurze Erläuterung der einzelnen Bestandteile sind der folgenden Tabelle zu entnehmen:

1. Individuell	Die individuelle Dimension beschreibt die affektiven Voraussetzungen und Anlagen des Individuums, die die Kirchenbindung beeinflussen. Eine Interaktion der Individuen untereinander und mit der Kirche et vice versa wird hier noch nicht bedacht.
Religiosität & Gottesglaube	beschreibt die religiöse Selbsteinschätzung der Katholikinnen und Katholiken, vorhandene Gottesbilder und das Verhältnis von individueller und institutioneller Religiosität.
Die Kirche als Heimat	beschreibt das Gefühl der Beheimatung der Katholikinnen und Katholiken in der Kirche.
Sinn, Halt & Orientierung	beschreibt die Sinn- und Lebensorientierung durch die Kirche, auch in Krisenzeiten.
2. Interaktiv	Die interaktive Dimension beschreibt die Bedeutung der Interaktion mehrerer Individuen unter der Perspektive ihres Einflusses auf die Kirchenbindung. Die Beschreibung berücksichtigt dabei sowohl die Interaktionen des Subjekts mit der Mitwelt als auch der Mitwelt mit dem Subjekt.
Der Gemeinschaftscharakter	beschreibt die Bedeutung des Gemeinschaftsaspekts und der Gemeinschaftserfahrungen in der Kirche und im kirchlich gelebten Glauben.
Sozialisation, Tradition & das soziale Nahfeld	beschreibt die Bedeutung der Sozialisation und des Traditionsbewusstseins. Zudem wird auch die Rolle des Partners, der Familie und der Freunde bedacht.

---

[10] Ebd., 116f.

Engagement und Ehrenamt	beschreibt das aktuelle ehrenamtliche Engagement der Katholikinnen und Katholiken sowie deren Motive.
3. Gesellschaftlich	Die gesellschaftliche Dimension beschreibt sowohl die Positionierung der institutionell verfassten Kirche in der Gesellschaft als auch ihr auf die Gesellschaft ausgerichtetes formatives Handeln und Deuten unter der Perspektive des Einflusses auf die Kirchenbindung.
Werte & Lehre	beschreibt die Wahrnehmung und Bewertung der Kirche als moralische Instanz und Hüterin der christlichen Glaubenslehre. Die Anschlussfähigkeit der Lehren wird ebenfalls bedacht.
Sozial-caritatives Engagement	beschreibt die Wahrnehmung und Bewertung der sozialen Kompetenz der Kirche in ihrer Funktion als sozial-caritativ engagierte Helferin.
Kulturelles Engagement	beschreibt die Wahrnehmung und Bewertung des kulturellen Engagements der Kirche.
Gesellschaftspolitisches Engagement	beschreibt die Wahrnehmung und Bewertung des politisch-institutionellen („Polity") und politisch-inhaltlichen Engagements („Policy") der Kirche.
4. Liturgisch	Die liturgische Dimension beschreibt die Wahrnehmung und Bedeutung der Liturgie(n) der Kirche – binnen- und außerkirchlich – unter der Perspektive ihres Einflusses auf die Kirchenbindung.
Sonntagsgottesdienst	beschreibt die subjektive Teilnahmehäufigkeit, die Wahrnehmung und die Bewertung des sonntäglichen Gemeindegottesdienstes.
Kasualien	beschreibt die Wahrnehmung und Bewertung der kirchlichen Übergangsrituale durch Katholikinnen und Katholiken und Konfessionslose sowie ihren zugeschriebenen spezifischen Sinngehalt.
Hochfeste & Events	beschreibt die Bedeutung der kirchlichen Hochfeste, allen voran Weihnachten, und der Events.
5. Strukturell	Die strukturelle Dimension beschreibt die strukturelle Organisation sowie die personelle und seelsorgliche Verfasstheit der Kirche unter der Perspektive des Einflusses auf die Kirchenbindung.
Kirchliche Strukturen	beschreibt die Bewertung der kirchlichen Strukturen (Universalkirche, Diözese, Pfarrei & Gemeinde) durch die Katholikinnen und Katholiken.
Personal	beschreibt die Wahrnehmung und Bewertung der kirchlichen Mitarbeiter(innen) und der personalen Seelsorgestrukturen.
Gemeindearbeit	beschreibt die Bewertung kirchlicher Jugend-, Senioren- und Bildungsarbeit.

6. Finanziell	Die finanzielle Dimension beschreibt die Bedeutung sowohl ökonomischer Erwägungen der Christinnen und Christen in Bezug auf ihre Mitgliedschaft als auch der Beschaffung und Verwendung der kirchlichen Finanzen unter der Perspektive des Einflusses auf die Kirchenbindung.
Kirchensteuer	beschreibt die Wahrnehmung und Bedeutung der Kirchensteuer als Mitgliedschaftsbeitrag.
Kirchliche Finanzen	beschreibt die Wahrnehmung und Bedeutung des Umgangs der Kirchenleitung mit kirchlichen Finanzen.
7. Kommunikativ	Die kommunikative Dimension beschreibt die Bedeutung der kirchlichen Kommunikation unter der Perspektive ihres Einflusses auf die Kirchenbindung. Dabei berücksichtigt sie sowohl die Reichweite und Anschlussfähigkeit kirchlicher Kommunikationsmittel als auch die aggregierte Bewertung kirchlicher Eigenschaften und Handlungen in der Öffentlichkeit.
Modernität	beschreibt den durch kirchliche Positionierung vermittelten Modernitätsgrad und die Modernisierungsbereitschaft und -fähigkeit der Kirche aus der Perspektive der Gläubigen.
Kirchliche Kommunikation	beschreibt die Wahrnehmung und Bewertung kirchlicher Kommunikationsmittel.
Image & Reputation	beschreibt das wahrgenommene Gesamtimage der Kirche als Kulminationspunkt verschiedener kirchlicher Handlungsfelder. Dazu zählt insbesondere der Einfluss kirchlicher Skandale.

Auf der Grundlage dieser Reduktion, Explikation und inhaltlichen Strukturierung des Datenmaterials konnten die Studienergebnisse nun miteinander verglichen und korreliert werden. Wo es möglich war, folgen die einzelnen Unterkategorien einem ähnlichen Analyseschema: Die verschiedenen Faktoren werden, soweit es die Komplexität erlaubt, entflochten und aus verschiedenen Perspektiven expliziert. So wird bspw. die Unterkategorie ‚Religiosität' aufgeschlüsselt in die Frage nach der religiösen Selbstbezeichnung, dem Gottesglauben, der Gebetspraxis und der Korrelation mit anderen Faktoren. Den Schluss der Analyse einer jeden Kategorie bildet die Reflexion der Signifikanz des jeweiligen Faktors für die Kirchenbindung.

1.3 Zur Reichweite dieser Studie

Nicht zuletzt die unerwarteten Ausgänge der Wahlen zum ‚Brexit' und zur US-Präsidentschaft im Jahr 2016 haben uns über die Validität der Umfrageergebnisse von Meinungsforschungsinstituten Aufschluss gegeben. Trotz einer Vielzahl von Befragungen und Hochrechnungen waren Studien kaum in der Lage, die öffentliche Meinung korrekt abzubilden. Arbeitet man mit Mitteln empirischer Sozialforschung, muss man sich bewusst sein, dass sie nicht in der Lage sind, die Wirklichkeit gänzlich zu beschreiben. Es handelt sich je nach erkenntnistheoretisch-methodologischer Grundlage um die Ermittlung statistischer Regelmäßigkeiten (quantitativ) und um eine Annäherung an sinnhafte Zusammenhänge (qualitativ). Folgt die qualitative Forschung dem Ziel der explorativen Generierung sinnbezogener Erfahrungszusammenhänge, die quantitative dem der Erstellung verteilungsbezogener Typiken[11], sehen sich doch beide Ansätze mit dem zentralen Problem schlechthin konfrontiert: der Kontingenz gesellschaftlicher Zusammenhänge. Der quantitative Ansatz birgt die Gefahr einer Diskrepanz zwischen den studienbildenden Theoriekonzepten und dem Untersuchungsgegenstand als solchem. Die Fragen müssen die Verstehensmöglichkeiten und Deutungsmuster der Befragten berücksichtigen. Eine ideale Passung ist dabei kaum vorstellbar. Der qualitativen Forschung liegt zwar ein dynamisch-offener Prozess zugrunde, doch auch dieser ist gegenüber standardisierten Verfahren nicht risikolos.[12] Der „subjektiv gemeinte Sinn"[13] verhindert nicht selten ein Fremdverstehen im originären Sinne. Denn Sender und Empfänger interpretieren dieselbe Nachricht oftmals vor unterschiedlichen Verstehenskontexten.[14] Zudem ist die Bedeutung von Aussagen und Begriffen nur in ihrem situativen Verwendungskontext verstehbar. Situation, Mimik, Gestik und Semantik bilden eine Einheit.[15] Die empirische Sozialforschung weiß um Methoden, um mit diesen Problemen produktiv umzugehen. Vermeiden lassen sie sich im Gesamt allerdings nicht.

Diese Meta-Studie nimmt nun eine Vielzahl von Studien in den Blick und ist somit nolens volens ebensolchen Risiken ausgesetzt. Zwei Per-

---

[11] Vgl. *J. Kruse*, Qualitative Interviewforschung. Ein integrativer Ansatz, Weinheim und Basel, 45.
[12] Vgl. ebd., 46.
[13] Ebd., 60.
[14] Vgl. ebd., 60f.
[15] Vgl. ebd., 76f.

spektiven sollen diese Erkenntnis flankieren: Zum einen werden durch die Verbindung verschiedener qualitativer und quantitativer Studien in einer Meta-Analyse mögliche Einseitigkeiten innerhalb einzelner rezipierter Untersuchungen vermieden. Indem die Ergebnisse nebeneinandergestellt und aufeinander bezogen werden, minimiert sich damit die Gefahr der Übernahme von Fehlinterpretationen. Zum anderen ist diese Studie aber selbst ein Interpretationsprozess, der mit denselben Problemen wie die ursprünglichen Studien konfrontiert ist. Damit wird deutlich: Auch diese Meta-Studie erhebt nicht den Anspruch auf Allgemeingültigkeit. Um Licht ins Dunkel der Kirchenbindung zu bringen, kann sie nur die Vielzahl einzelner Leuchtpunkte zu einem Flutscheinwerfer vereinen. Die Annahme, dass damit das Phänomen der Kirchenbindung als Ganzes vollständig beleuchtet wäre, ist allerdings naiv. Auch bei dieser Untersuchung handelt es sich ‚nur' um eine Annäherung an hochkomplexe Motivbündel, die in vielfältiger Weise mit biographischen Lebensläufen und überindividuellen Periodeneffekten verwoben sind. Die Annahme der vollständigen Eruierung ebenjener Motive wäre nicht mehr als eine unterkomplexe Reduktion.

Nichtsdestotrotz kann ein derartiges Theoriegerüst durch die breit gefächerte Analyse ein Fundament für eine reflektiertere Wahrnehmung des Mitgliederverhaltens in der katholischen Kirche sein. Die Separierung in einzelne Dimensionen leistet dabei ihren Beitrag als Mechanismus der Komplexitätsreduktion. Der Zusammenhang der Dimensionen und ihre prinzipielle Reichweite lassen sich metaphorisch folgendermaßen begreifen: Stellen wir uns die Restauration eines antiken römischen Mosaiks vor. Die sieben Dimensionen dieser Meta-Studie sind dessen verschiedene Versatzstücke. Für sich allein genommen sind sie unvollständig. Erst im Gesamt aller Dimensionen ergibt sich das ganze Bild. Jedes Versatzstück eröffnet dabei einen ganz eigenen Blick auf dasselbe Mosaik. Mal erschließt sich durch Hinzufügen eines Teiles ein Stück der Szenerie, mal handelt es sich nur um die Zierleiste, die jedoch für den Gesamteindruck des Bildes nicht unerheblich ist. Doch auch wenn man das Mosaik mit den sieben Dimensionen zusammengestellt hat, bleiben Leerstellen. Man erkennt das große Ganze, einzelne Highlights des Bildes bleiben aber womöglich unkenntlich. In diesem Sinne kann die vorliegende Studie als erster Restaurationsschritt verstanden werden. Es wird die Aufgabe nachfolgender Restauratoren sein, das Mosaik zu ergänzen, weiter zu pflegen und Kunstfehler zu beheben. Dazu sind weitere Studien und theologische Reflexionen notwendig, die im vorliegenden Band in Form der explorativen Studie des Teams Universität Siegen/Institut empirica und der systematisch-theologischen Reflexion des Instituts M.-Dominique Chenu an die Ergebnisse dieser Meta-Analyse anschließen.

1.4 Eine kurze Vorstellung der wichtigsten Studien

Überblicksartige Studien

Für einen besseren Überblick über die Forschungslage sollen an dieser Stelle einige zentrale, rezipierte Studien kurz vorgestellt werden. Einen wichtigen Beitrag leisten überblicksartige Untersuchungen. Für den katholischen Kontext sind hier insbesondere die Studien der Medien-Dienstleistung GmbH (MDG) zu nennen: Der MDG-Trendmonitor Religiöse Kommunikation untersuchte 2009 unter anderem die Nutzung kirchlicher Kommunikationsmittel mit einer quantitativen Verfahrensweise. Bei der Befragung von insgesamt 2.074 Katholikinnen und Katholiken ab 16 Jahren wurden auch der Glaube, die Bindung an die Kirche und das Verhältnis zu kirchlichen Haltungen untersucht. Vor allem die Frage nach den Gratifikationen einer Mitgliedschaft wird sich im Laufe dieser Meta-Studie als wertvoll erweisen. Die große Stichprobe und Quotierung gemäß dem bundesweiten Bevölkerungsspiegel machen die Studie repräsentativ. Als qualitative Studie ist dieser Untersuchung die ‚Sinusmilieustudie' von 2013 (MDG-Milieuhandbuch) an die Seite zu stellen. Die Sinusmilieustudie befragte insgesamt 100 Katholikinnen und Katholiken, zehn pro Milieu[16], mit non-direktiven und explorativen

---

[16] Bei der Sinusmilieustudie handelt es sich um eine lebensweltliche Analyse der Gesellschaft. Die Sinus-Milieus „gruppieren [dabei] Menschen, die sich in ihrer Lebensauffassung und Lebensweise ähneln" (Sinusmilieustudie, 48), und ordnen sie in eine sogenannte ‚Kartoffelgrafik' ein. Angesichts der Rezeption der Sinusmilieustudie in der vorliegenden Meta-Studie sollen die insgesamt zehn Milieus und ihr jeweiliges Hauptcharakteristikum an dieser Stelle kurz vorgestellt werden: 1) Konservativ-etabliertes Milieu – „das klassische Establishment"; 2) Liberal-intellektuelles Milieu – „die aufgeklärte Bildungselite"; 3) Milieu der Performer – „die multioptionale, effizienzorientierte Leistungselite"; 4) Expeditives Milieu – „die ambitionierte kreative Avantgarde"; 5) Bürgerliche Mitte – „der leistungs- und anpassungsbereite bürgerliche Mainstream"; 6) Adaptiv-pragmatisches Milieu – „die moderne junge Mitte unserer Gesellschaft"; 7) Sozialökologisches Milieu –„konsumkritisches/-bewusstes Milieu mit normativen Vorstellungen vom ‚richtigen' Leben"; 8) Traditionelles Milieu – „die Sicherheit und Ordnung liebende Kriegs-/Nachkriegsgeneration"; 9) Prekäres Milieu – „die um Orientierung und Teilhabe bemühte Unterschicht"; 10) Hedonistisches

Einzellfallstudien durch leitfadengestützte Gespräche. Diese wurden durch weitere Dokumentationen flankiert. Obwohl die Stichprobe im Vergleich zu quantitativen Analysen recht klein ist, erhalten die Sinus-Milieus vor allem durch ihre inhaltliche Relevanz und Typizität Gültigkeit. Die „methodische Seriosität des Institutes Sinus Sociovision ist in der soziologischen Fachwelt [...] unzweifelhaft".[17]

Nicht unerheblich sind im Zusammenhang katholischer Überblicksstudien auch die Auftragsstudien der Diözesen Rottenburg-Stuttgart und Münster: Die Studie „Zukunftshorizont Kirche" des Bistums Rottenburg-Stuttgart zeichnet sich durch eine große Stichprobe aus. In einer quantitativen Untersuchung wurden im Jahr 2012 3.176 Katholikinnen und Katholiken und 1.055 Konfessionslose befragt. Eine Vielzahl von Themen wie Gottesglaube, kirchliches Engagement, Strukturfragen und Austrittsgründe kamen in persönlichen Interviews mit einer Kombination von offenen und geschlossenen Fragen zur Sprache. Die vom Institut Pragma durchgeführte Befragung gibt allerdings keine Quotierungsmerkmale an, weshalb eine Aussage über die Repräsentativität nicht sicher möglich ist. Die Zufriedenheitsstudie des Bistums Münster befragte 1.000 Katholikinnen und Katholiken quantitativ nach einer bistumsrepräsentativen Quote. Dem Titel entsprechend steht die Analyse der Zufriedenheit mit den kirchlichen Diensten im Vordergrund. Flankiert wird sie durch 17 qualitative Interviews. Ähnlich wie bei den Studien für den schweizerischen und österreichischen Raum sind diese bistumseigenen Untersuchungen durch ihre Regionalität immer nur spezifische Ausschnitte der vielfältigen religiös-kirchlichen Landschaft der Bundesrepublik. Eine analoge Übertragung auf andere Bistümer ist daher nicht immer möglich. Aufgrund des Mangels an weiteren lokalen Studien müssen wir jedoch notwendigerweise auf die vorliegenden zurückgreifen. Die explorative Studie, die der Meta-Analyse in diesem Band nachfolgt, leistet einen Beitrag zur Lösung ebenjener Problematik.

Im Rahmen zentraler Überblicksstudien ist zudem die Untersuchung des Instituts für Demoskopie Allensbach zu nennen: Im Auftrag des Sekretariats der Deutschen Bischofskonferenz untersucht das Institut in

---

Milieu – „die spaß- und erlebnisorientierte moderne Unterschicht/untere Mittelschicht". Vgl. dazu umfassend die einleitenden Kapitel zu den einzelnen Milieus in: *MDG Mediendienstleistung GmbH* (Hrsg.), MDG-Milieuhandbuch 2013. Religiöse und kirchliche Orientierungen in den Sinus-Milieus, München 2013.

[17] *M. Sellmann*, Milieuverengung als Gottesverengung, in: Lebendige Seelsorge 57 (2006), 284–289, 285.

einer Studie (1992) die Bindung an die Konfession, Austrittsüberlegungen und -gründe. Durch die hohe Stichprobengröße (insgesamt 2.086)
nach einer Quotierung gemäß amtlichen statistischen Daten erweist
sich die Untersuchung als zuverlässig. Im Rahmen dieser Meta-Studie
sind besonders die dort vorgenommenen Faktorenanalysen wertvoll,
die es immer wieder ermöglichen werden, Korrelationen zwischen dem
Bindungsverhalten und spezifischen Feldern kirchlichen Handelns her-
zustellen.

Unter anderem wird auch auf überblicksartige Studien zurückgegriffen, die sich nicht auf den bundesdeutschen Raum beziehen. Die Ergebnisse sind zwar nicht nolens volens auf die Bundesrepublik Deutschland
zu übertragen, durch den Vergleich mit anderen Studien ergibt sich aber
eine hohe Plausibilität der Ergebnisse. Paul Zulehner analysiert in seiner Studie ‚Verbuntung' die Ergebnisse der quantitativen österreichischen Langzeituntersuchung ‚Religion im Leben der ÖsterreicherIn-
nen'. Die Befunde decken die Jahre von 1970 bis 2010 ab. Dadurch
ist diese Studie gerade im Hinblick auf langfristige Entwicklungstrends
von großer Bedeutung. Sie zeichnet sich darüber hinaus aber auch
durch eine hohe thematische Varianz aus. Durch die sukzessive Aufsto-
ckung des Befragtenkreises um Protestanten (seit 1980 und wieder
2000) und Muslime sowie Orthodoxe (seit 2010) ergibt sich ein breites
Bild. Urs Winter-Pfändler untersucht in seiner Kirchenreputationsstudie
den Schweizer Raum. Die Stichprobe setzt sich dabei aus drei Sozialgruppen zusammen: 360 angehenden Primarlehrer(inne)n und
Kindergärtner(inne)n der Pädagogischen Hochschule St. Gallen, 90
Theologiestudierenden und 949 Kantonsparlamentariern. Durch den
Untersuchungsansatz ergibt sich zwangsläufig eine relativ hohe Formalbildung der Befragten. Durch die Kombination qualitativer und quantitativer Befragungen ist das Studienbild jedoch sehr breit. Der Notwendigkeit einer qualitativen Untermauerung quantitativer Ergebnisse wird
damit Rechnung getragen.

Zu den überblicksartigen Studien gehören außerdem:
– Elisabeth Anker: Was Menschen in der Kirche hält: Motive von Kir-
  chenzugehörigkeit. Eine qualitativ-empirische Studie zu Bleibemoti-
  ven und Kirchenbindung.
– Manfred Bruhn/Albrecht Grözinger: Kirche und Marktorientierung.
  Impulse aus der Ökumenischen Basler Kirchenstudie.
– Institut für Demoskopie Allensbach: Begründungen und tatsächliche
  Gründe für einen Austritt aus der Katholischen Kirche (1993).

– Detlef Pollack/Olaf Müller: Religionsmonitor. Verstehen, was verbindet. Religiosität und Zusammenhalt in Deutschland.
– Detlef Pollack/Gergely Rosta: Religion in der Moderne. Ein internationaler Vergleich.

Spezialstudien

Auch Spezialstudien fließen in diese Meta-Studie ein. Für den Bereich der Jugendlichen und jungen Erwachsenen sind hier insbesondere drei Studien zu nennen: Zum einen die qualitative Jugendstudie des Sinus-Instituts von 2016. Sie arbeitet mit einer ähnlichen Methode wie die Milieustudie. Interviewt wurden 72 katholische Jugendliche von 14 bis 17 Jahren. Auch hier besteht eine hohe inhaltliche Aussagekraft. Zum anderen ist hier die Studie zur Religiosität Jugendlicher von Hans-Georg Ziebertz zu erwähnen. Sie kombiniert qualitative und quantitative Ansätze. Mit einer relativ geringen Stichprobengröße von 729 Jugendlichen aus Unterfranken beansprucht die Studie selbst keine Repräsentativität. Die Stichprobe ist nur mäßig quotiert, der Bildungsgrad ist überdurchschnittlich hoch. Nichtsdestotrotz liefert diese Untersuchung tiefe Einblicke in die Religiosität Jugendlicher und in ihre Prägekraft auf das Verhältnis zur Kirche. Denn der qualitative Studienansatz ermöglicht es, tragende Begründungsmuster freizulegen. Die Shell-Jugendstudie von 2015 reiht sich ebenfalls in diese Kette ein. Durch die große Stichprobe (1.761 aus Westdeutschland und 797 aus Ostdeutschland) und die gleichmäßige Verteilung durch repräsentative Quotierungsmerkmale scheint diese quantitative Studie sehr zuverlässig.

Die qualitative Studie ‚Die unbekannte Mehrheit' von Johannes Först widmet sich dem Spezialgebiet der sogenannten Kasualienfrommen. Befragt wurden 27 Katholikinnen und Katholiken, die in der letzten Zeit an einer kirchlichen Kasualie teilgenommen haben. Die Studie konzentriert sich auf zwei Alterskohorten (20–40 und 60–70). Dadurch und durch die kleine Stichprobe sind blinde Flecken durchaus denkbar. Aufgrund ihres explorativen Charakters kann ihr jedoch zumindest eine inhaltliche Relevanz zugeschrieben werden, wirft sie doch einen Blick auf ein weithin unbekanntes Feld. Mit Formen religiöser Gegenwartskultur beschäftigt sich die Studie von Christoph Bochinger. Er analysiert das Phänomen der sogenannten ‚spirituellen Wanderer' mit qualitativen Interviews. Obwohl diese auf den bayrischen Regierungsbezirk Oberfranken begrenzt sind, der vor allem ländlich-traditionell geprägt ist, lässt sich eine inhaltliche Aussagekraft aufgrund der narrativen und problemorientierten Struktur der Interviews konstatieren. Dem Thema des ‚Kirchenaustritts als Prozess' stellt sich die Studie von Michael Ebertz. In einer qualitativen Befragung werden insgesamt 50 Personen zwischen 18 und 35 Jahren befragt. Davon sind 25 bereits aus der Kirche ausgetreten (20 aus der katholischen, fünf aus der evangelischen Kirche). Bei den übrigen 25 handelt es sich um sogenannte ‚Bleiber' (20 Katholikinnen und Katholiken und fünf Evangelische). In teil-narrativen Interviews wurden die biographischen Prozesse junger Menschen typologisiert, die zu einem Austritt oder Verbleib in der Kirche führten. Die Studie ermöglicht einen Einblick in Bindung stärkende und irritierende Faktoren, die so unabhängig von einer quantitativen Befragung untersucht werden können.

Zu den Spezialstudien gehören außerdem:

– Petra-Angela Ahrens: Religiosität und kirchliche Bindung in der älteren Generation.
– Klaus Birkelbach: Die Entscheidung zum Kirchenaustritt zwischen Kirchenbindung und Kirchensteuer. Eine Verlaufsdatenanalyse in einer Kohorte ehemaliger Gymnasiasten bis zum 43. Lebensjahr.
– Tobias Faix/Martin Hofmann/Tobias Künkler: Warum ich nicht mehr glaube. Wenn junge Erwachsene den Glauben verlieren.
– GESIS – Leibniz-Institut für Sozialwissenschaften: Allgemeine Bevölkerungsumfrage der Sozialwissenschaften 2002, 2012 und 2014.
– Klaus Hartmann/Detlef Pollack: Gegen den Strom. Kircheneintritte in Ostdeutschland nach der Wende.
– Institut für Demoskopie Allensbach: Motive des bürgerschaftlichen Engagements. Ergebnisse einer bevölkerungsrepräsentativen Befragung.
– Johannes Christian Koecke: Was denken die Deutschen über Glauben, Kirche und Politik?
– Jörg Stolz/Judith Könemann/Mallory Schneuwly Purdie/Thomas Englberger/Michael Krüggeler: Religion und Spiritualität in der Ich-Gesellschaft. Vier Gestalten des (Un-)Glaubens.

Konfessionsverschiedene Studien

Ausgespart wurden bisher dezidiert evangelische Studien. Die evangelischen Kirchen sind auf diesem Gebiet sehr aktiv. Zahlreiche Bindungs- und (Wieder-)Eintrittsstudien zeugen davon. Eigens zu nennen ist hier die Kirchenmitgliedschaftsuntersuchung der EKD, die seit 1972 regelmäßig erscheint. Im Jahr 2014 wurde die bisher fünfte Untersuchung vorgestellt. Befragt wurden dort 3.027 Personen ab 14 Jahren, sowohl evangelische als auch konfessionslose. Die Studie zeichnet sich durch eine Ost-West- und eine Geschlechterquotierung aus. Durch qualitative Untersuchungen werden die quantitativen Ergebnisse ergänzt. Für die evangelischen Landeskirchen ergibt sich dadurch eine hohe Repräsentativität. Die Einflechtung dieser evangelischen Studien in eine Meta-Studie zum Bindungsverhalten katholischer Christinnen und Christen ist zwar möglich, muss aber an bestimmten Stellen der Analyse feinjustiert werden. So führen Unterschiede im ekklesiologischen Selbstverständnis als Kirche auch zu einem anderen Verhältnis zu ihren Mitgliedern et vice versa. Dies zeigt sich nicht zuletzt in den amtstheologischen und – nicht zu unterschätzenden – kulturellen Differenzen. Die 500-jährige Trennungsgeschichte darf nicht einfach übersehen werden.

Die Ergebnisse der evangelischen Studien können die katholische Kirche aber dabei unterstützen, den Blick auf die eigenen Verhältnisse zu schärfen. Dort, wo keine expliziten Befunde katholischerseits vorliegen, ist es zudem notwendig, auf die zahlreichen Ergebnisse der evangelischen Konfession zurückzugreifen. Eine prinzipielle Übertragbarkeit ist damit zwar nicht ausgesagt, aufgrund der religiösen Individualisierungsprozesse ist jedoch davon auszugehen, dass die Signifikanz ekklesiologischer Differenzen für das Bindungsverhalten immer weiter abnimmt. Die Transformation des traditionellen katholischen Milieus[18], die Wilhelm Damberg beispielhaft für das Bistum Münster konstatiert, dürfte bereits ein Symptom ebenjener Prozesse sein.

Diese Übersicht ist bei Weitem nicht erschöpfend, sondern soll eine erste Annäherung an den Untersuchungsgegenstand und die breite Studiengrundlage sein. Für einen umfänglichen Überblick über sämtliche verwendete Studien dient das Studienverzeichnis am Ende dieses Beitrags. Freilich können nicht alle Untersuchungen zur Kirchenbindung in dieser Meta-Studie analysiert werden. Eine Konzentration auf zentrale Untersuchungen ist deswegen funktional, weil sie Überfrachtungen vermeidet und damit die Illustrationskraft der Meta-Studie stärkt. Durch die große und multivariate Studiengrundlage wird die Aussagekraft der Ergebnisse trotz der Selektion gesichert.

---

[18] Vgl. dazu umfassend: *W. Damberg*, Abschied vom Milieu? Katholizismus im Bistum Münster und in den Niederlanden 1945–1980 (Veröffentlichungen der Kommission für Zeitgeschichte Reihe B: Forschungen 79), Paderborn 1997.

Zu den konfessionsverschiedenen Studien gehören außerdem:
- Heinrich Bedford-Strohm/Volker Jung: Vernetzte Vielfalt. Kirche angesichts von Individualisierung und Säkularisierung. Die fünfte EKD-Erhebung über Kirchenmitgliedschaft.
- Jan Hermelink/Thorsten Latzel (Hrsg.): Kirche empirisch. Ein Werkbuch.
- Rüdiger H. Chr. Jungblut: Kirchen(wieder)eintritt. Eine qualitative Studie der EKD.
- Kirchenamt der EKD: Schön, dass Sie (wieder) da sind! Eintritt und Wiedereintritt in die evangelische Kirche.
- Gerald Kretzschmar: Eintritt und Wiedereintritt in die Kirche. Neue empirische Einsichten.
- Detlef Pollack: Worauf die Bindung an die Kirche beruht: Kirchensoziologische Analyse zum Verhältnis der evangelischen Kirchenmitglieder zu ihrer Kirche und den Grenzen kirchenreformerischen Handelns.

2. Hauptteil – der empirische Blick auf die Kirche und ihre Mitglieder

Die Prozesshaftigkeit des Kirchenaus- und -eintritts

Die verschiedenen Bedingungen und Faktoren der Kirchenbindung für sich allein zu betrachten, entzieht sie ihrem ‚Sitz im Leben'. An dieser Stelle scheint es daher angeraten, einen kurzen Blick auf den Austritts- und Eintrittsprozess als solchen zu werfen. Spricht man von ‚Prozess', ist daran sogleich eine bestimmte Annahme gebunden: Der Austritt wird nicht als punktuelles Ereignis interpretiert, sondern ist eng mit der biographischen Entwicklung der Austretenden verbunden. Erst eine derartige Annahme ermöglicht unter anderem die Differenzierung zwischen den Ursachen der Distanzierung von der Kirche und den konkreten Auslösern des Kirchenaustritts. Auch die Bereitschaft zum Eintritt ist biographisch zu verorten.

Einige Studien liefern Anhaltspunkte für eine solche Prozesshaftigkeit. Deren Erkenntnisse sollen im Folgenden kulminiert als eine Rekonstruktion eines ‚prototypischen' Austritts- und Eintrittsprozesses dargestellt werden.

Kirchenbindung und -austritt als Prozess

Die Entscheidung zum Kirchenaustritt wird nur in den seltensten Fällen spontan getroffen. In der Regel geht ihr ein langjähriger Prozess der Entfremdung voraus. Dieser mehr oder weniger bewusste Entfremdungsprozess, ausgelöst durch ein Konglomerat verschiedener Gründe, beginnt meist schon fünf Jahre vor den eigentlichen Austrittsüberlegungen. Im Durchschnitt liegt der Startpunkt um das 20. Lebensjahr. Die Realisierung des Austritts vollzieht sich dann etwa um das 25. Lebensjahr. Doch auch hier lässt sich ein Wandel in der Generationenabfolge erkennen: Je jünger die Generation, desto kürzer wird der Zeitraum zwischen dem Distanzierungsbeginn und den Austrittsüberlegungen sowie zwischen den Austrittsüberlegungen und ihrer Realisierung.[19] Katholikinnen und Katholiken treten dabei nicht nur seltener, sondern vor allem auch später aus als evangelische Christinnen und Christen. Ab dem 27. Lebensjahr lässt sich, so Birkelbach, ein starker Anstieg verzeichnen, während der Benchmark-Wert der austretenden evangelischen Christinnen und Christen bereits ab dem 22. Lebensjahr steigt.[20] Die oben bereits erwähnte Differenz des ekklesiologischen Selbstverständnisses könnte auch hier ein hermeneutischer Schlüssel sein.

Auch wenn die Distanz zur Kirche bereits groß ist, denken Austrittswillige nur selten an einen Austritt: Nur etwa ein Drittel der Austrittswilligen hat vor wenigen Tagen oder Wochen darüber nachgedacht, gut 40 % vor einigen Monaten, ein Fünftel länger als ein Jahr nicht mehr. Auch hier gilt: Jüngere denken häufiger an einen Austritt als Ältere.[21] Diese „relative Stabilität"[22] der Mitgliedschaft scheint am ehesten mit der „Trägheit der konfessionellen Mehrheitskultur"[23] begründbar zu sein. Die Entscheidung zum Austritt wird nicht leicht getroffen, ist die

---

[19] Vgl. *M. N. Ebertz/M. Eberhardt/A. Lang*, Kirchenaustritt als Prozess: Gehen oder bleiben? Eine empirisch gewonnene Typologie (KirchenZukunft konkret 7), Berlin 2012, 25. Vgl. außerdem: *Institut für Demoskopie Allensbach*, Begründungen und tatsächliche Gründe für einen Austritt aus der Katholischen Kirche, Allensbach am Bodensee 1993, 6f.
[20] Vgl. *K. Birkelbach*, Die Entscheidung zum Kirchenaustritt zwischen Kirchenbindung und Kirchensteuer. Eine Verlaufsdatenanalyse in einer Kohorte ehemaliger Gymnasiasten bis zum 43. Lebensjahr, 2001, 14.
[21] Vgl. *Institut Allensbach*, Begründungen (s. Anm. 19), 5.
[22] *D. Pollack/G. Rosta*, Religion in der Moderne. Ein internationaler Vergleich, Frankfurt a. M. 2015, 161.
[23] Ebd.

Mitgliedschaft doch noch weitgehend kulturell und zudem möglicherweise familiär verankert. In diesem Kontext verbleibt der Austritt das Resultat eines längeren Abwägungsprozesses.[24] Die hohe Erosionsrate im ‚entkirchlichten' Osten sowie der generationale Wandlungsprozess in Zeiten zunehmender Individualisierung und Pluralisierung, in denen ebenjene kulturellen und familiären Selbstverständlichkeiten abgebaut werden, stützen diese Hypothese ex negativo.

Die Kirchenbindung des Individuums wird nicht nur durch kirchliche Verhaltensweisen beeinflusst, sondern unterliegt auch sogenannten Lebenslaufeffekten. Diese bezeichnen die Einflüsse der individuellen Biographie auf das Bindungsverhalten. So haben bspw. der Berufseintritt und die weitere Berufstätigkeit – dies wird sich in der Dimension Kirchensteuer noch zeigen – einen großen Einfluss auf die Bereitschaft zum Kirchenaustritt. Ähnliches zeigt sich neben der Erwerbsbiographie auch für andere Lebenslaufeffekte wie Familiengründung und Wohnortwechsel.[25]

Die Bindung ist zugleich von Periodeneffekten abhängig, die die Kirche selbst nicht steuern kann. Der Periodeneffekt bezeichnet die Auswirkungen gesellschaftlicher wie politischer Bedingungen und Transformationen auf die individuellen Lebensläufe: die 68er-Bewegung, die Einführung des Konjunkturzuschlags 1970, die Solidaritätsabgabe 1974, die deutsch-deutsche Wiedervereinigung – all das beeinflusste das Bindungsverhalten der Christinnen und Christen. Interessanterweise verlaufen die Austrittswellen der katholischen und evangelischen Kirchen unter dieser makrokontextuellen Betrachtung parallel, wenn auch die konkrete Ausprägung evangelischerseits höher ausfällt.[26] Diese beiden prozessualen Effekte, der Lebenslaufeffekt und der Periodeneffekt, verlaufen zeitlich synchron und bedingen daher einander.[27]

---

[24] Vgl. ebd.

[25] Vgl. *K. Birkelbach*, Entscheidung zum Kirchenaustritt (s. Anm. 20), 22.

[26] Vgl. *D. Pollack*, Worauf die Bindung an die Kirche beruht: Kirchensoziologische Analyse zum Verhältnis der evangelischen Kirchenmitglieder zu ihrer Kirche und den Grenzen kirchenreformerischen Handelns, in: J. Hermelink/G. Wegner (Hrsg.), Paradoxien kirchlicher Organisation. Niklas Luhmanns frühe Kirchensoziologie und die aktuelle Reform der evangelischen Kirche (Religion in der Gesellschaft 24), Würzburg 2008, 71–99, 81.

[27] Vgl. *K. Birkelbach*, Entscheidung zum Kirchenaustritt (s. Anm. 20), 14.

Kircheneintritt

Die Bereitschaft zum Kircheneintritt ist ein wichtiger Indikator für die Attraktivität der Kirche aus dem binnenkirchlichen Kontext heraus. Der Wunsch zur Mitgliedschaft ist allerdings bei immer schon Konfessionslosen kaum ausgebildet.[28] Je nach Studie können sich gerade einmal 1–4 % der Konfessionslosen in Ost- und Westdeutschland einen Eintritt vorstellen. Für über 90 % kommt er nicht in Frage[29], da fast keine Beziehungen zu Kirche und Religion bestehen.[30] Ihr Verhältnis zur Kirche ist oft von Misstrauen geprägt.[31] Hinsichtlich derjenigen, die Mitglieder der Kirchen waren oder es noch sind, ist eine Differenzierung geboten: 31 % der Katholikinnen und Katholiken, die einen Austritt planen, also noch Mitglieder der Kirche sind, können sich vorstellen, der Kirche einmal wieder näher zu stehen. Für ein weiteres gutes Viertel ist dazu ein grundlegender Wandel der Kirche in Bezug auf Toleranz, Modernität und Moralität notwendig. Für diesen Gedankengang sind Frauen tendenziell offener als Männer, Unsichere offener als zum Austritt Entschlossene. Ebenso sind Ältere eher dazu bereit als Jüngere.[32] Diffiziler verhält es sich mit den bereits Ausgetretenen. Laut der Münsteraner Zufriedenheitsstudie ist ein Wiedereintritt für die Hälfte der Ausgetretenen denkbar, wenn die Kirche sich ändert.[33] Je länger der Distanzierungsprozess jedoch andauert, desto unwahrscheinlicher wird der Wiedereintritt. Etwa 70 % derjenigen, die innerhalb der letzten sechs Monate ausgetreten sind, können sich einen Wiedereintritt nicht vorstellen. In der unmittelbaren Zeit nach dem Austritt wird der Entscheidung also eine noch höhere Plausibilität zugesprochen als vor dem Austritt.[34] Nach etwa 12 Monaten nimmt die Bereitschaft zum Wiedereintritt jedoch wieder zu.

---

[28] Vgl. *EKD*, Engagement und Indifferenz. Kirchenmitgliedschaft als soziale Praxis. V. EKD-Erhebung über die Kirchenmitgliedschaft, Hannover 2014, 65.

[29] Vgl. *D. Pollack/G. Rosta*, Religion in der Moderne (s. Anm. 22), 113; *EKD*, KMU V (s. Anm. 28), 82.

[30] Vgl. *W.-J. Grabner*, Konfessionslosigkeit: Einstellungen und Erwartungen an das kirchliche Handeln, in: *J. Hermelink/Th. Latzel* (Hrsg.), Kirche empirisch. Ein Werkbuch, Gütersloh 2008, 133–150, 145.

[31] Vgl. *EKD*, KMU V (s. Anm. 28), 63.

[32] Vgl. *Institut Allensbach*, Begründungen (s. Anm. 19), 16f.

[33] Vgl. *T. Eberhardt*, Zufriedenheitsstudie. Katholiken des Bistums Münster, Münster 2015, 51.

[34] Vgl. *P. M. Zulehner*, Verbuntung. Kirchen im weltanschaulichen Pluralismus. Religion im Leben der Menschen 1970–2010, Ostfildern 2011, 53.

Hier lehnen ihn nur 60 %[35] bzw. 56 %[36] kategorisch ab. In der Folgezeit bis in das fünfte Austrittsjahr hinein zeigt sich eine hohe Stabilität der Austrittsentscheidung. 86 % sind für eine Wiedereintrittsüberlegung kaum ansprechbar.[37]

Unklar bleibt hingegen der Zeitraum, in dem der Austritt länger als fünf Jahre zurückliegt. Allensbach sieht im Unterschied zu Zulehner (für ‚nur' 71 % ausgeschlossen) keine erneute Phase einer Revitalisierung der Kirchenbeziehung, sondern geht von einer konstanten negativen Weiterentwicklung aus.[38] Festzuhalten bleibt jedoch, dass das erste Jahr des Austritts die höchste Bereitschaft zum Wiedereintritt markiert. Ehepartner mit Kindern und Personen über 50 Jahre sind als Wiedereintretende überproportional repräsentiert.[39] Wie der soziale Nahraum diese Bereitschaft beeinflusst, wird in der entsprechenden Dimension weiter erörtert.

2.1 Individuelle Dimension

Die individuelle Dimension beschreibt die affektiven Voraussetzungen und Anlagen des Individuums, die die Kirchenbindung beeinflussen. Eine Interaktion der Individuen untereinander und mit der Kirche et vice versa wird hier noch nicht bedacht.

Religiosität und Gottesglaube

Die Unterkategorie ‚Religiosität und Gottesglaube' beschreibt die religiöse Selbsteinschätzung der Katholikinnen und Katholiken, vorhandene Gottesbilder und das Verhältnis von individueller und institutioneller Religiosität.

Eine Definition von ‚Religiosität' ist ausgehend von den pluriformen Befunden in den Studien kaum möglich. Dies wird sich im Laufe des Kapitels vor allem am vieldeutigen Gebrauch der Begriffe von ‚religiös', ‚spirituell' und ‚gläubig' zeigen. Der Eindruck entsteht, dass viele Studien den semantischen Inhalt dieser Begriffe selbst nicht klar abgegrenzt haben. Ähnliches zeigt sich für die Frage nach dem Glauben an ‚Gott'.

---

[35] Vgl. *Institut Allensbach*, Begründungen (s. Anm. 19), 20.
[36] Vgl. *P. M. Zulehner*, Verbuntung (s. Anm. 34), 53.
[37] Vgl. ebd.
[38] Vgl. *Institut Allensbach*, Begründungen (s. Anm. 19), 20.
[39] Vgl. *D. Pollack*, Bindung (s. Anm. 26), 85.

Eine einheitliche Definition liegt nicht vor. Die verwendeten Begrifflichkeiten sind daher in dieser Studie notwendigerweise pluriform. Die Befragten, von denen wohl nur die wenigsten die Bedeutungsfülle der Begriffe und deren Verhältnis zur Institution Kirche reflektiert haben, standen vermutlich vor einem ähnlichen Problem.

Betrachtet man die religiöse Selbsteinschätzung der katholischen Christinnen und Christen, fällt auf, dass sie sich in fast allen Milieus als religiös bezeichnen. Über zwei Drittel der Katholikinnen und Katholiken geben an, religiös zu sein, unabhängig davon, ob sie in die Kirche gehen oder nicht. Dennoch lässt sich eine religiöse Erosion erkennen. Besonders religiös sind die konservativ-traditionsorientierten Milieus.[40] Neben den milieuorientierten Unterschieden zeigt sich ein generationaler Wandel. Mit zunehmendem Alter steigt die Bedeutung der Religion.[41] Auch geschlechterspezifische Differenzen lassen sich erkennen: Frauen bezeichnen sich weitaus häufiger als religiös als Männer, dies gilt ebenso für weibliche Jugendliche.[42]

Der Glaube an einen personalen Gott ist heute wenig plausibel: nur rund ein Viertel der Bevölkerung spricht sich noch selbst einen solchen Glauben zu. Demgegenüber hat sich der Anteil der Indifferenten und Atheisten erhöht.[43] Wie die Studien den Glauben an den ‚personalen Gott‘ definieren, bleibt aber unklar. Der Gottesglaube, in welcher Form auch immer, ist bereits seit den 50er Jahren rückläufig. Glaubten 1949 noch rund 90 % an Gott, waren es 1968 nur noch 80 %.[44]

Deutlich erkennt man eine Verschiebung des Gottesbildes von konkret-personalen zu abstrakt-apersonalen Vorstellungen.[45] Der Gottes-

---

[40] Vgl. *MDG Medien-Dienstleistung* GmbH, MDG-Trendmonitor Religiöse Kommunikation, Kommentarband 1, München 2010, 46; *P. M. Zulehner,* Verbuntung (s. Anm. 34), 66.

[41] Vgl. *P.-A. Ahrens,* Religiosität und kirchliche Bindung in der älteren Generation. Ein Handbuch, Leipzig 2014, 87.

[42] Vgl. *P. M. Zulehner,* Verbuntung (s. Anm. 34), 66; *Shell Deutschland Holding* (Hrsg.), Jugend 2015. Eine pragmatische Generation im Aufbruch, Frankfurt a. M. 2015, 263.

[43] Vgl. *GESIS – Leibniz-Institut für Sozialwissenschaften,* ALLBUS 2002 – Allgemeine Bevölkerungsumfrage der Sozialwissenschaften. Studien-Nr. 3700, Version 2.0.0, in: GESIS-Variable Reports Nr 2011/11, 183; vgl. *GESIS – Leibniz-Institut für Sozialwissenschaften,* ALLBUS 2012 – Allgemeine Bevölkerungsumfrage der Sozialwissenschaften. Studien-Nr. 4614, Version 1.1.1, in: GESIS-Variable Reports Nr. 2013/16, 192.

[44] Vgl. *D. Pollack/G. Rosta,* Religion in der Moderne (s. Anm. 22), 130.

[45] Vgl. ebd., 132.

glaube ist jedoch für die Mehrheit der Katholikinnen und Katholiken wichtig.[46] Es sind vor allem die katholischen Christinnen und Christen des expeditiven und prekären Milieus, welche überdurchschnittlich die Existenz Gottes bezweifeln.[47] Inhaltlich ist der Gottesglaube damit aber noch nicht gefüllt. Wieder zeigen sich leichte Differenzen zwischen den Alterskohorten. Für Jugendliche lässt sich Gott nur schwer definieren. Mehrheitlich werden meta-theistische, kosmologische und immanente Gottesbilder vertreten.[48] Atheistische und religionskritische Überzeugungen, die die Existenz Gottes ablehnen, werden in der Regel verneint, ebenso wie rein biblische Gottesbilder.[49] Stark religiöse Jugendliche sind offener für christliche Deutungen Gottes, weisen aber ebenfalls Synkretismen verschiedener kulturell-religiöser Deutungsmuster auf.[50] Überraschenderweise sind auch ältere Generationen trotz intensiverer Religiosität nicht unbedingt aufgeschlossener für ein christliches Gottesbild.[51]

Das Gebet ist ein Indikator für die Religiosität des Einzelnen. 19 % der Deutschen geben an, täglich zu beten, fast 10 % mehr als einmal in der Woche, ein Drittel bete nie.[52] 80 % der sehr Religiösen beten täglich; wer nicht religiös ist, betet kaum oder nie. Die Gebetshäufigkeit ist zwar unter den sehr religiösen Christinnen und Christen stabil geblieben, allerdings ist bei Christinnen und Christen mit einer mittelstarken Religiosität ein starker Einbruch zu erkennen. Beteten 1970 von ihnen noch über 50 %, sind es 2010 nur noch 27 %.[53] Damit scheint das Gebet, ähnlich wie die religiöse Praxis insgesamt, immer mehr zu einer religiösen Ausdrucksform der Entschiedenen zu werden. Interessanterweise zeigt sich bei Jugendlichen eine ausgeprägte Gebetspraxis.[54] Die Gebetshäufigkeit liegt über den Religiositätswerten der Jugendlichen. Das heißt, auch die religiös Unsicheren nutzen diese Formen in irgendeiner Weise. Der Glaube an einen personalen Gott erhöht die Frequenz enorm.[55]

---

[46] Vgl. *R. App/Th. Broch/M. Messingschlager,* Zukunftshorizont Kirche. Was Katholiken von ihrer Kirche erwarten. Eine repräsentative Studie, Ostfildern 2014, 21.
[47] Vgl. Sinusmilieustudie (s. Anm. 16), 200, 390.
[48] Vgl. *H.-G. Ziebertz/B. Kalbheim/U. Riegel,* Religiöse Signaturen heute. Ein religionspädagogischer Beitrag zur empirischen Jugendforschung, Freiburg i. Br. 2013, 336.
[49] Vgl. ebd., 337.
[50] Vgl. ebd., 363.
[51] Vgl. *P.-A. Ahrens,* Ältere Generation (s. Anm. 41), 106.
[52] Vgl. ALLBUS 2002 (s. Anm. 43), 482.
[53] Vgl. *P. M. Zulehner,* Verbuntung (s. Anm. 34), 69.
[54] Vgl. *H.-G. Ziebertz/B. Kalbheim/U. Riegel,* Religiöse Signaturen (s. Anm. 48), 131.
[55] Vgl. *Shell,* Jugend 2015 (s. Anm. 42), 258.

Religiosität kann dabei auch durchaus ohne Kirchlichkeit auskommen. Vice versa lässt sich dieser Schluss jedoch nur eingeschränkt ziehen. Der Kirchlichkeit vieler Christinnen und Christen liegt nämlich meist eine ausgeprägte Religiosität zugrunde. Besonders bei Frauen, Älteren, Verheirateten und Personen mit Kindern ist ein hoher Zusammenhang zwischen einer individuellen und kirchlichen Religiosität festzustellen.[56] Im besonderen Maße sind die jungen postmodernen Lebensstile von einer individuellen Aneignung der Religiosität gekennzeichnet.[57]

Ein dezidierter Gottesglaube und die Selbstbezeichnung als religiös erhöhen die kirchliche Bindung.[58] Für viele Christinnen und Christen sind ihr Glaube und ihre Religiosität daher ein bedeutender Grund, in der Kirche zu verbleiben.[59] Wird Kirche zudem als Ort des gelebten Glaubens wahrgenommen, erhöht sich die Wahrscheinlichkeit der eigenen Verbundenheit.[60] Der Glaube an den christlichen Gott erhöht auch die Wahrscheinlichkeit des Kirchgangs.[61] Wenn ein kirchennaher Glaube also eine Triebfeder für eine intensivere kirchennahe religiöse Praxis ist, bedeutet das auch: Ein individuellerer Glaube, der sich nicht in die vorgegebenen Bahnen des kirchlichen Glaubens und seiner liturgischen Vollzüge fügen lässt, kann kaum ein motivierendes Potential für den Kirchgang ausbilden.

Der Glaubensverlust ist für die Mehrheit der Ausgetretenen aber kein Austrittsgrund.[62] Ein zentrales religiöses Argument in der Austritts-

---

[56] Vgl. *D. Pollack/G. Rosta*, Religion in der Moderne (s. Anm. 22), 159.

[57] Vgl. *J. Först*, Die unbekannte Mehrheit. Sinn- und Handlungsorientierungen ‚kasualienfrommer' Christ/inn/en, in: J. Först/J. Kügler (Hrsg.), Die unbekannte Mehrheit. Mit Taufe, Trauung und Bestattung durchs Leben? Eine empirische Untersuchung zur „Kasualienfrömmigkeit" von Katholiken – Bericht und interdisziplinäre Auswertung, Berlin 2010, 17–87, 60f.

[58] Vgl. *J. Hermelink*, Kirchenaustritt: Bedingungen, Begründungen, Handlungsoptionen, in: J. Hermelink/Th. Latzel (Hrsg.), Kirche empirisch. Ein Werkbuch, Gütersloh 2008, 95–116, 105.

[59] Vgl. *EKD, KMU V* (s. Anm. 28), 89; *Th. Latzel*, Mitgliedschaft, in: J. Hermelink/ Th. Latzel (Hrsg.), Kirche empirisch. Ein Werkbuch, Gütersloh 2008, 13–33, 22; *D. Pollack*, Bindung (s. Anm. 26), 77; *R. App/Th. Broch/M. Messingschlager*, Zukunftshorizont Kirche (s. Anm. 46), 40.

[60] Vgl. *M. N. Ebertz/M. Eberhardt/A. Lang*, Kirchenaustritt als Prozess (s. Anm. 19), 198.

[61] Vgl. *EKD, KMU V* (s. Anm. 28), 45; *D. Pollack*: Bindung (s. Anm. 26), 91; *P. M. Zulehner*, Verbuntung (s. Anm. 34), 50.

[62] Vgl. *R. App/Th. Broch/M. Messingschlager*, Zukunftshorizont Kirche (s. Anm. 46), 50; *Institut für Demoskopie Allensbach*, Kirchenaustritte. Eine Untersuchung zur Entwicklung und zu den Motiven der Kirchenaustritte, Allensbach am Bodensee 1992, 24;

begründung vieler Christinnen und Christen ist vielmehr, dass man auch ‚ohne Kirche Christin bzw. Christ sein' könne, dass man also auch ohne Mitglied einer Kirche zu sein, an einen Gott, möglicherweise sogar den christlichen Gott glauben könne.[63] So zeigt sich ein Zusammenhang zwischen der individuellen Religiosität und den Austrittsüberlegungen. Wer schon einen Austritt erwogen hat, beschreibt die Intensität der eigenen Religiosität aber in der Regel geringer als andere.[64]

Die Kirche als Heimat

Die Unterkategorie ‚Die Kirche als Heimat' beschreibt das Gefühl der Beheimatung der Katholikinnen und Katholiken in der Kirche.

Zwar ist ein Großteil der Meinung, dass Kirche eine Heimat sein kann, dies treffe aber nicht unbedingt für einen selbst zu. Nur für rund ein Fünftel bis ein Drittel der Katholikinnen und Katholiken ist die Kirche eine Heimat.[65] Kirche ist somit größtenteils ‚Heimat für andere'. Insbesondere die Bürgerliche Mitte kommt hier ins Blickfeld. Die traditionellen Milieus sind ebenfalls affin für ein solches Gefühl von Beheimatung in der Kirche.[66] Für die Mehrheit der konservativ-traditionellen Milieus ist ein Kirchenaustritt undenkbar, weil die Mitgliedschaft zum Leben unhinterfragt dazugehört.[67]

Dass dieses Gefühl keine Nebensächlichkeit im Kontext der Frage nach Kirchenbindung ist, zeigt auch der Blick auf diejenigen, die einen Austritt erwägen oder ihn bereits vollzogen haben. Ein Drittel der Ausgetretenen hat sich nie richtig in der Kirche zu Hause gefühlt.[68] Nur

---

Institut Allensbach, Begründungen (s. Anm. 19), 23; *P. M. Zulehner,* Verbuntung (s. Anm. 34), 36; *M. Bruhn/F. Siems,* Gründe für den Austritt von Kirchenmitgliedern, in: M. Bruhn/A. Grözinger (Hrsg.), Kirche und Marktorientierung. Impulse aus der Ökumenischen Basler Kirchenstudie, Freiburg i. d. Schweiz 2000, 69–86, 73.

[63] Vgl. *D. Pollack,* Bindung (s. Anm. 26), 82f.; *EKD,* Schön, dass Sie (wieder) da sind! Eintritt und Wiedereintritt in die evangelische Kirche (EKD Texte 107), Hannover 2009, 22. Vgl. *T. Eberhardt,* Zufriedenheitsstudie (s. Anm. 33), 51; *P. M. Zulehner,* Verbuntung (s. Anm. 34), 46.

[64] Vgl. *Institut Allensbach,* Kirchenaustritte (s. Anm. 62), 30; *P. M. Zulehner,* Verbuntung (s. Anm. 34), 47.

[65] Vgl. *R. App/Th. Broch/M. Messingschlager,* Zukunftshorizont Kirche (s. Anm. 46), 35; *Institut Allensbach,* Kirchenaustritte (s. Anm. 62), 43; MDG-Trendmonitor 1 (s. Anm. 40), 57.

[66] Vgl. Sinusmilieustudie (s. Anm. 16), 241, 333.

[67] Vgl. MDG-Trendmonitor 1 (s. Anm. 40), 24.

[68] Vgl. *Institut Allensbach,* Kirchenaustritte (s. Anm. 62), 26.

5 % der Austrittserwägenden finden eine seelische Heimat in der Kirche.[69] Viele Austrittswillige geben an, dass sie nur noch aus Gewohnheit in der Kirche sind.[70] Offenbar erhöht die Abwesenheit eines Heimatgefühls die Bereitschaft zum Austritt. Auf der anderen Seite ist der allgemeine Wunsch, wieder zur Kirche zu gehören, in Westdeutschland ein bedeutender Grund des Kircheneintritts.[71]

Sinn, Halt und Orientierung

Die Unterkategorie ‚Sinn, Halt und Orientierung' beschreibt die Sinn- und Lebensorientierung durch die Kirche, auch in Krisenzeiten.

Mehr als ein Drittel der katholischen Christinnen und Christen bewertet die Lebensorientierung durch die Kirche als gut.[72] Hierfür sind zudem besonders konservativ-traditionelle Milieus ansprechbar.[73] Doch auch das postmoderne Milieu der Adaptiv-Pragmatischen schreibt der Kirche eine bedeutende Orientierungsfunktion zu.[74] Abbruchprozesse sind allerdings deutlich erkennbar. Zwar erwarten einige Katholikinnen und Katholiken eine Lebenshilfe von der Kirche, die Mehrheit der Nicht-Katholiken lehnt diese Funktion der Kirche für ihr eigenes Leben aber ab.[75] Hier scheint es sich vorrangig um ein binnenkirchliches Orientierungsmoment zu handeln. Zwischen Kirchenbindung und Anerkennung sowie Inanspruchnahme der Orientierungsfunktion von Kirche besteht somit wohl ein enger Zusammenhang. Wer in schwierigen existentiellen Situationen persönliche Zuwendung und Unterstützung durch die Kirche erfährt, ist nachhaltig enger mit ihr verbunden.[76]

---

[69] Vgl. ebd., 43.

[70] Vgl. ebd., 40.

[71] Vgl. *EKD*, Eintritt (s. Anm. 63), 15; *G. Kretzschmar*, Eintritt und Wiedereintritt in die Kirche. Neue empirische Einsichten, in: Praktische Theologie 45 (2010), 225–231, 228; *M. Wohlers*, Kircheneintritt: Motive, Anlässe, Auswirkungen, in: J. Hermelink/Th. Latzel (Hrsg.), Kirche empirisch. Ein Werkbuch, Gütersloh 2008, 117–132, 122; *P. M. Zulehner*, Verbuntung (s. Anm. 34), 55.

[72] Vgl. *P. M. Zulehner*, Verbuntung (s. Anm. 34), 27; *Institut Allensbach*, Kirchenaustritte (s. Anm. 62), 44.

[73] Vgl. MDG-Trendmonitor 1 (s. Anm. 40), 24; *EKD*, KMU V (s. Anm. 28), 89.

[74] Vgl. Sinusmilieustudie (s. Anm. 16), 283.

[75] Vgl. *R. App/Th. Broch/M. Messingschlager*, Zukunftshorizont Kirche (s. Anm. 46), 93.

[76] Vgl. *M. N. Ebertz/M. Eberhardt/A. Lang*, Kirchenaustritt als Prozess (s. Anm. 19), 191.

Die Kirche tritt in einer Vielzahl von Studien auch immer wieder als Sinngeberin in Erscheinung. Je nach Studie bewegt sich der Anteil der Christinnen und Christen, die in der Kirche sind, weil sie Antworten auf Sinnfragen bereithält, zwischen 20 und 50 %.[77] Ein mittlerer Wert scheint plausibel. Denn nur etwa ein Drittel der Katholikinnen und Katholiken erwartet von der Kirche überhaupt Antworten auf die Frage nach dem Sinn des Lebens, ein weiteres Drittel stimmt dem teilweise zu.[78] Erneut sind die konservativ-traditionellen Milieus hoch anschlussfähig, doch es zeigt sich auch eine potentielle Offenheit anderer Milieus, die nicht im Zentrum der kirchlichen Aufmerksamkeit stehen.[79] Die Bürgerliche Mitte und Hedonisten sind hingegen kaum ansprechbar für religiöse Sinnfragen, freilich aus einer anderen Begründung heraus.[80] Wiederum zeigt sich ein generationaler Wandel: In älteren Kohorten ist die Offenheit für kirchliche Sinnzuschreibungen größer. Circa 60 % der katholischen Jugendlichen bezweifeln, dass die Kirche Antworten auf Fragen hat, die sie wirklich bewegen. Nur gut ein Viertel findet dort Antworten. Der Anteil derjenigen, die ein positives Votum auf diese Frage gaben, lag 2006 noch bei über 30 %.[81]

2.2 Interaktive Dimension

Die interaktive Dimension beschreibt die Bedeutung der Interaktion mehrerer Individuen unter der Perspektive ihres Einflusses auf die Kirchenbindung. Die Beschreibung berücksichtigt dabei sowohl die Interaktionen des Subjekts mit der Mitwelt als auch der Mitwelt mit dem Subjekt.

Der Gemeinschaftscharakter

Die Unterkategorie ‚Der Gemeinschaftscharakter' beschreibt die Bedeutung des Gemeinschaftsaspekts und der Gemeinschaftserfahrungen in der Kirche und im kirchlich gelebten Glauben.

---

[77] Vgl. MDG-Trendmonitor 1 (s. Anm. 40), 56f.; *D. Pollack*, Bindung (s. Anm. 26), 77; *P. M. Zulehner*, Verbuntung (s. Anm. 34), 182.

[78] Vgl. MDG-Trendmonitor 1 (s. Anm. 40), 75.

[79] Vgl. Sinusmilieustudie (s. Anm. 16), 295.

[80] Vgl. MDG-Trendmonitor 1 (s. Anm. 40), 130; Sinusmilieustudie (s. Anm. 16), 408.

[81] Vgl. *Shell*, Jugend 2015 (s. Anm. 42), 260; *M. Rothgangel*, Religiosität und Kirchenbindung Jugendlicher heute. Ein Überblick über aktuelle empirische Studien, in: Praktische Theologie 45 (2010), 137–142, 140.

Kirchennahe Milieus schätzen die integrative Funktion der Kirche.[82] Teil der christlichen Gemeinschaft zu sein, ist für die meisten dieser Milieuvertreter(innen) integraler Bestandteil der eigenen Lebenswelt.[83] Interessanterweise ist das Gemeinschaft stiftende Moment der Kirche auch für das prekäre und sozialökologische Milieu außerordentlich anschlussfähig.[84] Anders verhält es sich in postmodernen Milieus.[85]

Studien, die explizit jedoch danach fragen, ob man in der Kirche ist, weil man die Gemeinschaft (im Glauben) braucht, belegen allerdings einhellig, dass dem nur ein kleiner Teil der katholischen Christinnen und Christen zustimmt.[86] Das Gemeinschaftsgefühl in der Kirche ist als ‚Must-have' damit nur von geringer Bedeutung. Nur 14 % der Katholikinnen und Katholiken brauchen Gemeinschaft, um religiös zu sein, 74 % brauchen sie nicht.[87] Dass die Erfahrung von Gemeinschaft für die Frage nach der Kirchenbindung damit nicht obsolet wird, zeigt ein Blick auf diejenigen, die einen Austritt erwägen oder ihn bereits vollzogen haben. Nur 16 % der katholischen Austrittserwägenden stimmen der Aussage zu, dass Kirche ein Gefühl von Gemeinschaft vermittelt (Katholiken insgesamt: etwa 40 %).[88] Im gegenwärtigen Bewusstsein der Austrittswilligen hat die soziale Komponente der Kirche offenbar kaum noch einen Wert als Verbleibsgrund.[89] Besteht eine enge Kirchenbindung, wird das Gefühl der Gemeinschaft hingegen auch als eine starke Gratifikation gewertet. Das Gemeinschaftsgefühl lässt sich somit als sekundäre Gratifikation – ein ‚Nice-to-have' – beschreiben. Es entfaltet seine bindende Wirkung wohl erst vollständig in Kombination mit anderen primären kirchenbindenden Faktoren – den ‚Must-haves'.

Konkrete Gemeinschaftserfahrungen können jedoch das Zugehörigkeitsgefühl zu einer Glaubensgemeinschaft stärken.[90] Gerade in jugend-

---

[82] Vgl. *EKD*, KMU V (s. Anm. 28), 89f.; MDG-Trendmonitor 1 (s. Anm. 40), 62.

[83] Vgl. Sinusmilieustudie (s. Anm. 16), 349.

[84] Vgl. ebd., 323, 389.

[85] Vgl. ebd., 164, 273.

[86] Vgl. *R. App/Th. Broch/M. Messingschlager*, Zukunftshorizont Kirche (s. Anm. 46), 40; *P. M. Zulehner*, Verbuntung (s. Anm. 34), 182; *D. Pollack*, Bindung (s. Anm. 26), 77.

[87] Vgl. *P. M. Zulehner*, Verbuntung (s. Anm. 34), 48.

[88] Vgl. *Institut Allensbach*, Kirchenaustritte (s. Anm. 62), 43.

[89] Vgl. *Th. Latzel*, Mitgliedschaft (s. Anm. 59), 22.

[90] Vgl. *M. Calmbach/S. Borgstedt/I. Borchard/P. M. Thomas/B. B. Flaig*, SINUS-Jugendstudie u18. Wie ticken Jugendliche 2016? Lebenswelten von Jugendlichen im Alter von 14 bis 17 Jahren in Deutschland, Berlin 2016, 358.

lichen traditionellen und bürgerlichen Lebenswelten ist das Erleben von Gemeinschaft bei Verbleibsüberlegungen nicht irrelevant.[91] Zu einem gewissen Maße vermögen gemeinschaftliche Erfahrungen ein gutes Kirchenverhältnis zu konservieren.[92] Als Integrationsmoment hat die gemeinschaftstiftende Funktion der Kirche bleibende Bedeutung, nicht zuletzt für den Kircheneintritt.[93] Der Gemeinschaftsaspekt in der Kirche kann auf der anderen Seite aber auch irritierend wirken. Schlechte Erfahrungen können zu Enttäuschungsmomenten und letztlich zum Austritt führen.[94]

Sozialisation, Tradition und das soziale Nahfeld

Die Unterkategorie ‚Sozialisation, Tradition und das soziale Nahfeld' beschreibt die Bedeutung der Sozialisation und des Traditionsbewusstseins. Zudem wird auch die Rolle des Partners, der Familie und der Freunde bedacht.

Sozialisation und Mitgliedschaft

Ein Großteil der katholischen Christinnen und Christen – und auch viele Ausgetretene – haben in irgendeiner Weise eine religiöse Sozialisation erfahren.[95] Es ist jedoch ein starker Abbruchprozess erkennbar, der sich generational vollzieht. Je jünger die Alterskohorte ist, desto niedriger fallen auch die Zustimmungswerte zu Fragen der religiösen Erziehung aus. In Ostdeutschland ist der Abbruchprozess noch radikaler vorangeschritten.[96]

---

[91] Vgl. ebd., 351.

[92] Vgl. *M. N. Ebertz/M. Eberhardt/A. Lang*, Kirchenaustritt als Prozess (s. Anm. 19), 192, 196.

[93] Vgl. *R. H. Chr. Jungbluth*, Kirchen(wieder)eintritt. Eine qualitative Studie der EKD, 2009, 79.

[94] Vgl. *T. Faix/M. Hofmann/T. Künkler*, Warum ich nicht mehr glaube. Wenn junge Erwachsene den Glauben verlieren, Witten 2014, 57f., 82; *K. Hartmann/D. Pollack*, Gegen den Strom. Kircheneintritte in Ostdeutschland nach der Wende, Opladen 1998,133; *E. Anker*, Was Menschen in der Kirche hält: Motive von Kirchenzugehörigkeit. Eine qualitativ-empirische Studie zu Bleibemotiven und Kirchenbindung (Salzburger theologische Studie 31), Innsbruck 2007, 91, 125.

[95] Vgl. *P. M. Zulehner*, Verbuntung (s. Anm. 34), 188; *EKD*, KMU V (s. Anm. 28), 82; *T. Faix/M. Hofmann/T. Künkler*, Warum ich nicht mehr glaube (s. Anm. 94), 50; *T. Eberhardt*, Zufriedenheitsstudie (s. Anm. 33), 51.

[96] Vgl. *D. Pollack/O. Müller*, Religionsmonitor. Verstehen, was verbindet. Religiosität und Zusammenhalt in Deutschland, Gütersloh 2013, 15; Shell (s. Anm. 42), Jugend 2015, 257.

Hinsichtlich der Weitergabe religiöser Traditionen ist zwischen der hohen Bereitschaft zur Taufe[97] und der geringeren Bereitschaft zur religiösen Erziehung zu unterscheiden. Auch hier ist ganz deutlich ein generationaler Abbruchprozess erkennbar. Nur noch die Hälfte der Jugendlichen ist bereit, ihre Kinder religiös zu erziehen – die nachfolgende Generation wird wohl kaum eine höhere Bereitschaft aufweisen.[98] Für die Mehrheit der katholischen Christinnen und Christen hat die religiöse Erziehung der eigenen Kinder jedoch noch eine relativ hohe Bedeutung.[99] Die Weitergabe des christlichen Glaubens korreliert mit der Religiosität der Eltern, sodass auch hier kurz- oder mittelfristig Erosionsprozesse noch stärker durchschlagen werden.[100]

Sehr deutlich zeigt sich auch eine Korrelation zwischen der religiösen Erziehung im Elternhaus und der Verbundenheit zur Kirche.[101] Es handelt sich in der Regel nicht um eine bewusste Entscheidung des Kircheneintritts.[102] Wer christlich erzogen wurde, fühlt sich der Kirche in der Regel näher.[103] Das Vorbild der Eltern ist konstitutiv für eigene religiöse Affirmationsprozesse.[104] Insbesondere das Milieu der Adaptiv-Pragmatischen führt die eigene Kirchenmitgliedschaft auf die Entscheidung der Eltern zurück.[105] Sozialisation scheint allerdings mehr zu vermitteln als bloße elterliche Selbstverständlichkeiten.[106]

Die ‚erfolgreiche‘ religiöse Sozialisation hat damit auch eine hemmende Wirkung auf Kirchenaustritte.[107] Sie bestimmt das Austrittsrisiko maßgeblich. Wird die religiöse Sozialisation in der Kindheit nicht als

---

[97] Vgl. *P. M. Zulehner*, Verbuntung (s. Anm. 34), 190; *W.-J. Grabner*, Konfessionslosigkeit: Einstellungen und Erwartungen an das kirchliche Handeln, in: J. Hermelink/ Th. Latzel (Hrsg.), Kirche empirisch. Ein Werkbuch, Gütersloh 2008, 133–150, 144.

[98] Vgl. *EKD*, KMU V (s. Anm. 28), 68.

[99] Vgl. MDG-Trendmonitor 1 (s. Anm. 40), 32; *P. M. Zulehner*, Verbuntung (s. Anm. 34), 189.

[100] Vgl. *P.-A. Ahrens*, Ältere Generation (s. Anm. 41), 223.

[101] Vgl. *R. App/Th. Broch/M. Messingschlager*, Zukunftshorizont Kirche (s. Anm. 46), 35.

[102] Vgl. *Sinus*, Jugendliche (s. Anm. 90), 347f.

[103] Vgl. *P.-A. Ahrens*, Ältere Generation (s. Anm. 41), 192; *EKD*, KMU V, 66.

[104] Vgl. *H.-G. Ziebertz/B. Kalbheim/U. Riegel*, Religiöse Signaturen (s. Anm. 48), 131f.; *Shell*, Jugend 2015 (s. Anm. 42), 258;

[105] Vgl. Sinusmilieustudie (s. Anm. 16), 273.

[106] Vgl. *P. M. Zulehner*, Verbuntung (s. Anm. 34), 182.

[107] Vgl. *D. Pollack*, Bindung (s. Anm. 26), 84; *P.-A. Ahrens*, Ältere Generation (s. Anm. 41), 193; *D. Pollack/G. Rosta*, Religion in der Moderne (s. Anm. 22), 163; *D. Pollack/O. Müller*, Religionsmonitor (s. Anm. 96), 16.

Zwang empfunden, bietet sie einen Entwicklungsraum für den individuellen Glauben. Dies wirkt sich positiv auf den Verbleib in der Kirche aus.[108] Oftmals ist der eigene Austritt hingegen eng verwoben mit einem gesamtfamiliären Distanzierungsprozess von der Kirche.[109] Die Distanzierung wird dann nicht selten als Befreiung von ehemals erlebten Zwängen interpretiert.[110]

Traditionsbewusstsein und Mitgliedschaft

Hier sind zwei Begründungsmuster zu unterscheiden. Erstens wird die Mitgliedschaft als Familientradition plausibilisiert. Die eigene Zugehörigkeit zu einer Konfession wird nicht selten als kontinuierliche Weiterführung der familiären Zugehörigkeit betrachtet.[111] Das kirchliche Teilnahmeverhalten nimmt dann eine familienintegrative Funktion ein.[112] Eine familiär vermittelte Frömmigkeitspraxis erscheint als eine durchaus viable Begründungsressource der Kirchenmitgliedschaft. Dieses Deutungsmuster ist besonders stark im Milieu der Bürgerlichen Mitte ausgebildet.[113] Gerade bei kaum oder gar nicht Verbundenen ist die Mitgliedschaft der Eltern zentral.[114] Denn viele treten aus Loyalität gegenüber ihren religiösen Eltern nicht aus.[115]

Zweitens kann der Begriff ‚Tradition' im Sinne des Bourdieuschen Habitus[116] als eine kulturell vermittelte Größe verstanden werden. Nicht selten wird die Kirchenmitgliedschaft daher mit einem ‚weil sich das so gehört' begründet.[117] Auch wenn das Traditionsargument an Erklärungs-

---

[108] Vgl. *M. N. Ebertz/M. Eberhardt/A. Lang,* Kirchenaustritt als Prozess (s. Anm. 19), 199.

[109] Vgl. *J. Hermelink.* Kirchenaustritt (s. Anm. 58), 102f.; *W.-J. Grabner,* Konfessionslosigkeit (s. Anm. 97), 137.

[110] Vgl. *J. Först,* Die unbekannte Mehrheit (s. Anm. 57), 28, 32; Sinusmilieustudie (s. Anm. 16), 311; *K. Hartmann/D. Pollack,* Gegen den Strom (s. Anm. 94), 131.

[111] Vgl. *D. Pollack/G. Rosta,* Religion in der Moderne (s. Anm. 22), 109; MDG-Trendmonitor 1 (s. Anm. 40), 58, 60.

[112] Vgl. *J. Först,* Die unbekannte Mehrheit (s. Anm. 57), 47, 50; *R. H. Chr. Jungbluth,* Kirchen(wieder)eintritt (s. Anm. 93), 79.

[113] Vgl. Sinusmilieustudie (s. Anm. 16), 236.

[114] Vgl. *EKD,* KMU V (s. Anm. 28), 89f.

[115] Vgl. *E. Anker,* Kirchenzugehörigkeit (s. Anm. 94), 205; *Institut Allensbach,* Begründungen (s. Anm. 19), 40; *P. M. Zulehner,* Verbuntung (s. Anm. 34), 27.

[116] Vgl. dazu insgesamt: *P. Bourdieu* Die feinen Unterschiede. Kritik der gesellschaftlichen Urteilskraft (Suhrkamp-Taschenbuch Wissenschaft 658), Frankfurt a. M. 2012.

[117] Vgl. *D. Pollack/G. Rosta,* Religion in der Moderne (s. Anm. 22), 109; *R. App/Th. Broch/M. Messingschlager,* Zukunftshorizont Kirche (s. Anm. 46), 40.

kraft zu verlieren scheint, ist das Traditionsbewusstsein unter Jugendlichen insgesamt gestiegen.[118]

Partnerschaft und Familie als Katalysatoren der Kirchenbindung

Die Rolle, die der Ehe- oder Lebenspartner bezüglich der eigenen Kirchenbindung einnimmt, ist bedeutsam. Einflüsse aus dem privaten Umfeld scheinen in nicht näher zu präzisierender Weise mit der eigenen Verbundenheit zur Kirche et vice versa zu korrelieren.[119] In ganz wesentlicher Weise treten die Lebenspartner bei Eintrittsüberlegungen in den Fokus. Dass der eigene Partner Mitglied einer Religionsgemeinschaft ist, stellt einen zentralen Grund für einen Wiedereintritt dar.[120] Kirchennahe Lebensgefährten bilden somit eine Art Brückenfunktion für diejenigen, die aufgrund ihrer Kirchenferne keine Verbindung zur Kirche haben.[121] Der Partner ist hingegen nur sehr selten im Zusammenhang mit Austrittsüberlegungen bedacht.[122]

Auch die eigenen Kinder werden als Verbleibsgrund genannt.[123] Die Zahl der Kinder korreliert zudem mit der Wahrscheinlichkeit eines Gottesdienstbesuchs.[124] Ähnlich wie bei den Lebenspartnern erklären sich der Kontakt zur Kirche und die Teilnahme an ihren Veranstaltungen für Ausgetretene okkasionell über die Zugehörigkeit und Partizipation ihrer Kinder.[125] Sie bilden eine wichtige Begründungsressource zur Wiederannäherung. Man kann hier von einer ‚entgegengesetzten Sozialisation‘ sprechen.[126]

---

[118] Vgl. *P. M. Zulehner,* Verbuntung (s. Anm. 34), 27; *Shell,* Jugend 2015 (s. Anm. 42), 243.

[119] Vgl. *D. Pollack/G. Rosta,* Religion in der Moderne (s. Anm. 22), 121; ALLBUS 2012 (s. Anm. 43), 154.

[120] Vgl. *D. Pollack,* Bindung (s. Anm. 26), 85; *M. Wohlers,* Kircheneintritt (s. Anm. 71), 122.

[121] Vgl. *M. N. Ebertz/M. Eberhardt/A. Lang,* Kirchenaustritt als Prozess (s. Anm. 19), 188f.

[122] Vgl. *P. M. Zulehner,* Verbuntung (s. Anm. 34), 36; *Institut Allensbach,* Begründungen (s. Anm. 19), 41.

[123] Vgl. *Institut Allensbach,* Begründungen (s. Anm. 19), 40.

[124] Vgl. *D. Pollack/G. Rosta,* Religion in der Moderne (s. Anm. 22), 121.

[125] Vgl. *K. Hartmann/D. Pollack,* Gegen den Strom (s. Anm. 94), 145.

[126] Vgl. ebd., 136.

Freunde und Bekannte als Faktoren der Kirchenbindung

Bezüglich der Religiosität des Freundes- und Bekanntenkreises lässt sich – analog zum Partner – ein Zusammenhang zur eigenen religiösen Einstellung identifizieren. Die ‚treuen‘ Mitglieder zeichnen sich in der Regel durch einen sehr religiösen Freundeskreis aus.[127] Die Konstellation des Freundes- und Bekanntenkreises beeinflusst zudem stark den vorhandenen Argumentationspool. Freunde sind die prominentesten Gesprächspartner für religiöse Themen.[128] Neben dieser indirekten Funktion des sozialen Nahfelds als ‚Beratungsgremium‘ existiert wie bei Partnerschaften und Kindern abermals eine signifikante Brückenfunktion.[129] Fehlen persönliche Kontakte zu Menschen, die mit ihnen über den Glauben und die Kirche sprechen, sind derartige Themen irrelevant.[130] Umgekehrt fördert ein Freundeskreis in der Kirche die Bereitschaft der Jugendlichen zum Verbleib.[131] Ein katholisches Umfeld erhöht bspw. die Häufigkeit des Gottesdienstbesuches.[132] Auch und gerade dort, wo keine christliche Sozialisation besteht, können Freunde einen Kontakt mit der christlichen Religion vermitteln.[133]

Engagement und Ehrenamt

Die Unterkategorie ‚Engagement und Ehrenamt‘ beschreibt das aktuelle ehrenamtliche Engagement der Katholikinnen und Katholiken sowie deren Motive.

Vor allem die 16–29-Jährigen tendieren eher zu gelegentlichem Engagement, wohingegen ältere Alterskohorten feste Aufgabenbereiche bevorzugen.[134] Mit zunehmendem Alter erhöht sich auch die Bereitschaft zum Engagement. Deutlich ist zudem ein Bildungseffekt erkennbar: Mit höherer Formalbildung nimmt die Bereitschaft zu, sich aktiv in die Ge-

---

[127] Vgl. *Institut Allensbach,* Kirchenaustritte (s. Anm. 62), 36.

[128] Vgl. ALLBUS 2012 (s. Anm. 43), 157.

[129] Vgl. *R. H. Chr. Jungbluth,* Kirchen(wieder)eintritt (s. Anm. 93), 76; *D. Pollack,* Bindung (s. Anm. 26), 85.

[130] Vgl. *Sinus,* Jugendliche (s. Anm. 90), 346.

[131] Vgl. ebd., 350.

[132] Vgl. *D. Pollack/G. Rosta,* Religion in der Moderne (s. Anm. 22), 122.

[133] Vgl. *K. Hartmann/D. Pollack,* Gegen den Strom (s. Anm. 94), 51, 57, 74f., 89.

[134] Vgl. *Institut für Demoskopie Allensbach,* Motive des bürgerschaftlichen Engagements. Ergebnisse einer bevölkerungsrepräsentativen Befragung. Untersuchung im Auftrag des Bundesministeriums für Familie, Senioren, Frauen und Jugend, Allensbach am Bodensee 2013, 8; *Shell,* Jugend 2015 (s. Anm. 42), 193.

sellschaft einzubringen.[135] Etwa 8 % der Bevölkerung sind in Kirchen und anderen Religionsgemeinschaften aktiv. Das sind gut 19 % der Engagierten insgesamt.[136] Die genaue Aktivitätsrate der Katholikinnen und Katholiken in der Pfarrgemeinde ist nicht sicher festzustellen, die Zahlen differieren stark.[137]

In Bezug auf die Art des Ehrenamts unterscheiden sich die Milieus stark.[138] Konservativ-traditionelle Milieus sind sehr affin für klassisches kirchliches Ehrenamt.[139] Offen für spontane und kreative Ehrenamtsarbeit, aber skeptisch gegenüber klassischen kirchlichen Formen sind insbesondere postmoderne Lebensstile.[140]

Die Motive, die Menschen dazu bewegen, eine ehrenamtliche Tätigkeit im Allgemeinen und im Besonderen in der Kirche zu übernehmen, sind vielfältig.[141] Die mit Abstand bedeutendste Gratifikation des ehrenamtlichen Engagements stellt die Freude an der Tätigkeit dar. 73 % sehen sie als bestimmendes Motiv, für weitere 22 % ist sie ebenfalls bedeutsam.[142] Daneben existieren egotaktische[143], sozial-kooperative[144] und altruistische[145] Motive. Die Relevanz religiöser Motive ist allerdings stark unterdurchschnittlich ausgeprägt.[146] Auch in Alterskohorten über 60 Jahren fällt die Zustimmung mit 43 % gemessen an den Benchmark-Werten recht niedrig aus.[147] Eine signifikante Bedeutung hat die-

---

[135] Vgl. *Institut Allensbach,* Engagement (s. Anm. 134), 8f.

[136] Vgl. ebd., 15.

[137] Vgl. *P. M. Zulehner,* Verbuntung (s. Anm. 34), 179; *T. Eberhardt,* Zufriedenheitsstudie. Katholiken des Bistums Münster. Präsentation zum Pressegespräch am 2. März 2015 [Präsentationsversion], 16; *EKD,* KMU V (s. Anm. 28), 123.

[138] Vgl. Sinusmilieustudie (s. Anm. 16), 134, 176f., 251f., 327, 402, 440.

[139] Vgl. ebd., 361.

[140] Vgl. ebd., 214f., 290.

[141] Vgl. *Institut Allensbach,* Engagement (s. Anm. 134), 28.

[142] Vgl. ebd., 25.

[143] Vgl. ebd., 29, 40; Sinusmilieustudie (s. Anm. 16), 101, 138, 176, 365, 402, 440.

[144] Vgl. *Institut Allensbach,* Engagement (s. Anm. 134), 29, 42; Sinusmilieustudie (s. Anm. 16), 100; *M. N. Ebertz/M. Eberhardt/A. Lang,* Kirchenaustritt als Prozess (s. Anm. 19), 37f.

[145] Vgl. *Institut Allensbach,* Engagement (s. Anm. 134), 28f., 40f.; *M. Bruhn/A. Lischka/F. Siems,* Arbeitssituation und Zufriedenheit von Kirchenmitgliedern, in: M. Bruhn, A. Grözinger (Hrsg.), Kirche und Marktorientierung. Impulse aus der Ökumenischen Basler Kirchenstudie, Freiburg i. d. Schweiz 2000, 108–137, 124; Sinusmilieustudie (s. Anm. 16), 138, 402.

[146] Vgl. *M. Bruhn/A. Lischka/F. Siems,* Zufriedenheit (s. Anm. 145), 124; *Institut Allensbach,* Engagement (s. Anm. 134), 30.

[147] Vgl. *Institut Allensbach,* Engagement (s. Anm. 134), 41.

ses Motiv im Regelfall nur bei hoch engagierten Christinnen und Christen.[148]

Von zentraler Bedeutung ist die Wertschätzung des Engagements durch Hauptamtliche. Ein nicht unbedeutender Anteil erfährt nur wenig Honorierung für besondere Einsatzbereitschaft.[149] Die starren kirchlichen Strukturen wirken hingegen für viele potentielle Ehrenamtliche abschreckend.[150] Auch in Bezug auf die Entscheidungskompetenz ergibt sich ein ambivalentes Bild.[151] Den sozialen Motiven wird hingegen in weiten Teilen entsprochen.[152]

Wer sich der Kirche ziemlich oder sehr verbunden fühlt, ist häufiger in der Gemeinde engagiert.[153] Zudem zeigt sich auch eine Korrelation zwischen Gottesdienst und Ehrenamt. Wer regelmäßig sonntags in die Kirche geht, nimmt überdurchschnittlich oft aktiv an Aktionen der Gemeinde teil.[154] Trotz dieser leichten Abhängigkeit[155] der Bereitschaft zum Engagement von der Kirchenbindung ist die Bedeutung als Mitgliedschaftsgrund verschwindend gering.[156] Ein attraktives Ehrenamt gehört nur für einen kleinen Teil der katholischen Christinnen und Christen zu den ‚Must-haves' der Kirchenmitgliedschaft. Die Möglichkeit zur ehrenamtlichen Betätigung ist keine notwendige Gratifikation der Kirchenmitgliedschaft. Das Ehrenamt – wird es denn positiv wahrgenommen – hat damit eine katalysatorische, nicht aber konstitutive Funktion für die Kirchenbindung.[157]

---

[148] Vgl. *P. M. Zulehner,* Verbuntung (s. Anm. 34), 183.

[149] Vgl. *M. Bruhn/A. Lischka/F. Siems,* Zufriedenheit (s. Anm. 145), 121; Sinusmilieustudie (s. Anm. 16), 87, 280.

[150] Vgl. Sinusmilieustudie (s. Anm. 16), 327.

[151] Vgl. *M. Bruhn/A. Lischka/F. Siems,* Zufriedenheit (s. Anm. 145), 116; Sinusmilieustudie (s. Anm. 16), 96.

[152] Vgl. *Institut Allensbach,* Engagement (s. Anm. 134), 21; *M. Bruhn/A. Lischka/F. Siems,* Zufriedenheit (s. Anm. 145), 118, 121.

[153] Vgl. *P.-A. Ahrens,* Ältere Generation (s. Anm. 41), 147; *P. M. Zulehner,* Verbuntung (s. Anm. 34), 181.

[154] Vgl. *P. M. Zulehner,* Verbuntung (s. Anm. 34), 179.

[155] Vgl. *U. Winter-Pfändler,* Kirchenreputation. Forschungsergebnisse zum Ansehen der Kirchen in der Schweiz und Impulse zum Reputationsmanagement, St. Gallen 2015, 109.

[156] Vgl. MDG-Trendmonitor 1 (s. Anm. 40), 58; *R. App/Th. Broch/M. Messingschlager,* Zukunftshorizont Kirche (s. Anm. 46), 40; *D. Pollack,* Bindung (s. Anm. 26), 77.

[157] Vgl. *M. N. Ebertz/M. Eberhardt/A. Lang,* Kirchenaustritt als Prozess (s. Anm. 19), 180, 185f.; *Sinus,* Jugendliche (s. Anm. 90), 350.

2.3 Gesellschaftliche Dimension

Die gesellschaftliche Dimension beschreibt sowohl die Positionierung der institutionell verfassten Kirche in der Gesellschaft als auch ihr auf die Gesellschaft ausgerichtetes formatives Handeln und Deuten unter der Perspektive des Einflusses auf die Kirchenbindung.

Werte und Lehre der Kirche

Die Unterkategorie ‚Werte und Lehre der Kirche' beschreibt die Wahrnehmung und Bewertung der Kirche als moralische Instanz und Hüterin der christlichen Glaubenslehre. Die Anschlussfähigkeit der Lehren wird ebenfalls bedacht.

Die Kirche als moralische Instanz

Noch kann keinesfalls eine umfassende Entchristlichung des öffentlichen moralisch-ethischen Gewissens behauptet werden.[158] Offenbar existiert für viele Deutschsprachige und katholische Christinnen und Christen nach wie vor das Ideal eines an christlich-ethischen Leitlinien orientierten Lebens. In nur wenigen Fällen haben christliche Werte bei einer milieuorientierten Betrachtung kaum eine Bedeutung.[159] Ein Erosionsprozess ist jedoch bereits deutlich erkennbar.[160] Diese Entwicklung wird durch die wachsende Bedeutung anderer Instanzen der Wertevermittlung, allen voran Familie, Schule und Freundeskreis, unterstützt.[161]

Besonders in Bezug auf Fragen der Sexualmoral hält nur ein Bruchteil der Katholikinnen und Katholiken die Morallehre der Kirche für unentbehrlich.[162] Gerade in Bezug auf diese ‚Brennpunkte' kirchlicher Morallehre lässt sich ganz deutlich eine Erosion erkennen. Von einer Bedeu-

---

[158] Vgl. *R. App/Th. Broch/M. Messingschlager,* Zukunftshorizont Kirche (s. Anm. 46), 74; MDG-Trendmonitor 1 (s. Anm. 40), 43; *U. Winter-Pfändler,* Kirchenreputation (s. Anm. 155), 41; *EKD,* KMU V (s. Anm. 28), 93.

[159] Vgl. Sinusmilieustudie (s. Anm. 16), 84, 87, 125, 128f., 131, 163, 166f., 241, 273, 280f., 333, 351.

[160] Vgl. *Institut Allensbach,* Kirchenaustritte (s. Anm. 62), 41; MDG-Trendmonitor 1 (s. Anm. 40), 77; *M. Bruhn/A. Lischka,* Qualitätswahrnehmungen und Zufriedenheit der Bevölkerung mit den Kirchen, in: M. Bruhn, A. Grözinger (Hrsg.), Kirche und Marktorientierung. Impulse aus der Ökumenischen Basler Kirchenstudie, Freiburg i. d. Schweiz 2000, 43–68, 55.

[161] Vgl. *D. Pollack/O. Müller,* Religionsmonitor (s. Anm. 96), 23, 25.

[162] Vgl. *P. M. Zulehner,* Verbuntung (s. Anm. 34), 201.

tungslosigkeit christlicher Werte kann jedoch noch nicht umfassend die Rede sein. Der gesellschaftliche Wertewandel führt aber dazu, dass die Differenz der Haltung der Kirche in ethisch-moralischen Fragen zu denen ihrer Mitglieder immer stärker zunimmt. Insgesamt ist das Bild aber von einer Janusköpfigkeit geprägt: Eine – durchaus christliche – Werteorientierung ist zwar erwünscht, die gegenwärtige Morallehre der Kirche ist aber selten uneingeschränkt anschlussfähig. Nur bei den kirchennahen Milieus, den sogenannten Institutionellen, finden sich tendenziell eher konservative Sexual- und Familienvorstellungen.[163] Besonders kritisch wird die Haltung der Kirche zur Empfängnisverhütung, Homosexualität, der Sexualmoral insgesamt und zum Zölibat betrachtet.[164]

Eine deutliche Korrelation existiert zwischen der Austrittsüberlegung und den kirchlichen Normen zu Familie, Sexualmoral und Frauen. Es handelt sich um einen der bedeutendsten Austrittsgründe.[165] Ein höheres Störgefühl angesichts der kirchlichen Morallehre führt auch zu einer höheren Austrittsbereitschaft.[166] Dem entspricht, dass die meisten Ausgetretenen starke Kritik an der kirchlichen Moral üben.[167] Eine Diskrepanz zwischen den eigenen moralischen Vorstellungen und der Morallehre der Kirche – wie sie deutlich zutage getreten ist – hat damit enorme Auswirkungen auf die Kirchenbindung. Die Übereinstimmung mit den kirchlichen Normen ist hingegen nur selten ein Mitgliedschaftsgrund.[168]

---

[163] Vgl. *J. Stolz/J. Könemann/M. Schneuwly Purdie/Th. Englberger/M. Krüggeler*, Religion und Spiritualität in der Ich-Gesellschaft. Vier Gestalten des (Un-)Glaubens, Zürich 2014, 116.

[164] Vgl. *Institut Allensbach*, Kirchenaustritte (s. Anm. 62), 38; MDG-Trendmonitor 1 (s. Anm. 40), 65; *P. M. Zulehner*, Verbuntung (s. Anm. 34), 279; *R. App/Th. Broch/M. Messingschlager*, Zukunftshorizont Kirche (s. Anm. 46), 93.

[165] Vgl. *Institut Allensbach*, Kirchenaustritte (s. Anm. 62), 26; *R. App/Th. Broch/M. Messingschlager*, Zukunftshorizont Kirche (s. Anm. 46), 50 *Institut Allensbach*, Begründungen (s. Anm. 19), 21; *P. M. Zulehner*, Verbuntung (s. Anm. 34), 36; *D. Pollack*, Bindung (s. Anm. 26), 83; *T. Eberhardt*, Zufriedenheitsstudie (s. Anm. 33), 51.

[166] Vgl. *Institut Allensbach*, Kirchenaustritte (s. Anm. 62), 38.

[167] Vgl. MDG-Trendmonitor 1 (s. Anm. 40), 24; *J. Stolz u. a.*, Ich-Gesellschaft (s. Anm. 163), 121; *M. N. Ebertz/M. Eberhardt/A. Lang*, Kirchenaustritt als Prozess (s. Anm. 19), 46f., 69f., 97f., 119.

[168] Vgl. MDG-Trendmonitor 1 (s. Anm. 40), 58; *R. App/Th. Broch/M. Messingschlager*, Zukunftshorizont Kirche (s. Anm. 46), 35; *M. N. Ebertz/M. Eberhardt/A. Lang*, Kirchenaustritt als Prozess (s. Anm. 19), 195.

Die Kirche als Hüterin der wahren christlichen Lehre

Ein Großteil der Bevölkerung lehnt einen exklusiven Wahrheitsanspruch ab. Man ist davon überzeugt, dass in vielen Religionen Wahrheit zu finden ist.[169] Zentrale Glaubensinhalte wie die Auferstehung von den Toten[170] oder die Vergebung der Sünden[171] werden von einer nicht unbedeutenden Zahl katholischer Christinnen und Christen abgelehnt. Zugleich nimmt auch die Bedeutung religiöser Lehren innerhalb der Konstruktion der eigenen Weltanschauung ab.[172]

Hält man die christliche Lehre für richtig, ist sie hingegen ein bedeutender Mitgliedschaftsgrund.[173] Eine Übereinstimmung mit der christlichen Lehre führt zu einer Identifikation mit der Kirche: Eine Korrelation zwischen hoch engagierten Christinnen und Christen und einer Zustimmung zu den Lehrsätzen ist deutlich erkennbar.[174] Gelingt der Kirche die Akkommodation der christlichen Glaubensinhalte an die lebensweltliche Realität der Gläubigen, steigt dadurch auch ihre biographische Plausibilität. Interessanterweise ist die Bindungskraft der Lehre stärker als die der moralischen Normen. Wo die christliche Lehre im starken Kontrast zu postmodernen Weltbildern verkündet wird, ist sie jedoch weniger anschlussfähig. Wird die christliche Lehre – ähnlich wie die daraus abgeleiteten Werte – als veraltet und rückständig angesehen, erodiert ihre Plausibilität und nährt letztlich die Austrittsbegründung.[175]

---

[169] Vgl. ALLBUS 2012 (s. Anm. 43), 191; *D. Pollack/O. Müller*, Religionsmonitor (s. Anm. 96), 12; *J. Stolz u. a.*, Ich-Gesellschaft (s. Anm. 163), 151f.; *Chr. Bochinger/M. Engelbrecht/W. Gebhardt*, Die unsichtbare Religion in der sichtbaren Religion – Formen spiritueller Orientierung in der religiösen Gegenwartskultur, Stuttgart 2009, 119.

[170] Vgl. *R. App/Th. Broch/M. Messingschlager*, Zukunftshorizont Kirche (s. Anm. 46), 33; ALLBUS 2002 (s. Anm. 43), 190; ALLBUS 2012 (s. Anm. 43), 216; *P. M. Zulehner*, Verbuntung (s. Anm. 34), 96; *P.-A. Ahrens*, Ältere Generation (s. Anm. 41), 183.

[171] Vgl. ALLBUS 2002 (s. Anm. 43), 193f.; ALLBUS 2002 (s. Anm. 43), 199; *R. App/Th. Broch/M. Messingschlager*, Zukunftshorizont Kirche (s. Anm. 46), 32.

[172] Vgl. ALLBUS 2002 (s. Anm. 43), 146; ALLBUS 2012 (s. Anm. 43), 146; ALLBUS 2002 (s. Anm. 43), 147; ALLBUS 2012 (s. Anm. 43), 147.

[173] Vgl. *P. M. Zulehner*, Verbuntung (s. Anm. 34), 27; *D. Pollack*, Bindung (s. Anm. 26), 77.

[174] Vgl. *D. Pollack/G. Rosta*, Religion in der Moderne (s. Anm. 22), 109, 112.

[175] Vgl. *T. Eberhardt*, Zufriedenheitsstudie (s. Anm. 33), 51; *T. Faix/M. Hofmann/T. Künkler*, Warum ich nicht mehr glaube (s. Anm. 94), 52, 69f.; *K. Hartmann/D. Pollack*, Gegen den Strom (s. Anm. 94), 97; *M. N. Ebertz/M. Eberhardt/A. Lang*, Kirchenaustritt als Prozess (s. Anm. 19), 144.

Das sozial-caritative Engagement der Kirche

Die Unterkategorie ‚Das sozial-caritative Engagement der Kirche' beschreibt die Wahrnehmung und Bewertung der sozialen Kompetenz der Kirche in ihrer Funktion als sozial-caritativ engagierte Helferin. Der Einsatz der Kirche für Kranke, alte Menschen und Notleidende aller Art entspricht den Erwartungen der Christinnen und Christen. An kaum eine andere Tätigkeit der Kirche werden so große Ansprüche gestellt wie an die caritative.[176] Die Erwartung an die soziale Dienstleistung der Kirche ist demnach enorm hoch. Sowohl in Ost- als auch in Westdeutschland erfreut sich das caritative Engagement der Kirchen dabei – auch unter Konfessionslosen – großer Wertschätzung.[177] Selbst der milieudifferenzierte Blick offenbart eine breite Akzeptanz des kirchlich-caritativen Handelns. Dies gilt auch maßgeblich für die sonst weniger anschlussfähigen postmodernen Milieus.[178]

Obwohl insgesamt die positive Wertung des sozial-caritativen Engagements überwiegt, lassen sich auch kritische Impulse erkennen.[179] Am unzufriedensten ist das prekäre Milieu.[180] Die Kirche wird zwar im öffentlichen Bewusstsein mit dem Anspruch einer sozial-caritativ engagierten Helferin verbunden, uneingeschränkt zugetraut wird ihr diese Aufgabe aber nicht mehr.[181] Das Vertrauen ist besonders außerhalb des Kontextes einer Kirchenmitgliedschaft nicht stark ausgeprägt.[182] Dass

---

[176] Vgl. *P. M. Zulehner,* Verbuntung (s. Anm. 34), 200; *D. Pollack:* Bindung (s. Anm. 26), 94; *U. Winter-Pfändler,* Kirchenreputation (s. Anm. 155), 194f.; *EKD,* KMU V (s. Anm. 28), 91; Sinusmilieustudie (s. Anm. 16), 320, 395.

[177] Vgl. *H. Hempelmann,* Warum kommen Menschen zur Kirche? Warum bleiben sie bei ihr? Mitgliederorientierung als theologische und kulturhermeneutische Herausforderung, in: Theologische Beiträge 44 (2013), 125–144, 138f.; Koecke, KAS, 3; *W.-J. Grabner,* Konfessionslosigkeit (s. Anm. 97), 141; *EKD,* KMU V (s. Anm. 28), 82; *P. M. Zulehner,* Verbuntung (s. Anm. 34), 202; *U. Winter-Pfändler,* Kirchenreputation (s. Anm. 155), 41f.; *D. Pollack/O. Müller,* Religionsmonitor (s. Anm. 96), 26; *T. Eberhardt,* Zufriedenheitsstudie (s. Anm. 33), 49; MDG-Trendmonitor 1 (s. Anm. 40), 65.

[178] Vgl. Sinusmilieustudie (s. Anm. 16), 96, 134, 166, 280, 392, 430.

[179] Vgl. *M. Bruhn/A. Lischka,* Qualität (s. Anm. 160), 55; *Institut Allensbach,* Kirchenaustritte (s. Anm. 62), 41; *T. Eberhardt,* Zufriedenheitsstudie (s. Anm. 33), 36; *R. App/Th. Broch/M. Messingschlager,* Zukunftshorizont Kirche (s. Anm. 46), 93; *U. Winter-Pfändler,* Kirchenreputation (s. Anm. 155), 44.

[180] Vgl. MDG-Trendmonitor 1 (s. Anm. 40), 68.

[181] Vgl. *P. M. Zulehner,* Verbuntung (s. Anm. 34), 201; *EKD,* KMU V (s. Anm. 28), 95.

[182] Vgl. *EKD,* KMU V (s. Anm. 28), 82.

sie dieses Monopol verloren hat, hängt allem Anschein nach mit der Aus-
differenzierung der gesellschaftlichen Subsysteme zusammen. Es wird
deutlich, dass die soziale Kompetenz der Kirche vor allem in ihrer Sinn
und Hoffnung generierenden Funktion gesehen wird.[183]

Ein Zusammenhang zwischen der Bewertung der Sozialfunktion der
Kirche und der eigenen Kirchenbindung ist evident. Die mit der Kirche
eng Verbundenen stimmen der Aussage, in der Kirche zu sein, weil sie
etwas für Arme, Kranke und Bedürftige tut, weitaus häufiger zu als Aus-
trittsbereite.[184] Es stellt zwar keinen maßgeblichen Grund dar, wird
aber – nicht zuletzt aufgrund des hohen Erwartungswerts – wohl zu den
eigentlichen Aufgaben der Kirche gezählt. Wenn auch je nach Fragerich-
tung die Zustimmungswerte differieren, so lässt sich doch konstatieren,
dass das sozial-caritative Engagement der Kirche für viele Christinnen
und Christen eine Bedeutung als Mitgliedschaftsgrund hat.[185] Offenbar
ist es ein nicht unbedeutender Verbleibsgrund auch für diejenigen, die
tendenziell eher zu einem Austritt tendieren.[186] Auch bei Eintrittsüberlegungen fällt die soziale Funktion der Kirche positiv ins Gewicht.[187]

Das kulturelle Engagement der Kirche

*Die Unterkategorie ‚Das kulturelle Engagement der Kirche‘ beschreibt
die Wahrnehmung und Bewertung des kulturellen Engagements der
Kirche.*

In Bezug auf die Bedeutung der Kirche für die Kultur bleiben die
meisten Studien unterbestimmt. Was an Studienmaterial vorhanden ist,
untersucht insbesondere das Christentum als Fundament der westlichen
Kultur. In dieser Hinsicht sieht die Mehrheit der Deutschen einen Zusammenhang von Christentum und Kultur.[188] Dass damit aber nicht gleich
eine Akzeptanz des kirchlichen Handelns auf dem kulturellen Feld ausgesagt ist, ist offensichtlich. Hier geht es vielmehr um die indirekte Pflege

---

[183] Vgl. *P. M. Zulehner*, Verbuntung (s. Anm. 34), 201.
[184] Vgl. *EKD*, KMU V (s. Anm. 28), 89.
[185] Vgl. *P. M. Zulehner*, Verbuntung (s. Anm. 34), 182; MDG-Trendmonitor 1
(s. Anm. 40), 58; *D. Pollack*, Bindung (s. Anm. 26), 77.
[186] Vgl. *Th. Latzel*, Mitgliedschaft (s. Anm. 59), 22; *D. Pollack*, Bindung (s. Anm. 26),
77; *E. Anker*, Kirchenzugehörigkeit (s. Anm. 94), 205, 221; *Institut Allensbach*, Begründungen (s. Anm. 19), 40.
[187] Vgl. *EKD*, Eintritt (s. Anm. 63), 14; *G. Kretzschmar*, Eintritt (s. Anm. 71), 229.
[188] Vgl. *D. Pollack/O. Müller*, Religionsmonitor (s. Anm. 96), 41; *D. Pollack/G. Rosta*, Religion in der Moderne (s. Anm. 22), 115.

des Topos einer 'westlichen Kulturgemeinschaft', deren Genese im Kontext des Christentums verortet wird.[189] Offenbar wird den funktional spezialisierten Trägern von Kultur ein höheres Vertrauen zugesprochen als der Kirche.[190] Wer sich der Kirche nicht zumindest etwas verbunden fühlt, lehnt ein Engagement der Kirche durch kulturelle Angebote daher meist ab.[191]

Insgesamt ergibt sich in Bezug auf die Kirchenbindung damit ein klares Bild. Auf der einen Seite wird zwar der Erhalt von Kulturgut als kirchliche Aufgabe wahrgenommen, stellt aber nicht notwendigerweise eine Gratifikation der Kirchenmitgliedschaft dar. Die Aufrechterhaltung der kulturellen Identität ist wichtig und wird mit der Kirche verbunden. Auf der anderen Seite besteht aber kaum Nachfrage nach dem kulturellen Angebot der Kirche. Die kulturelle Dimension spielt für das kirchliche Bindungsverhalten daher kaum eine ausschlaggebende Rolle – weder negativ noch positiv.

Das gesellschaftspolitische Engagement der Kirche

Die Unterkategorie 'Das gesellschaftspolitische Engagement der Kirche' beschreibt die Wahrnehmung und Bewertung des politisch-institutionellen ('Polity') und politisch-inhaltlichen Engagements ('Policy') der Kirche.

Hier müssen grundsätzlich zwei Perspektiven unterschieden werden: Der politische Einsatz für eine humanere Welt und die dezidierte Auseinandersetzung der Kirche mit politischen Grundsatzfragen. Letzteres trifft innerhalb der Gesamtbevölkerung auf nur wenig positive Resonanz.[192] Deutlich lässt sich eine Korrelation zwischen der Erwartung politischer Äußerungen durch die Kirche und der kirchlichen Verbundenheit erkennen.[193] Nach Ansicht der meisten Konfessionslosen ist die Kirche nicht für politische Tagesfragen zuständig.[194] Für Katholikinnen

---

[189] Vgl. Sinusmilieustudie (s. Anm. 16), 68; *Institut Allensbach*, Kirchenaustritte (s. Anm. 62), 44; *U. Winter-Pfändler*, Kirchenreputation (s. Anm. 155), 41f.

[190] Vgl. *D. Pollack*, Bindung (s. Anm. 26), 94; *D. Pollack/G. Rosta*, Religion in der Moderne (s. Anm. 22), 127.

[191] Vgl. *EKD*, KMU V (s. Anm. 28), 91; *D. Pollack*, Bindung (s. Anm. 26), 95.

[192] Vgl. *P. M. Zulehner*, Verbuntung (s. Anm. 34), 278; *D. Pollack/G. Rosta*, Religion in der Moderne (s. Anm. 22), 127.

[193] Vgl. *EKD*, KMU V (s. Anm. 28), 91; *D. Pollack*, Bindung (s. Anm. 26), 95.

[194] Vgl. *W.-J. Grabner*, Konfessionslosigkeit (s. Anm. 97), 143; *EKD*, KMU V (s. Anm. 28), 93; *P. M. Zulehner*, Verbuntung (s. Anm. 34), 278.

und Katholiken sind gesellschaftliche und politische Themen dabei bedeutendere Tätigkeitsfelder der Kirche als für Kirchenferne.[195]
Die Wertschätzung des Einsatzes der Kirche für eine humanere Welt ist weniger abhängig von der Aktivität der Mitglieder. Auch diejenigen, die nie zum Gottesdienst gehen, sind proportional sehr viel eher an einem Engagement der Kirche interessiert als an der Beteiligung an konkreten politischen Grundsatzfragen.[196] Dieser Einsatz wird generationsübergreifend sehr wohlwollend betrachtet.[197]

Die dezidierte Auseinandersetzung mit politischen Grundsatzfragen kann sich auch innerhalb der katholischen Bevölkerung nur einer weniger großen Billigung erfreuen als die konkreten humanitären Einsätze der Kirche. Dies schlägt sich auch in der Kirchenbindung nieder. Der konkrete politische Einsatz der Kirche bildet eine wichtige Ressource der Kirchenbindung.[198] Die Beteiligung an politischen Grundsatzfragen hat hingegen ein stark bindungsirritierendes Potential.[199]

2.4 Liturgische Dimension

Die liturgische Dimension beschreibt die Wahrnehmung und Bedeutung der Liturgie(n) der Kirche – binnen- und außerkirchlich – unter der Perspektive ihres Einflusses auf die Kirchenbindung.

Der sonntägliche Gemeindegottesdienst

Die Unterkategorie ‚Der sonntägliche Gemeindegottesdienst' beschreibt die subjektive Teilnahmehäufigkeit, die Wahrnehmung und die Bewertung des sonntäglichen Gemeindegottesdienstes.

Die eigene Wahrnehmung der Gottesdiensthäufigkeit weicht signifikant von den errechneten Beteiligungswerten an den Zählsonntagen[200]

---

[195] Vgl. *T. Eberhardt*, Zufriedenheitsstudie (s. Anm. 33), 93; *U. Winter-Pfändler*, Kirchenreputation (s. Anm. 155), 194f., 204.

[196] Vgl. *D. Pollack*, Bindung (s. Anm. 26), 95.

[197] Vgl. MDG-Trendmonitor 1 (s. Anm. 40), 64f.; *P. M. Zulehner*, Verbuntung (s. Anm. 34), 275f.; *R. App/Th. Broch/M. Messingschlager*, Zukunftshorizont Kirche (s. Anm. 46), 88; Koecke, KAS, 4.

[198] Vgl. MDG-Trendmonitor 1 (s. Anm. 40), 58.

[199] Vgl. *Institut Allensbach*, Kirchenaustritte (s. Anm. 62), 26f.

[200] Vgl. *Sekretariat der Deutschen Bischofskonferenz* (Hrsg.), Katholische Kirche in Deutschland: Katholiken, Gottesdienstteilnehmer 1950–2015, Bonn 2016.

ab. Katholikinnen und Katholiken schätzen die Häufigkeit ihrer Gottesdienstbesuche deutlich höher ein.[201] Hier ist auf die Differenz zwischen den Alterskohorten hinzuweisen: Liturgisch hochaktiv sind vor allem ältere Jahrgänge.[202] Sehr deutlich lässt sich so konstatieren: Je älter die Generation, desto höher ist die Bereitschaft zum Gottesdienstbesuch.[203] Ein generationaler Abbruchprozess ist dabei wahrscheinlicher als ein linearer lebenszyklischer Prozess.[204] Eine entscheidende Einschränkung muss hier jedoch gemacht werden: Familiengottesdienste werden von der Alterskohorte bis 44 Jahren überdurchschnittlich oft besucht.[205]

Interessanterweise erhöht Bildung – anders als bei der Austrittswahrscheinlichkeit – nicht das Risiko, den Kirchgang zu meiden, sondern wirkt sich vielmehr positiv auf die Gottesdiensthäufigkeit aus.[206] Ein katholisches Umfeld erhöht die Wahrscheinlichkeit des Gottesdienstbesuches ebenso.[207] Zwischen Ost und West lässt sich deutlich eine Kluft in Bezug auf die institutionelle Praxis feststellen.[208] Zwar ist die Kirchgangshäufigkeit der Bevölkerung insgesamt niedriger als im Westen, die Christinnen und Christen Ostdeutschlands gehen aber verhältnismäßig öfter in die Kirche als die westdeutschen.[209] Ein Kondensationseffekt macht diese Beobachtung plausibel. Auch die familienbiographische Dimension des Kirchenbesuchs ist hier zu bedenken: Die Anzahl der Kinder scheint die Häufigkeit zu erhöhen.[210] Die traditionell-konservativen Milieus weisen erwartungsgemäß die höchste Bereitschaft zum Gottesdienstbesuch auf.[211]

---

[201] Vgl. MDG-Trendmonitor 1 (s. Anm. 40), 27; *R. App/Th. Broch/M. Messingschlager*, Zukunftshorizont Kirche (s. Anm. 46), 16.

[202] Vgl. *D. Pollack/O. Müller*, Religionsmonitor (s. Anm. 96), 19; *EKD*, KMU V (s. Anm. 28), 48.

[203] Vgl. *EKD*, KMU V (s. Anm. 28), 54; *H.-G. Ziebertz/B. Kalbheim/U. Riegel*, Religiöse Signaturen (s. Anm. 48), 131.

[204] Vgl. ALLBUS 2002 (s. Anm. 43), 476, 481.

[205] Vgl. KMU-Erhebung, 102.

[206] Vgl. KMU-Erhebung, 223; *D. Pollack/G. Rosta*, Religion in der Moderne (s. Anm. 22), 121; *P.-A. Ahrens*, Ältere Generation (s. Anm. 41), 92.

[207] Vgl. *D. Pollack/G. Rosta*, Religion in der Moderne (s. Anm. 22), 122; KMU-Erhebung, 95.

[208] Vgl. *D. Pollack/O. Müller*: Religionsmonitor (s. Anm. 96), 10.

[209] Vgl. *P.-A. Ahrens*, Ältere Generation (s. Anm. 41), 93f.

[210] Vgl. *EKD*, KMU V (s. Anm. 28), 48; *D. Pollack/G. Rosta*, Religion in der Moderne (s. Anm. 22), 121.

[211] Vgl. MDG-Trendmonitor 1 (s. Anm. 40), 29.

Trotz der starken Erosion der Kirchgangsfrequenz besteht unter den Katholikinnen und Katholiken ein eindeutiges Votum für die Feier von Gottesdiensten durch die Kirche. Zwei Drittel halten es für (sehr) wichtig, dass die Kirche diese feiert.[212] Zwar werden die Erwartungen der Katholikinnen und Katholiken an den Gottesdienst nicht vollständig erfüllt[213], grosso modo sind sie aber mit den gottesdienstlichen Feiern in der Pfarrgemeinde zufrieden.[214] Die Wahrnehmung des Gottesdienstes korreliert dabei mit der Kirchenbindung. Sozialgruppen, die sich durch eine höhere Kirchenbindung auszeichnen, bewerten den Gottesdienst insgesamt besser als jene, die sich weniger mit der Kirche verbunden fühlen.[215] Die Entscheidung, den Gottesdienst zu besuchen, wird maßgeblich von der Anschlussfähigkeit des eigenen Glaubens daran abhängig gemacht.[216] Wer einer intensiven Gottesdienstpraxis nachgeht, zeigt zudem geringere Tendenzen zu religiöser Indifferenz.[217] So glauben hochaktive Gottesdienstbesucher überdurchschnittlich häufig an einen personalen Gott.[218] Ein ausgeprägter Gottesglaube erhöht also die Teilnahmebereitschaft enorm.[219]

Je enger die Kirchenbindung, desto wahrscheinlicher ist die Teilnahme am Gottesdienst.[220] Eine konsequente Bindung an die Kirche durch den regelmäßigen Besuch des Gottesdienstes vermindert zudem das Risiko eines Austritts.[221] Offenbar besteht eine Korrelation zwischen Mitgliedschaftspraxis und Verbundenheitsgefühl zur Kirche. Die liturgische Hochaktivität führt zur Verbundenheit. Allerdings gilt dies nicht vice versa: Die kirchliche Bindung ist noch kein Garant für die tatsächliche Teilnahme an der Liturgie.[222] Insgesamt scheinen die sonn-

---

[212] Vgl. *P. M. Zulehner,* Verbuntung (s. Anm. 34), 200.

[213] Vgl. *M. Bruhn/A. Lischka,* Qualität (s. Anm. 160), 55.

[214] Vgl. ebd., 53; Koecke, KAS, 3; *T. Eberhardt,* Zufriedenheitsstudie (s. Anm. 33), 41.

[215] Vgl. *M. N. Ebertz/M. Eberhardt/A. Lang,* Kirchenaustritt als Prozess (s. Anm. 19), 88; *U. Winter-Pfändler,* Kirchenreputation (s. Anm. 155), 63–65.

[216] Vgl. *D. Pollack,* Bindung (s. Anm. 26), 90.

[217] Vgl. *P. M. Zulehner,* Verbuntung (s. Anm. 34), 93.

[218] Vgl. *EKD,* KMU V (s. Anm. 28), 45; *P. M. Zulehner,* Verbuntung (s. Anm. 34), 93, 95; *H.-G. Ziebertz/B. Kalbheim/U. Riegel,* Religiöse Signaturen (s. Anm. 48), 134.

[219] Vgl. *D. Pollack,* Bindung (s. Anm. 26), 91; *K. Hartmann/D. Pollack,* Gegen den Strom (s. Anm. 94), 52.

[220] Vgl. *Institut Allensbach,* Kirchenaustritte (s. Anm. 62), 33; MDG-Trendmonitor 1 (s. Anm. 40), 41.

[221] Vgl. *M. N. Ebertz/M. Eberhardt/A. Lang,* Kirchenaustritt als Prozess (s. Anm. 19), 196.

[222] Vgl. *EKD,* KMU V (s. Anm. 28), 43f.

täglichen Gottesdienste aber keine ausschlaggebende Bindungskraft an die Kirche zu entwickeln.[223]

Kasualien

Die Unterkategorie ‚Kasualien' beschreibt die Wahrnehmung und Bewertung der kirchlichen Übergangsrituale durch Katholikinnen und Katholiken und Konfessionslose sowie ihren zugeschriebenen spezifischen Sinngehalt.

Die Kirchen besitzen im Bereich der Übergangsrituale immer noch eine Monopolstellung.[224] Auch junge Menschen greifen überdurchschnittlich oft auf kirchliche Rituale zurück oder beabsichtigen es für die Zukunft.[225] Über 86 % möchten Lebenswenden religiös feiern.[226] Die Zustimmung zu den Übergangsritualen ist aber in jüngerem Alter höher und nimmt dann tendenziell langsam ab.[227] Diese ‚rites de passage' spielen nicht nur für den binnenkirchlichen Raum eine integrale Rolle. Auch eine nicht unbedeutende Zahl von Konfessionslosen nimmt daran teil.[228] Insbesondere die postmodernen Milieus, bei denen der sonntägliche Gottesdienst sehr selten ist, weisen eine Anschlussfähigkeit an lebensphasenbedingte Übergangsriten auf.[229]

An Tauf-, Hochzeits- und Beerdigungsfeiern werden die höchsten Erwartungen gestellt. Sie übertreffen die Erwartungen an Gottesdienste, soziale Leistungen und Vermittlung ethischer Grundwerte deutlich.[230] Mit keiner anderen Leistung sind die Katholikinnen und Katholiken zudem so zufrieden wie mit den Tauf-, Hochzeits- und Beerdigungsfeiern, wenn

---

[223] Vgl. R. *App/Th. Broch/M. Messingschlager*, Zukunftshorizont Kirche (s. Anm. 46), 35; MDG-Trendmonitor 1 (s. Anm. 40), 58, 61; *Institut Allensbach*, Begründungen (s. Anm. 19), 33, 42.

[224] Vgl. *D. Pollack/G. Rosta*, Religion in der Moderne (s. Anm. 22), 125f.; ALLBUS 2002 (s. Anm. 43), 141; *EKD*, KMU V (s. Anm. 28), 54f.

[225] Vgl. *H.-G. Ziebertz/B. Kalbheim/U. Riegel*, Religiöse Signaturen (s. Anm. 48), 177; ALLBUS 2002 (s. Anm. 43), 487f.

[226] Vgl. *H.-G. Ziebertz/B. Kalbheim/U. Riegel*, Religiöse Signaturen (s. Anm. 48), 186.

[227] Vgl. ebd., 181f.

[228] Vgl. *W.-J. Grabner*, Konfessionslosigkeit (s. Anm. 97), 143.

[229] Vgl. Sinusmilieustudie (s. Anm. 16), 201, 276, 436; *Chr. Bochinger/M. Engelbrecht/W. Gebhardt*, Unsichtbare Religion (s. Anm. 169), 87.

[230] Vgl. *D. Pollack*, Bindung (s. Anm. 26), 93; *M. Bruhn/A. Lischka*, Qualität (s. Anm. 160), 49; *P. M. Zulehner*, Verbuntung (s. Anm. 34), 200; *Institut Allensbach*, Begründungen (s. Anm. 19), 52.

auch die Erwartungen nicht gänzlich erfüllt werden.[231] Doch auch hier sind Erosionsprozesse zu verzeichnen.[232]

Der Sinngehalt lässt sich anhand von vier Funktionen systematisieren: die Kontingenz bewältigende, soziokulturelle, ästhetische und transzendent-religiöse. Die erste Funktion beschreibt den Sinn der ‚rites de passage‘ in ihrer ordnungs- und orientierungsstiftenden Perspektive. Eng damit verbunden ist der Topos von Halt und Lebenshilfe.[233] Die soziokulturelle Funktion kennzeichnet die integrative Kraft der Rituale in familiäre oder gesellschaftliche Zusammenhänge. Sie stiften Gemeinschaft und binden in Traditionen ein.[234] Die dritte Funktion beschreibt den ästhetischen Aspekt von Ritualen sowie ihre äußerliche Gestaltung.[235] Als transzendent-religiös ist die Funktion eines Rituals dann zu beschreiben, wenn es unter anderem um die Vermittlung von „[Gottes] Schutz und Segen"[236] geht. In Bezug auf die religiöse Perspektive ist ein entscheidender Unterschied zur Signifikanz des Glaubens im Vergleich zum Sonntagsgottesdienst feststellbar: Die Bereitschaft zur Beteiligung an Sonntagsgottesdiensten – so haben wir gesehen – hängt maßgeblich von der Religiosität der potentiellen Besucher ab. Wer religiös ansprechbar ist und an Gott glaubt, geht sonntags häufiger in die Kirche. Zwar können wir auch in Bezug auf die Kasualien einen solchen Zusammenhang ausmachen, dieser ist aber bei Weitem nicht so stark ausgebildet. Diese Beobachtung steht nicht allein, sondern deckt sich auch mit den

---

[231] Vgl. *M. Bruhn/A. Lischka*, Qualität (s. Anm. 160), 53, 55; *U. Winter-Pfändler*, Kirchenreputation (s. Anm. 155), 63.

[232] Vgl. *P. M. Zulehner*, Verbuntung (s. Anm. 34), 68; *Institut Allensbach*, Begründungen (s. Anm. 19), 52.

[233] Vgl. *E. Anker*, Kirchenzugehörigkeit (s. Anm. 94), 216, 219; *J. Först*, Die unbekannte Mehrheit (s. Anm. 57), 38f., 40; *U. Winter-Pfändler*, Kirchenreputation (s. Anm. 155), 44; *G. Kretzschmar*, Eintritt (s. Anm. 71), 229; MDG-Trendmonitor 1 (s. Anm. 40), 24; *H.-G. Ziebertz/B. Kalbheim/U. Riegel*, Religiöse Signaturen (s. Anm. 48), 193f.; *M. Engelbrecht*, Pforten im Niemandsland? Die Kasualien als brüchiges Band an die Kirchen im Lichte älterer und neuerer Ritualtheorien, in: J. Först/J. Kügler (Hrsg.), Die unbekannte Mehrheit. Mit Taufe, Trauung und Bestattung durchs Leben? Eine empirische Untersuchung zur „Kasualienfrömmigkeit" von Katholiken – Bericht und interdisziplinäre Auswertung, Berlin 2010, 89–123, 113.

[234] Vgl. MDG-Trendmonitor 1 (s. Anm. 40), 24; *J. Först*, Die unbekannte Mehrheit (s. Anm. 57), 36, 42f., 78f.; *H.-G. Ziebertz/B. Kalbheim/U. Riegel*, Religiöse Signaturen (s. Anm. 48), 160, 175, 179; *K. Hartmann/D. Pollack*, Gegen den Strom (s. Anm. 94), 132.

[235] Vgl. *E. Anker*, Kirchenzugehörigkeit (s. Anm. 94), 221; *P. M. Zulehner*, Verbuntung (s. Anm. 34), 269.

[236] *J. Först*, Die unbekannte Mehrheit (s. Anm. 57), 53.

Erkenntnissen jugendlicher Religiosität.[237] Diese Befunde können die hohe Ansprechbarkeit der Menschen für die kirchliche Kasualpraxis erklären: Die religiöse Funktion ist nicht entscheidend. Eine umso höhere Relevanz erhalten dementsprechend die anderen Sinngehalte der Übergangsrituale.

Die kirchlichen ‚rites de passage' haben als bindende Faktoren eine enorme Wirkmacht. Die Kasualien sind im Konglomerat der pluriformen Begründungsmuster der Kirchenmitgliedschaft ein zentrales Motiv.[238] Kasualien als mitgliedschaftsbestimmende Faktoren sind dabei nicht etwa nur ein Phänomen der älteren Generation. Durchgängig wird diesem Motiv in allen Alterskohorten, Milieus und Verbundenheitstypen weitgehend zugestimmt.[239] Die Bindungskraft der Kasualien ist daher kaum zu überbieten.[240] Eine hohe Anzahl an Studien kann zudem konstatieren: Der Wunsch, diese kirchlichen Kasualien in Anspruch zu nehmen, ist zugleich ein maßgebliches Begründungsmoment des Wiedereintritts selbst, nicht selten zählt er zu den Hauptgründen.[241]

Kirchliche Hochfeste und Events

Die Unterkategorie ‚Kirchliche Hochfeste und Events' beschreibt die Bedeutung der kirchlichen Hochfeste, allen voran Weihnachten, und der Events.

Die Zahl der Studien, die die kirchlichen Hochfeste dezidiert zum Gegenstand ihrer Forschung machen, ist gering. Es lässt sich jedoch feststel-

---

[237] Vgl. *P. M. Zulehner*, Verbuntung (s. Anm. 34), 67; *H.-G. Ziebertz/B. Kalbheim/U. Riegel*, Religiöse Signaturen (s. Anm. 48), 185f., 360.

[238] Vgl. *R. App/Th. Broch/M. Messingschlager*, Zukunftshorizont Kirche (s. Anm. 46), 35; MDG-Trendmonitor 1 (s. Anm. 40), 58; *Th. Latzel*, Mitgliedschaft (s. Anm. 59), 22; *D. Pollack/G. Rosta*, Religion in der Moderne (s. Anm. 22), 109; KMU-Erhebung, 211; *D. Pollack*, Bindung (s. Anm. 26), 77; *P. M. Zulehner*, Verbuntung (s. Anm. 34), 27.

[239] Vgl. MDG-Trendmonitor 1 (s. Anm. 40), 60, 62; *EKD, KMU V* (s. Anm. 28), 82, 89; *Institut Allensbach*, Begründungen (s. Anm. 19), 42.

[240] Vgl. *J. Först*, Die unbekannte Mehrheit (s. Anm. 57), 60; *K. Birkelbach*, Entscheidung zum Kirchenaustritt (s. Anm. 20), 22f.; *M. N. Ebertz/M. Eberhardt/A. Lang*, Kirchenaustritt als Prozess (s. Anm. 19), 187f.; *J. Hermelink*. Kirchenaustritt (s. Anm. 58), 102; *Sinus*, Jugendliche (s. Anm. 90), 351.

[241] Vgl. *EKD*, Eintritt (s. Anm. 63), 15; *D. Pollack*, Bindung (s. Anm. 26), 85; *D. Pollack/G. Rosta*, Religion in der Moderne (s. Anm. 22), 113; *M. Wohlers*, Kircheneintritt (s. Anm. 71), 122; *P. M. Zulehner*, Verbuntung (s. Anm. 34), 51, 55; *R. H. Chr. Jungbluth*, Kirchen(wieder)eintritt (s. Anm. 93), 102; *G. Kretzschmar*, Eintritt (s. Anm. 71), 228.

len: Nach den Kasualien sind die prägenden Festzeiten der Kirchen das wichtigste liturgische Feld.[242] Parallel zu den Kasualgottesdiensten ist auch in dieser Hinsicht eine potentielle Offenheit kirchlich Distanzierter zu verzeichnen.[243] Die Teilnahmerate an Hochfesten ist stärker ausgeprägt als an Sonntagen. Von einer hohen Anziehungskraft kann aber letztlich nur an Weihnachten und – etwas geringer – an Ostern gesprochen werden.

Die kirchlichen Feste sind damit zweifelsohne von großer Bedeutung für die Mitgliedschaft und die Ausstrahlung der Kirche aus ihrem Binnenraum heraus. Eine Korrelation zwischen Kirchenbindung und Partizipationsverhalten ist klar feststellbar.[244] Einer der wichtigsten Gründe für Austrittswillige, noch in der Kirche zu verbleiben, stellen die kirchlichen Feste wie Weihnachten dar: Fast zwei Drittel geben an, dass sie ihnen noch etwas bedeuten und sie deshalb nicht aus der Kirche austreten.[245] Besonders Gemeinschaftserfahrungen familiärer Art an Hochfesten und bei liturgischen Events wirken kirchenbindend.[246]

2.5 Strukturelle Dimension

Die strukturelle Dimension beschreibt die strukturelle Organisation sowie die personelle und seelsorgliche Verfasstheit der Kirche unter der Perspektive des Einflusses auf die Kirchenbindung.

Kirchliche Strukturen in der Wahrnehmung der Gläubigen

Die Unterkategorie ‚Kirchliche Strukturen in der Wahrnehmung der Gläubigen' beschreibt die Bewertung der kirchlichen Strukturen (Universalkirche, Diözese, Pfarrei & Gemeinde) durch die Katholikinnen und Katholiken.

---

[242] Vgl. *EKD*, KMU V (s. Anm. 28), 54f.; *H.-G. Ziebertz/B. Kalbheim/U. Riegel*, Religiöse Signaturen (s. Anm. 48), 131.

[243] Vgl. *J. Stolz u. a.*, Ich-Gesellschaft (s. Anm. 163), 106; *W.-J. Grabner*, Konfessionslosigkeit (s. Anm. 97), 143; *H.-G. Ziebertz/B. Kalbheim/U. Riegel*, Religiöse Signaturen (s. Anm. 48), 133.

[244] Vgl. *Institut Allensbach*, Kirchenaustritte (s. Anm. 62), 33.

[245] Vgl. *Institut Allensbach*, Begründungen (s. Anm. 19), 40.

[246] Vgl. *M. N. Ebertz/M. Eberhardt/A. Lang*, Kirchenaustritt als Prozess (s. Anm. 19), 193f.

Die Zufriedenheit mit der Weltkirche fällt nicht hoch aus.[247] Mit zunehmendem Alter lässt sich jedoch grosso modo eine Zunahme der Zufriedenheit mit weltkirchlichen Strukturen erkennen. Über 65-Jährige sind dabei signifikant zufriedener als jüngere Generationen. Die Alterskohorten, die vor einem Berufs- oder Renteneintritt stehen, weisen jedoch einen hohen Anteil Unzufriedener auf.[248] Bei der Bewertung des Vatikans findet sich die höchste Quote unzufriedener Katholikinnen und Katholiken.[249] Eine milieusensible Betrachtung eröffnet einen Einblick in die Vielschichtigkeit des Verhältnisses der Katholikinnen und Katholiken zu ‚ihrer‘ Institution Kirche. Wie zu erwarten war, nehmen vor allem kirchennahe Milieus die Kirche positiver wahr.[250] Doch auch in diesen kirchennahen Milieus wird die kirchliche Institution kritisch bedacht: In fast durchgehend allen Sinusmilieus sind veraltete Rollenbilder und patriarchale Strukturen ein erheblicher ‚Stein des Anstoßes‘.[251]

Das eigene Bistum wird durchschnittlich besser bewertet als die landes- und weltweiten Strukturen, aber schlechter als die der Pfarrgemeinde oder Seelsorgeeinheit.[252] Dass kaum eine hohe Zufriedenheit vorliegt, erklärt sich möglicherweise durch die generell eher niedrige persönliche Bindung an die Diözese.[253] Der Pfarrverband und die Kirchengemeinde erfreuen sich vergleichsweise großer Zufriedenheit.[254] In Bezug auf die Pfarrgemeinde überrascht, dass die Alterskohorte bis 25 Jahre nach den Über-65-Jährigen den geringsten Anteil der Unzufriedenen stellt.[255] Gerade die punktuelle und spontane Aktivierbarkeit nach Be-

---

[247] Vgl. *T. Eberhardt*, Zufriedenheitsstudie (s. Anm. 33), 33; *M. Bruhn/A. Lischka*, Qualität (s. Anm. 160), 58; *R. App/Th. Broch/M. Messingschlager*, Zukunftshorizont Kirche (s. Anm. 46), 129.

[248] Vgl. *M. Bruhn/A. Lischka*, Qualität (s. Anm. 160), 58; *T. Eberhardt*, Zufriedenheitsstudie (s. Anm. 33), 34.

[249] Vgl. *R. App/Th. Broch/M. Messingschlager*, Zukunftshorizont Kirche (s. Anm. 46), 129; *M. N. Ebertz/M. Eberhardt/A. Lang*, Kirchenaustritt als Prozess (s. Anm. 19), 69f.

[250] Vgl. Sinusmilieustudie (s. Anm. 16), 89, 366.

[251] Vgl. ebd., 89f., 92, 128, 201, 317, 320, 392; *M. N. Ebertz/M. Eberhardt/A. Lang*, Kirchenaustritt als Prozess (s. Anm. 19), 46f., 117.

[252] Vgl. *R. App/Th. Broch/M. Messingschlager*, Zukunftshorizont Kirche (s. Anm. 46), 129.

[253] *MDG Medien-Dienstleistung* GmbH, MDG-Trendmonitor Religiöse Kommunikation, Kommentarband 2, München 2010, 8f.

[254] Vgl. *R. App/Th. Broch/M. Messingschlager*, Zukunftshorizont Kirche (s. Anm. 46), 129; *T. Eberhardt*, Zufriedenheitsstudie (s. Anm. 33), 37.

[255] Vgl. *T. Eberhardt*, Zufriedenheitsstudie (s. Anm. 33), 34.

darf scheint dabei von großer Bedeutung.[256] Die Studienergebnisse zeigen: Die Zufriedenheit mit der Seelsorgeeinheit und der konkreten Ortsgemeinde und die Bindung an sie unterscheiden sich kaum.[257]

Die aktuelle Verfasstheit der Kirche hat eine erhebliche negative Wirkung auf das Bindungsverhalten.[258] Als positiver Bindungsfaktor hat sie hingegen keine Bedeutung. Selbst kirchennahe traditionelle Milieus üben Kritik an dem hierarchischen Aufbau der kirchlichen Institution. Nicht selten handelt es sich um einen Austrittsgrund.[259] Anders verhält es sich hingegen bei den Seelsorgeeinheiten und Ortsgemeinden. Sie werden als Austrittsgründe kaum bedacht.[260] Ein ‚lack of contact' findet sich viel eher in der Begründung für einen Austritt als die konkreten persönlichen Erfahrungen in der Gemeinde.[261]

Kirchliches Personal und Seelsorge

Die Unterkategorie ‚Kirchliches Personal und Seelsorge' beschreibt die Wahrnehmung und Bewertung der kirchlichen Mitarbeiter(innen) und der personalen Seelsorgestrukturen.

Auch hier schlägt sich die kirchliche Milieuverengung nieder. Besonders traditionelle Milieuvertreter(innen) weisen in der Regel eine persönliche Beziehung zu kirchlichem Personal auf.[262] Außerhalb der im kirchlichen Binnenraum verorteten Milieus kommt es nur aufgrund eines unmittelbaren Anlasses zu einem Kontakt mit dem Pfarrer. Mitarbeiter(innen) kirchlicher Krankeneinrichtungen sind hier bedeutender.[263]

---

[256] Vgl. *E. Anker,* Kirchenzugehörigkeit (s. Anm. 94), 207.

[257] Vgl. *R. App/Th. Broch/M. Messingschlager,* Zukunftshorizont Kirche (s. Anm. 46), 129; MDG-Trendmonitor 1 (s. Anm. 40), 108.

[258] Vgl *Institut Allensbach,* Kirchenaustritte (s. Anm. 62), 26; *P. M. Zulehner,* Verbuntung (s. Anm. 34), 36.

[259] Vgl. *Institut Allensbach,* Kirchenaustritte (s. Anm. 62), 40; *P. M. Zulehner,* Verbuntung (s. Anm. 34), 36; *R. H. Chr. Jungbluth,* Kirchen(wieder)eintritt (s. Anm. 93), 73; *Chr. Bochinger/M. Engelbrecht/W. Gebhardt,* Unsichtbare Religion (s. Anm. 169), 97f.

[260] Vgl. *R. App/Th. Broch/M. Messingschlager,* Zukunftshorizont Kirche (s. Anm. 46), 50.

[261] Vgl. *Institut Allensbach,* Begründungen (s. Anm. 19), 36f.; *M. N. Ebertz/M. Eberhardt/A. Lang,* Gehen oder bleiben (s. Anm. 19), 68.

[262] Vgl. Sinusmilieustudie (s. Anm. 16), 363; *R. App/Th. Broch/M. Messingschlager,* Zukunftshorizont Kirche (s. Anm. 46), 132; *T. Eberhardt,* Zufriedenheitsstudie (s. Anm. 33), 62.

[263] Vgl. Sinusmilieustudie (s. Anm. 16), 288, 325; MDG-Trendmonitor 1 (s. Anm. 40), 111f.

Das kirchliche Personal ist für die meisten Katholikinnen und Katholiken kein Grund für Ärgernis, ein großer Teil steht ihm positiv gegenüber. Dennoch existiert ein ähnlich hoher Anteil, der nicht vollumfänglich zufrieden ist.[264] Das Image von Mitarbeiter(inne)n hängt dabei stark von konkreten Erfahrungen ab.[265] Denn die Seelsorge ist für viele katholische Christinnen und Christen ein Ort hoher Erwartungen. Es zeigt sich jedoch auch, dass diese von den Mitarbeiter(inne)n kaum erfüllt werden. Nirgends sind die Qualitätslücken zwischen Erwartung und tatsächlich erlebtem Angebot größer.[266]

Obwohl ein direkter Vergleich nicht möglich ist, scheint die Ebene der Bischöfe schlechter bewertet zu werden als die Vertreter(innen) auf der Gemeinde- und Pfarrebene. Sie wird von den Befragten nur leicht positiv bewertet. Kaum wird hingegen der Aussage zugestimmt, dass die Bischöfe ihre Kirchen ausgezeichnet leiten.[267]

Ein Zusammenhang zwischen Austrittsüberlegungen und konkreten Erfahrungen mit kirchlichen Mitarbeiter(inne)n ist zwar erkennbar, aber nicht allzu stark ausgebildet.[268] Damit ist diese Begründungsressource zwar nicht unbedeutend[269], kommt aber kaum an die Wirkmacht anderer Faktoren heran. Konkrete Begegnungen mit kirchlichem Personal sind meist kein Austrittsgrund.[270] Der Ärger über kirchliches Personal führt jedoch insbesondere bei kirchennahen Milieus zu Enttäuschungserfahrungen. Hier bestehen höhere Erwartungen, die umso stärker enttäuscht werden können.[271] Die Bedeutung schlechter Erfahrungen

---

[264] Vgl. M. Bruhn/A. Lischka, Qualität (s. Anm. 160), 60f.; T. Eberhardt, Zufriedenheitsstudie (s. Anm. 33), 47; U. Winter-Pfändler, Kirchenreputation (s. Anm. 155), 50f., 54; Sinusmilieustudie (s. Anm. 16), 136, 166f., 201, 242, 244, 317, 355, 400, 438.

[265] Vgl. H.-G. Ziebertz/B. Kalbheim/U. Riegel, Religiöse Signaturen (s. Anm. 48), 137.

[266] Vgl. M. Bruhn/A. Lischka, Qualität (s. Anm. 160), 49, 55; U. Winter-Pfändler, Kirchenreputation (s. Anm. 155), 63–65, 76; T. Eberhardt, Zufriedenheitsstudie (s. Anm. 33), 41–43.

[267] Vgl. U. Winter-Pfändler, Kirchenreputation (s. Anm. 155), 50, 55.

[268] Vgl. Institut Allensbach, Kirchenaustritte (s. Anm. 62), 27; T. Eberhardt, Zufriedenheitsstudie [Präsentationsversion] (s. Anm. 137), 18; P. M. Zulehner, Verbuntung (s. Anm. 34), 36.

[269] Vgl. T. Eberhardt, Zufriedenheitsstudie (s. Anm. 33), 51; M. N. Ebertz/M. Eberhardt/A. Lang, Kirchenaustritt als Prozess (s. Anm. 19), 74, 121.

[270] Vgl. J. Hermelink, Kirchenaustritt (s. Anm. 58), 109; EKD, KMU V (s. Anm. 28), 81f.; D. Pollack/G. Rosta, Religion in der Moderne (s. Anm. 22), 108.

[271] Vgl. U. Winter-Pfändler, Kirchenreputation (s. Anm. 155), 142–144; Institut Allensbach, Begründungen (s. Anm. 19), 4, 26.

scheint daher eher auf der Ebene vorgängiger Entfremdungs- und Distanzierungsprozesse zu liegen. Als alleinige Auslöser für einen spontanen Austritt ohne vorherige Distanzierung wirken sie wohl seltener. Positive Erfahrungen mit kirchlichen Hauptamtlichen können hingegen durchaus kirchenbindend wirken. Auch hier ist die Reichweite jedoch begrenzt.[272] Konkrete Anlässe wie überzeugende Begegnungen mit Hauptamtlichen können die Kirchenmitgliedschaft zudem wieder plausibel machen.[273]

Gemeindearbeit

Die Unterkategorie ,Gemeindearbeit' beschreibt die Bewertung kirchlicher Jugend-, Senioren- und Bildungsarbeit.

Gesamtgesellschaftlich werden kirchliche Aktivitäten oder Veranstaltungen abseits von Seelsorge und Gottesdienst kaum rezipiert.[274] Kirchenmitglieder weisen hier erwartungsgemäß höhere Werte auf, liegen aber nur bei etwa einem Drittel.[275] Bezüglich des Teilnahmeverhaltens lassen sich auch hier generationale Unterschiede erkennen. Eine Hochphase ist bei der Altersgruppe der 70–74-Jährigen erkennbar.[276]

An die kirchliche Jugendarbeit werden hohe Erwartungen gestellt; fast erreicht sie die Werte der Kasualien.[277] Es ist bezeichnend, dass sowohl postmoderne als auch traditionelle Leitmilieus eine Modernisierung und Bedürfnisorientierung an Jugendliche und jungen Erwachsenen fordern.[278] Dazu gehört für viele eine ansprechendere Gestaltung der Angebote.[279] Die von den Befragten geäußerten Erfahrungen mit der kirchlichen Jugendarbeit sind jedoch ambivalent.[280] Im Gesamt überwiegen je-

---

[272] Vgl. *E. Anker*, Kirchenzugehörigkeit (s. Anm. 94), 215; *H. Hempelmann*, Warum zur Kirche? (s. Anm. 177), 137; *Institut Allensbach*, Begründungen (s. Anm. 19), 41; MDG-Trendmonitor 1 (s. Anm. 40), 58; *T. Eberhardt*, Zufriedenheitsstudie (s. Anm. 33), 35.

[273] Vgl. *M. Wohlers*, Kircheneintritt (s. Anm. 71), 122; *P. M. Zulehner*, Verbuntung (s. Anm. 34), 55; *J. Hermelink*. Kirchenaustritt (s. Anm. 58), 109; *R. H. Chr. Jungbluth*, Kirchen(wieder)eintritt (s. Anm. 93), 83; *EKD*, Eintritt (s. Anm. 63), 15; *K. Hartmann/D. Pollack*, Gegen den Strom (s. Anm. 94), 111.

[274] Vgl. ALLBUS 2002 (s. Anm. 43), 484.

[275] Vgl. *T. Eberhardt*, Zufriedenheitsstudie [Präsentationsversion] (s. Anm. 137), 16.

[276] Vgl. *P.-A. Ahrens*, Ältere Generation (s. Anm. 41), 115.

[277] Vgl. *M. Bruhn/A. Lischka*, Qualität (s. Anm. 160), 49; *R. App/Th. Broch/M. Messingschlager*, Zukunftshorizont Kirche (s. Anm. 46), 93.

[278] Vgl. Sinusmilieustudie (s. Anm. 16), 207, 351, 438.

[279] Vgl. *U. Winter-Pfändler*, Kirchenreputation (s. Anm. 155), 77, 81.

[280] Vgl. *M. N. Ebertz/M. Eberhardt/A. Lang*, Kirchenaustritt als Prozess (s. Anm. 19), 27, 91; Sinusmilieustudie (s. Anm. 16), 286.

doch die positiven Kommentare.[281] Überraschenderweise fällt die Bewertung der kirchlichen Jugendarbeit sogar in tendenziell kirchenkritischeren Sozialgruppen gut aus.[282] Es ist sehr wahrscheinlich, dass die Beteiligung an Angeboten der kirchlichen Jugendarbeit durchaus die Bereitschaft zum Verbleib fördert.[283] Erfreuliche Erlebnisse wirken als „Depot positiver Kirchenerfahrungen".[284]

Die kirchliche Seniorenarbeit ist offenbar stark von der Kirchenbindung abhängig.[285] Sie scheint die Bedingung der Inanspruchnahme derartiger Angebote zu sein. Damit fungiert sie weniger als Bindung konstituierender denn verifizierender Faktor. Wer sich als religiös einstuft, kirchlich gebunden ist und den Gottesdienst besucht, nimmt auch häufiger am Gemeindeleben teil.[286]

Über den Status der Bildungsarbeit für die Kirchenbindung kann hier in concreto nicht geurteilt werden. Die empirische Grundlage ist dafür zu gering. Insgesamt fällt die Bewertung der Bildungsarbeit aber ambivalent aus.[287]

2.6 Finanzielle Dimension

Die finanzielle Dimension beschreibt die Bedeutung sowohl ökonomischer Erwägungen der Christinnen und Christen in Bezug auf ihre Mitgliedschaft als auch der Beschaffung und Verwendung der kirchlichen Finanzen unter der Perspektive des Einflusses auf die Kirchenbindung.

Kirchensteuer

Die Unterkategorie ‚Kirchensteuer' beschreibt die Wahrnehmung und Bedeutung der Kirchensteuer als Mitgliedschaftsbeitrag.

Neben dem Dissens hinsichtlich moralischer Fragestellungen und einer

---

[281] Vgl. Sinusmilieustudie (s. Anm. 16), 128; *K. Hartmann/D. Pollack*, Gegen den Strom (s. Anm. 94), 131f.; *U. Winter-Pfändler*, Kirchenreputation (s. Anm. 155), 75, 81.

[282] Vgl. *U. Winter-Pfändler*, Kirchenreputation (s. Anm. 155), 63–65.

[283] Vgl. *Sinus*, Jugendliche (s. Anm. 90), 350.

[284] Vgl. *M. N. Ebertz/M. Eberhardt/A. Lang*, Gehen oder bleiben (s. Anm. 19), 68.

[285] Vgl. *P.-A. Ahrens*, Ältere Generation (s. Anm. 41), 125.

[286] Vgl. ebd., 123.

[287] Vgl. *T. Eberhardt*, Zufriedenheitsstudie (s. Anm. 33), 36, 45; *U. Winter-Pfändler*, Kirchenreputation (s. Anm. 155), 63–65.

Indifferenz gegenüber der Kirche ist das Einsparen der Kirchensteuer einer der am häufigsten genannten Austrittsgründe.[288] Gerade in Phasen finanzieller Veränderung kommt es offenbar zu einer Suche nach Einsparmöglichkeiten.[289] Der Nutzen eines Kirchenaustritts scheint dann in der Vermeidung der mit der Mitgliedschaft verknüpften Kosten zu liegen.[290]

Nicht nur Periodeneffekte, sondern vor allem Lebenslaufeffekte haben in Bezug auf die Kirchensteuer einen empirisch nachweisbaren Einfluss auf das Austrittsverhalten: Langzeituntersuchungen machen deutlich, dass die Austrittsrate im Jahr des Berufseintritts signifikant ansteigt.[291] Wer zudem aussagt, viel weniger oder viel mehr als den „gerechten Anteil" am gesellschaftlichen Wohlstand zu besitzen, denkt häufiger über den Austritt nach.[292] Die finanzielle Belastung durch die Kirchensteuer wäre demnach einer der wirkmächtigsten kirchentrennenden Faktoren.

Der entscheidende hermeneutische Schlüssel ist hier eine Differenzierung hinsichtlich der Bindung an die Kirche. Je höher die Austrittsbereitschaft, desto größer wird allem Anschein nach die finanzielle Belastung durch die Kirchensteuer empfunden.[293] Es gilt daher, zwei Bedeutungsebenen zu unterscheiden: Die Kirchensteuer als Ursache des Distanzierungsprozesses von der Kirche und als Auslöser der Austrittsüberlegungen bei bereits fortgeschrittener Distanz. Dass die Kirchensteuer überhaupt als belastendes Element wahrgenommen wird, setzt bereits einen fortgeschrittenen Entfremdungsprozess von der Kirche und ihren Dienstleistungen voraus. Erst wenn die subjektive Bindung an die Kirche und der Nutzen der Kirchenmitgliedschaft für das Individuum erodiert, wird die Kirchensteuer zu einer finanziellen Belastung und damit zum Auslöser für Austrittsüberlegungen.[294]

---

[288] Vgl. *Institut Allensbach*, Kirchenaustritte (s. Anm. 62), 26; *P. M. Zulehner*, Verbuntung (s. Anm. 34), 35; *T. Eberhardt*, Zufriedenheitsstudie [Präsentationsversion] (s. Anm. 137), 18; *EKD*, KMU V (s. Anm. 28), 81; *M. Bruhn/F. Siems*, Austrittsgründe (s. Anm. 62), 72; *EKD*, Eintritt (s. Anm. 63), 22; *Institut Allensbach*, Begründungen (s. Anm. 19), 21.

[289] Vgl. *K. Birkelbach*, Entscheidung zum Kirchenaustritt (s. Anm. 20), 15.

[290] Vgl. *Institut Allensbach*, Kirchenaustritte (s. Anm. 62), 16; KMU-Erhebung, 254; *K. Birkelbach*, Entscheidung zum Kirchenaustritt (s. Anm. 20), 23.

[291] Vgl. *K. Birkelbach*, Entscheidung zum Kirchenaustritt (s. Anm. 20), 17.

[292] Vgl. *R. App/Th. Broch/M. Messingschlager*, Zukunftshorizont Kirche (s. Anm. 46), 49; *J. Hermelink*. Kirchenaustritt (s. Anm. 58), 98.

[293] Vgl. *Institut Allensbach*, Kirchenaustritte (s. Anm. 62), 17, 21f.; *U. Winter-Pfändler*, Kirchenreputation (s. Anm. 155), 143f., 195.

[294] Vgl. *Sinus*, Jugendliche (s. Anm. 90), 349; *K. Birkelbach*, Entscheidung zum Kirchenaustritt (s. Anm. 20), 24; *D. Pollack*, Bindung (s. Anm. 26), 81; *D. Pollack/G.*

Dass die Kirchensteuer kein ausgeprägtes bindungsirritierendes Potential besitzt, zeigt sich auch daran, dass sie kaum allein als Austrittsgrund genannt wird. Mit ihr verbindet sich in der Regel eine starke Kirchenkritik.[295] Begründen Ausgetretene ihren Austritt primär mit der Kirchensteuer, handelt es sich wahrscheinlich eher um sozial akzeptierte Begründungsmuster als um reale handlungsleitende Motive.[296] Dahinter verbergen sich somit tieferliegende Beweggründe.[297] So ist der Anteil derjenigen, die in einem persönlichen Gespräch mit Bekannten oder Freunden die Kirchensteuer als Austrittsgrund nennen, deutlich höher als in einem weitgehend anonymen Umfragegespräch. Möglicherweise dient der Verweis auf die Kirchensteuer – und das entkräftet nicht ihre Rolle als Auslöser – vielmehr als vorgeschobenes Argument, das die subjektiven Gründe verdeckt.[298] Wenn die Kirchensteuer ‚bloß' einen auslösenden Effekt hat, ist sie für die Kirchenbindung zunächst von sekundärer Bedeutung.

Die kirchlichen Finanzen

Die Unterkategorie ‚Die kirchlichen Finanzen' beschreibt die Wahrnehmung und Bedeutung des Umgangs der Kirchenleitung mit kirchlichen Finanzen.

Die finanzielle Dimension ist für das Verhältnis der Katholikinnen und Katholiken zu ihrer Kirche sehr bedeutsam. Oftmals wird der Reichtum der Kirche beklagt.[299] So stimmt annähernd die Hälfte der befragten Katholikinnen und Katholiken der Aussage zu, dass die Kirche zu wohlhabend sei. Katholikinnen und Katholiken, die einen Austritt erwogen haben, kritisieren diesen Befund noch häufiger.[300] Kirche könne das

---

Rosta, Religion in der Moderne (s. Anm. 22), 107f.; *J. Stolz u. a.,* Ich-Gesellschaft (s. Anm. 163), 138; *M. N. Ebertz/M. Eberhardt/A. Lang,* Kirchenaustritt als Prozess (s. Anm. 19), 171.

[295] Vgl. *Institut Allensbach,* Kirchenaustritte (s. Anm. 62), 18.

[296] Vgl. *J. Hermelink.* Kirchenaustritt (s. Anm. 58), 109; *Institut Allensbach,* Kirchenaustritte (s. Anm. 62), 12, 26.

[297] Vgl. *M. N. Ebertz/M. Eberhardt/A. Lang,* Kirchenaustritt als Prozess (s. Anm. 19), 102, 136.

[298] Vgl. *D. Pollack,* Bindung (s. Anm. 26), 82.

[299] Vgl. *Institut Allensbach,* Begründungen (s. Anm. 19), 33; Sinusmilieustudie (s. Anm. 16), 392.

[300] Vgl. *Institut Allensbach,* Kirchenaustritte (s. Anm. 62), 39.

Geld auch für andere Dinge einsetzen.[301] Nicht selten ist dies auch ein Austrittsgrund.[302] Da sich ein großer Anteil der Katholikinnen und Katholiken insgesamt am Reichtum der Kirche stört, könnte es sich daher um einen übergreifenden, die Bindung beeinflussenden Faktor handeln. Aufgrund der geringen Datenmenge ist eine zuverlässige Aussage aber nicht möglich. An diese Erkenntnisse müssen weitere Studien anschließen. Denn der Umgang der Kirche mit ihren Finanzen scheint ein bedeutendes Feld für die Kirchenbindung zu sein.

2.7 Kommunikative Dimension

Die kommunikative Dimension beschreibt die Bedeutung der kirchlichen Kommunikation unter der Perspektive ihres Einflusses auf die Kirchenbindung. Dabei berücksichtigt sie sowohl die Reichweite und Anschlussfähigkeit kirchlicher Kommunikationsmittel als auch die aggregierte Bewertung kirchlicher Eigenschaften und Handlungen in der Öffentlichkeit.

Die Modernität der Kirche

Die Unterkategorie ‚Die Modernität der Kirche' beschreibt den durch kirchliche Positionierung vermittelten Modernitätsgrad und die Modernisierungsbereitschaft und -fähigkeit der Kirche aus der Perspektive der Gläubigen.

Auf die Frage, ob die Kirche gut in die heutige Zeit passe, antwortet ein Großteil der Katholikinnen und Katholiken negativ: In keinem Milieu (!) überwiegt eine positive Meinung. Selbst unter konservativen Milieuvertreter(inne)n findet der Modernitätsgrad der Kirche nur eingeschränkt Zustimmung.[303] Die Mehrheit der Katholikinnen und Katholiken hält ihre Kirche daher kaum für modern.[304] Insbesondere den Mitgliedern scheint der Modernisierungsprozess aber ein großes Anliegen zu sein.[305] Die Modernisierungsbereitschaft der Kirche wird jedoch eher

---

[301] Vgl. Sinusmilieustudie (s. Anm. 16), 320; *U. Winter-Pfändler*, Kirchenreputation (s. Anm. 155), 50, 56f.

[302] Vgl. *Institut Allensbach*, Kirchenaustritte (s. Anm. 62), 26.

[303] Vgl. MDG-Trendmonitor 1 (s. Anm. 40), 47.

[304] Vgl. *P. M. Zulehner*, Verbuntung (s. Anm. 34), 197; *R. App/Th. Broch/M. Messingschlager*, Zukunftshorizont Kirche (s. Anm. 46), 77.

[305] Vgl. *P. M. Zulehner*, Verbuntung (s. Anm. 34), 199.

kritisch betrachtet. Viele trauen ihr Veränderungen nicht zu.[306] Junge Erwachsene, die ja maßgeblich an dieser Zukunft der Kirche teilhaben werden – in welchem Bindungsverhältnis auch immer –, kommen zu einem ähnlichen Ergebnis. Um zukunftsfähig zu sein, müsse Kirche sich ändern.[307] Dass eine Modernisierung zugleich ein Prozess des ‚ekklesiologischen Ausverkaufs' sein muss, ist damit aber nicht ausgesagt. Eine einfache Anpassung an den Zeitgeist wird in der Regel gar nicht erwartet. Vielmehr gehe es um die Offenheit für Neues bei gleichzeitiger Bewahrung der Identität und authentischer Präsentation „uralter Riten".[308] Der Kirche scheint somit ein besonderes Additivum eigen, das der Bewahrung würdig ist.

Die Modernisierung der Kirche wird von katholischen Christinnen und Christen nicht nur in einem hohen Maße erwartet; der Modernitätsgrad ist auch ein zentraler Faktor der Kirchenbindung. Für viele Katholikinnen und Katholiken und insbesondere Austrittswillige scheint die Wahrnehmung mangelhafter Modernität ein erheblicher Störfaktor ihrer Kirchenbindung zu sein. Eine negative Einschätzung der Modernität hat somit ein enormes Entfremdungs- und Distanzierungspotential und führt nicht selten zum Austritt.[309] Dass man aus der Kirche austrete, weil sie zu fortschrittlich sein könnte, ist für so gut wie keinen Befragten plausibel.[310] Auch in Bezug auf einen (Wieder-)Eintritt ist der Modernitätsgrad der Kirche nicht unerheblich.[311]

Die Rückständigkeit der Kirche fungiert offenbar als eine Hürde, deren Überwindung man in Kauf nehmen muss, um an ihren Leistungen partizipieren zu können. Dem entspricht, dass für einen Wiedereintritt

---

[306] Vgl. *Institut Allensbach*, Kirchenaustritte (s. Anm. 62), 44; *R. App/Th. Broch/M. Messingschlager*, Zukunftshorizont Kirche (s. Anm. 46), 115, 142.
[307] Vgl. *Shell*, Jugend 2015 (s. Anm. 42), 260; *H.-G. Ziebertz/B. Kalbheim/U. Riegel*, Religiöse Signaturen (s. Anm. 48), 138.
[308] Vgl. Sinusmilieustudie (s. Anm. 16), 131, 169.
[309] Vgl. *T. Eberhardt*, Zufriedenheitsstudie [Präsentationsversion] (s. Anm. 137), 18; *K. Hartmann/D. Pollack*, Gegen den Strom (s. Anm. 94), 150; *U. Winter-Pfändler*, Kirchenreputation (s. Anm. 155), 142–144; *M. Bruhn/F. Siems*, Austrittsgründe (s. Anm. 62), 72f.
[310] Vgl *M. Bruhn/F. Siems*, Austrittsgründe (s. Anm. 62), 81; *U. Winter-Pfändler*, Kirchenreputation (s. Anm. 155), 142–144.
[311] Vgl. *EKD*, Eintritt (s. Anm. 63), 17; *G. Kretzschmar*, Eintritt (s. Anm. 71), 229; *M. Wohlers*, Kircheneintritt (s. Anm. 71), 122; *EKD*, KMU V (s. Anm. 28), 81f.; *K. Hartmann/D. Pollack*, Gegen den Strom (s. Anm. 94), 62; *Chr. Bochinger/M. Engelbrecht/W. Gebhardt*, Unsichtbare Religion (s. Anm. 169), 119.

einige Ausgetretene zunächst eine zeitgemäßere Einstellung der Kirche, mehr Transparenz und Offenheit verlangen.[312]

Kirchliche Kommunikationsmittel

Die Unterkategorie ,Kirchliche Kommunikationsmittel' beschreibt die Wahrnehmung und Bewertung kirchlicher Kommunikationsmittel.
Die knappe Mehrheit der Katholikinnen und Katholiken ist zwar ein wenig, aber nicht besonders an kirchlichen und religiösen Themen interessiert.[313] Zugleich lässt sich eine Korrelation mit der Kirchenbindung erkennen: Eng mit der Kirche Verbundene sind überdurchschnittlich an religiösen Themen interessiert.[314]

Die bevorzugten Inhalte des Medieninteresses sind ebenfalls aufschlussreich: Themen, die sich vor allem um die Frage nach Kirche und Glauben drehen, werden weniger rezipiert als gesellschaftspolitische Handlungsfelder der Kirche.[315] Einzig Themen der Sexualmoral und Gendergerechtigkeit werden auch außerhalb des kirchlichen Binnenraums – vermutlich kritisch – diskutiert.[316] Eine nach Milieus differenzierte Betrachtung macht deutlich, dass das Desinteresse an kirchlichen Themen kein reines Phänomen postmoderner Milieus ist.[317]

Vor allem das konservative, traditionsverwurzelte und sozial-ökologische Milieu nutzen kirchliche und religiöse Medienangebote überdurchschnittlich.[318] Nach Angaben des MDG-Trendmonitors ist der Pfarrbrief oder das Gemeindeblatt der prominenteste Vertreter kirchlicher Kommunikationsmedien[319]. Wie beim Pfarrbrief[320] ist auch bei der Bistumszeitschrift die Lektüre insgesamt rückläufig.[321] Der Pfarrbrief

---

[312] Vgl. *T. Eberhardt,* Zufriedenheitsstudie (s. Anm. 33), 51; *P. M. Zulehner,* Verbuntung (s. Anm. 34), 55.

[313] Vgl. MDG-Trendmonitor 1 (s. Anm. 40), 71; *R. App/Th. Broch/M. Messingschlager,* Zukunftshorizont Kirche (s. Anm. 46), 104.

[314] Vgl. MDG-Trendmonitor 1 (s. Anm. 40), 71.

[315] Vgl. ebd., 118f.

[316] Vgl. ebd., 121.

[317] Vgl. Sinusmilieustudie (s. Anm. 16), 98, 249, 325, 363, 438; MDG-Trendmonitor 1 (s. Anm. 40), 74.

[318] Vgl. MDG-Trendmonitor 1 (s. Anm. 40), 101.

[319] Vgl. *U. Winter-Pfändler,* Kirchenreputation (s. Anm. 155), 191; Evaluation BENE, 19.

[320] Vgl. MDG-Trendmonitor 2 (s. Anm. 253), 33.

[321] Vgl. ebd., 7.

wird allerdings nur in den traditionsorientierten Milieus häufig genutzt.[322] Die kirchliche Nähe bestimmt daher maßgeblich seine Frequentierung.[323] Die bereits beobachtete Milieuverengung setzt sich so auch in anderen kirchlichen Kommunikationsmedien fort.[324] Die kirchliche Präsenz im Internet bedient stattdessen die Domäne der postmodernen Lebensstile.[325] Dieses kirchliche Nischenkommunikationsmittel wird hingegen kaum von den konventionellen Kommunikationsnutzern in Anspruch genommen.[326] Grosso modo ist somit eine geringe Präsenz kirchlicher Medienkommunikation zu konstatieren. Die meisten konventionellen Medien sind für viele Mitgliedschaftstypen nicht anschlussfähig.

Die Katholische Kirche: Image, Reputation und Marke

Die Unterkategorie ‚Die Katholische Kirche: Image, Reputation und Marke' beschreibt das wahrgenommene Gesamtimage der Kirche als Kulminationspunkt verschiedener kirchlicher Handlungsfelder. Dazu zählt insbesondere der Einfluss kirchlicher Skandale.

Von einer Einzigartigkeit der Marke ‚Katholisch' kann aus der Sicht der Mitglieder aller Wahrscheinlichkeit nur eingeschränkt gesprochen werden.[327] Die Bewertung des Images der Pfarrgemeinde[328] fällt besser aus als für die Institution Kirche. Unter der Bevölkerung ist ihr Image tendenziell negativ.[329] Insbesondere Jugendliche haben in der Regel ein schlechtes Bild von der Kirche.[330]

Die Gründe dafür sind zahlreich. Es zeigt sich, dass das Image der Kirche ein Kulminationspunkt der verschiedenen kirchlichen Handlungsfelder ist. In ihm fließen kritische Perspektiven auf die Kirche zusammen, die bereits in den vorangegangenen Dimensionen immer wieder bedacht worden sind. Nur sehr selten werden überhaupt positive Elemente wie

---

[322] Vgl. MDG-Trendmonitor 1 (s. Anm. 40), 102; MDG-Trendmonitor 2 (s. Anm. 253), 38; Sinusmilieustudie (s. Anm. 16), 136, 438.

[323] Vgl. MDG-Trendmonitor 2 (s. Anm. 253), 36.

[324] Vgl. MDG-Trendmonitor 1 (s. Anm. 40), 102f.

[325] Vgl. ebd., 103; Sinusmilieustudie (s. Anm. 16), 212.

[326] Vgl. MDG-Trendmonitor 2 (s. Anm. 253), 182.

[327] Vgl. S. Eser, Aus Kirchenmitgliedern mehr Fans machen!, in: Impulse für die Pastoral 2 (2012), 15f.

[328] Vgl. T. Eberhardt, Zufriedenheitsstudie (s. Anm. 33), 47.

[329] Vgl. J. Stolz u. a., Ich-Gesellschaft (s. Anm. 163), 158.

[330] Vgl H.-G. Ziebertz/B. Kalbheim/U. Riegel, Religiöse Signaturen (s. Anm. 48), 137.

das soziale Engagement der Kirche bedacht.[331] Letztlich entsteht so ein Image der Kirche, das geprägt ist von Eigenschaften, die kaum von einer Attraktivität der kirchlichen Mitgliedschaft zeugen.[332] Die wichtigste Eigenschaft des Images stellt die nicht mehr als zeitgemäß empfundene, konservative Haltung der Kirche dar.[333] Auch die Kritik an der hierarchischen Verfasstheit der Kirche ist Teil des Images. Sie wird als patriarchalisch und strukturkonservativ wahrgenommen.[334]

Die Fälle von sexualisierter Gewalt erreichen eine ähnlich verheerende Wirkung in Bezug auf das kirchliche Image wie die Sexuallehre.[335] Sie wirken sich nachhaltig auf das Vertrauen aus, das der Institution entgegengebracht wird. Das kirchliche Reputationsmanagement ist jedoch kaum in der Lage, den Einfluss der Vorfälle auf die kirchliche Reputation abzufangen.[336]

Eine Identifikation mit dem Image erhöht die Chance auf einen Verbleib signifikant[337] und zeigt sich auch hilfreich bei Wiedereintrittsüberlegungen.[338] Ähnlich wie sich ein gutes Image positiv auf die Kirchenbindung auswirkt, können Reputationskrisen aber auch zu einer Entfremdung und Distanzierung von der Kirche und letztlich zum Austritt führen.[339] Es ist sehr wahrscheinlich, dass die Skandale der Kirche eher einen auslösenden als verursachenden Charakter haben. Meist bedarf es eines konkreten Anstoßes von außen, um einen Austritt zu realisieren. Dieser Auslöser kann ein innerkirchlicher Skandal sein, der das ‚angekratzte' Image im fortgeschrittenen Stadium der Austrittsüberlegungen noch weiter destabilisiert.[340]

---

[331] Vgl. *U. Winter-Pfändler*, Kirchenreputation (s. Anm. 155), 182.

[332] Vgl. *J. Först*, Die unbekannte Mehrheit (s. Anm. 57), 58.

[333] Vgl. *J. Stolz u. a.*, Ich-Gesellschaft (s. Anm. 163), 158; *U. Winter-Pfändler*, Kirchenreputation (s. Anm. 155), 160f.; *J. Först*, Die unbekannte Mehrheit (s. Anm. 57), 58f.; *H.-G. Ziebertz/B. Kalbheim/U. Riegel*, Religiöse Signaturen (s. Anm. 48), 137.

[334] Vgl. *U. Winter-Pfändler*, Kirchenreputation (s. Anm. 155), 160.

[335] Vgl. ebd., 156–158; Sinusmilieustudie (s. Anm. 16), 128, 239, 280.

[336] Vgl. *R. App/Th. Broch/M. Messingschlager*, Zukunftshorizont Kirche (s. Anm. 46), 13f., 125.

[337] Vgl. *M. N. Ebertz/M. Eberhardt/A. Lang*, Kirchenaustritt als Prozess (s. Anm. 19), 195.

[338] Vgl. *K. Hartmann/D. Pollack*, Gegen den Strom (s. Anm. 94), 95f., 114.

[339] Vgl. *M. N. Ebertz/M. Eberhardt/A. Lang*, Gehen oder bleiben (s. Anm. 19), 65; *T. Eberhardt*, Zufriedenheitsstudie (s. Anm. 33), 51; *P. M. Zulehner*, Verbuntung (s. Anm. 34), 36.

[340] Vgl. *M. N. Ebertz/M. Eberhardt/A. Lang*, Kirchenaustritt als Prozess (s. Anm. 19), 51, 172.

3. Konklusion oder: Schlaglichter auf eine Kirche, die zum Verbleib einlädt

Diese Studie versteht sich als eine erste Annäherung an das breite und pluriforme Feld der kirchlichen Bindungsverhältnisse und möchte auf die hochkomplexen Zusammenhänge aufmerksam machen, die in den verschiedenen Dimensionen zutage getreten sind. Die Ergebnisse bilden dabei gewissermaßen die Quintessenz der Herausforderungen für die Kirche in der Gegenwart. Vor dem Hintergrund der analysierten Studien verbieten sich monokausale Erklärungen für ein vermeintliches ‚Defizienzchristentum'. Eine einseitige Interpretation als ‚Säkularisierung' erweist sich als unterkomplexe Reduktion vielschichtiger Zusammenhänge. Es ist vielmehr deutlich geworden, dass die Kirchenbindung der Katholikinnen und Katholiken von einer Vielzahl von Faktoren abhängig ist: beginnend bei der religiösen Erziehung, über die Erfahrungen im kirchlichen Raum, die religiöse Musikalität des Individuums und – damit bei Weitem nicht endend – die Inanspruchnahme kirchlicher Dienstleistungen.

Diese Meta-Studie kann jedoch das Bindungsverhalten katholischer Christinnen und Christen nicht erschöpfend darstellen. Eine noch so profunde Darlegung diverser Studienergebnisse kann das Phänomen der Kirchenbindung nicht vollends einfangen. Denn die Lebenswelt der Menschen ist – nicht zuletzt im Zeitalter der Globalisierung, Pluralisierung und Individualisierung – höchst fluide, fragmentiert und stetigen Wandlungsprozessen unterworfen. Eine solche Analyse ist damit immer nur von provisorischem Charakter und der Wahrnehmung der kontingenten Wirklichkeit verpflichtet. Sie bleibt damit ein fortwährendes Forschungsdesiderat und eine kontinuierliche Herausforderung an eine hörende Kirche, die ihren Sitz im Leben der Spätmoderne zu finden versucht. Hinzu kommt, dass diese ‚Meta'-Studie letztlich einen Versuch der Zusammenschau bereits vorliegender Studien darstellt. Methodisch handelt es sich dabei also um eine Rekonstruktion vorangegangener Rekonstruktionen einer Teilwirklichkeit. Der Zugriff dieser Studie auf die Wirklichkeit ist dadurch noch indirekter als der der Primärstudien. Weitere regionale Studien, die die Diversität lokaler gesellschaftlicher Besonderheiten berücksichtigen, sind ohne Zweifel obligatorisch. Einen ersten Schritt geht dieser Band mit der qualitativen Studie, die sich im Folgenden an die Meta-Studie anschließt.

Der Meta-Charakter der Studie erlaubt an dieser Stelle zudem keine konventionelle Konklusion der Ergebnisse. Eine bloße Zusammenfassung würde den Reichtum der durchaus inkommensurablen Perspektiven in unangemessener Weise simplifizieren; als versuchten wir, einzelne close-ups in eine Supertotale zu überführen. Die Ergebnisse der vorliegenden Meta-Studie sind aber auch kein Selbstzweck, sondern drängen auf eine transformierende Verwirklichung ihrer selbst. Sie müssen daher in einen produktiv-kritischen Aneignungs- und Reformprozess eingespeist werden. Zusammen mit den Ergebnissen der diesem Beitrag nachfolgenden explorativen Studie bildet die Meta-Analyse eine erste Grundlage, um ein Konzept für das Bistum Essen der Zukunft zu entwickeln, das den empirischen Blick auf die kirchliche und außerkirchliche Realität ernst nimmt und in eine konstruktive Reziprozität mit dem christlichen Glauben setzt. Durch diese produktive Konfrontation muss nicht nur eine Anpassung kirchlicher Vollzüge und Leistungen, sondern freilich auch eine Reflexion des ekklesiologischen Selbstverständnisses selbst erfolgen. Eine solche systematisch-theologische Aufarbeitung stellt die dritte Untersuchung dieses Bandes bereit, die Arbeit des Berliner Instituts M.-Dominique Chenu. Als eine erste skizzenhafte und studienbasierte Reaktualisierung sollen an dieser Stelle abschließend bereits einige schemenhafte Schlaglichter auf eine Kirche, die zum Verbleib einlädt, geworfen werden:

1. Eine Kirche, die zum Verbleib einlädt, bleibt Teil eines gesamtgesellschaftlichen Pluralisierungsprozesses. Die Kirche lebt in einer epochalen Übergangszeit. Strukturelle gesellschaftliche und politische Bedingungen (Digitalisierung, Individualisierung, Globalisierung, Dynamisierung, Empirismus etc.) beeinflussen die Kirchenmitgliedschaftsbereitschaft. Auch soziodemographische Merkmale sind bedeutende Faktoren einer sich wandelnden Religiosität und Institutionenbindung. Neue kulturell vermittelte Begründungsmuster fließen in die eigene Auseinandersetzung mit Kirche und Glaube ein.

2. Eine Kirche, die zum Verbleib einlädt, ist eine gemeinschaftliche, familienorientierte und doch individuelle Kirche. Für konservative, prekäre und sozialökologische Mitglieder ist der Gemeinschaftsaspekt von Kirche eine integrale Gratifikation. Allerdings sehen das nur etwas weniger als die Hälfte der Mitglieder so. Familienorientierung ist v. a. für jüngere Alterskohorten von Bedeutung. Eine Wertschätzung des religiösen Individualismus hingegen hilft, modernere Lebensstile und Altersgruppen anzusprechen.

3. Eine Kirche, die zum Verbleib einlädt, fördert religiöse Bildungsprozesse und stärkt die familieneigene religiöse Sozialisation. Zwischen der eigenen Religiosität und der erlebten religiösen Sozialisation besteht ein extrem hoher Zusammenhang. Ein Großteil der Kirchenmitglieder ist in dieser Hinsicht familiär sozialisiert. Doch ist ein generationaler Abbruchprozess erkennbar. Weniger als die Hälfte der Jugendlichen hat eine religiöse Erziehung erfahren und nur die gleiche Anzahl beabsichtigt, ihre eigenen Kinder religiös zu erziehen. Der deutlich erkennbare und tiefgreifende Wandel im Familienbild hat jedoch auch Auswirkungen auf die Sozialisation selbst. Traditionelle Formen religiöser Erziehung sind kaum noch anschlussfähig. Zur Stärkung der religiösen Erziehungskompetenz bedarf es daher einer genauen Kenntnis der realen familiären Lebenswelten.

4. Eine Kirche, die zum Verbleib einlädt, fördert und würdigt Engagement, lässt aber auch Raum für passives Partizipationsverhalten. Viele traditionelle und konservative Kirchenmitglieder wünschen sich eine Möglichkeit zur Beteiligung in der Gemeinde. Teile der jüngeren Alterskohorten sind gerne bereit, sich zum Ehrenamt motivieren zu lassen. Häufige Kritik findet jedoch auch die nicht hinreichende respektvolle Würdigung ehrenamtlicher Tätigkeit. Gerade postmoderne Milieus zeichnet ein besonderes Bindungsverhalten aus: Es ist punktuell, spontan und unkonventionell. Ein derartiges Partizipationsverhalten ist aber kein Merkmal eines defizitären Christseins, sondern bedarf im Gegenteil der Wertschätzung der Kirche als eine alternative, aber gleichwertige Lebensform.

5. Eine Kirche, die zum Verbleib einlädt, ist eine Mutter Teresa. Die Sozialfunktion ist ein bedeutungsvolles Moment kirchlichen Prestiges in der Gesellschaft. Sowohl der caritative Einsatz für Bedürftige und Kranke als auch die Trägerschaft vieler Bildungs- und Sozialeinrichtungen wird positiv bewertet. Auf seelsorglicher Ebene wird hingegen oft ein Mangel an Qualität beklagt. Die Seelsorger vor Ort werden häufig als zeitlich zu vereinnahmt und psychologisch unzureichend ausgebildet qualifiziert.

6. Eine Kirche, die zum Verbleib einlädt, ist zu einem großen Teil Kasualienkirche. Für den Großteil der Katholikinnen und Katholiken gehören Kasualien zu den Hauptgratifikationen der Kirchenmitgliedschaft. In ihnen drückt sich aber nicht nur der Wunsch nach einer Heirat in weiß aus. Kasualien sind punktuelle Identifikationsmarker vieler katholischer Christinnen und Christen und bieten zudem Anschlussmöglichkeiten für Konfessionslose.

7. Eine Kirche, die zum Verbleib einlädt, ist eine biographie- und milieuorientierte Dienstleisterin. Nicht nur das Gottesverständnis, sondern auch das Verhältnis zur Institution Kirche wird immer individueller und löst sich von traditionellen Formen. Bei vielen modernen, effizienzorientierten Milieus steht die Kosten-Nutzen-Kalkulation im Vordergrund. Schlüssel ist eine biographische Plausibilität der (spontanen und punktuellen) Kirchenbindung, die durch ein biographie- und milieuorientiertes Angebot erreicht werden kann. Die Kirche versteht diese Dienstleistungen als Ausfluss ihres Sendungsauftrags, als ‚Dienst am Nächsten'.

8. Eine Kirche, die zum Verbleib einlädt, ist eine missionarische Kirche. Zwar sagt ein Viertel der deutschen Bevölkerung über sich selbst aus, keine Religion zu brauchen, doch selbst unter den kirchlich Distanzierten sind viele Religiöse zu finden. Die Form der Religiosität hat sich indes gewandelt. Sie ist privat, unverbindlich und steht souverän neben den kirchlich-religiösen Praktiken. Dort kann es nicht um die Rekrutierung neuer Kirchenmitglieder gehen. Vielmehr muss Kirche ein offener, aber nicht fordernder Begleiter bei Grenzübergängen der spirituellen Wanderer sein. Dazu braucht es ein neues Verständnis von Mitgliedschaft.

9. Eine Kirche, die zum Verbleib einlädt, ist eine partizipative und gesprächsbereite Werteträgerin. Die Vermittlung religiöser sowie interpersoneller Werte wird von vielen Katholikinnen und Katholiken und im öffentlichen Bewusstsein zu den Hauptaufgaben von Kirche gezählt. Religiöse Werteerziehung ist v. a. für viele Familien bedeutsam. Gleichwohl wird die moralische Kompetenz von vielen Milieus in Frage gestellt, oft in einem Atemzug mit Hierarchie- und Autoritätskritik. Um eine Einbeziehung in Meinungsbildungs- und Entscheidungsprozesse zu gewährleisten, muss Beharrung der aufgeschlossenen Kommunikation und partizipativen Strukturen weichen. Dabei ist gerade die Bedeutung guter Erfahrungen mit der Kirche nicht zu unterschätzen.

10. Eine Kirche, die zum Verbleib einlädt, wird keine Volkskirche sein. Der traditionsorientierte Anteil der Katholikinnen und Katholiken trägt die volkskirchlichen Strukturen. Vertritt man die sehr wahrscheinliche These eines generationalen Entfremdungsprozesses der Bevölkerung von der Kirche, werden nachfolgende Generationen kaum solche Strukturen weitertragen. Ansätze davon sind bereits spürbar. Deshalb müssen frühzeitig neue kirchliche Lebensformen gefunden werden.

11. Eine Kirche, die zum Verbleib einlädt, kann auch weiterhin Kirchensteuern einziehen. Der finanzielle Aspekt wird zwar gerade am Berufseinstieg zum Stein des Anstoßes und ist auch häufig unmittelbarer Anlass für den Austritt. Hinter dieser Begründung scheinen jedoch eher ein soziales Begründungsmuster und vorangegangene negative respektive fehlende Erfahrungen mit Kirche zu stehen. Zu den Hauptmotiven für den Austritt zählt die Kirchensteuer nicht. Vielmehr ist der kirchliche Umgang mit Finanzen im Allgemeinen Gegenstand von Kritik.

12. Eine Kirche, die zum Verbleib einlädt, ist eine moderne, lebensnahe Kirche. Selbst unter konservativen Milieumitgliedern stimmen weniger als die Hälfte der Aussage zu, dass die Kirche gut in die heutige Zeit passe. Modernisierung ist jedoch nicht gleich Übereignung an den Zeitgeist. Es zeigt sich, dass viele Bedeutungsebenen von Modernisierung unterschieden und divergent von unterschiedlichen Milieus bewertet werden. Festgefahrene patriarchale Strukturen sind jedoch für die meisten Milieus, insbesondere für postmoderne, nicht anschlussfähig. Notwendig ist eine Orientierung an der „Freude und Hoffnung, Trauer und Angst der Menschen" (GS 1).

13. Eine Kirche, die zum Verbleib einlädt, ist eine Meisterin moderner Glaubenskommunikation. Mit zunehmender Diskrepanz zwischen individueller und institutioneller Religiosität geht auch die Verbundenheit mit der Kirche verloren. Eine lebensweltbezogene und pluralitätsfähige Glaubenskommunikation in den kirchlichen Binnenraum hinein und darüber hinaus in die Gesamtgesellschaft gibt der religiösen Diversität aber einen Sitz im Leben der Kirche. Die kirchlichen Grundvollzüge sind davon durchwirkt.

14. Eine Kirche, die zum Verbleib einlädt, ist ein Marketing-Champion. Das gegenwartsbezogene Image der Kirche ist durch Skandale und lehramtliche Stellungnahmen zu Sexualität etc. negativ belastet. Retrospektiv lastet die Gewaltgeschichte des Christentums auf ihren Schultern. Für eine Stärkung bzw. Ermöglichung einer emotionalen Kirchenbindung bedarf es daher einer strategischen Positionierung. Selbst eine hohe Mitgliederzufriedenheit kommt ohne ein entsprechendes Gesamtimage nicht aus. „Katholisch" muss sich verkaufen können.

15. Eine Kirche, die zum Verbleib einlädt, besitzt ein umfangreiches Arsenal an Kontingenzbewältigungsstrategien. Nicht zuletzt das kirchliche Personal wird durch die aktuellen und künftigen (gesamtgesellschaftlichen) Transformations- und Erosionsprozesse stark belastet. Besonders die postmodernen Milieus ziehen kaum Positives aus einer Kirchenmitgliedschaft. Angesichts einer weiten religiösen Indifferenz sind ein sensibles Enttäuschungsmanagement und eine Abkehr von der bisherigen Defizitorientierung dringend geboten.

16. Eine Kirche, die zum Verbleib einlädt, ist also eine Kunstturnerin. Sie muss den Spagat schaffen zwischen Biographieorientierung und Tradition, Multioptionalismus und Konservatismus, gesellschaftszentrierter Immanenz und theozentrischer Transzendenz. Solche aporetischen Paradoxien müssen wahrgenommen und produktiv in ein kirchliches pluralitätsfähiges Selbstverständnis integriert werden.

Studien

P.-A. Ahrens, Religiosität und kirchliche Bindung in der älteren Generation. Ein Handbuch, Leipzig 2014.

E. Anker, Was Menschen in der Kirche hält: Motive von Kirchenzugehörigkeit. Eine qualitativ-empirische Studie zu Bleibemotiven und Kirchenbindung (Salzburger theologische Studie 31), Innsbruck 2007.

R. App/Th. Broch/M. Messingschlager, Zukunftshorizont Kirche. Was Katholiken von ihrer Kirche erwarten. Eine repräsentative Studie, Ostfildern 2014.

H. Bedford-Strohm/V. Jung, Vernetzte Vielfalt. Kirche angesichts von Individualisierung und Säkularisierung. Die fünfte EKD-Erhebung über Kirchenmitgliedschaft, Gütersloh 2015.

K. Birkelbach, Die Entscheidung zum Kirchenaustritt zwischen Kirchenbindung und Kirchensteuer. Eine Verlaufsdatenanalyse in einer Kohorte ehemaliger Gymnasiasten bis zum 43. Lebensjahr, 2001.

Chr. Bochinger/M. Engelbrecht/W. Gebhardt, Die unsichtbare Religion in der sichtbaren Religion – Formen spiritueller Orientierung in der religiösen Gegenwartskultur, Stuttgart 2009.

M. Bruhn/A. Lischka, Qualitätswahrnehmungen und Zufriedenheit der Bevölkerung mit den Kirchen, in: M. Bruhn/A. Grözinger (Hrsg.), Kirche und Marktorientierung. Impulse aus der Ökumenischen Basler Kirchenstudie, Freiburg i. d. Schweiz 2000, 43–68.

M. Bruhn/A. Lischka/F. Siems, Arbeitssituation und Zufriedenheit von Kirchenmitgliedern, in: M. Bruhn/A. Grözinger (Hrsg.), Kirche und Marktorientierung. Impulse aus der Ökumenischen Basler Kirchenstudie, Freiburg i. d. Schweiz 2000, 108–137.

M. Bruhn/F. Siems, Gründe für den Austritt von Kirchenmitgliedern, in: M. Bruhn/A. Grözinger (Hrsg.), Kirche und Marktorientierung. Impulse aus der Ökumenischen Basler Kirchenstudie, Freiburg i. d. Schweiz 2000, 69–86.

M. Bruhn/F. Siems/A. Lischka, Fähigkeit zur Perspektivübernahme durch Kirchenmitarbeitende, in: M. Bruhn/A. Grözinger (Hrsg.), Kirche und Marktorientierung. Impulse aus der Ökumenischen Basler Kirchenstudie, Freiburg i. d. Schweiz 2000, 87–105.

M. Calmbach/S. Borgstedt/I. Borchard/P. M. Thomas/B. B. Flaig, SINUS-Jugendstudie u18. Wie ticken Jugendliche 2016? Lebenswelten von Jugendlichen im Alter von 14 bis 17 Jahren in Deutschland, Berlin 2016.

T. Eberhardt, Zufriedenheitsstudie. Katholiken des Bistums Münster, Münster 2015.

T. Eberhardt, Zufriedenheitsstudie. Katholiken des Bistums Münster. Präsentation zum Pressegespräch am 2. März 2015, http://www.bistum-muenster.de/downloads/Genn2015/Zufriedenheitsstudie_Praesentation.pdf [letzter Zugriff am 01.04.2017].

M. N. Ebertz/M. Eberhardt/A. Lang, Kirchenaustritt als Prozess: Gehen oder bleiben? Eine empirisch gewonnene Typologie (KirchenZukunft konkret 7), Berlin 2012.

M. N. Ebertz/M. Eberhardt/A. Lang, Gehen oder bleiben? Kirchenaustritt als Prozess, in: Herder Korrespondenz 67 (2013), 65–69.

EKD, Schön, dass Sie (wieder) da sind! Eintritt und Wiedereintritt in die evangelische Kirche (EKD Texte 107), Hannover 2009.

EKD, Engagement und Indifferenz. Kirchenmitgliedschaft als soziale Praxis. V. EKD-Erhebung über Kirchenmitgliedschaft, Hannover 2014.

M. Engelbrecht, Pforten im Niemandsland? Die Kasualien als brüchiges Band an die Kirchen im Lichte älterer und neuerer Ritualtheorien, in: J. Först/J. Kügler (Hrsg.), Die unbekannte Mehrheit. Mit Taufe, Trauung und Bestattung durchs Leben? Eine empirische Untersuchung zur „Kasualienfrömmigkeit" von Katholiken – Bericht und interdisziplinäre Auswertung, Berlin 2010, 89–123.

T. Faix/M. Hofmann/T. Künkler, Warum ich nicht mehr glaube. Wenn junge Erwachsene den Glauben verlieren, Witten 2014.

J. Först, Die unbekannte Mehrheit. Sinn- und Handlungsorientierungen ‚kasualienfrommer' Christ/inn/en, in: J. Först/J. Kügler (Hrsg.), Die unbekannte Mehrheit. Mit Taufe, Trauung und Bestattung durchs Leben? Eine empirische Untersuchung zur „Kasualienfrömmigkeit" von Katholiken – Bericht und interdisziplinäre Auswertung, Berlin 2010, 17–87.

GESIS – Leibniz-Institut für Sozialwissenschaften, ALLBUS 2002 – Allgemeine Bevölkerungsumfrage der Sozialwissenschaften. Studien-Nr. 3700, Version 2.0.0, in: GESIS-Variable Reports Nr. 2011/11.

GESIS – Leibniz-Institut für Sozialwissenschaften, ALLBUS 2012 – Allgemeine Bevölkerungsumfrage der Sozialwissenschaften. Studien-Nr. 4614, Version 1.1.1, in: GESIS-Variable Reports Nr. 2013/16.

GESIS – Leibniz-Institut für Sozialwissenschaften, ALLBUS 2014 – Allgemeine Bevölkerungsumfrage der Sozialwissenschaften. Studien-Nr.5240, Version 2.1.0, in: GESIS-Variable Reports Nr. 2015/30.

W.-J. Grabner, Konfessionslosigkeit: Einstellungen und Erwartungen an das kirchliche Handeln, in: J. Hermelink/Th. Latzel (Hrsg.), Kirche empirisch. Ein Werkbuch, Gütersloh 2008, 133–150.

K. Hartmann/D. Pollack, Gegen den Strom. Kircheneintritte in Ostdeutschland nach der Wende, Opladen 1998.

H. Hempelmann, Warum kommen Menschen zur Kirche? Warum bleiben sie bei ihr? Mitgliederorientierung als theologische und kulturhermeneutische Herausforderung, in: Theologische Beiträge 44 (2013), 125–144.

J. Hermelink, Kirchenaustritt: Bedingungen, Begründungen, Handlungsoptionen, in: J. Hermelink/Th. Latzel (Hrsg.), Kirche empirisch. Ein Werkbuch, Gütersloh 2008, 95–116.

Institut für Demoskopie Allensbach, Kirchenaustritte. Eine Untersuchung zur Entwicklung und zu den Motiven der Kirchenaustritte, Allensbach am Bodensee 1992.

Institut für Demoskopie Allensbach, Begründungen und tatsächliche Gründe für einen Austritt aus der Katholischen Kirche, Allensbach am Bodensee 1993.

Institut für Demoskopie Allensbach, Motive des bürgerschaftlichen Engagements. Ergebnisse einer bevölkerungsrepräsentativen Befragung. Untersuchung im Auftrag des Bundesministeriums für Familie, Senioren, Frauen und Jugend, Allensbach am Bodensee 2013.

R. H. Chr. Jungblut, Kirchen(wieder)eintritt. Eine qualitative Studie der EKD, 2009.

J. Chr. Koecke, Was denken die Deutschen über Glauben, Kirche und Politik?, in: Politische Meinung 405 (2003), 81–86.

G. Kretzschmar, Eintritt und Wiedereintritt in die Kirche. Neue empirische Einsichten, in: Praktische Theologie 45 (2010), 225–231.

Th. Latzel, Mitgliedschaft, in: J. Hermelink/Th. Latzel (Hrsg.), Kirche empirisch. Ein Werkbuch, Gütersloh 2008, 13–33.

MDG Medien-Dienstleistung GmbH, MDG-Trendmonitor Religiöse Kommunikation 2010. Kommentarband I & II, München 2010.

MDG Medien-Dienstleistung GmbH, MDG-Milieuhandbuch 2013. Religiöse und kirchliche Orientierungen in den Sinus-Milieus, München 2013.

D. Pollack, Worauf die Bindung an die Kirche beruht: Kirchensoziologische Analyse zum Verhältnis der evangelischen Kirchenmitglieder zu ihrer Kirche und den Grenzen kirchenreformerischen Handelns, in: J. Hermelink/G. Wegner (Hrsg.), Paradoxien kirchlicher Organisation. Niklas Luhmanns frühe Kirchensoziologie und die aktuelle Reform der evangelischen Kirche (Religion in der Gesellschaft 24), Würzburg 2008, 71–99.

D. Pollack/O. Müller, Religionsmonitor. Verstehen, was verbindet. Religiosität und Zusammenhalt in Deutschland, Gütersloh 2013.

D. Pollack/G. Rosta, Religion in der Moderne. Ein internationaler Vergleich, Frankfurt a. M. 2015.

M. Rothgangel, Religiosität und Kirchenbindung Jugendlicher heute. Ein Überblick über aktuelle empirische Studien, in: Praktische Theologie 45 (2010), 137–142.

Shell Deutschland Holding (Hrsg.), Jugend 2015. Eine pragmatische Generation im Aufbruch, Frankfurt a. M. 2015.

J. Stolz/J. Könemann/M. Schneuwly Purdie/Th. Englberger/M. Krüggeler, Religion und Spiritualität in der Ich-Gesellschaft. Vier Gestalten des (Un-)Glaubens, Zürich 2014.

U. Winter-Pfändler, Kirchenreputation. Forschungsergebnisse zum Ansehen der Kirchen in der Schweiz und Impulse zum Reputationsmanagement, St. Gallen 2015.

M. Wohlers, Kircheneintritt: Motive, Anlässe, Auswirkungen, in: J. Hermelink/Th. Latzel (Hrsg.), Kirche empirisch. Ein Werkbuch, Gütersloh 2008, 117–132.

H.-G. Ziebertz/B. Kalbheim/U. Riegel, Religiöse Signaturen heute. Ein religionspädagogischer Beitrag zur empirischen Jugendforschung, Freiburg i. Br. 2013.

P. M. Zulehner, Verbuntung. Kirchen im weltanschaulichen Pluralismus. Religion im Leben der Menschen 1970–2010, Ostfildern 2011.

Literatur

P. Bourdieu, Die feinen Unterschiede. Kritik der gesellschaftlichen Urteilskraft (Suhrkamp-Taschenbuch Wissenschaft 658), Frankfurt a. M. 2012.

W. Damberg, Abschied vom Milieu? Katholizismus im Bistum Münster und in den Niederlanden 1945–1980 (Veröffentlichungen der Kommission für Zeitgeschichte Reihe B: Forschungen 79), Paderborn 1997.

S. Eser, Aus Kirchenmitgliedern mehr Fans machen!, in: Impulse für die Pastoral 2 (2012).

J. Kruse, Qualitative Interviewforschung. Ein integrativer Ansatz, Weinheim und Basel 2014.

P. Mayring, Qualitative Inhaltsanalyse. Grundlagen und Techniken, Weinheim und Basel 2015.

D. Pollack, Die Kirche hat enorm an Einfluss verloren, Deutschlandfunk, 17.05.2012.

Sekretariat der Deutschen Bischofskonferenz, Katholische Kirche in Deutschland. Bevölkerung und Katholiken 1950–2015, Bonn 2016, http://www.dbk.de/fileadmin/redaktion/Zahlen%20und%20Fakten/Kirchliche%20Statistik/Bevoelkerung%20und%20Katholiken%20BRD/2015-Katholiken-Bevoelkerung_1950–2015.pdf [letzter Zugriff am 01.04.2017].

Sekretariat der Deutschen Bischofskonferenz, Katholische Kirche in Deutschland: Katholiken, Gottesdienstteilnehmer 1950–2015, Bonn 2016 http://www.dbk.de/fileadmin/redaktion/Zahlen%20und%20Fakten/Kirchliche%20Statistik/Katholiken%20und%20Gottesdienstteilnehmer/2015-Katholiken-Gottesdienstteilnahme-Zeitreihe_1950–2015.pdf [letzter Zugriff am 01.04.2017].

Sekretariat der Deutschen Bischofskonferenz, Katholische Kirche in Deutschland: Wiederaufnahmen, Eintritte, Austritte 1950–2015, Bonn 2016, http://www.dbk.de/fileadmin/redaktion/Zahlen%20und%20Fakten/Kirchliche%20Statistik/Eintritte%2C%20Wiederaufnahmen%20zur%20katholischen%20Kirche%20sowie%20Austritte%20aus%20der%20katholischen%20Kirche/2015-Wiederaufnahmen-Eintritte-Austritte-Zeitreihe_1950–2015.pdf [letzter Zugriff am 01.04.2017].

M. Sellmann, Milieuverengung als Gottesverengung, in: Lebendige Seelsorge 57/4 (2006), 284–289.

Warum Menschen die katholische Kirche verlassen. Eine explorative Untersuchung zu Austrittsmotiven im Mixed-Methods-Design

Ulrich Riegel/Thomas Kröck/Tobias Faix

Wenn Menschen die Kirche verlassen, sollten sie Gründe dafür haben. Die vorliegende Studie will diese Gründe untersuchen. Im Folgenden wird zuerst der aktuelle Stand der Forschung zu Austrittsmotiven dargestellt (1). Dann werden das Design und die Methodik der Studie beschrieben (2) und die empirischen Erkenntnisse aufgezeigt (3). Abschließend werden diese Befunde diskutiert (4) und Handlungsempfehlungen für das Bistum Essen skizziert (5).

1. Die Forschungslage zu Austrittsmotiven

Im Jahr 2015 sind 181.925 Menschen aus der katholischen Kirche ausgetreten[1], was zwar einen Rückgang um 16,4 % gegenüber dem Vorjahr bedeutet, allerdings immer noch den drittgrößten Wert seit 1990 darstellt. Die Kirchenaustritte stellen damit neben den Sterbefällen einen wesentlichen Grund für den Mitgliederschwund der katholischen Kirche dar.[2] Umso erstaunlicher ist es, dass bislang nur vereinzelte Studien vorliegen, die untersuchen, warum Menschen die Kirche verlassen. Der Kirchenaustritt wurde bislang eher zurückhaltend untersucht.[3]

Erste empirische Untersuchungen zum Kirchenaustritt fanden zu Beginn des letzten Jahrhunderts anlässlich verschiedener Kirchenaustrittsbewegungen statt.[4] Entsprechend kommen diese Studien sämtlich zu dem Ergebnis, dass sich im Austritt ein individueller Protest gegen kon-

---

[1] Vgl. *Sekretariat der Deutschen Bischofskonferenz*, Katholische Kirche in Deutschland. Zahlen und Fakten 2015/16, 48.
[2] Vgl. *J. Eicken/A. Schmitz-Veltin*, Die Entwicklung der Kirchenmitglieder in Deutschland. Statistische Anmerkungen zu Umfang und Ursachen des Mitgliederrückgangs in den beiden christlichen Volkskirchen, in: Wirtschaft und Statistik 6 (2010), 576–589.
[3] Vgl. *M. N. Ebertz/M. Eberhardt/A. Lang,* Kirchenaustritt als Prozess. Gehen oder bleiben?, Münster 2012, 6.
[4] Vgl. *A. Feige*, Kirchenmitgliedschaft in der Bundesrepublik. Zentrale Perspektiven empirischer Forschungsarbeit im problemgeschichtlichen Kontext der deutschen Religions- und Kirchensoziologie nach 1945, Gütersloh 1990, 126–136.

krete politische oder soziale Missstände manifestiert, welcher sich immer auf eine klar beschreibbare soziale Gruppe bezieht. „Der Kirchenaustritt kann bis in die 1950er Jahre als individuelle Reaktion auf das jeweilige Verhältnis von Staat und Kirche betrachtet werden."[5]

In den 1970er Jahren gab es einige – z. T. nur regional gültige – Erhebungen von Austrittsgründen, die in verschiedene Motivlisten mündeten. Gerhard Schmidtchen rekonstruierte 1973 aus einer Befragung austrittswilliger Katholiken die folgenden Gründe[6]: Reichtum der Kirche (inklusive Kirchensteuer), Struktur der Kirche (unter anderem Rückständigkeit, autoritäres Verhalten), Distanz zur Kirche (unter anderem keine Bindung, Glaubensschwierigkeiten) und persönliche Gründe. Eine Sondererhebung der EKD unter evangelischen Christinnen und Christen kam 1974 zu dem Ergebnis, dass das Gros der Austritte durch die Kirchensteuer verursacht wurde, aber auch die folgenden Gründe eine Rolle spielten: zu konservative Haltung der Kirche, Desinteresse, Ablehnung der Institution, Ablehnung des Christentums, Ärger über politische Einmischung in die Gesellschaft, etc.[7] Andreas Feige befragte 1976 ehemalige Mitglieder der Evangelischen Kirche von Berlin-Brandenburg nach Ursachen und Bedingungen des Austritts.[8] Er kommt in seinen Analysen zu den folgenden Faktoren, die die Bereitschaft zum Kirchenaustritt fördern: die Ansicht, die Kirche habe einen zu großen politischen Einfluss, die Ablehnung ethischer Positionen der Kirche, eine fehlende Identifikation mit den Glaubensüberzeugungen, die von der Kirche vertreten werden, und die Erfahrung, die Kirche könne dem eigenen Leben keine wichtigen Impulse geben.[9] Ferner kommt Feige zu der Einsicht, dass die Kirchenmitgliedschaft ihren „Status der Selbstverständlichkeit"[10] verliert, es somit kaum mehr soziale Faktoren gibt, die einen Kirchenaustritt erschweren. Zusätzlich nennt Armin Kuphal noch weitere vier Studien,

---

[5] G. *Kretzschmar*, Kirchenaustritte und Eintritte in die Kirche, in: R. Kunz/Th. Schlag (Hrsg.), Handbuch für Kirchen- und Gemeindeentwicklung, Göttingen 2014, 109–116, 110.
[6] Vgl. G. *Schmidtchen*, Protestanten und Katholiken. Soziologische Analyse konfessioneller Struktur, München 1973, 123f.
[7] Vgl. H. *Hild*, Wie stabil ist die Kirche? Bestand und Erneuerung. Ergebnisse einer Umfrage, Berlin und Gelnhausen 1974.
[8] Vgl. A. *Feige*, Kirchenaustritte. Eine soziologische Untersuchung von Ursachen und Bedingungen, Gelnhausen 1977.
[9] Vgl. ebd., 222–231.
[10] Ebd., 218.

die unveröffentlicht blieben und deshalb heute nicht mehr rekonstruiert werden können.[11]

Kuphal selbst versucht in einer aufwendigen soziologischen Arbeit zu erklären, warum ab dem Ende der 1960er Jahre die Austrittszahlen aus beiden Kirchen sprunghaft in die Höhe schnellten.[12] Er ist hierbei skeptisch gegenüber der individual-psychologischen Motivationsforschung, weil der innere Handlungsgrund nur situativ erschlossen werden könne.[13] Stattdessen bevorzugt Kuphal die Analyse gesellschaftlicher Veränderungen, welche den Kirchenaustritt strukturell befördern. Diese Veränderung sieht er im Traditionsabbruch, welcher durch die Studentenbewegung der späten 1960er Jahre in die bundesdeutsche Gesellschaft getragen wurde. In dieser Bewegung wird ein Lebensmuster allgemein bekannt, welches den normativen kirchlichen Vorgaben das selbstbewusste Individuum entgegenstellt. In den Großstädten trifft dieses Ideal auf eine Lebenssituation, in der der Zugriff der Kirchen auf den Einzelnen stark eingeschränkt ist. Außerdem greifen immer mehr Medien das Ideal des selbstbestimmten Lebens auf und tragen damit zu seiner Verbreitung bei. In der Folge fühlen sich vor allem in den Großstädten immer mehr Menschen dazu ermutigt, aus den Kirchen auszutreten. Das durchweg positive mediale Echo auf diesen Schritt senkt wiederum die soziale Schwelle, aus der Kirche auszutreten. In der Summe dekliniert Kuphal 1979 am Beispiel des Kirchenaustritts das, was mittlerweile als Individualisierungsthese ein gängiges religionssoziologisches Erklärungsmuster ist.[14] Demnach erklärt der Abbruch der sozialen Verbindlichkeit traditionalen Verhaltens, der in den 1970er Jahren eingesetzt hat, den Anstieg der Austrittszahlen in diesem Jahrzehnt.[15]

1990 befragten Uli Müller-Weißner und Rainer Volz 20 typische Ausgetretene aus dem evangelischen Dekanat Ludwigshafen mittels qualitativer Interviews zu ihren Austrittsmotiven.[16] In diesen Interviews erweist sich der Austritt als ein langwieriger Prozess, in welchem sich mehrheit-

---

[11] Vgl. *A. Kuphal,* Abschied von der Kirche. Traditionsabbruch in der Volkskirche, Gelnhausen 1979, 128–134.

[12] Vgl. ebd.

[13] Vgl. ebd., 115, 127.

[14] Vgl. *G. Pickel,* Religionssoziologie, Wiesbaden 2011, 178–197.

[15] Alternativ zu Kuphals These deuten Wolfgang Pittkowski und Rainer Volz (1989, 104) die Kirchenaustritte der späten 1960er und der beginnenden 1970er Jahre als Protest eines tendenziell jüngeren, links orientierten Milieus gegen das bürgerliche Establishment, sehen in den gesteigerten Austritten dieser Zeit also nochmals eine politisch motivierte Austrittswelle.

[16] Vgl. *U. Müller-Weißner/R. Volz,* Kirchenaustritte aus der Evangelischen Kirche. Be-

lich engagierte Christinnen und Christen von ihrer Kirche abwenden. Als zentrales Motiv dieser Entfremdung wird der Wille zur individuellen religiösen Mündigkeit herausgearbeitet, welcher in den Gemeinden vor Ort keinen Widerhall erfährt. Kirche erscheint für die Ausgetretenen demnach als etwas für „Hilfsbedürftige und Gebrechliche, Alte, Kinder und Jugendliche bis zum Konfirmandenalter, ‚weltabgewandte Kerngemeindler'"[17], etc. Die Kirchensteuer bietet in diesem Szenario den Grund, aus der Kirche auszutreten. Müller-Weißner und Volz vermuten, dass beim Austritt selbst ein Kosten-Nutzen-Kalkül aktiviert wird und man austritt, sofern man die persönlichen Kosten einer Mitgliedschaft für höher erachtet als deren Nutzen.[18]

Zu Beginn der 1990er Jahre unternimmt das Allensbacher Institut eine repräsentative Befragung nach Kirchenaustrittsmotiven, welche durch Tiefeninterviews ergänzt werden.[19] Demnach dominiert unter den genannten Motiven die Kirchensteuer, gefolgt von der Enttäuschung über das Verhalten der Kirchen und ihrer Vertreter, einem mangelnden Interesse an der Kirche und ihrem Glauben, und der Kritik an kirchlichen Positionen in Politik und Ethik.[20] Insgesamt kommt das Institut jedoch zu dem Ergebnis, dass der Austritt in der Regel der Schlusspunkt eines längeren Prozesses ist, welcher eine schrittweise Entfremdung von der Kirche darstellt und für den oft kein konkreter Anlass genannt werden kann.[21] Die Kirchensteuer alleine ist nach Allensbach auf jeden Fall selten der Grund des Austritts, eher der Anlass desselben.[22]

Etwa zur gleichen Zeit erhebt auch die dritte Kirchenmitgliedschaftsstudie der EKD die Austrittsneigung ihrer Mitglieder.[23] Sie arbeitet die Gleichgültigkeit gegenüber der Kirche als zentrales Motiv des Austritts heraus.[24] Insgesamt ergibt sich das Bild, dass der Austritt weniger eine Reaktion auf eine gesellschaftlich oder politisch brisante Konstellation

---

weggründe, Zusammenhänge, Perspektiven, in: U. Müller-Weißner/R. Volz/F. Borggrefe/W. Pröpper (Hrsg.), Kirche ohne Volk, Ludwigshafen 1991, 9–41.

[17] Ebd., 32.

[18] Vgl. ebd., 27, 30.

[19] Vgl. *Institut für Demoskopie Allensbach*, Begründungen und tatsächliche Gründe für einen Austritt aus der Katholischen Kirche, Allensbach am Bodensee 1993.

[20] Vgl. ebd., 22.

[21] Vgl. ebd., 3–5.

[22] Vgl. ebd., 25.

[23] Vgl. *K. Engelhardt/H. von Loewenich/P. Steinacker*, Fremde Heimat Kirche. Die dritte EKD-Erhebung über Kirchenmitgliedschaft, Gütersloh 1997.

[24] Vgl. ebd., 54f.

ist, sondern die individuelle Entscheidung der bzw. des Einzelnen. Gemäß einer rationalen Kosten-Nutzen-Abwägung wird entschieden, ob man Mitglied der Kirche bleiben will oder nicht. Unter Berücksichtigung der Wertorientierung der Befragten ergibt sich der Eindruck, dass gerade diejenigen Menschen aus der Kirche austreten, die sich durch kirchliche Normen und Positionen in ihrer individuellen Selbstentfaltung behindert sehen.[25]

Eine analoge Erklärung liefert Gerhard Schmied, wenn er den Kirchenaustritt im Rahmen eines Tauschverhältnisses zwischen der Kirche und ihren Mitgliedern untersucht.[26] Seine Analyse von Tiefeninterviews führt zu dem Schluss, dass die Kirchenmitgliedschaft auf einer ökonomischen Kosten-Nutzen-Rechnung beruht. Solange der erlebte Nutzen der Inanspruchnahme kirchlicher Angebote den Aufwand der Kirchensteuer übersteigt, spricht nichts gegen eine weitere Mitgliedschaft. Sobald der Einzelne den Nutzen jedoch in Frage gestellt sieht, zieht er sein Tauschgut, welches vor allem die Kirchensteuer ist, zurück.

Klaus Birkelbach rekonstruiert 1999 auf der Grundlage einer Wiederholungsbefragung von 1.596 ehemaligen Gymnasiasten aus Nordrhein-Westfalen die Gründe, die zu einem Austritt aus der Kirche führen.[27] Er legt dabei die Rational-Choice-Theorie zu Grunde, gemäß der das Individuum sich für diejenige von zwei Optionen entscheidet, welche den größeren individuellen Nutzen verspricht. Im Fall des Kirchenaustritts ist nach Birkelbach damit zu rechnen, dass ein Mehrwert des Austritts vorliegen muss, um aktiv die Mitgliedschaft zu kündigen.[28] Seine Analysen ergeben, dass ökonomische Anreize ein wirksamer Faktor für den Kirchenaustritt sind. Stärker wirken sich jedoch die religiöse Sozialisation und die Bewertung kirchlicher Dienstleistungen auf das Austrittsverhalten aus. Wer durch Sozialisation eine innere Bindung zur Kirche aufgebaut hat oder deren Rituale an den Lebenswenden nutzen will, wird sich auch von der Kirchensteuer nicht zum Austritt aus der Kirche moti-

---

[25] Vgl. *J. Hermelink*, Praktische Theologie der Kirchenmitgliedschaft. Interdisziplinäre Untersuchungen zur Gestaltung kirchlicher Beteiligung, Göttingen 2000, 289–292.
[26] Vgl. *G. Schmied*, Kirchenaustritt als abgebrochener Tausch. Analyse von Lebenslaufinterviews im Rhein-Main-Raum, Mainz 1994.
[27] Vgl. *K. Birkelbach*, Die Entscheidung zum Kirchenaustritt zwischen Kirchenbindung und Kirchensteuer. Eine Verlaufsdatenanalyse in einer Kohorte ehemaliger Gymnasiasten bis zum 43. Lebensjahr, in: Zeitschrift für Soziologie 28 (1999), 136–153.
[28] Vgl. ebd., 137.

vieren lassen. Bei Katholiken ist dieser Effekt stärker ausgeprägt als bei Protestanten.[29]

In einer relativ jungen Studie aus Finnland, die auf der Analyse von Briefen beruht, erhebt Kati Niemelä die folgenden Gründe für den Austritt aus der Kirche[30]: persönlicher Unglaube bzw. die Haltung, dass der eigene Glaube der Kirche nicht bedarf, Konflikte mit der offiziellen Haltung der Kirche in politischen und ethischen Fragen, persönliche Enttäuschungen mit der Kirche, das negative Image der Kirche und eine generelle Kirchenkritik. Außerdem wird in 12 % der Briefe beklagt, dass die Kirche nicht mehr fromm genug sei, was zum Austritt geführt habe. Auf der Grundlage dieser Antworten bestimmt Niemelä vier Typen des Kirchenaustritts[31]: Indifferenz gegenüber der Kirche, Enttäuschung gegenüber kirchlichen Positionen, Interesse an alternativen religiösen Sinnangeboten und Institutionen und der Austritt als Beschluss der gesamten Familie.

In der aktuellen, fünften Kirchenmitgliedschaftsuntersuchung der EKD dominiert die Entfremdung gegenüber der Kirche die Austrittsmotivation.[32] Zwar spielt auch die Kirchensteuer eine wichtige Rolle, sie nimmt aber keinen Spitzenplatz mehr unter den Motiven ein. Auch der Ärger über die Pastoral vor Ort oder die Haltung der evangelischen Kirche in politischen oder ethischen Fragen scheint nicht von allzu großer Bedeutung zu sein. Insgesamt bilanziert das Untersuchungskonsortium: „Der Austritt aus der Kirche und die daraus resultierende Konfessionslosigkeit werden von den Befragten mehrheitlich ihrer individuellen Entscheidung zugeschrieben und weniger als Produkt des sozialen Umfeldes verstanden."[33] In einer Sonderauswertung von 686 Konfessionslosen, die aus der evangelischen Kirche ausgetreten sind, lassen sich vier Faktoren identifizieren, welche für charakteristische Dimensionen in den vorgelegten Austrittsgründen stehen.[34] Das größte Gewicht kommt der Dimension religiöser Indifferenz zu, welche für ein generelles Desinteresse an Kirche und Glaube steht. Es folgt eine Dimension, welche den Austritt im sozialen

---

[29] Vgl. ebd., 151.

[30] Vgl. *K. Niemelä*, Alienated or Disappointed? Reasons for Leaving the Church in Finland, in: Nordic Journal of Religion and Society 20 (2007), 195–216.

[31] Vgl. ebd., 209.

[32] Vgl. *EKD*, Engagement und Indifferenz. Kirchenmitgliedschaft als soziale Praxis, Hannover 2014.

[33] Ebd., 20.

[34] Vgl. *G. Pickel/T. Spieß*, Religiöse Indifferenz. Konfessionslosigkeit als Religionslosigkeit?, in: H. Bedford-Strohm/V. Jung (Hrsg.), Vernetzte Vielfalt. Kirche angesichts von Individualisierung und Säkularisierung, Gütersloh 2015, 248–266, 253–255.

Umfeld verortet, wobei sich hier Items finden wie „ich politisch unter Druck gesetzt wurde", „ich eine andere religiöse Überzeugung gefunden habe", „meine Eltern das für mich als Kind entschieden haben" und „in meinem Umfeld normal war/ist, nicht in der Kirche zu sein". Die inhaltliche Kohärenz dieses Faktors ist somit eher schwach. Weitere Dimensionen der Austrittsmotivation sind der Ärger über die Positionen der Kirche und die Trennung zwischen persönlicher Religiosität und Kirche.

Im Rahmen der Zufriedenheitsstudie des Bistums Münster wurde 2015 nach möglichen Austrittsmotiven gefragt.[35] Hier dominiert die empfundene Rückständigkeit der Kirche vor der Kirchensteuer. Weitere mögliche Gründe sind die Enttäuschung über die Kirche, der Ärger über dieselbe und der Ärger über Vertreter derselben.

Fasst man die vorliegenden Studien zusammen, ergibt sich eine relativ stabile Liste an Austrittsmotiven, deren Kern die Entfremdung gegenüber der Kirche, der Ärger über Positionen der Kirche in politischen und ethischen Fragen, das negative Erscheinungsbild der Kirche, die Kirchensteuer und persönlich enttäuschende Erlebnisse mit der Kirche oder ihren Vertreterinnen und Vertretern darstellen. Vereinzelt werden noch soziale Motive genannt, die Haltung, dass man die Kirche für den eigenen Glauben nicht brauche, und der Ärger über eine Kirche, die nicht mehr fromm und spirituell genug ist. In methodischer Hinsicht erweist es sich jedoch als problematisch, dass sämtliche Studien mit einer eigenen Liste möglicher Austrittsmotive ins Feld gehen. Der Vergleich zwischen den einzelnen Studien ist damit erschwert, repräsentative Aussagen zum Spektrum an Austrittsmotiven unmöglich.

Neben der Gewichtung einzelner Austrittsmotive verweisen einige Studien darauf, dass der Austritt selbst das Ende eines längeren Prozesses ist[36], in dem verschiedene Motive eine Rolle spielen und der sich als schleichende Entfremdung gegenüber der Kirche erweist. In diesem Sinn verwundert es nicht, dass in jüngeren Studien vor allem die Distanz gegenüber der Kirche als dominantes Austrittsmotiv hervortritt. Die Kirchensteuer wird in diesen Untersuchungen meistens als ein Anlass des Austritts identifiziert, jedoch eher nicht als entscheidender Austrittsgrund.

---

[35] Vgl. *T. Eberhardt*, Zufriedenheitsstudie. Katholiken des Bistums Münster, http://www.bistum-uenster.de/downloads/Genn2015/Zufriedenheitsstudie_Praesentation.pdf [letzter Zugriff am 02.05.2017].

[36] Der Austrittsprozess ist Gegenstand einer aktuellen Untersuchung von *M. N. Ebertz/M. Eberhardt/A. Lang*, Kirchenaustritt als Prozess (s. Anm. 3). Da der Fokus dieser Analyse auf den Austrittsmotiven liegt, wird sie hier nicht näher beschrieben.

Das zentrale Deutungsmuster des Kirchenaustritts stellt die These religiöser Individualisierung dar. Konnten Austrittswellen vor 1970 relativ konsistent durch politische oder institutionelle Ereignisse erklärt werden, fallen solche Indikatoren heute weitgehend aus.[37] Vielmehr finden Austritte heute in einem gesellschaftlichen Klima statt, das säkulare Sinnbezüge als normal ansieht und in dem religiöse Institutionen ihre Mitglieder nur sehr eingeschränkt verpflichten können. Kuphal hat diesen Prozess als Traditionsabbruch beschrieben. „In der Regel präsentiert sich der Kirchenaustritt seit über 30 Jahren als eine individuelle Entscheidung, die sich kaum mehr politischer Initiative oder auch nur öffentlicher Diskussion verdankt."[38] Offen bleibt, ob das individualisierte Verhältnis der bzw. des Gläubigen zur Kirche tatsächlich als rationales Kosten-Nutzen-Kalkül beschrieben werden kann.[39] Alternativ dazu könnte auch ein Autonomiebedürfnis zutreffen, das immer dann wirksam wird, wenn sich das Individuum durch die Kirche in seiner Selbstentfaltung eingeschränkt erlebt.[40] Ohne ideellen Bezug zur Kirche wäre der Austritt dann eine konsequente Entscheidung.

Folgt man dieser Bilanz des aktuellen Forschungsstands zum Kirchenaustritt, gründet der Austritt vor allem in einer individuellen Entscheidung des austretenden Individuums. Es ist aus theoretischer Perspektive somit stimmig, nach Austrittsmotiven zu fragen. Die in der einschlägigen Forschung identifizierten Austrittsmotive sind überindividuelle Sinneinheiten, die nicht notwendig das Verhalten eines jeden ausgetreten Individuums bestimmen. Ein solches Motiv stellt dann keine überdauernde Persönlichkeitsdisposition im Sinn der Psychologie dar[41], sondern eine kulturell vorliegende, strukturbildende und bedeutungsvolle Einheit[42], auf die Menschen zurückgreifen, wenn sie sich mit dem Kirchenaustritt

---

[37] Vgl. *A. Feige*, Institutionell organisierte Religionspraxis und religiöse Autonomieansprüche der Individuen. Über soziokulturelle Bestimmungsgründe für Kirchenmitgliedschaft und Kirchenaustritt. Eine soziologische Analyse, in: E. Güthoff/S. Haering/H. Pree (Hrsg.), Der Kirchenaustritt im staatlichen und kirchlichen Recht (Quaestiones Disputatae 243), Freiburg i. Br. 2011, 147–178. Für die Relevanz politischer Ereignisse auch in jüngerer Zeit sprechen sich allerdings *K. Engelhardt/H. von Loewenich/P. Steinacker*, Fremde Heimat Kirche (s. Anm. 23), 302 aus.

[38] *J. Hermelink*, Praktische Theologie der Kirchenmitgliedschaft (s. Anm. 25), 288.

[39] Vgl. *K. Birkelbach*, Die Entscheidung zum Kirchenaustritt (s. Anm. 27); *G. Schmied*, Kirchenaustritt als abgebrochener Tausch (s. Anm. 26); *A. Feige*, Institutionell organisierte Religionspraxis (s. Anm. 37), 162.

[40] Vgl. *J. Hermelink*, Praktische Theologie der Kirchenmitgliedschaft (s. Anm. 25).

[41] Vgl. *R. Puca*, Motiv, in: Dorsch – Lexikon der Psychologie (2014), 1113.

[42] Vgl. *Chr. Lubkoll*, Motiv, literarisches, in: Metzler Lexikon Literatur- und Kulturtheorie (2013), 542f.

beschäftigen. Eine repräsentative Einsicht über das aktuell wirksame Spektrum solcher Motive und die Bedeutung einzelner Motive aus diesem Spektrum liegt gegenwärtig nicht vor. Deshalb fragt diese Studie nach den Motiven, warum die Menschen in der Diözese Essen aus der katholischen Kirche austreten, sowie nach der biographischen Verankerung im Leben von ausgetretenen, ehemaligen Diözesanangehörigen.

2. Das empirische Design der Studie

Motive, wie sie in der vorliegenden Studie verstanden werden, stellen eine kognitive kulturelle Ressource dar, welche von den Menschen, die mit dieser Kultur vertraut sind, in bestimmten Situationen, auf die sich diese Motive beziehen, aktiviert und zu einer individuell und situativ stimmigen Erzählung verarbeitet werden.[43] Beim Kirchenaustritt werden somit Themen, die innerhalb einer spezifischen Kultur mit Kirchenaustritt assoziiert werden, zu einer Erzählung komponiert, die den eigenen Austritt so darstellt, wie ihn der Erzähler verstanden haben will. Die Gestalt der Erzählung hängt dabei von der Situation ab, in der erzählt wird. Innerhalb dieses konzeptuellen Referenzrahmens will die Studie zwei Aspekte der Austrittsthematik, wie sie sich im Bistum Essen darstellt, ergründen:

a) Welche Austrittsmotive lassen sich bei den Ausgetretenen finden, das heißt: Welche Themen prägen den kulturellen Referenzrahmen, aus dem sich die Ausgetretenen bedienen, wenn sie von ihrem Austritt berichten?

b) Wie sind diese Austrittsmotive biographisch verankert, das heißt: Welche Rolle und welche Bedeutung schreiben die Ausgetretenen welchem Motiv in ihrer eigenen Lebensgeschichte zu?

Beide Fragen bedürfen eines jeweils eigenen empirischen Zugriffs. Forschungsfrage a) lässt sich quantitativ erheben, indem man in einem Fragebogen nach den Gründen für den Kirchenaustritt fragt. Forschungsfrage b) bedarf dagegen eines qualitativen Ansatzes, weil nur in diesem die Individualität, welche für die Analyse von Lebensgeschichten notwendig ist, gegeben ist.[44] Im Folgenden werden entlang der beiden Zu-

---

[43] Vgl. ebd.

[44] Vgl. *A. Kaupp*, Biographieforschung, in: M. Zimmermann/H. Lindner (Hrsg.), Wis-

griffe die Datenerhebung, die Datenanalyse und das Samplingverfahren der vorliegenden Studie beschrieben.

2.1 Quantitativer Zugriff: Fragebogen

Der Fragebogen mit offenem Antwortformat

Der Fragebogen gehört zu den klassischen Erhebungsformen quantitativer Verfahren.[45] Repräsentative Fragebogenuntersuchungen wollen ein möglichst präzises Bild der untersuchten Wirklichkeit erstellen. Für eine repräsentative Erhebung ist damit bereits eine genaue Kenntnis der Facetten dieser Wirklichkeit notwendig und der Erkenntnisgewinn liegt darin zu wissen, wie die einzelnen Facetten im Detail ausgeprägt sind. Explorative Fragebogenuntersuchungen wollen dagegen herausfinden, welche Faktoren und Zusammenhänge diese Wirklichkeit bestimmen. Sie liefern damit neue Einsichten in die Funktionsweisen der untersuchten Wirklichkeit, können aber keine Aussage treffen, welche konkrete Ausprägung diese Facetten aufweisen. Die vorliegende Studie verfolgt einen explorativen Ansatz, weil noch kein gesichertes Wissen darüber vorliegt, aus welchen Motiven die Menschen aus der Kirche austreten. Es ist zum gegebenen Zeitpunkt also nicht möglich, eine umfassende Liste solcher Motive vorzulegen, was aber notwendig ist, um ein repräsentatives Bild zu zeichnen. Ziel des vorliegenden Fragebogens ist es daher, ein möglichst differenziertes Spektrum an Austrittsmotiven zu erstellen, um einen Überblick über die Vielfalt an Austrittsmotiven der Menschen im Bistum Essen zu gewinnen.

Um diesen Überblick zu erhalten, wird die zentrale Frage des Fragebogens als offene Frage gestellt. Bei offenen Fragen reagieren die Befragten mit ihren eigenen Worten auf den Frageimpuls. Der Einsatz von offenen Fragen wird vor allem dann empfohlen, wenn man das mögliche Antwortspektrum nicht vollständig kennt und wenn man einen motivierenden Effekt bei den Befragten erzeugen will.[46] Beides trifft für unsere

---

senschaftlich-religionspädagogisches Lexikon, https://www.bibelwissenschaft.de/stichwort/100111/ [letzter Zugriff am 02.05.2017].

[45] Vgl. *H. Moosbrugger/A. Kelava*, Testtheorie und Fragebogenkonstruktion, Berlin 2012; *R. Porst*, Fragebogen. Ein Arbeitsbuch, Berlin 2014.

[46] Vgl. *R. Porst*, Fragebogen (s. Anm. 45), 66.

Erhebung zu. Zum einen haben wir keinen umfassenden Überblick über mögliche Austrittsmotive, sodass eine geschlossene Frage das Problem mit sich bringt, dass der Fragebogen eventuell vorliegende Motive gar nicht erfasst. Außerdem ist es gerade bei Menschen, die aus der Kirche ausgetreten sind, wahrscheinlich, dass sie die Möglichkeit, dieser Kirche ein Feedback geben zu können, besonders motiviert – sofern sie überhaupt gewillt sind, sich gegenüber dieser Kirche zu äußern.

In offenen Fragen ist die Formulierung des Frageimpulses entscheidend.[47] Vor allem muss sichergestellt sein, dass die Befragten das Erkenntnisinteresse in seinem spezifischen Kontext richtig erfassen können. Im Fall der vorliegenden Studie wurde das Erkenntnisinteresse durch die Einleitung des Fragebogens kommuniziert. Der spezifische Kontext wurde durch die Abfolge der Fragen übermittelt. Da es sich beim vorliegenden Fragebogen um eine online-Erhebung handelt, wurde adaptiv gefragt. Konkret erfasste eine geschlossene Frage, ob die Antwortenden aus der Kirche ausgetreten sind. Die Befragten, die diese Frage mit „ja" beantworteten, bekamen als nächstes den offenen Impuls angezeigt: „Ich bin aus der Kirche ausgetreten, weil ..." Die Konjunktion „weil" verweist eindeutig auf den Grund des Austritts, welcher das spezifische Erkenntnisinteresse der Erhebung darstellt. Die sprachlich einfache Formulierung sollte es auch Menschen, die weniger sprachmächtig sind, ermöglichen, eine Antwort zu formulieren. Schließlich legt die Formulierung das Format der Antwort nicht fest, obwohl der pragmatische Impuls eine Vervollständigung des Satzes nahelegt. Die Befragten können aber auch stichwortartig auf ihn antworten. Tatsächlich reicht das Antwortspektrum von einzelnen Stichworten (z. B.: „Geldgeier") bis zu Formulierungen mit über 300 Zeichen.

Offenes Kodieren

Die Antworten auf die offene Frage fallen in der Regel einfach aus. Die Antworten sind eher kurz und ihr Bedeutungskern wird in den meisten Fällen durch ein Hauptwort ausgedrückt. Mehrere Motive sind aneinandergereiht, meistens durch ein Komma voneinander getrennt. Komplexere Erzählungen finden sich nicht. Die Datenbasis für die Analyse stellen damit leicht verständliche Texte dar, was ein einfaches Analyseverfahren

---

[47] Vgl. *H. Mummendey/I. Grau*, Die Fragebogen-Methode, Göttingen 2008, 86–89.

erlaubt. Deshalb wurde aus den zur Verfügung stehenden Methoden das offene Kodieren gewählt.

Das offene Kodieren dient in seinem Kern dazu, Textstellen Schlüsselwörter zuzuordnen, welche den Inhalt der Textstelle begrifflich auf den Punkt bringen.[48] Solche Schlüsselwörter werden auch Codes genannt. Codes stehen somit in einem engen Verhältnis zum Ursprungstext, stellen aber bereits einen interpretativen Schritt dar. Sind alle Textstellen kodiert, werden Codes, die vergleichbare Phänomene repräsentieren, zu Kategorien zusammengefasst. Konkret wird aus dem Pool gleichsinniger Codes der inhaltliche Kern des Phänomens, auf das die verschiedenen Codes hinweisen, herausgearbeitet und wiederum auf einen Begriff gebracht. Kategorien repräsentieren damit theoretisch anschlussfähige Facetten des Erkenntnisgegenstands einer Untersuchung.[49] In der vorliegenden Studie stehen die Kategorien für die einzelnen Austrittsmotive. Beim Abgleich der Codes, welcher zur Bildung der Kategorien führt, wird darauf geachtet, dass die unterschiedlichen Kontexte in den Codes als unterschiedliche Dimensionen in den Kategorien sichtbar bleiben. Technisch gesprochen stellen diese Dimensionen Unterkategorien dar. In der Analyse werden sämtliche Textstellen, die einer Kategorie zugeordnet wurden, untereinander aufgelistet und nach ihren Bedeutungskontexten geordnet. Mit diesen Unterkategorien wird somit der Problematik unterschiedlicher Bedeutungskontexte in den Codes Rechnung getragen. Dieser Abgleich zwischen Code, Kategorie und Ursprungstext wird so lange vollzogen, bis alle durch einen Code markierten Textstellen einer (Unter-) kategorie zugeordnet werden konnten.

Die Zuverlässigkeit der Zuordnungen wurde im Dialogkonsens überprüft. Im Detail ging Ulrich Riegel durch das empirische Material, wies Codes zu und bildete aus den verschiedenen Kodes Kategorien und Unterkategorien. Diese Analyse wurde von Tobias Faix und Thomas Kröck durchgesehen. Beide markierten Zuordnungen, die nicht nachvollziehbar waren. Sie wurden dann in einem Dreiergespräch hinterfragt und gegebenenfalls neu eingeordnet, wobei dies erst geschah, wenn im Analyseteam Einigkeit über die Zuordnung hergestellt werden konnte. In der Summe

---

[48] Vgl. *Ch. Berg/M. Milmeister,* Im Dialog mit den Daten das eigene Erzählen der Geschichte finden. Über die Kodierverfahren der Grounded-Theory-Methodologie, in: Forum Qualitative Sozialforschung/Forum: Qualitative Social Research 9 (2008), Art. 13 (o. S.).

[49] Vgl. ebd.

wurden 306 Texte analysiert. Dabei wurden 396 Codes vergeben und zwölf Kategorien sowie 23 Unterkategorien gebildet.

Sampling und Sample

Die Werbung für den Fragebogen verlief über die Webseite des Bistums Essen und eine entsprechende Pressemitteilung, die von mehreren Lokalzeitungen aufgegriffen wurde. Ferner wurde ab dem 23. März 2017 in einer free-card-Aktion in Essener Kneipen auf den Fragebogen hingewiesen. Insgesamt konnte der Fragebogen zwischen dem 1. März 2017 und dem 29. März 2017 aufgerufen werden. Es wurden 2.751 Zugriffe verzeichnet, von denen 421 angaben, aus der Kirche ausgetreten zu sein. Allerdings machten von diesen 421 Personen nur 306 (73 %) weitere Angaben zu ihrem Austrittsgrund. Sie bilden das Sample des quantitativen Zugriffs.

Das Sample der vorliegenden Fragebogenanalyse besteht somit aus 306 Personen, die die entsprechende offene Frage ausgefüllt haben (vgl. Tab. 1). 101 der Antwortenden sind weiblich (33 %), 154 männlich (50 %) und 51 Personen füllten das entsprechende Feld nicht aus (17 %). Weiterhin gaben 32 Antwortende an, zwischen 18 und 27 Jahren alt zu sein (11 %). Weitere 77 Personen sind zwischen 28 und 40 Jahren alt (25 %). Die mit 34 % größte Gruppe kommt aus dem Altersspektrum zwischen 41 und 60 Jahren (N = 104). Weitere 45 Antwortende sind älter als 60 Jahre (15 %). Und 48 Befragte gaben keine Auskunft über ihr Alter (15 %). Sofern die Befragten eine Postleitzahl angegeben haben, liegt die überwältigende Mehrheit im Bereich der Zahlen 44 bis 46, womit der Schwerpunkt der Antworten aus dem Bistumsgebiet stammen sollte. Der Fragebogenbefund spiegelt also durchaus die Situation im Bistum wider, ohne gleichzeitig repräsentativ zu sein.

Tab. 1: Das Sample des Fragebogens

Geschlecht	weiblich	männlich	o. A.		
	101	154	51		
Alter	18–27	28–40	41–60	> 60	o. A.
	32	77	104	45	48
Postleit-zahlenbereich	44	45	46	sonst.	o. A.
	24	92	14	80	96

Legende: N = 306; o. A. = ohne Angabe; sonst. = sonstige

2.2 Qualitativer Zugriff: Collage und Interview

Das problemzentrierte Interview

Das problemzentrierte Interview[50] wahrt die für qualitative Sozialforschung typische Offenheit für die Rationalität der Befragten, berücksichtigt aber gleichzeitig das theoretische Vorwissen und das Erkenntnisinteresse der Forschenden. „Das PZI ist ein ‚diskursiv-dialogisches
Verfahren' (MEY 1999, S. 145), das – wie schon in der Kontaktaufnahme
zum Ausdruck kommt – die Befragten als Experten ihrer Orientierungen
und Handlungen begreift, die im Gespräch die Möglichkeit zunehmender
Selbstvergewisserung mit allen Freiheiten der Korrektur eigener oder der
Interviewer-Aussagen wahrnehmen können. Um seinen eigenen Erkennt-
nisfortschritt zu optimieren, kombiniert der Interviewer das Zuhören mit
Nachfragen."[51] In der vorliegenden Studie sollte das problemzentrierte Interview den Befragten die Möglichkeit einräumen, ihre individuelle Austrittsgeschichte zu erzählen. Es wurde deshalb als Leitfadeninterview mit
narrativem Einstieg geführt.[52] Der narrative Einstieg erlaubt es den Befragten, ihre eigene Perspektive gemäß der ihnen individuell als schlüssig
erscheinenden Logik zu entwickeln. Dieser Teil steht ganz im Zeichen der
Erzähllogik der Befragten. An diesen Teil schließen immanente Nachfragen an, die auf das Erzählte Bezug nehmen und dessen Bedeutungen klarer
herausarbeiten. Die Leitfragen stellen sicher, dass keine der sieben ZAP-
Dimensionen (vgl. den Beitrag in diesem Band) im Interview übersehen
werden. Um der Offenheit des Verfahrens gerecht zu werden und „Leifa-
denbürokratie"[53] zu vermeiden, wurde auf die exakte Ausformulierung
dieser Fragen verzichtet und nur in Stichworten skizziert, worauf sich die
einzelnen Dimensionen beziehen. Im Interview war es dann Aufgabe des
Interviewers, diese Dimensionen situativ und kommunikativ stimmig ins
Gespräch einzuspielen.

---

[50] Vgl. A. Witzel, Das problemzentrierte Interview, in: G. Jüttemann (Hrsg.), Qualitative Forschung in der Psychologie. Grundfragen, Verfahrensweisen, Anwendungsfelder, Weinheim 1985, 227–255; A. Witzel, Das problemzentrierte Interview [25 Absät-
ze], in: Forum Qualitative Sozialforschung/Forum: Qualitative Social Research 1
(2000), Art. 22 (o. S.).

[51] A. Witzel, Das problemzentrierte Interview (s. Anm. 50), o. S.

[52] Vgl. J. Bortz/N. Döring, Forschungsmethoden und Evaluation für Sozialwissenschaftler, Berlin 1995, 289.

[53] Chr. Hopf, Die Pseudo-Exploration. Überlegungen zur Technik qualitativer Interviews in der Sozialforschung, in: Zeitschrift für Soziologie 7 (1978), 97–115, 105.

Den Beginn des Interviews markiert eine Collage zur Entwicklung des individuellen Verhältnisses zur Kirche, die die Befragten aus 21 Symbolfotos und zwölf ergänzenden Begriffen legen konnten, welche ihnen vom Interviewer zur Verfügung gestellt wurden. Zusätzlich konnten die Befragten eigene Begriff oder Symbole hinzufügen. Außerdem konnten sie ein rotes Band als Ausdruck für ihren Lebensweg wählen. Dieser Einstieg entspricht dem für das problemzentrierte Interview geforderten Kriterium, einen konkreten Erzählanlass zu liefern, der die Befragten kognitiv und intellektuell nicht überfordert, in ihrer Erzählung nicht festlegt und gleichzeitig auf das Thema des Interviews hinführt. Nach Beendigung der Collage wurden die Befragten gebeten, das Legebild zu erklären, wobei noch Veränderungen am Bild vorgenommen werden konnten. Mit diesem kreativen Einstieg über Symbole sollten auch Menschen mit eingeschränkter Sprachmächtigkeit einen Zugang zum Gespräch finden.

In allen Fällen wurde der Erstkontakt zu den Befragten per Telefon hergestellt. Letztere konnten sich entscheiden, ob sie das Gespräch in den eigenen vier Wänden oder in einem Café führen wollten. Letztlich wurden acht Interviews mit verwertbaren Collagen geführt. Sie dauerten zwischen 26 und 75 Minuten (Durchschnitt: 54 min), wurden per Smartphone aufgezeichnet und von studentischen Hilfskräften transkribiert.[54] Die Transkription erfolgte wörtlich, wobei Umgangssprache an das Schriftdeutsche angeglichen wurde.

Die qualitative Inhaltsanalyse

Die Analyse der Interviews erfolgte mittels der qualitativen Inhaltsanalyse.[55] Sie stellt ein Verfahren dar, das die Inhalte verschiedener Texte systematisch Kategorien zuordnet, wobei diese Kategorien im Wesentlichen induktiv aus den Texten selbst abgeleitet werden. Die qualitative Inhaltsanalyse ist somit sensibel für die Individualität einzelner Texte, ohne das Erkenntnisinteresse des Textvergleichs aus den Augen zu verlieren. In der vorliegenden Studie sind die Austrittsmotive der Befragten die zentralen Kategorien. Informationen zum Hintergrund dieser Motive stellen mögliche Unterkategorien dar.

---

[54] Vgl. *Th. Dresing/Th. Pehl*, Praxisbuch Interview und Transkription. Regelsysteme und Anleitungen für qualitative ForscherInnen, Marburg 2012.
[55] Vgl. *P. Mayring*, Qualitative Inhaltsanalyse, in: Forum Qualitative Sozialforschung/ Forum: Qualitative Social Research 1 (2000), Art. 20. (o. S.); *Chr. Ramsenthaler*, Was ist „Qualitative Inhaltsanalyse"?, in: M. Schnell/Chr. Schulz/H. Kolbe/Chr. Dunger (Hrsg.), Der Patient am Lebensende. Palliative Care und Forschung, Wiesbaden 2013, 23–42.

Die Erarbeitung der Kategorien erfolgte in vier Schritten. Zuerst wurde die Kodiereinheit festgelegt. In der vorliegenden Studie repräsentiert jede in sich inhaltlich konsistente Aussage, die sich auf den Austritt aus der katholischen Kirche bezieht, eine Kodiereinheit. Im zweiten Schritt wurden diese Kodiereinheiten paraphrasiert. Eine Paraphrase gibt den thematischen Kern der Kodiereinheit wieder, wobei die konkrete Formulierung möglichst nahe am O-Ton der Befragten bleibt. Eine Paraphrase steht damit für einen ersten Schritt der Verallgemeinerung, ohne den Bezug zum Originaltext zu verlieren. Im dritten Schritt wird die Paraphrase in eine Generalisierung überführt. Eine Generalisierung stellt eine schlagwortartige Formulierung dar, die den zentralen Gehalt der Paraphrase wiedergibt. In der Generalisierung erfolgt somit der interpretative Schritt vom engen Bezug zum Originaltext hin zur Abstraktion des verallgemeinerbaren Sachverhalts. Dazu werden für die Formulierung der Generalisierung möglichst allgemeine Begriffe verwendet, welche den Forschenden z. B. aus dem vorliegenden Forschungsstand zum Erkenntnisobjekt bekannt sind. Im vierten Schritt werden schließlich Kategorien anhand vorliegender Generalisierungen gebildet. Dazu werden inhaltlich ähnliche Generalisierungen zusammengefasst und miteinander verglichen. In diesem Schritt wird damit zum ersten Mal die einzelne Kodiereinheit auf andere Kodiereinheiten bezogen. Der gemeinsame inhaltliche Kern vergleichbarer Generalisierungen ergibt die Kategorie. Sie wird wiederum in Schlagworten formuliert. Die Kategorienbildung gilt dann als gesättigt, wenn beim wiederholten Durchgang durch die Generalisierungen keine neuen Kategorien mehr gebildet werden können, das heißt alle Generalisierungen Kategorien zugeordnet werden konnten.

In der vorliegenden Studie wurde dieses Verfahren minutiös auf die ersten vier zu analysierenden Interviews angewendet. Da aus finanziellen Gründen ein paralleles Rating von zwei unabhängigen Forschern nicht möglich war, wurden die von Thomas Kröck erstellten Kategorien von Tobias Faix und Ulrich Riegel gemäß ihrer inhaltlichen Nachvollziehbarkeit durchgesehen. Zuordnungen, die einem der beiden Rezensenten nicht schlüssig waren, wurden im Forscherteam diskutiert, bis eine einvernehmliche Zuordnung möglich war. Dieses Verfahren erfüllt zwar nicht die statistischen Kriterien einer zuverlässigen Inter-Rater-Reliabilität[56], entspricht aber dem Gütekriterium intersubjektiver Nachvollziehbarkeit,

[56] Vgl. *U. Grouven/R. Bender/A. Ziegler/S. Lange,* Der Kappa-Koeffizient, in: Deutsche Medizinische Wochenschrift 132 (2007), 65–68.

wie es für qualitative Forschung üblich ist.[57] Das derart etablierte Kategoriensystem wurde in der Folge auf die weiteren Interviews angewendet, ohne die Zwischenschritte der Paraphrase und der Generalisierung durchzuführen. Das war seriös möglich, weil mittlerweile eine hinreichende Vertrautheit mit den vorliegenden Kategorien vorhanden war, um sie direkt auf die Kodiereinheiten anzuwenden. Allerdings wurden bei den Stellen, die nicht im Sinn des vorhandenen Kategoriensystems zuordenbar waren, die neuen Kategorien wieder anhand Paraphrase und Generalisierung gebildet. Das endgültige Kategoriensystem galt als gesättigt, sobald alle relevanten Kodiereinheiten aus den Interviews einzelnen Kategorien zugeordnet werden konnten. Das vollständige System besteht aus zwölf Kategorien und 135 Unterkategorien, welche 987 Kodiereinheiten aus acht Interviews repräsentieren.

Sampling und Sample

Eine zentrale Herausforderung des qualitativen Zugriffs stellte die Rekrutierung des Samples dar, denn Menschen, die aus der Kirche ausgetreten sind, werden nirgendwo systematisch erfasst. Um ein möglichst breites Spektrum an ausgetretenen Menschen zu erreichen, wurden drei unterschiedliche Samplingstrategien verfolgt: die Ansprache durch pastorale Mitarbeiterinnen und Mitarbeiter, die Ansprache durch soziale Medien und Radio und die Ansprache durch die bereits genannte free-card-Aktion.

Zu Beginn des Projekts wurden pastorale Mitarbeiterinnen und Mitarbeiter des Bistums Essen gebeten, ihnen bekannte Menschen, die aus der katholischen Kirche ausgetreten sind, anzufragen, ob sie für ein Interview zu ihren Austrittsmotiven zur Verfügung stünden. Diese Strategie basiert auf der Annahme, dass Menschen aus der Pastoral ziemlich genau wissen, wer wann aus der Kirche ausgetreten ist und einen persönlichen Kontakt zu diesen Menschen herstellen können. In der Praxis erwies sich diese Strategie als zeitaufwendig, erbrachte aber 14 Kontakte zu Ausgetretenen, von denen fünf für ein persönliches Interview vor Ort gewonnen werden konnten. Allerdings besteht dieses Teilsample der Studie vor allem aus gut gebildeten, älteren Männern, die in ihren Interviews noch relativ viel Sympathie für die katholische Kirche aufbringen.

---

[57] Vgl. *U. Flick,* Gütekriterien qualitativer Forschung, in: G. Mey/K. Mruck (Hrsg.), Handbuch Qualitative Forschung in der Psychologie, Berlin 2010, 395–407.

Alternativ zur Ansprache durch pastorale Mitarbeiter(innen) bewarb das Bistum Essen ein Stimmungsbild in sozialen Medien und lokalen Radiosendern, in welchem Ausgetretene (und Mitglieder der katholischen Kirche) einen kleinen online-Fragebogen mit einer offenen Frage zum Kirchenbild und wenigen geschlossenen Fragen zu Erwartungen an die Kirche ausfüllen konnten. Am Ende dieses Fragebogens konnten die Befragten ihre Telefonnummer angeben, sofern sie zu einem weiterführenden Gespräch über ihre Austrittsmotive bereit waren. Sämtliche Bewerberinnen und Bewerber wurden vom Forschungsteam telefonisch kontaktiert, wodurch weitere drei Interviews vor Ort geführt werden konnten.[58] Durch diesen Schritt konnten ältere Frauen für ein persönliches Gespräch gewonnen werden, wobei auch diese in der Regel besser gebildet waren.

Um jüngere Menschen für das Projekt zu erreichen, wurde am 23. März 2017 eine free-card-Aktion in Essener Kneipen gestartet. Auf diesen free-cards wurde ebenfalls für eine Teilnahme am Stimmungsbild geworben. Tatsächlich erhöhte sich der Traffic auf dem entsprechenden Fragebogen in den folgenden Tagen. Die Menschen, die sich für ein vertiefendes Gespräch bereit erklärt hatten, waren aber allesamt Mitglieder der katholischen Kirche. Damit erbrachte diese Samplingstrategie keine neuen Befragten für die vorliegende Studie.

In der Summe wurden zwischen Mitte Dezember 2016 und Anfang April 2017 acht Interviews als persönliches Gespräch zwischen Befragten und Interviewer geführt, in denen die Collage als Einstiegsimpuls genutzt wurde. Drei Interviewte sind weiblich, fünf männlich. Die Altersspanne der Interviewten erstreckt sich zwischen 37 und 75 Jahren bei einem Durchschnittsalter von 51 Jahren. Das Bildungsniveau im Sample ist überdurchschnittlich hoch, denn mit Ausnahme von einem Interviewten mit Volksschulabschluss haben alle mindestens ein (Fach-)Abitur. Bis auf eine Ausnahme wohnen alle Befragten in einem städtischen Umfeld.[59]

---

[58] Die überwiegende Mehrheit der Kontaktierten, die sich für ein Interview zur Verfügung gestellt haben, waren (noch) Mitglieder der römisch-katholischen Kirche, weshalb sie für die vorliegende Analyse nicht herangezogen werden konnten. Unter den Ausgetretenen, die Kontaktdaten hinterlegt haben, waren nur drei zu einem persönlichen Gespräch bereit. Die restlichen ließen sich lediglich auf ein Telefoninterview ein, dessen narrativer Einstieg nicht mit dem Einstieg im Anschluss an die Collage im persönlichen Gespräch vergleichbar ist. Sie fallen deshalb ebenfalls für die vorliegende Analyse aus.

[59] Dieses Sample ist ein kleiner Ausschnitt aus einer größeren Interviewstudie zu Austrittsmotiven. Insgesamt wurden 41 Interviews geführt, wobei die meisten dieser Inter-

3. Der empirische Befund

In diesem Abschnitt wird der empirische Befund beschrieben. Dazu wird zuerst das Spektrum der Austrittsmotive dargestellt, wie es sich aus den Antworten auf die offene Frage zum Austrittsgrund aus dem durch das Bistum Essen online erhobenen Fragebogen darstellt. Anschließend wird anhand der problemzentrierten Interviews aufgezeigt, in welcher Ausprägung und in welchen Konstellationen die einzelnen Motive im Leben der durch das Forschungsteam in einem persönlichen Gespräch Befragten vorliegen. Der besseren Anschaulichkeit halber wird diese Darstellung an die Collagen zurückgebunden, welche die Befragten am Beginn des Interviews erstellt und im Verlauf dieses Interviews näher erklärt haben.

3.1 Das Spektrum der Austrittsmotive

In den Antworten konnten zwölf unterschiedliche Kategorien identifiziert werden (vgl. Tab. 2), nämlich die Kirchensteuer (N = 69), eine Entfremdung gegenüber der bzw. die fehlende Bindung zur Kirche (N = 65), die nicht mehr zeitgemäße Haltung der Kirche (N = 45), das arrogante und machtbewusste Erscheinungsbild der Kirche (N = 45), Glaubenszweifel (N = 39), ein persönlich enttäuschendes Erlebnis (N = 34), die Skandale (N = 29), die Diskrepanz zu ethischen Positionen der Kirche (N = 24), das Frauenbild der Kirche (N = 15), die Ansicht, dass die Kirche ihren Sendungsauftrag verfehlt (N = 15), die Ansicht, dass es die Kirche nicht braucht, um an Gott zu glauben (N = 9), und der Zölibat (N = 6).[60]

---

views per Telefon erfolgten und damit einer anderen Dynamik unterliegen als die ausgewählten acht Interviews im persönlichen Gespräch. Alle Interviews werden sukzessive ausgewertet, die Befunde in folgenden Veröffentlichungen bekannt gemacht.

[60] Es sei daran erinnert, dass die Anlage der Erhebung nicht repräsentativ ist. Die Häufigkeit der Nennungen gibt also nur einen ungefähren Eindruck darüber, wie gewichtig ein Motiv ist. Auf keinen Fall legitim ist ein Schluss von den Häufigkeiten der Nennungen auf die Verteilung der Austrittsmotive unter den im Bistum Essen aus der Kirche Ausgetretenen.

Tab. 2: Häufigkeit der Kategorien in den Antworten im Fragebogen

Kategorie	Anzahl der Nennungen
Kirchensteuer	69
Entfremdung/fehlende Bindung	65
rückständige Haltung der Kirche	45
Erscheinungsbild der Kirche	45
Glaubenszweifel	39
persönlich enttäuschendes Erlebnis	34
Skandale	29
Diskrepanz zu ethischen Positionen der Kirche	24
Frauenbild der Kirche	15
Kirche verfehlt ihren Sendungsauftrag	15
man braucht die Kirche nicht, um an Gott zu glauben	9
Zölibat	6

Legende: N = 306

Da einzelne Aussagen mehreren Kategorien zugeordnet werden konnten, übersteigt die Summe der Nennungen die Anzahl der Antworten.

Insofern sich jede Kategorie aus der Antwort auf die offene Frage ableitet, warum man aus der Kirche ausgetreten sei, steht jede Kategorie für ein potentielles Austrittsmotiv. Diese Kategorien werden im Folgenden detailliert beschrieben, wobei sich die Reihenfolge der Beschreibung nach der Häufigkeit der Nennungen richtet. Bei dieser Beschreibung wird der Begriff Kirche im soziologischen Sinn verwendet. Er bezieht sich somit auf eine religiöse Institution bzw. Sozialgestalt inklusive deren kulturell fassbaren Referenzen. Wo ein anderer Begriff von Kirche verwendet wird – etwa im theologischen Sinn als spirituelle Gemeinschaft – wird dies explizit erwähnt. Die zur Veranschaulichung zitierten Originaltöne aus dem Fragebogen werden dabei unverändert übernommen ohne orthographisch oder grammatikalisch geglättet zu werden. Da in vielen Fällen einzelne Aussagen mehreren Kategorien zugeordnet werden konnten, wurden nach Möglichkeit eindeutige Originalzitate zur Veranschaulichung der Kategorien herangezogen. In wenigen Fällen war das nicht möglich. Diese Fälle deuten auf einen inneren Zusammenhang zwischen verschiedenen Kategorien hin. Da das Ziel der vorliegenden Analyse aber ist, ein möglichst differenziertes Bild des Spektrums an Austrittsmotiven zu zeichnen, wurden im Zweifel unterschiedliche Kategorien gebildet, anstatt nahe beieinanderliegende Kategorien zu vereinen.

Kategorie 1: Kirchensteuer

Mit 69 Nennungen stellt die Kirchensteuer die Kategorie mit den meisten Nennungen dar. Oft wird lakonisch einfach auf die Kirchensteuer verwiesen, die in diesen Fällen den einzigen Grund für den Austritt darstellt.

> *„ich keine Kirchensteuer zahlen möchte."*
> *„Der Kirchensteuer wegen."*
> *„Ich die Steuer sparen will"*

Häufiger jedoch wird die Kirchensteuer in Kombination mit weiteren Argumenten angeführt. Gruppiert man diese Argumente systematisch, ergeben sich vier Unterkategorien.

Eine erste Unterkategorie stellt die Kombination des Kirchensteuer-Arguments mit einer fehlenden Bindung zur Kirche dar. In diesen Fällen ist es weniger die Kirchensteuer an sich, die zum Austritt führt, sondern die Einsicht in die Tatsache, dass man für etwas bezahlt, wovon man sich keinen Nutzen verspricht bzw. mit dem man sich nicht identifizieren kann oder will. Einschlägige Aussagen sind.

> *„ich die Ansichten der Kirche nicht teile und es nicht einsehe, Kirchensteuer zu zahlen."*
> *„ich es leid bin, die Kirchensteuer für etwas zu zahlen, was ich nicht mehr nutze"*
> *„Wenig echte Bindung. Zu hohe Steuern"*

Eine zweite Unterkategorie bildet die Ergänzung des Kirchensteuer-Arguments um Aussagen, die das Geld, welches die Kirche über die Kirchensteuern einnimmt, für falsche Zwecke ausgegeben sehen. In diesen Fällen ist es nicht eine fehlende Bindung an die Kirche, sondern die Kritik an der konkreten Verwendung der kirchlichen Finanzmittel. In diese Unterkategorie fallen Aussagen wie die folgenden:

> *„Ich mir nicht mehr mitansehen wollte, was die Kirche aus der Kirchensteuer macht (Im Austrittsmonat habe ich immerhin fast 300,00 Euro bezahlt!!)"*
> *„sie sich aus der Kindererziehung (Kindergarten) aus Sparsamkeitsgründen zurückzieht ohne an ihrem eigenen Pomp zu sparen."*

Zwei weitere Unterkategorien, die sich auf die Kirchensteuer beziehen, sind mit jeweils nur einer Aussage in unseren Befunden repräsentiert. Zum einen wird die Verweigerung, Kirchensteuer zu zahlen, als einziges wirksames Protestmittel gegen die Kirche angesehen.

„ich vor Franziskus den Weg der Kirche reaktionär und rückwärtsgewandt fand. Und die Steuergelder der einzige Weg sind, Auflehnung zu zeigen"

In diesem Fall ist die Kirchensteuer nur das Medium, über den eine inhaltliche Diskrepanz gegenüber der Kirche – hier: gegenüber ihrer Haltung im Allgemeinen, die reaktionär und rückwärtsgewandt empfunden wurde – kommuniziert wird. Offensichtlich denkt die befragte Person, dass die Einbehaltung finanzieller Mittel die einzige Möglichkeit darstellt, von der Kirche gehört zu werden. Zum anderen deutet eine Aussage darauf hin, dass Menschen auch aus der Kirche austreten, um ihr Leben finanzieren zu können.

„Ich das geld für die Altersvorsorge brauche"

Es geht im genannten Beispiel nicht um eine wünschenswerte Facette des Lebens, wie sie in einigen Antworten zum Ausdruck kommt („mit der Kirchensteuer lieber in Urlaub fahre"). Vielmehr stellt die Altersversorgung eine existentielle Dimension der Lebensgestaltung dar. Man kann anhand der Aussage nicht ermessen, ob die betreffende Person ihre Altersversorgung tatsächlich nur mit dem Geld finanzieren kann, welche sie durch den Austritt aus der Kirche spart. Das ist für die Logik der Unterkategorie aber auch nicht notwendig. Insgesamt erscheint es schlüssig, dass es Lebenslagen gibt, in denen es notwendig ist bzw. erscheint, an allen möglichen Ecken zu sparen. Der Austritt aus der Kirche stellt dann einen Weg dar, Geld zu sparen.

Kategorie 2: Entfremdung/fehlende Bindung

Mit 65 Nennungen tritt die Kategorie Entfremdung/fehlende Bindung fast ebenso häufig auf wie die Kategorie Kirchensteuer. Im Kern geht es darum, dass die Kirche für die Menschen bedeutungslos ist bzw. geworden ist. Typische Aussagen dieser Kategorie sind:

„Ich keinen Bezug zur Kirche habe"
„völliges Desinteresse an der römisch-katholischen Religion."
„Sie meine Lebenswirklichkeit nicht berührt hat"
„[…] da Kirche in meinem Leben keine Rolle mehr spielt!"
„Ich äußerst selten in die Kirche ging (Hochzeiten und Todesfälle)"
„Ich mich mit zentralen Grundlagen nicht mehr identifizieren kann (Wandlung?!)"

Ein Bezug zur Kirche ist nicht vorhanden und spielt im Leben der Befragten keine Rolle mehr. Geht man ins Detail, lassen sich zwei Unterkategorien unterscheiden. Die erste Unterkategorie bilden die Aussagen, welche eine fehlende Verbundenheit mit der Kirche konstatieren, ohne diesen Zustand – auch nicht implizit – mit einem anderen Zustand in Beziehung zu setzen. Exemplarisch seien genannt:

> *„Ich mich nicht zur Kirche verbunden fühle und viele Aspekte des Katholizismus kritisch sehe"*
> *„ich mich nicht aufgehoben gefühlt habe"*
> *„Ich mit den Glaubensinhalten nichts anfangen kann"*

Im Kern bekunden diese Aussagen den Zustand einer fehlenden Bindung zur Kirche. Sie lassen keinen Schluss auf das frühere individuelle Verhältnis zur Kirche zu. Anders liegt der Fall in der zweiten Unterkategorie, in der die heute gültige Beziehungslosigkeit mit einer Zeit kontrastiert wird, in der es eine Beziehung zur Kirche gegeben zu haben scheint. Kandidaten dieser Unterkategorie sind:

> *„Entfremdung der Kirche"*
> *„bei mir 1973 keine innerliche Verbundenheit mehr bestand."*
> *„ich mich mit der Amtskirche nicht mehr identifizieren konnte"*

In der ersten Aussage wird eine Entfremdung explizit benannt, was voraussetzt, dass es einmal einen Zustand gegeben haben muss, in dem die Kirche nicht als fremd empfunden wurde. In den beiden anderen Aussagen verweist die Partikel „mehr" darauf, dass es einmal anders gewesen sein muss. Die zweite Unterkategorie repräsentiert damit einen Prozess der Entfremdung, der aus einem Zustand einer mehr oder weniger intensiven Verbundenheit mit der Kirche in einen Zustand mündete, innerhalb dessen keinerlei Kirchenbindung mehr gespürt wird. Beide Unterkategorien prägen die zweite Kategorie, weshalb sie mit „Entfremdung/fehlende Bindung" überschrieben wird.

Kategorie 3: Rückständige Haltung der Kirche

In 45 Antworten wird die Kirche als veraltet und nicht mehr zeitgemäß eingestuft. Manchmal wird diese Wahrnehmung ohne konkretisierenden Kommentar als ein Austrittsgrund genannt.

> *„Die katholische Kirche antiquarisch ist […]"*
> *„m. E. die katholische Kirche den Anschluss an die moderne Welt verpasst hat"*
> *„Außerdem finde ich die Ansichten der katholischen Kirche in vielen Dingen nicht mehr zeitgemäß"*
> *„sie weltanschaulich 2000 Jahre zurückgeblieben ist"*

Oft tritt diese Kategorie aber auch in Kombination mit konkreten Themenfeldern auf, die exemplarisch veranschaulichen, wie und wo die Kirche aus der Zeit gefallen ist. Solche Aussagen sind z. B.:

> „Institution ist zu weit entfernt vom wirklichen Leben in den Bereichen Frauen,gleichgeschlechtliche Liebe und Priestertum."
>
> „... sie zum Teil mittelalterliche Positionen vertritt: Frauen, Homosexualität, uvam."
>
> „Das Konstrukt der katholischen Kirche zu veraltet ist. Stichworte: verbot von Ehen für katholische Priester; Scheinheiligkeit weil diese Priester oftmals heimlich Beziehungen führen; verhütungsvebote etc. einfach nicht mehr zeitgemäß"

In den genannten Beispielen finden sich die klassischen Themen einer Kirchenkritik wieder, welche die römisch-katholische Kirche als nicht mehr zeitgemäß erachtet: Frauenbild, Einstellung gegenüber der Homosexualität, Priestertum/Zölibat, Sexualmoral, etc. Unterkategorien lassen sich nur bilden, wenn man nach Themenfeldern unterscheidet, auf denen die Kirche als veraltet erfahren wird. Allerdings gibt es zu viele Aussagen, die verschiedene Themenfelder nennen, um tatsächlich von stabilen Unterkategorien zu sprechen. Eher legt der Befund den Schluss nahe, dass die Befragten die katholische Kirche pauschal als veraltet und nicht mehr zeitgemäß erachten und es relativ beliebig ist, an welchem Beispiel man diese Diagnose veranschaulicht. Wer die Kirche als aus der Zeit gefallen erachtet, meint damit in der Regel die gesamte Institution in allen ihren Facetten, nicht nur einzelne Aspekte dieser Institution.

Kategorie 4: Erscheinungsbild der Kirche

Das Erscheinungsbild der Kirche wird 45 Mal als Austrittsgrund genannt. Es gibt dabei zwei dominante Unterkategorien, nämlich die Wahrnehmung der Kirche als Machtinstrument und die Wahrnehmung der Kirche als unglaubwürdige Institution, welche sich selbst nicht an die Ansprüche hält, welche sie an andere stellt. Typische Aussagen der Unterkategorie Kirche als Machtinstrument sind:

> „die Kirche ein Machtinstrument ist. die Lehren sind dazu da Menschen zu kontrollieren."
>
> „ich die Insitution als reines Machtinstrument sehe"
>
> „Machtbesessen"

In diesen Äußerungen erscheint die Kirche als Institution, die alleine an ihrer Machtausübung und an ihrem Machterhalt interessiert ist. In vier Fällen wird die hierarchische Struktur der Kirche angesprochen, wobei sich zwei Aussagen direkt auf die Hierarchie beziehen und zwei weitere den Vatikan zum Thema machen.

„ich nicht gläubig bin und den sozialen Charakter der Kirche zwar schätze, nicht jedoch die Instanzen der Institution"
„hierarchisch, unbeweglich und vieles mehr"
„ich nicht an Gott glaube und die ‚politische Agenda' des Vatikans missbillige."
„ich die von patriarchalischen Narzissten dominierte römische Kurier ablehne"

Es geht in diesen Aussagen zwar nicht direkt um Machtausübung, die hierarchische Ordnung der römisch-katholischen Kirche gehört jedoch zu ihren wesentlichen Strukturen, innerhalb derer sich Macht ereignet. Hier werden Wirkmächtigkeit und innere Gliederung in einen unmittelbaren Zusammenhang gestellt. Deshalb wurden diese Aussagen ebenfalls der Unterkategorie Macht zugeordnet, Offensichtlich wirkt die römisch-katholische Kirche auf viele Menschen als hierarchische Institution, die vor allem an ihrem Machterhalt interessiert ist und sich nicht scheut, diese Macht auszuüben. Dieser Eindruck kann zum Austritt führen.

Die zweite Unterkategorie im Erscheinungsbild zeichnet die Kirche als heuchlerisch und unglaubwürdig. Manche Aussagen bringen diesen Eindruck direkt auf den Punkt:

„Heuchelei bei kirchlich internen Problemen"
„Die katholische Kirche unehrlicher ist als jede andere Organisation die ich kenne."

Öfter wird jedoch der Zwiespalt zwischen Anspruch und wahrgenommener Wirklichkeit betont.

„Wasser predigen, Wein saufen? Unglaubwürdig in allen Aussagen"
„ich zu der Auffassung gekommen bin, daß der Hauptzweck der Kirche ein Selbstzweck ist, nämlich Reichtum und Prunk."
„Zu viel Wasser gepredigt und zu viel Wein getrunken wird"
„weildie Kirche nach außen etwas vorgibt, was sie im inneren selbst nicht hält"
„Sie den Menschen Vorschriften macht, ihre Vertreter diese aber permanent brechen."

Man glaubt der Kirche nicht mehr, weil der Eindruck überwiegt, dass sich die Kirche selbst nicht an das hält, was sie von den Menschen verlangt. Sie ist in ihrer Botschaft unglaubwürdig geworden. Im letzten Beispiel wird diese Unglaubwürdigkeit explizit an den Vertretern der Kirche festgemacht. Tatsächlich finden sich einige Aussagen, die sich direkt auf Priester und Bischöfe beziehen.

> *„mich die geheuchelten Aussagen der Kleriker, insbesondere der Bischöfe in Deutschland ärgern"*
> *„die Arroganz der Bischöfe ankotzt"*
> *„[...] die Menschen in ihren Machtpositionen grosse Heuchler und Unmenschen sind."*
> *„Mit Gott, ist für mich alles OK, aber ich bin mit der verhalt und Politik des ‚Boden personal' (die Kirche), nicht Einverstanden."*

Neben den genannten Aussagen finden sich auch einige Statements, in denen schlechte Erfahrungen mit konkreten Priestern und Diakonen ausgedrückt werden. Weil diese Personen eventuell rückverfolgbar sind, unterlassen wir hier eine Zitation. In allen diesen Aussagen zeigt sich, dass die römisch-katholische Kirche stark mit ihrem Klerus identifiziert wird und damit das Verhalten dieser Personen wesentlich zum Erscheinungsbild der Kirche beiträgt. Offensichtlich empfinden nicht wenige Menschen dieses Verhalten als wenig überzeugend.

Kategorie 5: Glaubenszweifel

Kategorie 5 wird 39 Mal genannt. Sie bezeichnet den Verlust des eigenen Glaubens bzw. die Tatsache, dass man nicht glaubt, als Grund des Austritts. Exemplarische Antworten, die diese Kategorie konstituieren, sind:

> *„ich nicht an Gott bzw einen Gott glaube"*
> *„[...] Außerdem glaube ich schon seit der Kindheit nicht mehr an einen Gott."*
> *„Ich meinem Glauben verloren habe."*

Wo kein persönlicher Glaube mehr vorhanden ist, gibt es offensichtlich keine inhaltliche Grundlage mehr für eine Mitgliedschaft in der Kirche. Ein Teil der Aussagen bezieht sich auf einen Glaubensverlust (vgl. „schon seit der Kindheit"; „Glauben verloren"), beinhaltet also eine zeitliche Komponente, welche einen Übergang von einem Zustand des Glaubens in einen Zustand des Unglaubens darstellt. Andere Aussagen deuten keinen solchen Prozess an, sondern stellen schlicht fest, dass gegenwärtig kein Glaube da ist.

Der Verlust des Glaubens bedeutet nicht unbedingt, dass die Antwortenden keine positive Alternative benennen können. Aus den Aussagen dieser Kategorien lassen sich drei Unterkategorien rekonstruieren. Die erste Unterkategorie stellt ein naturwissenschaftliches Weltbild dar. Exemplarische Aussagen sind:

„ich an die Wissenschaft glaube"
„Religion ist als Naturwissenschaftler schwer nachzuvollziehen"

Man könnte diese Antworten sicher auch als Unglaube einordnen. Allerdings wird in ihnen nicht nur der Glaube verneint, sondern explizit auf eine alternative Weltanschauung verwiesen. In diesen Antworten wird exemplarisch deutlich, dass die Kirche in einer säkularen und religiös pluralen Gesellschaft in Konkurrenz mit anderen Sinnanbietern steht und diese Konkurrenz zu Kirchenaustritten führen kann.

Eine zweite Unterkategorie bildet der Atheismus bzw. der Agnostizismus. Exemplarische Aussagen dieser Unterkategorie sind:

„ich Atheist bin"
„ich Atheist geworden bin [...]"
„ich mich als Agnostiker betrachte"

Den Aussagen dieser Unterkategorie ist gemeinsam, dass sie ein Leben ohne religiöse Sinnbezüge positiv benennen, das heißt nicht von einem Leben ohne Glauben sprechen, sondern dieses Leben mit dem Begriff des Agnostizismus oder Atheismus bezeichnen. Aus diesem Bewusstsein kann eine Inspiration für das eigene Leben erwachsen.

Die dritte Unterkategorie bezieht sich auf Glaubensformen, die alternativ zur römisch-katholischen Lesart gesehen werden. Exemplarische Aussagen sind:

„Glaube jetzt an andere Götter"
„Ich nichts von ihr halte und polytheistische Paganin bin"
„ich nicht an den christlichen Gott in der Form glaube, wie die katholische Kirche es propagiert"

In dieser Unterkategorie bezieht sich der Glaubenszweifel nicht auf den Glauben an sich, sondern auf die römisch-katholische Variante des Christentums. Letztes wird als nicht (mehr) stimmig für das eigene Leben erachtet, entweder weil an die Stelle eines römisch-katholischen Glaubens eine Form des Glaubens getreten ist, die nicht mit Ersterem übereinstimmt, oder weil nie ein Glaube vorlag, der zu den Überzeugungen der römisch-katholischen Kirche gepasst hat. In beiden Fällen führt der Glaubenszweifel nicht zu einem Glaubensverlust, sondern mündet in die Einsicht, dass man selbst etwas anderes glaubt, als die Kirche für sich in Anspruch nimmt. Das ist ein Grund, die Mitgliedschaft in der Kirche zu kündigen.

Kategorie 6: persönlich enttäuschendes Erlebnis

Eine ebenfalls häufig genannte Kategorie stellen konkrete Erlebnisse dar, die persönlich als enttäuschend erfahren wurden und in deren Folge dann der Austritt erfolgte (N = 34). Solche Erlebnisse sind von Natur aus individuelle Fälle und erstrecken sich damit auf ein breites Erfahrungsspektrum mit Kirche. Sucht man nach Unterkategorien, verweisen einige Aussagen auf die kirchliche Pastoral. Typische Aussagen dieser Unterkategorie sind:

> *„Ich keinen Anschluss in meiner Gemeinde gefunden habe"*
> *„weil ich keine Antwort auf meine damalige persönliche Lebenssituation bekommen habe bzw. die röm.-kath. Kirche mir diese nicht geben konnte – und wollte!"*
> *„Ich bei dem Tod meiner Mutter keine Unterstützung sondern Ablehnung seitens der katholischen Kirche erfahren habe."*

In allen diesen Aussagen wurzelt die persönliche Enttäuschung in der Seelsorge, der es nicht gelingt, so auf die Betroffenen zuzugehen, dass dies deren Bedürfnis gerecht wird. Kirchliches Handeln vor Ort kann somit zum Kirchenaustritt führen. Konkrete Personen, an welchen dieses pastorale Versagen festgemacht werden kann, werden in diesen Aussagen nicht benannt. So kann der fehlende Anschluss in der Gemeinde des ersten Beispiels sowohl im Verhalten von Hauptamtlichen als auch in dem von Gemeindemitgliedern begründet liegen.

Eine weitere Unterkategorie stellen negative Erfahrungen mit Kirche in der Kindheit dar. Solche Aussagen sind z. B.:

> *„die kath. Kirche mir seit meiner Kindheit eher Angst und Furcht vor Gott eingeflößt hat, kein Vertrauen, Wohlwollen und Liebe"*
> *„schlechte Erfahrungen als Kind mit dem Kaplan der XX im YY"*[61]
> *„Stress mit dem Pastor als Kind"*

Sie haben gemeinsam, dass ein Ereignis aus der Vergangenheit insofern noch wirksam ist, als es als Grund für den Austritt herangezogen wird. Zumindest legt es der Kontext der Aussagen nahe, dass der Austritt nicht unmittelbar als Kind in Reaktion auf das Ereignis selbst erfolgte.

Weniger häufig, als eigene Unterkategorie aber dennoch wirksam, sind politische Aktivitäten oder Äußerungen von Kirche bzw. ihren Vertretern. Solche findet man z. B. in den folgenden Aussagen:

---

[61] Name und Ort der Pfarrei wurden aus Gründen des Persönlichkeitsschutzes unkenntlich gemacht.

„der Bischof von Trier sagte, wer für die AfD ist, kann nicht MItglied der Kirche sein."
„ich die Kirchenpolitik des damaligen Papstes nicht mittragen wollte."
„die Kirche sich aus der Schwangerenberatung zurückgezogen hat"

Es fällt auf, dass alle drei Aussagen ohne weiteren Grund formuliert werden. Zumindest in der Logik der gegebenen Statements ist somit die politisch relevante Aktion der entscheidende Austrittsgrund. Dass es dabei sowohl um eine Aussage gegen die AfD als auch um den Rückzug aus der Schwangerenkonfliktberatung geht, verweist darauf, dass es nicht nur ein bestimmtes politisches Spektrum ist, das auf politisch relevantes Verhalten der Kirche oder einzelner Vertreter derselben mit Austritt reagiert.

Eine letzte Unterkategorie bilden Aussagen, in denen der Grund für die persönliche Enttäuschung eine prinzipielle Diskrepanz zwischen individueller Lebenssituation und kirchlicher Haltung darstellt. Dabei handelt es sich um wohlbekannte Themenfelder wie Homosexualität oder die Wiederheirat Geschiedener, wie die folgenden Beispiele zeigen.

„Wiederverheiratet, Christ zweiter Wahl nach Kath."
„ich schwul bin und die Kirche nichts anzubieten hat ausser Hass, Ablehnung"
„ich 7 Jahre mit meinem Mann zusammenleben konnte als Lehrerin an einer katholischen Schule (auch mit missio!) und nach der Eheschließung meine missio abgaben musste."

In allen Beispielen steht die konkrete Lebenssituation der Befragten im Widerspruch zu grundsätzlichen Positionen kirchlicher Morallehre. Sie führten zu einer persönlichen Enttäuschung, welche die Befragten dazu motivierte, aus der Kirche auszutreten.

Kategorie 7: Skandale

Die jüngeren Skandale, die mit der katholischen Kirche verbunden werden, spielen in 29 Antworten eine Rolle. Einige Antworten verweisen dabei ganz allgemein auf „Skandale", welche dazu geführt haben, sich von der Kirche abzuwenden. Typische Antworten sind:

„die Skandale um die katholische Kirche nicht abreissen. [...]"
„Kirchensteuer zu hoch, Skandale"
„durch Skandale keine Organisation durch die ich mich in meinem Glauben bestätigt/vertreten fühle"
„schlimme Skandale passiert sind, die für geweihte Personen unwürdig sind"

„mir die Skandale (Pädophilie und Tebartz van Elst) den Rest gegeben haben, meinen Glauben an die Katholische Kirche zu verlieren! Gott ist trotzdem bei mir!"

Offensichtlich wird die Kirche von vielen Menschen als Institution betrachtet, die mit Verfehlungen identifiziert wird, die in ihrem Rahmen stattgefunden haben, und der man nicht zutraut, diese Skandale angemessen zu bearbeiten. Das dritte und vierte Beispiel verweisen insbesondere darauf, dass aus der engen Verbindung zwischen Kirche und Gott bzw. Glaube von dieser Institution eine besondere Integrität erwartet wird.

Im letzten Statement werden die beiden zentralen Skandale genannt, die das Gros der uns gegebenen Antworten prägen. In vielen Äußerungen werden explizit die Missbräuche von Kindern und Jugendlichen durch Priester genannt. Typische Äußerungen sind:

> *„die Kirche versucht Dinge zu vertuschen (Missbrauch) und nicht angemessen aufarbeitet [...]"*
> *„ich den Missbrauch von Priestern an kleinen Kindern abscheulich finde!"*
> *„ich Atheist geworden bin und diesen Kinderschänderverein nie mehr unterstützen werde."*
> *„[...]die kirche eine verbrecherische organisation ist die kinderschänder schützt"*
> *„Ihr seid Milliardenschwer, hockt auf goldenen Bischofsstühlen und schließt Kindergärten. Ihr seid Sozialschmarotzer! Fett und unbeweglich ....von den ganzen Pädophilen wollen wir gar nicht reden."*

Die Beispiele zeigen deutlich, dass der sogenannte Missbrauchsskandal Menschen emotional bewegt. Äußerungen des Missfallens („abscheulich finde") und abfällige, aggressive Schlagworte („Kinderschänderverein", „Sozialschmarotzer") verweisen auf die affektive Dimension, mit der dieses Fehlverhalten von den Befragten wahrgenommen wird.

Eine vergleichbare Tonart wird eigentlich nur noch dort angeschlagen, wo es um den ehemaligen Limburger Bischof Franz-Peter Tebartzvan Elst geht, dessen Ausstattungswünsche für seinen Bischofssitz als ähnlich skandalös erachtet werden. Typische Äußerungen sind:

> *„weil der Reichtum falsch eingesetzt wird (Bischofsresidenz in Limburg)"*
> *„[...] Machtpositionen werden schamlos ausgenutzt und mit meinem Geld Prunk-Palästen gebaut [...]"*
> *„[...] ich den Bischof arrigant finde"*

Allerdings schlägt sich der Fall Limburg in den Antworten nicht so deutlich nieder wie die Missbrauchsskandale. Auch wenn sich aufgrund der qualitativen Anlage der vorliegenden Studie ein sicherer Schluss verbietet, kann doch angenommen werden, dass sich die Missbräuche stärker in das kollektive Gedächtnis eingebrannt haben als das Verhalten des ehemaligen Limburger Bischofs.

Neben diesen beiden Fällen wird noch die Abweisung einer vergewaltigten Frau durch ein kirchliches Krankenhaus genannt. Das allerdings nur in einem einzigen Fall.

> „[...] Das Fass zum Überlaufen hat folgender Fall gebracht: In mehreren katholischen Kliniken in Köln ist ein Vergwaltigungsopfer zusammen mit der Notärztin abgewiesen worden. Begründung: Vielleicht hätte man die Pille danach verschreiben müssen, was ethisch nicht OK wäre. Die Kliniken sind GmbHs, also profitorientiert. Verlogener geht es also gar nicht mehr ...“

Dass sich der Vorfall in Wirklichkeit nicht ganz so dramatisch ereignet hat, deutet auf das Steigerungspotential von Skandalen hin. Der anstößige Kern des Skandals verselbstständigt sich irgendwann von den tatsächlichen Vorfällen und wird im Rückgriff weiter gesteigert. So ist im vorliegenden Beispiel gleich von mehreren katholischen Kliniken die Rede und bei den Missbräuchen werden vor allem Priester als Täter genannt, auch wenn Laien ebenso darin verwickelt sind und auch andere Institutionen als nur die römisch-katholische Kirche. Es kann hier nicht seriös abgeschätzt werden, inwieweit solche Zuspitzungen notwendig sind, dass die Kritik an kirchlichen Verfehlungen zum Austritt führt. Festgehalten werden kann jedoch, dass Menschen der römisch-katholischen Kirche solche Skandale – insbesondere in ihrer pauschalisierenden Zuspitzung – zutrauen. Zieht man zusätzlich die Themen heran, auf die sich die Skandale beziehen, lassen sich drei Unterkategorien bilden: Missbrauch, Verschwendung und aus Glaubensgründen verweigerte Hilfeleistung. Alle drei Themen veranschaulichen das Spektrum dessen, was an kirchlichem Verhalten gegenwärtig als skandalträchtig eingestuft wird.

Kategorie 8: Diskrepanz zu ethischen Positionen der Kirche

In 24 Fällen werden ethische Positionen der Kirche als Grund für den Austritt genannt. Als Ankerbeispiel dieser Kategorie kann die folgende Antwort aus dem Fragebogen herangezogen werden:

> „Einstellung der katholischen Kirche zu Homosexuellen, Scheidungen, nicht verheirateten Paaren, [...]“

Ohne weiteren Kommentar listet sie die bekannten Themen herkömmlicher Kirchenkritik auf. Den genannten Themen ist ihre ethische Natur gemeinsam, denn sie stellen wesentliche Elemente der römisch-katholischen Morallehre dar. Da sie als Austrittsgrund genannt werden, kann davon ausgegangen werden, dass die antwortende Person nicht mit diesen Positionen übereinstimmt. Es liegt somit eine Diskrepanz zwischen der individuellen ethischen Position und der kirchlichen Morallehre vor.

Oft werden die Werte, die die Kirche vertritt, als veraltet und nicht mehr zeitgemäß empfunden. Diese Charakteristik kann als eigene Unterkategorie festgehalten werden. Typische Aussagen in diesem Sinn sind:

> *„Sie nicht zeitgemäße Werte vermittelt."*
> *„verhütungsvebote etc. einfach nicht mehr zeitgemäß"*
> *„mir vor allem die Sexualmoral der Kirche veraltet und verlogen erscheint"*

Die fehlende Passung zwischen kirchlicher Ethik und Anforderungen der Gegenwart wird in diesen Beispielen sehr deutlich. Außerdem zeigen sie, dass es sich bei dieser Passung nicht um eine spezifische ethische Frage handelt, sondern eine Vielfalt an ethischen Themenfeldern betroffen ist. In den zitierten Beispielen sind es die Werte im Allgemeinen, aber auch konkrete ethische Handlungsfelder wie die Sexualmoral. Schließlich wird in diesen Aussagen eine große Nähe zu Kategorie 3 deutlich, welche die rückständige Haltung der römisch-katholischen Kirche repräsentiert. Im Bereich ethischer Positionen überlappen sich beide Kategorien sehr stark, denn es scheint gerade die empfundene Rückständigkeit kirchlicher Moral zu sein, die zur Diskrepanz zwischen dem eigenen Wertempfinden und kirchlichen Positionen führt.

Einen besonderen thematischen Schwerpunkt innerhalb der einschlägigen Antworten stellt die Frage nach der Einstellung zur Homosexualität dar. Sie wird in 17 der 24 Antworten erwähnt oder zum einzigen Thema gemacht und bildet damit eine weitere Unterkategorie. Typische Antworten sind:

> *„ich den Umgang mit Homosexuellen, Geschiedenen u. a. Gruppen kaum zu ertragen finde …"*
> *„[…] Darüber hinaus kann ich den Umgang der katholischen Kirche mit gleichgeschlechtlichen Beziehungen, dem Zölibat und Verhütung nicht gutheißen."*
> *„Gays"*

In diesen Antworten erscheint die Homosexualität als Schlagwort, welches nicht im Detail ausgeführt werden muss. Die Position der römisch-katholischen Kirche wird als allgemein bekannt vorausgesetzt, so dass ohne weitere Erklärung darauf verwiesen werden kann. Auch wird das

Schlagwort der Homosexualität oft im Zusammenhang mit weiteren Facetten des Zusammenlebens genannt (in den Beispielen Scheidung, unverheiratetes Zusammenleben, Umgang mit Geschiedenen, Verhütung). Die kirchliche Haltung der Homosexualität dient somit als ein zentraler Indikator für eine kirchliche Moral, die individuell nicht nachvollzogen, geschweige denn geteilt werden kann. Einige Aussagen dieser Unterkategorie beinhalten auch eine existentielle Komponente.

> *„Ich mich als homosexueller Mann nicht willkommen gefühlt habe! Dies hat mich sehr belastet."*

> *„ich schwul bin und die Kirche nichts anzubieten hat ausser Hass, Ablehnung"*

Insbesondere die zweite Aussage zeigt exemplarisch, wie verletzend die Haltung der katholischen Kirche empfunden werden kann.

Kategorie 9: Frauenbild der Kirche

Fünfzehn Befragte beziehen sich in ihrer Antwort auf das Frauenbild der römisch-katholischen Kirche. Unter diesen Antworten lassen sich klar zwei unterschiedliche Bezugspunkte unterscheiden, welche als Unterkategorien zur Kategorie Frauenbild aufgefasst werden können. Der erste Bezugspunkt ist die mangelnde Gleichberechtigung von Frauen und Männern in der katholischen Kirche. Typische Antworten dieser Unterkategorie sind:

> *„Männer und Frauen in der Amtskirche nicht gleichberechtigt sind"*
> *„wegen der untergeordneten Stellung der Frau in der katholischen Kirche"*
> *„ich an nichts glaube, was mich als Frau niedriger stellt als einen Mann. Es wird Zeit für endgültige Gleichbereichtigung! Da wird nur wischi waschi geredet und alles laaangsam vor sich her geschoben."*

Es wird in diesen Antworten nicht präzise benannt, worin die wahrgenommene Unterordnung der Frau liegt. Die fehlende Gleichberechtigung scheint aber ein allgemein akzeptables Motiv zu sein, welches als in sich schlüssiger Topos leicht abgerufen werden kann und nicht näher begründet werden muss.

Alternativ zur Gleichberechtigung wird das Frauenbild der Kirche auch als Ausweis für deren fehlende Bindung an eine zeitgemäße Haltung angeführt. Im Frauenbild der Kirche zeigt sich dann, dass diese nicht mehr in die Gegenwart passt. Typische Antworten dieser Unterkategorie sind:

„mich die fortgesetzte Ignoranz gegenüber Frauen und die rückwärtsgerichtete Haltung allgemein vergrätzt hat."
„ich die katholische Kirche nicht mehr zeitgemäß finde, z. B. das Zölibat und auch das Frauenbild in der Kirche und die Haltung zur Verhütung sind nicht mehr zeitgemäß."
„Institution ist zu weit entfernt vom wirklichen Leben in den Bereichen Frauen, gleichgeschlechtliche Liebe und Priestertum."

Wiederum dient der Verweis auf das Frauenbild als Label für einen Zustand, der als charakteristisch für die römisch-katholische Kirche angesehen wird. Das Frauenbild ist dabei nur ein Indikator unter anderen. Allerdings sollten diese z. T. recht pauschalen Angaben nicht darüber hinwegtäuschen, dass das Frauenbild der Kirche auch zu spürbaren individuellen Verletzungen führt.

„Ich mich in meiner Lebenssituation als Alleinerziehende, als Geschiedene und als Frau nicht wahrgenommen geschweige denn wahrgenommen fühle"

In dieser Antwort ist der persönliche Ärger und Frust, der aus der wahrgenommenen kirchlichen Haltung Frauen gegenüber erwächst, deutlich zu spüren.

Kategorie 10: Kirche verfehlt ihren Sendungsauftrag

Für weitere 15 der Befragten wird die römisch-katholische Kirche nicht mehr ihrem Auftrag gerecht, Gottes Wort in die Welt zu bringen und dort zu leben (vgl. Mt 28,16–18), sondern kümmert sich vor allem um Anliegen, die nichts mit Gott und Glaube zu tun haben. Das können ebenso ökonomische wie politische Interessen sein, es werden aber auch theologisch relevante Beobachtungen genannt. Typische Antworten sind:

„die Kirche in weiten Teilen ein Wirtschaftsunternehmen mit unchristlicher Haltung geworden ist."
„Sie ein wischt-waschiverein geworden ist; keine Linie und Lehre, ur noch Anbiederung; dafür geb ich kein Geld"
„ich den Eindruck hatte, dass sich die katholische Kirche mittlerweile nicht mehr dem Christentum, sondern einer links-grünen Zivilreligion verplichtet fühlt."
„sie sich vom christlichen Glauben und katholischen Traditionen abgewandt hat"
„es nur noch um Politik, nicht mehr um Spiritualität und Gott geht."

Nur in zwei der in dieser Kategorie versammelten Antworten taucht ein weiteres Motiv auf. In beiden Fällen ist es die Kirchensteuer (vgl. Bsp. 2).

Ansonsten steht dieses Motiv stets für sich selbst. Offensichtlich gibt es unter den Befragten auch eine substantielle Kritik an der römisch-katholischen Kirche, die einer traditionell-konservativen Perspektive folgt und zum Austritt aus dieser Institution führt. Die Anknüpfungspunkte dieser Kritik sind vielfältig. So werden die wirtschaftlichen Aktivitäten der Kirche genannt, die ihrem Sendungsauftrag widersprechen („Wirtschaftsunternehmen"). Auch sozial-politische Aktivitäten („Weil sich die Kirche Zuviel um Asylanten kümmert") oder Haltungen („links-grüne Zivilreligion") werden genannt, wobei auffällt, dass diese Kritiken stets aus einer nationalistisch-konservativen Position erwachsen. Ob es sich hierbei um eine charakteristische Verortung handelt, kann aufgrund der wenigen Beispiele nicht beurteilt werden. Daneben finden sich Aussagen, die stark auf theologische Argumente („Nicht mehr inspiriert!"; „Die Lehre nicht Bibel treu der Wahrheit entspricht") und pastorale Initiativen („Kirche aus Gemeinden zurückzieht") abheben. Auch hier fällt auf, dass niemand die römisch-katholische Kirche aus einer liberal-theologischen Haltung heraus kritisiert. Offensichtlich ist das Argument, dass die Kirche ihren Sendungsauftrag verfehlt, vor allem unter traditionellen Gläubigen anzutreffen.

Kategorie 11: Glaube bedarf keiner Kirche

Die Differenz zwischen Kirche und Gott wird von neun Personen genannt. Bis auf eine Ausnahme ist es immer das einzige Motiv, von welchem geschrieben wird. Auch sind die einschlägigen Formulierungen stets kurz und knapp. Typische Antworten sind:

> *„ich zum Glauben an Gott die Institution Kirche nicht brauche."*
> *„die Kirche NICHTS mit Gott zu tun hat"*
> *„Gott auch außerhalb der Kirche wohnt."*

In diesen Antworten wird deutlich, dass die Betroffenen zwischen Gott bzw. einem Glauben an Gott und der Kirche unterscheiden. Der Bezug zwischen Glaube und Kirche wird dabei unter zwei Prämissen konstruiert, welche als unterschiedliche Unterkategorien angesehen werden können. Zum einen wird die Kirche aus der Perspektive individueller Bedürfnisse beurteilt. Dann kommt es zum Austritt, wenn die betreffende Person die Kirche für ihren eigenen Glauben nicht (mehr) braucht. Zum anderen kann aber auch eine generelle Einsicht als Bezugspunkt dienen. Dann kommt es zum Austritt, wenn es der betreffenden Person klar wird, dass Gott und Kirche zwei unterschiedliche Tatsachen sind, die für sich genommen erst einmal voneinander unabhängig sind.

Kategorie 12: Zölibat

Der Zölibat wird von sechs Personen als Austrittsmotiv genannt. Dabei fällt zweierlei auf: Zum einen wird der Zölibat immer als Stichwort genannt, ohne dass der Sachverhalt selbst in eigenen Worten ausgedrückt wird. Zum anderen wird der Zölibat nie als einziger Austrittsgrund genannt, sondern immer im Zusammenhang mit anderen Motiven. Typische Antworten sind:

> *„es keine Gleichberechtigung von Frauen und das Zölibat und die Missbrauchsopfer gibt."*
> *„Ich mich u. a. mit der Homophobie und dem Zölibat nicht mehr identifizieren konnte. Ich bin jetzt evangelisch!"*
> *„ich die katholische Kirche nicht mehr zeitgemäß finde, z. B. das Zölibat und auch das Frauenbild in der Kirche und die Haltung zur Verhütung sind nicht mehr zeitgemäß."*

Der Zölibat scheint somit kein Austrittsgrund für sich zu sein, sondern als Stichwort ein leicht verfügbarer Indikator für eine kritische Haltung der katholischen Kirche gegenüber. Wir vermuten, dass sich der Zölibat hierfür insbesondere eignet, weil er in der öffentlichen Meinung ausschließlich mit der römisch-katholischen Kirche verbunden wird und gleichzeitig für eine aktuell kaum noch als zeitgemäß empfundene Position steht.

Fazit

Die Auswertung der Antworten auf die offene Fragebogenfrage, warum man aus der römisch-katholischen Kirche ausgetreten ist, erbrachte zwölf Kategorien mit 23 Unterkategorien (vgl. Tab. 3). Dabei geben die Kategorien einen Überblick über die im Bistum Essen vorliegenden Austrittsmotive, und die Unterkategorien gewähren einen Einblick in die verschiedenen Facetten bzw. Spielarten, in denen diese Austrittsmotive vorliegen.

Tab. 3: Kategorien und Unterkategorien der Analyse der Antworten im Fragebogen

Kirchensteuer
 fehlende Bindung zur Kirche
 Kritik an der Verwendung der Kirchensteuermittel
 Mittel zur Kommunikation von Kritik
 individuelle finanzielle Notlage
Entfremdung/fehlende Bindung
 fehlende Bindung zur Kirche
 Entfremdung von der Kirche
rückständige Haltung der Kirche
Erscheinungsbild der Kirche
 Kirche als machtbesessene Institution
 Kirche als unglaubwürdige Institution
Glaubenszweifel
 naturwissenschaftliches Weltbild
 Agnostizismus/Atheismus
 alternative Glaubensüberzeugung
persönlich enttäuschendes Erlebnis
 Versagen im pastoralen Feld
 politische Haltung oder Äußerung der Kirche bzw. ihrer Vertreter
 prinzipieller Widerspruch zwischen individueller Lebenssituation und Haltung
 der Kirche
Skandale
 Missbrauch
 Verschwendung
 unterlassene Hilfeleistung aus Glaubensgründen
Diskrepanz zu ethischen Positionen der Kirche
 Rückständigkeit ethischer Positionen
 Homosexualität
Frauenbild der Kirche
 mangelnde Gleichberechtigung
 Indikator für Rückständigkeit der Kirche
Kirche verfehlt ihren Sendungsauftrag
man braucht die Kirche nicht, um an Gott zu glauben
 Kirche ohne Funktion für den eigenen Glauben
 Einsicht in den Sachverhalt, dass Kirche und Gott/Glaube nicht
 notwendig aufeinander bezogen sind
Zölibat

Da es sich um eine explorativ angelegte Untersuchung handelt, ist ein Schluss von der Häufigkeit der Nennung einzelner Kategorien auf die Bedeutung derselben für den Kirchenaustritt im Bistum Essen nicht zulässig. Allerdings zeigt ein Vergleich der Unterkategorien, dass sich drei große thematische Linien über mehrere Kategorien hinweg nachverfolgen lassen. Diese Linien können im Sinn einer Hypothese, die es nochmals eigens empirisch zu testen gilt, als zentrale Dimensionen der Austrittsmotivation angesehen werden, wie sie sich in den offenen Antworten des online erhobenen Fragebogens niederschlagen:

- *Entfremdung bzw. fehlende Bindung:* Ein zentrales Motiv, das nicht nur eine eigene Kategorie bildet, sondern auch in vielen der anderen Kategorien erkennbar ist, ist eine persönliche Entfremdung gegenüber der Kirche bzw. eine fehlende Bindung zu dieser. Sehr viele der Befragten haben keine Beziehung (mehr) zu dieser Institution. Kirche ist für ihr Leben bedeutungslos geworden, weshalb es keinen Grund gibt, Mitglied dieser Institution zu sein. In manchen Fällen unterliegt dieser Entfremdung bzw. fehlenden Bindung eine grundsätzliche Ablehnung von Glauben. In anderen Fällen wird die Kirche als bedeutungslos für den eigenen Glauben erlebt. In der Summe bleibt aber festzuhalten, dass diese Menschen aus der Kirche austreten, weil Letztere für ihr Leben keine Rolle (mehr) spielt.

- *aus der Zeit gefallen:* Die Kirche gilt den meisten der Befragten als altmodisch und nicht mehr zeitgemäß. Dieser Eindruck schlägt sich in einer eigenen Kategorie nieder, unterliegt aber auch den Äußerungen zum Frauenbild, zum Zölibat und zur Ethik. Die Positionen der Kirche werden als veraltet und in vielen Fällen als dezidiert anti-modern erachtet. Oft geht es in diesen Aussagen um eine eher distanzierte Ablehnung der jeweiligen kirchlichen Haltung. Es gibt aber auch Statements, in denen solche kirchlichen Positionen zu persönlichen Verletzungen führen. In der Summe bleibt festzuhalten, dass die Kirche für viele Menschen als nicht mehr von dieser Zeit erachtet wird.

- *Unglaubwürdig und machtbewusst:* Viele Befragte erleben die Kirche als unglaubwürdig und machtbewusst. In dieser Wahrnehmung scheitert die Kirche an ihren eigenen Ansprüchen. Ihre Unglaubwürdigkeit erwächst im Wesentlichen aus der Diskrepanz zwischen Botschaft und Verhalten. Zu dieser Diskrepanz tragen zum einen die mediengängigen Skandale und deren in den Augen der Befragten heuchlerische Aufklärung bei, zum anderen das Verhalten von Bischöfen, Priestern und Diakonen, die hinter den Ansprüchen ihrer eigenen Botschaft zurückbleiben. Beides ergibt das Bild einer Kirche, die unglaubwürdig ist und der es vor allem um den Erhalt der eigenen Macht geht.

Die Kirchensteuer spielt für die Austrittsmotivation durchaus eine Rolle. Allerdings tritt sie oft in Verbindung mit weiteren Kategorien auf, sodass

insgesamt der Eindruck entsteht, dass die Kirchensteuer häufig der Anlass für den Austritt ist, nicht jedoch der eigentliche Grund.

Schließlich verweist der empirische Befund noch auf ein Austrittsmotiv, das in der bisherigen Diskussion kaum wahrgenommen wird:
Menschen verlassen die Kirche, weil sie ihnen nicht mehr spirituell und
fromm genug ist. Demnach verfehlt die Kirche ihren Sendungsauftrag
und kümmert sich zu sehr um weltliche Dinge. Dieses Motiv zeigt eine
ähnliche Binnenstruktur wie das Motiv, gemäß dem die Kirche unglaubwürdig und machtbewusst ist. In beiden Fällen passen Anspruch und
Wirklichkeit nicht zusammen. Im Unterschied zu den Menschen, die die
Kirche verlassen, weil sie ihnen als unglaubwürdig und machtbewusst erscheint, geht es diesen Menschen allerdings nicht um das Verhalten und
die Politik der Kirche an sich, sondern um den Inhalt dieses Verhaltens,
welches nicht dem eigenen, in der Regel eher traditionellen Glauben entspricht. Die Kirche wird nicht mehr als Werkzeug Gottes erkannt, weshalb man aus ihr austritt.

3.2 Die Austrittsmotive im lebensweltlichen Kontext

Die Analyse der Antworten im Fragebogen ergab einen differenzierten
Überblick über die Themen, welche im Bistum Essen von Ausgetretenen
mit dem Kirchenaustritt assoziiert werden. Es handelt sich dabei um eine
kognitive kulturelle Ressource, welche von Menschen, die aus der Kirche
austreten wollen, zur Bearbeitung dieser Absicht herangezogen werden
können. Auf die Rolle, welche diese Motive im konkreten Austritt spielen, kann daraus noch nicht geschlossen werden. Deshalb wurden in einem zweiten Schritt Ausgetretene aus dem Bistum Essen in einem persönlichen Gespräch darum gebeten, die Geschichte ihres Austritts zu
erzählen und in ihre eigene Lebensgeschichte einzubetten. Acht Ausgetretene haben sich für ein solches Gespräch bereit erklärt. Ihre Geschichten
werden im Folgenden knapp rekapituliert, um sie dann miteinander zu
vergleichen. Den zentralen Bezugspunkt der Beschreibung bildet dabei
die von den Befragten erstellte Collage, insofern sie den Kern der jeweiligen Erzählung darstellt.

Porträt 1: Herr A. (60 Jahre)
„Der Glaube ist eine Strategie, traditionelle Machtverhältnisse zu betonieren"

Herr A. ist 60 Jahre alt. Er ist in einer stark katholisch geprägten Familie aufgewachsen. Besonders seine Großmutter war „zutiefst gläubig". Bis zum Alter von ca. 15 Jahren hat er wöchentlich den Gottesdienst besucht. Herr A. hat Lehramt studiert und ist bei einem Bildungsträger beschäftigt. Er hat nie geheiratet und lebt alleine in einer größeren Stadt.

In seiner Collage verzichtet Herr A. auf das Hilfsmittel, den eigenen Lebensverlauf mit Hilfe eines roten Bandes zu veranschaulichen (vgl. Abb. 1). Chronologische Zusammenhänge ordnet er von unten nach oben, wie aus seiner Erklärung hervorgeht. „Glaube und katholische Kirche, das sind Dinge die hier ganz unten hingehören. Nicht, weil ich sie damit abwerte, sondern die stehen irgendwie so ganz am Anfang." Als Teenager wuchs in Herrn A. das Bedürfnis, sich aus der „Kirchgangspflicht zu lösen". Mit 15 oder 16 Jahren meldete er sich vom Religionsunterricht ab, verblieb aber bei den Pfadfindern (DPSG), deren Verbundenheit und Freundschaft er nach wie vor schätzt. Herr A. beschäftigte sich mit der Wissenschaft und erkannte, „der Mensch mit seiner Vernunft ist […] für mich so der Fluchtpunkt des Denkens und […] auch die ethische Verantwortung des Menschen ist ja weder eine Frage eines Gottes, der das irgendwie garantieren muss." Der Glaube seiner Großmutter hat „auch ein Stück weit dazu beigetragen, mich [aus der Kirche] rauszutreiben. … die also einfach so machtvoll war dadurch, dass es keine Möglichkeit gab, irgendein Tabu auch nur irgendwie zu diskutieren". Mit 18 Jahren wollte Herr A. schließlich aus der Kirche austreten, wartete aus Rücksicht auf seine Eltern aber weitere zehn Jahre, bis er diesen Schritt tatsächlich vollzog.

Herr A. kann es verstehen, dass manche Menschen „in ihrem Glauben, also im Christentum zu Hause sind". Ihm selbst fehlt das nach dem Kirchenaustritt nicht und „dass man mit dem Schicksal, also mit irgendeiner Krankheit oder so klarkommt, also dafür braucht man den Glauben wirklich nicht." Trotzdem gesteht Herr A. zu, dass es etwas Übernatürliches gibt. „Also der Engel steht natürlich für irgendwie [etwas], was ich nicht verstehe und was auch hier nicht so richtig verständlich ist […], und die christliche Prägung des Abendlandes, die will ich mir natürlich nicht wegdenken, weder bei mir noch beim Abendland". Allerdings sind Freiheit und Spaß wichtige Werte für Herrn A. und „alle Formen der ungerechtfertigten Behinderungen oder eben auch der Macht, die andere

Abb. 1: Collage des Herrn A. (60 Jahre)

auf mich ausüben, die ist mir verhasst." Das ist wahrscheinlich auch der Grund, warum Herr A. keine eigene Familie hat. Obwohl er alleine lebt, betont Herr A., dass ihm Beziehungen zu anderen Menschen wichtig sind. Diese Beziehungen verdeutlicht er in der Collage mit dem Symbol der Hände. Der Glaube ist für ihn dagegen „nur eine Machtstrategie. Eine Strategie, irgendwie etwas Traditionelles, traditionelle Machtverhältnisse irgendwie zu betonieren."

Bindet man diese Erzählung an das oben skizzierte Spektrum an Austrittsmotiven zurück, wird deutlich, dass sich Herr A. in seiner Jugend Schritt für Schritt von der Kirche entfremdet. Ein wesentlicher Aspekt dieser Entfremdung scheint die Religiosität seiner Großmutter zu sein, die er als stark formalistisch und wenig nachgiebig erlebt. Glaube erscheint ihm als Pflicht, die zu erfüllen ist. Dieser Pflicht steht das Bedürfnis nach individueller Freiheit entgegen. Diese Diskrepanz lässt sich auch nicht durch positive Erfahrungen in kirchlichen Gruppen (vgl. Pfadfinder) auflösen. Mit der Zeit verdichtet sich der Eindruck, dass es der Kirche alleine um ihre eigene Macht geht (vgl. Motiv: Erscheinungsbild der Kirche). Parallel dazu entdeckt Herr A. in der Wissenschaft eine alternative Sinnressource, die ihm hilft, die Brüche und Verwicklungen seines Lebens zu meistern (vgl. Motiv: Glaubenszweifel). Für ihn ist klar, dass der Glaube keiner Kirche bedarf und die Kirche somit nicht notwendig ist, um gelingendes Leben zu gestalten (vgl. Motiv: man braucht die Kirche nicht, um an Gott zu glauben). Diese Konstellation ist für ihn Grund genug, aus der Kirche auszutreten. Dass er dies erst mit 28 Jahren vollzieht, obwohl er nach eigener Aussage bereits mit 18 Jahren dazu bereit war, ist der Rücksicht seinen Eltern gegenüber geschuldet. Hier wird ein Bleibemotiv sichtbar, das im Panorama der Austrittsmotive keine Rolle spielen konnte: Offensichtlich kann sich das soziale (hier: familiäre) Umfeld moderierend auf die Austrittsentscheidung auswirken.

Porträt 2: Herr B. (47 Jahre)
„sieht es so aus, dass die katholische Kirche sich nicht mehr um die Gläubigen kümmert und das Barmherzige fast keine Rolle mehr spielt"

Herr B. ist 47 Jahre alt, hat studiert und ist selbstständig in der Immobilienbranche tätig. Seine Herkunftsfamilie väterlicherseits war katholisch und besonders die Großmutter streng gläubig. Seine Frau ist Mitglied der evangelischen Kirche. Das Ehepaar hat zwei Kinder und lebt in einer größeren Stadt.

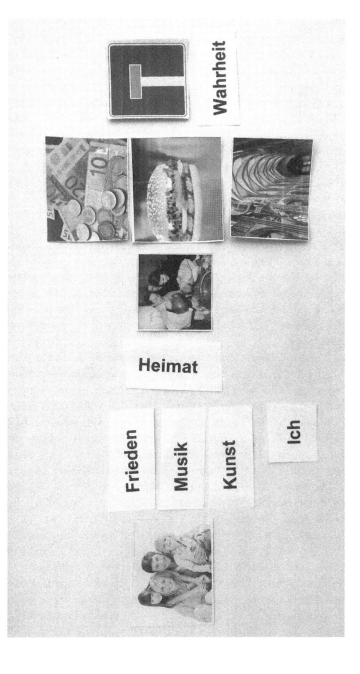

Abb. 2: Collage des Herrn B. (47 Jahre)

Herr B. erstellt zu Beginn seines Interviews eine Collage (vgl. Abb. 2), welche von links nach rechts zu lesen ist. „Meine gesamte Familie väterlicherseits war katholisch. [...] Wir sind auch häufig [...] am Sonntag [...] in die Messe gegangen. Ich habe das auch ganz gerne getan, deshalb habe ich auch geschrieben ‚Frieden, Musik, Kunst'. Mich hat sowohl die Musik immer angesprochen in der Kirche." Auch findet Herr B. „die katholischen Kirchen interessanter als die evangelischen Kirchen. [...] Ja Frieden [...] da konnte man zur Ruhe kommen, sich so ein bisschen besinnen und das fand ich sehr schön." Die Kirche war „im Grunde eine Art Heimat für mich [...] Während meinem Studiums bin ich auch [...] in die Kirche gegangen. Das fand ich durchaus auch für mich gut. Das hat mir durchaus was gebracht."

„Meine Frau [...] ist evangelisch [...] und ich habe damals großen Wert darauf gelegt, dass meine Kinder katholisch getauft wurden [...]. Ich habe aber kurze Zeit nach der Taufe schon gemerkt, dass das vielleicht doch nicht so eine gute Idee war." Herrn B. entwickelt das Gefühl, dass er und seine Familie der katholischen Kirche gleichgültig sind. Die evangelische Kirche informierte die Familie laufend über „Krabbelgruppen und wann sich irgendwelche Mütter wo treffen und was weiß ich was. Von der katholischen Kirche kam nichts. Gar nichts. Keine Information, keine Hilfestellung."

Herr B. beginnt, dieses Gefühl zu verallgemeinern. „Ich habe festgestellt [...], dass die katholische Kirche [...] eine aus meiner Sicht ganz merkwürdige Wandlung mitgemacht hat." Nach Veränderungen in der Gestaltung des Gottesdienstes durch einen neuen Pfarrer erinnert dieser ihn plötzlich „an ein mittelalterliches Kloster. Der gesamte [...] Wortgottesdienst wird gesungen, was ich persönlich schon ganz merkwürdig finde." Auch das weitere Erscheinungsbild der Kirche wirkt auf Herrn B. unglaubwürdig. „Wenn ich dann sehe, dass unser smarter Pfarrer hier mit einem kleinen blitzenden Mercedes durch die Gegend schießt und direkt das Nachbarhaus natürlich der katholischen Kirche gehört und ich dann aber gleichzeitig lese, dass das Bistum Essen ganz arm ist und dass überall gespart werden muss, [...] also für mich ist ein Big-Mac [...], hat was mit Kommerz zu tun und Geld. [...] Es sieht es so aus, dass die katholische Kirche sich in keinster Weise mehr um [...] die Gläubigen kümmert, das Barmherzige [...] fast [...] keine Rolle mehr spielt." Der letzte Auslöser für den Austritt war der Firmunterricht seines Sohnes, der sein Ziel verfehlte, weil er nach Einschätzung Herrn B.s keine Glaubensthemen vermittelte. Herr B. war sich nun sicher: „Die Wahrheit über die katholische Kirche ist die, dass das ein kommerzielles Unternehmen ist, das nach Gewinnmaximierung und Gewinnmaßstäben handelt und in keinster Weise nach Menschenliebe, Nächstenliebe, Barmherzigkeit."

Wieder könnte man von einer schleichenden Entfremdung zwischen Herrn B. und der Kirche sprechen. Aus einem Heimatgefühl, welches Herr B. als Kind im Gottesdienst erlebte, wurde der Eindruck, dass es der katholischen Kirche ausschließlich um Macht und Geld geht (vgl. Motiv: Erscheinungsbild der Kirche). Allerdings nennt Herr B. neben dem Gottesdienst keine weiteren Berührungspunkte zwischen ihm und der Kirche, so dass man davon ausgehen kann, dass sein Verhältnis zur Kirche immer schon eher lose und punktuell war. Immerhin widmet er dem Gottesdienst aber drei Begriffe in seiner Collage, welche ihn als spirituelles Erlebnis qualifizieren. Der Umschlag zur Kirchenkritik erfolgt in Herrn B.s Erzählung, als er sich nach der Taufe seiner Kinder von der Kirche im Stich gelassen fühlt (vgl. Motiv: persönlich enttäuschendes Erlebnis). Im Interview wird nicht deutlich, ob es allein die fehlende Zuwendung ist, welche die Kirche in einem neuen Licht erscheinen lässt. Auf jeden Fall wird der Gottesdienst nicht mehr als spirituelles Erlebnis erfahren und auch weitere Beobachtungen erweisen die Kirche in den Augen Herrn B.s als unglaubwürdig (vgl. Motiv: Erscheinungsbild der Kirche). Eine weitere persönliche Enttäuschung, nämlich der Firmunterricht des Sohnes, führt dann zum Austritt.

Porträt 3: Frau C. (65 Jahre)
„dass ich eigentlich viel fester in meinem Glauben bin, aber ich gehe nicht in die Kirche"

Frau C. (65 Jahre) stammt aus einer gut situierten, katholischen Familie. In ihrer Kindheit hatte die Großmutter, eine strenge Katholikin, großen Einfluss auf sie. Sie wurde katholisch getauft und ging zur Erstkommunion. Sowohl im Kindergarten als auch in der höheren Schule, besuchte sie katholische Einrichtungen, die von Nonnen geführt wurden. Nach dem Abitur in der Zeit der 68er-Studentenbewegung machte sie eine Banklehre. Frau C. arbeitete als Bankkauffrau, blieb ledig und lebt heute als Rentnerin allein in einer Großstadt.

Auch Frau C.s Collage ist von links nach rechts zu lesen (vgl. Abb. 3). Den Beginn ihrer Beziehung zur Kirche beschreibt Frau C. im Sinn der tra-

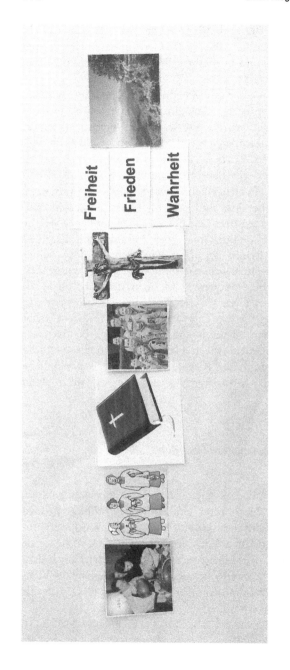

Abb. 3: Collage der Frau C. (65 Jahre)

ditionellen römisch-katholischen Primärsozialisation.[62] „Als Baby wurde man getauft. Als Kind fing meine Beziehung zur Kirche an mit dem Kindergarten, der von Nonnen geleitet wurde und da [hatte ich] die ersten Berührungspunkte in ängstlicher Form, weil ich vor diesen schwarzen Damen da immer ein bisschen Angst hatte." In dieser Passage wird eine Ambivalenz des frühen religiösen Erlebens sichtbar, welches zwischen Vertrautheit und Angst changiert. Frau C. begründet diese Ambivalenz durch den Gehorsamscharakter, der ihrer individuellen Katholizität dieser Tage zu eigen war. „Meine Großmutter, die hat mir [zur Erstkommunion] das Gebetbuch geschenkt. Und da stand als Leitspruch drin: ,Trag dein Kreuz stets immer froh, denn dein Heiland will es so.' [...] also ich habe das aufgenommen, man war ja gehorsam damals, aber das war mir ein bisschen schwer." Und die Beichte war „für mich mal ein ganz furchtbares Erlebnis. [...] Das stört mich einfach und dass noch bei mir in der Jugend und Kindheit der Gott immer als strafender Gott hingestellt wurde. [...] Dann kam ich danach zur höheren Schule und das war wieder eine Klosterschule. [...] Und damals schon kam natürlich bei uns Kindern auch die Frage nach dem Glauben, nach dem Zölibat. Das war ja besonders spannend. Und da wurde immer drum herum geredet."

Ein Wendepunkt im Leben Frau C.s trat durch die Scheidung ihrer Eltern ein. Plötzlich zieht sich die Kirche zurück. Offensichtlich kann sie mit der familiären Situation nicht umgehen. „Und das hat mich schon sehr renitent gemacht damals in dem Alter." Gleichzeitig versucht sie eine Mitschülerin für eine konservative Pfadfindergruppe zu gewinnen, welches wieder ein religiöses Unwohlsein bei Frau C. auslöst. „Da habe ich Angst bekommen. Da bin ich dann nicht zu den Pfadfindern." Schließlich stört es sie auch immer mehr, dass die Lehrpersonen ihrer Klosterschule kein Interesse an ihren Glaubensfragen aufbrachten. Einen Ausweg aus dieser Situation bietet Frau C. die 68er-Bewegung. „Frieden, Wahrheit, Freiheit, das waren so Begriffe, die mich immer bewegt haben. Als ich dann zum Abitur ging, das war die Zeit der 68er, diese renitenten. [...] so habe ich die Schule mit dem Abitur verlassen mit diesem unbefriedigenden Dingen und [...] weil ich renitent war [...] bin [ich mit 21 Jahren] aus der Kirche ausgetreten. Ich habe da eine Woche nicht schlafen können [...] Ich habe gedacht, jetzt kommt bestimmt die Strafe Gottes."

---

[62] Vgl. *M. N. Ebertz*, Die Erosion der konfessionellen Biographie, in: M. Wohlrab-Sahr (Hrsg.), Biographie und Religion. Zwischen Ritual und Selbstsuche, Frankfurt a. M. 1995, 155–179, 155–162.

Eindrücklich wird deutlich, wie tief sich die römisch-katholische Sozialisation ins (Unter-)Bewusstsein Frau C.s eingeprägt hat. Sie begründet ihren Austritt durch das mehrmalige Nennen einer Renitenz und ist sich
auch nach vollzogenem Austritt nicht sicher, ob sie der Strafe Gottes ent-
kommt. Letztlich findet Frau C. ihren Frieden in der religiösen Suche. Sie
probiert viele spirituelle Angebote aus und lässt sich auf die Angebote
verschiedener Religionen ein. „Ich bin sukzessive [...] zu anderen Religionen oder zu spirituellen Dingen gekommen [...] und ich habe so viele
Wege beschritten mit anderen Glaubensfragen und habe meinen eigenen
Glauben [...] und denke immer, wie kann das denn sein, dass ich eigentlich viel fester in meinem Glauben bin, aber ich gehe nicht in die Kirche."

In Frau C.s Erzählung gibt es mit dem Erscheinungsbild der Kirche
ein dominantes Austrittsmotiv, welches im Detail jedoch nicht dem entspricht, was im oben skizzierten Spektrum den Kern dieses Motivs beschreibt. Weder erlebt Frau C. die Kirche als machtgierig noch als
unglaubwürdig – zumindest nicht in dem Sinn, wie es in den Antworten
des Fragebogens dokumentiert ist. Frau C. berichtet dagegen von einem
Erscheinungsbild, das es als soziale Realität so wohl nur in der Zeit vor
der Studentenbewegung in den späten 1960er und den 1970er Jahren gegeben hat[63]: Eine Kirche, die das individuelle Leben bis ins kleinste Detail
regelt und individuelle Frömmigkeit als Gehorsamspflicht akzentuiert.
Aufgrund dieser Erlebnisse bedeutet Kirche Angst für Frau C. Persönlich
enttäuschende Erlebnisse, nämlich die Reaktion der Kirche auf die Scheidung ihrer Eltern und das Desinteresse katholischer Lehrerinnen an ihren
Glaubensfragen, bieten dann den Anlass, sich von der Kirche abzuwenden. Inwieweit der konkrete Austritt noch eine Reaktion auf dieses Erlebnis darstellt, lässt sich aus dem Interview nicht rekonstruieren. Interessant im Blick auf das obige Spektrum ist noch, dass Frau C. eine
Haltung entwickelt, gemäß der der individuelle Glaube keiner Kirche bedarf. Im Unterschied zum obigen Spektrum ist das für Frau C. jedoch
kein Austrittsmotiv, sondern eine Haltung, die sie in der Auseinandersetzung mit diesem Austritt gewinnt.

---

[63] Vgl. *K. Gabriel*, Zwischen Tradition und Modernisierung. Katholizismus und katholisches Milieu in den 50er Jahren der Bundesrepublik, in: A. Doering-Manteuffel/K.
Nowak (Hrsg.), Kirchliche Zeitgeschichte, Stuttgart 1996, 248–262.

Porträt 4: Herr D. (43 Jahre)
„Ich glaube nicht an Gott, so in dieser Form."

Herr D. ist 43 Jahre alt. Er kommt aus einem Elternhaus, das er als nicht streng katholisch bezeichnet. Als Kind besuchte er aber regelmäßig den Gottesdienst und nahm an der Erstkommunion teil. Nach dem Abitur studierte und promovierte er und ist heute als Anwalt tätig. Herr D. ist verheiratet, hat ein Kind und lebt in einem städtischen Umfeld.

Auch Herrn D.s Collage erschließt sich von links nach rechts (vgl. Abb. 4). Er ist als Kind mit seinen Eltern zwar regelmäßig in die Kirche gegangen, aber „ich weiß gar nicht, ob ich mal richtig geglaubt habe". Er kann dem Gottesdienstgeschehen wenig abgewinnen und beginnt, den Glauben der anderen Kirchgänger zu hinterfragen. „Ich habe die Leute, die in die Kirche gehen oder die eben den Glauben für sich proklamieren, als scheinheilig empfunden". Außerdem entdeckt er, dass Glaubensüberzeugungen und wissenschaftliche Theorien nicht immer ohne Weiteres miteinander vereinbar sind. „Kirche und Wissenschaft stehen sich ja in einigen Bereichen entgegen". Beides rückt für ihn die Frage nach der Wahrheit in den Mittelpunkt. Besonders die kirchliche Haltung zu Fragen des menschlichen Zusammenlebens erachtet er als wenig zeitgemäß. Insbesondere den Positionen der Kirche zu Homosexualität, Verhütung und Zölibat kann er nicht zustimmen, „das ist meines Erachtens weltfremd und es war auch nie zeitgemäß. So funktioniert der Mensch eben nicht."

Der Auslöser für den Austritt war dann die Kirchensteuer. Für Herrn D. gab es in der Kirche nichts, für was es sich lohnt zu zahlen. „Also wenn man jetzt nicht aktiv glaubt, stört das einen ja nicht, ob man jetzt dieser Gruppe zugehört oder nicht. Natürlich wenn irgendwann dafür Geld bezahlt wird, stellt man das natürlich schon in Frage". Herrn D. betont in diesem Zusammenhang, dass es ihm beim Austritt nicht allein um finanzielle Ersparnis geht. So gibt er an, einen Teil des durch den Austritt eingesparten Geldes an humanitäre Projekte zu spenden. Ihm ist wichtig, dass er sich mit dem identifizieren kann, für das er Geld gibt.

Heute bezeichnet sich Herr D. als Agnostiker, der den Glauben anderer respektiert, solange sie nicht in seine eigene Sphäre eingreifen. Einen Wiedereintritt in die katholische Kirche schließt er kategorisch aus. „Ich würde nicht mehr eintreten, weil, ich glaube nicht an Gott so in dieser Form".

Herrn D.s Erzählung hat einen geradezu idealtypischen Verlauf. Eine lose Verbindung mit kirchlichem Leben in der Kindheit (vgl. Motiv: Entfremdung/fehlende Bindung) führt zur Feststellung, dass Vieles von diesem

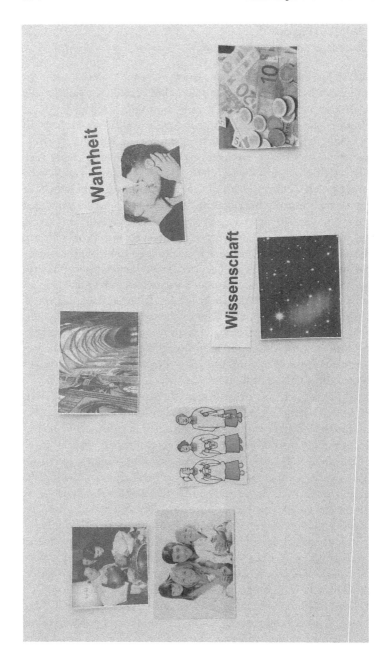

Abb. 4: Collage des Herrn D. (43 Jahre)

Leben hinter dem Anspruch zurückbleibt, mit welchem es vertreten wird (vgl. Motiv: Erscheinungsbild der Kirche). Dazu kommt eine doppelte Diskrepanz-Erfahrung: Zum einen spürt Herr D. viele Widersprüche zwischen Glaube und Wissenschaft (vgl. Motiv: Glaubenszweifel), zum anderen erfährt er kirchliche Positionen als nicht mehr zeitgemäß (vgl. Motive: rückständige Haltung der Kirche und Zölibat). Angesichts dieses Amalgams einer skeptischen Haltung gegenüber der Kirche löst die Aufforderung, Kirchensteuer zu zahlen, den Austrittsimpuls aus. Die Kirchensteuer gehört damit zu den Austrittsmotiven, markiert aber nicht den Kern dieses Motivbündels. Sein Kern ist eine fehlende Bindung an die Kirche.

Porträt 5: Herr E. (75 Jahre)
„Dass ein lieber Gott dort sitzt und das zulässt, damit wäre ich nicht klargekommen."

Herr E. ist 75 Jahre alt. Bis er 16 Jahre alt war, lebte die katholische Familie unter schwierigen Bedingungen in der sowjetischen Besatzungszone. Für seine Eltern war der Glaube in dieser Zeit eine wichtige Stütze. Herr E. studierte Lehramt und heiratete eine evangelische Akademikerin. Später machte er eine Zusatzausbildung für das Fach Religion. Als nach einem Umzug der Kirchenverwaltung auffiel, dass er ohne Dispens eine evangelische Frau geheiratet hatte, wurde er exkommuniziert, trat später aber wieder in die katholische Kirche ein. Als die Tochter des Ehepaars als Jugendliche an Krebs starb, trat Herr E. abermals aus der Kirche aus.

Die Collage, die Herr E. legte, erschließt sich von links nach rechts (vgl. Abb. 5). Den Glauben seiner Kindheit erlebt Herr E. als ambivalent. Auf der einen Seite gewährt ihm die Kirche eine Gemeinschaft, in der er sich als Ministrant engagierte. „Wir hatten da einen neuen jungen Vikar und der brachte richtig Leben rein und er machte mit uns auch, dass wir zu einer Gemeinschaft zusammenkamen." Auf der anderen Seite erlebte er den Glauben als Gehorsamspflicht. „Im Grunde alles, was man machte, war mit Verboten geregelt und Angst, dass man da einiges falsch machte. [...] Wenn ich dann [beim Pastor] gebeichtet hatte [...] war [das] ein sehr zwiespältiges Erleben". Zu dieser Ambivalenz gesellten sich erste Zweifel, was die Gerechtigkeit Gottes angeht. Besonders die Hiob-Erzählung scheint bei Herrn E. bleibende Eindrücke hinterlassen zu haben. „Bei Hiob, hat mich gestört, nicht dass er so leiden musste, sondern dass sein Umfeld leiden musste. [...] Das fand ich sowas von unfair und niemand konnte mir sagen, warum die leiden mussten." Diese Spannung zwischen Gottvertrauen und Zweifeln begleitete Herrn E. auch durchs Studium.

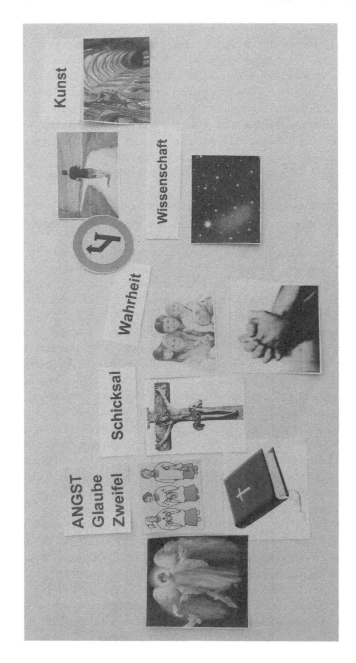

Abb. 5: Collage des Herrn E. (75 Jahre)

Das Schlüsselerlebnis, welches das Gottvertrauen Herrn E.s endgültig erschütterte, geschah im Krankenhaus, als die Familie ihre an Krebs erkrankte Tochter besuchte. Dort trafen sie einen Jungen, der ebenfalls an Krebs litt. „Seine Mutter war auch krebskrank. Die lag in Duisburg. Der Vater hatte sich auf und davon gemacht und dieses kleine Bürschchen [allein gelassen]. Der hat nichts gemacht und der musste so leiden". Herr E. konnte in der Folge dieser Erfahrung nicht mehr an die Gerechtigkeit Gottes glauben. „Und dann war die einzige Konsequenz, dass wir aus der Kirche austreten, obwohl wir natürlich die ganzen sozialen Sachen an der Kirche sehr schätzen."

Heute lebt Herr E. ohne irgendeinen bewusst vollzogenen Glauben. Er ist sich nicht sicher, worauf man sich verlassen kann. „Vielleicht gibt's [Gott] doch. Die Erde, Weltall und wie sie entstanden ist. Wissenschaftlich ja gut, gibt's Theorien und so weiter, aber aus nichts kann nichts entstehen. Da muss ja irgendwas gewesen sein." Wissenschaftliche Theorien sind für ihn nicht in der Lage, die Leerstelle, die sein ehemaliger Glaube aufgerissen hat, zu füllen. Der Zweifel ist das Grundprinzip seiner Weltanschauung geblieben. „Und ich meine, Glaube […] ist eine Gnade. Beweisen kann man's nicht und im Grunde renne ich so [alleine] durch die Welt. Man sieht […] im Grunde kein Ziel."

Herr E.s Kirchenaustritt wird von einem zentralen Motiv geleitet, welches gewissermaßen den Grundtenor seines Lebens definiert: der Zweifel an Gott (vgl. Motiv: Glaubenszweifel). Darüber hinaus lässt sich auch Herrn E.s Geschichte als Entfremdung lesen, denn er erfährt den Glauben seiner Kindheit – bei aller Ambivalenz – als spirituelle Quelle. Zu dieser Zeit stellt die Kirche einen Ort von Gemeinschaft dar. Die Entfremdung setzt dort ein, wo es Herrn E. nicht mehr gelingt, das eigene Leben anhand der vermittelten Glaubensüberzeugungen zu ordnen. Bezeichnenderweise führt Herr E. weniger die Diskrepanz zwischen diesen Überzeugungen und dem eigenen Leben an. Vielmehr ist es das Schicksal anderer, das ihn an Gott zweifeln lässt. Das ist insofern bemerkenswert, als sein eigenes Leben hinreichend Anlässe bietet, um der Kirche und Gott gram zu sein. Den Ausschlag für den Kirchenaustritt liefert dann ein persönlich enttäuschendes Erlebnis, in welchem die Zweifel an Gott kulminieren.

Porträt 6: Frau F. (42 Jahre)
„dann kam da gar keine Reaktion. Und dann war das für mich ne Sackgasse"

Frau F. (42 Jahre) stammt aus einer wenig religiösen Familie, wurde aber
als Kind katholisch getauft. Sie ist verheiratet und hat vier Kinder. Neben
den Aufgaben in der Familie ist sie als Sozialarbeiterin tätig, lebt in einer
Stadt und versteht sich als gläubige Christin.

Frau F. organisiert ihre Collage entlang eines Lebenswegs (rotes
Band), welcher von links nach rechts verläuft (vgl. Abb. 6). Sie wurde
mit zwei Jahren getauft und durchlief die klassischen Instanzen katholischer Sozialisation inklusive Ministrantendienst. Einen besonderen Eindruck hinterlässt allerdings nur die Kommunionkatechese. „Besonders in
Erinnerung habe ich meine Kommunionszeit [...]. Deswegen habe ich
hier diesen Engel gelegt, weil wir haben nämlich Heiligenbildchen ge-
kriegt [...] und ich hatte eine schöne Bibel." Allerdings bricht der Kontakt zur Gemeinde noch vor der Firmung ab. Frau F. vermutet, weil
kirchliches Leben für Jugendliche „einfach uncool" war.

Zum Kirchenaustritt kommt es jedoch erst anlässlich eines persönlichen Schicksalsschlags, bei dem sich Frau F. von der katholischen Kirche
allein gelassen fühlt. Mit Anfang zwanzig verliert sie ihr Kind zu einem
Zeitpunkt, als die Taufe mit dem örtlichen Priester bereits besprochen
war. „Dann habe ich die Taufe abgesagt und ich glaube, ich habe [den
Pfarrer] damit auch geschockt, dass ich den Grund genannt habe [...]
und dann kam da gar keine Reaktion." Diese fehlende Reaktion trifft
Frau F. tief. „Und dann war das für mich irgendwie [...] ne Sackgasse
[...] menschlich gesehen war ich da schon enttäuscht."

Das, was der örtliche Pfarrer nicht leisten konnte, bieten ihr ihre
Freunde. „Ich bin aber gut aufgefangen worden durch Freunde." Diese
Freunde sind in einer evangelischen Gemeinde engagiert und nehmen
Frau F. mit zu ihren Treffen. Auf diesen Treffen erlebt sich Frau F. als ge-
borgen. „[...] und da habe ich so das erfahren, was mir auch irgendwie in
dem Moment gefehlt hat [...]. Da habe ich dann meinen Mann kennen
gelernt." Schließlich beschließt Frau F. zu konvertieren, was notwendigerweise einen Austritt aus der katholischen Kirche bedeutet.

Heute verbindet Frau F. mit der katholischen Kirche nach wie vor ein
Heimatgefühl. „Aber für mich ist nach wie vor eine katholische Kirche
[...] wie nach Hause kommen. Deswegen habe ich da Heimat hin getan."
Sie hat auch kurz mit dem Gedanken gespielt, wieder in die katholische
Kirche einzutreten. Letztlich ist sie aber überzeugt davon, dass es für

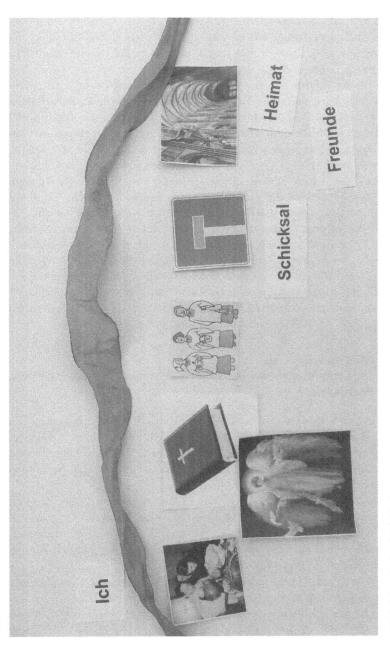

Abb. 6: Collage der Frau F. (42 Jahre)

Gott keine Rolle spielt, in welcher Kirche sie ihre Beziehung zu ihm lebt, solange diese Beziehung lebendig ist. „[…] ich glaube, dass Gott das ganz egal ist, ob ich jetzt katholisch oder evangelisch bin, sondern dass ich in Beziehung mit ihm stehe."

Frau F.s Austritt aus der katholischen Kirche ist deutlich durch ein persönlich enttäuschendes Erlebnis provoziert. Obwohl in ihrer Jugend der Kontakt zur katholischen Gemeinde eingeschlafen war (vgl. Motiv: Entfremdung/fehlende Bindung), hat sie eine grundsätzlich positive Beziehung zur katholischen Kirche. Auch heute noch versteht sich Frau F. als gläubige Christin. Allerdings führte das Versagen des Ortsgeistlichen in einer für Frau F. existentiell bedrohlichen Situation zur Konversion, weil sich Menschen, die der evangelischen Kirche angehören, als dieser Situation gewachsen erweisen und die evangelische Gemeinde Frau F. eine neue Heimat bieten kann. Streng genommen stellt Frau F.s Erzählung keine Austrittsgeschichte dar, sondern die einer Konversion aufgrund eines persönlich enttäuschenden Erlebnisses, welche notwendig mit einem Kirchenaustritt verbunden ist. Gestützt wird diese Konversion durch die Überzeugung, dass es Gott im Grund egal ist, in welcher Konfession man die individuelle Beziehung zu ihm lebt (vgl. Motiv: man braucht die Kirche nicht, um an Gott zu glauben).

Porträt 7: Frau G. (37 Jahre)
„dass so wenig Akzeptanz war und so wenig Nachfragen [...] das fand ich schon sehr erschreckend."

Frau G. (37 Jahre) wuchs in einer Familie auf, für die die Teilnahme am katholischen Gemeindeleben eine wichtige Rolle spielte. Seit ihrer Jugend arbeitete sie in der Gemeinde mit. Frau G. studierte Lehramt und ist heute an einer Schule in einem städtischen Umfeld tätig. Sie lebt in einer eingetragenen Lebenspartnerschaft.

Auch Frau G. behilft sich in ihrer Collage des roten Bandes, das von links unten nach rechts oben verläuft (vgl. Abb. 7). Frau G. durchläuft ihre Kindheit in einer eng mit der örtlichen Gemeinde verbundenen katholischen Familie. „Ich bin in einer sehr katholisch geprägten Familie groß geworden, wo es klar war, dass man […] getauft wurde, […] zur Kirche ging, dass man Pfadfinder wurde, irgendwann auch Messdiener." In ihrer Jugend geht das gemeindliche Engagement Frau G.s über das Übliche hinaus. „Ich war irgendwann auch im Pfarrgemeinderat […] und habe ganz viel für die Gemeinde gemacht. […] Mein Freundeskreis war

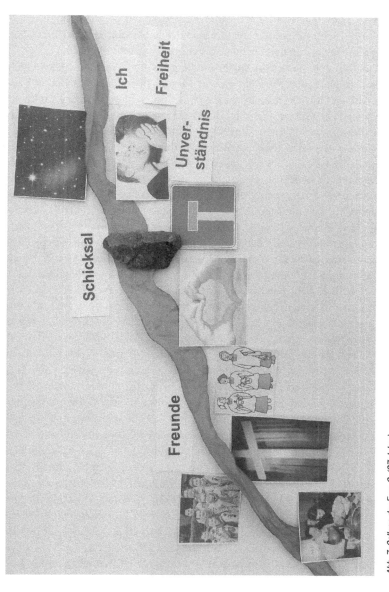

Abb. 7: Collage der Frau G. (37 Jahre)

da. [...] Habe auch in dem Umfeld meinen Mann [...] kennengelernt." Die katholische Gemeinde vor Ort war der Lebensmittelpunkt Frau G.s, innerhalb dessen sie ihre sozialen Beziehungen gelebt hat.

Der Wendepunkt dieser engen Bindung an die Gemeinde ereignet sich anlässlich der Krebserkrankung eines Menschen aus ihrem sozialen Umfeld. Auf der einen Seite zerbricht die relativ junge Ehe an dieser Krankheit, ohne dass Frau G. hier näher ins Detail geht. Zum anderen verliebt sie sich in die Person, welche sie bei der Verarbeitung der Krankheit ihres Bekannten stark unterstützt. Da diese Person weiblich ist, konnte die Kirche mit der neuen Konstellation im Leben Frau G.s nicht umgehen. „Natürlich durfte das Ganze nicht [...] bekannt werden. [...] Das war in der Gemeinde ein echter Spießrutenlauf, weil die Leute wirklich mit dem Finger gezeigt haben. Alles, was man gemacht hat vorher, galt nichts mehr." Die Gemeinde, die den zentralen Lebensmittelpunkt Frau G.s dargestellt hat, ist plötzlich zu einem lebensfeindlichen Ort geworden. Angesichts ihrer neuen Lebenssituation ist es ihr nicht mehr möglich, sich in dieser Gemeinde zu engagieren. „Ich habe irgendwann selbst sämtliche Ämter niedergelegt."

Schließlich zieht Frau G. die Konsequenzen. „Letztendlich haben wir dann [...] eine eingetragene Lebenspartnerschaft begründet. [...]. Ich bin dann auch zeitgleich aus der Kirche ausgetreten." Von der Kirche erfährt sie keine Reaktion auf den Austritt, was Frau G. als Indifferenz der katholischen Kirche ihrem Schicksal gegenüber deutet. „[Es gab] auch keine Fragen mehr, weshalb man aus der Kirche ausgetreten ist, [...] also sehr wenig Verständnis für diesen Schritt, den man gegangen ist."

Mittlerweile hat Frau G. Anschluss an eine andere Gemeinde gefunden, die entspannter mit ihrer spezifischen Lebenssituation umgeht, „wo es auch dem Pastor relativ egal ist, in welcher Form wir zusammenleben." In dieser Gemeinde kann Frau G. ihren Glauben leben. „Ich habe das Gefühl, ich bin jetzt viel freier, dass ich bei mir angekommen bin, dass Kirche da eigentlich nur noch eine ganz kleine Rolle spielt." Eine Rückkehr in die katholische Kirche schließt Frau G. nicht prinzipiell aus. Allerdings bedarf es dazu einer veränderten Haltung der Kirche der Homosexualität gegenüber. „Sobald sie sagen, sie nehmen alle Menschen an, die in einer gleichgeschlechtlichen Partnerschaft leben, [...] bin ich wieder dabei."

Frau G.s Kirchenaustritt ist primär durch die Diskrepanz zu ethischen Positionen der Kirche motiviert. Als lesbische Frau ist es ihr nicht möglich, in dieser Kirche zu leben. Dabei weckt die Erzählung den Eindruck, dass es sich hier weniger um ein prinzipielles Problem handelt. Den Kern der Erzählung bildet nicht die Empörung über die Haltung der Kirche an sich, sondern das Unvermögen dieser Kirche, mit sich zu ihrer Homosexualität bekennenden Menschen umzugehen. Frau G. ist tief enttäuscht, wie die Kirche mit ihrer Situation umgegangen ist. Noch beim Austritt aus der Kirche hatte Frau G. gehofft, dass es zu einem Gespräch kommen würde, dies war aber nicht der Fall. Damit spielt auch das Motiv eines persönlich enttäuschenden Erlebnisses eine wichtige Rolle für den Austritt. Weiterhin ist interessant, dass das enttäuschende Erlebnis mit Kirche und die Diskrepanz zur kirchlichen Position hinsichtlich Homosexualität bei Frau G. nur zu einer partiellen Entfremdung von dieser Kirche führen. Sie ist zwar aus der Kirche ausgetreten, hält aber immer noch Kontakt zu einer römisch-katholischen Gemeinde, die sie als Person akzeptiert.

Porträt 8: Herr H. (38 Jahre)
„Meine Religiosität oder auch Spiritualität kann keine Heimat in der katholischen Kirche haben."

Herr H. ist 38 Jahre alt. Nach dem Abitur hat er eine Ausbildung als Fachinformatiker gemacht. Im Moment ist er in Elternzeit und als Hausmann tätig. In seiner Kindheit waren gelegentlicher Gottesdienstbesuch, Erstkommunion und Firmung Pflicht, aber seine Eltern ließen ihm dann die Freiheit, „den Glauben von der Kirche zu trennen". Herr H. ist verheiratet und hat drei Kinder.

Frau und Herr H. wurden als Paar interviewt, sodass ihre Collage beide Positionen darstellt. Frau H.s Legebild findet sich dabei auf der linken Seite, Herrn H.s Collage entsprechend auf der rechten (vgl. Abb. 8). Insofern Frau H. wegen ihres kirchlichen Arbeitgebers nicht aus der Kirche austreten kann, wird im Folgenden nur die Erzählung Herrn H.s analysiert. Herr H. assoziiert mit der katholischen Kirche deren zentrale Glaubensüberzeugungen inklusive deren Symbole und eindrucksvolle Kirchenbauten. „Für mich bedeutet die katholische Kirche ganz zentral das Leiden Christi und halt die Symbolik und das Kreuz und die, wie soll ich das beschreiben, die prunkvollen Bauten der Kirchen und Kathedralen und der Engel als Symbol für das Leben im Jenseits, so in der Art." Diese Assoziationen haben für Herrn H. nichts Abstoßendes oder Ängstigendes. Vielmehr stehen sie für einen klaren Kontrast zur Hektik des Alltags. „Dann habe ich noch Frieden hinzugelegt, für ein Gefühl [des Friedens] abseits des alltäglichen, hektischen Lebens, wirklich getrennt davon."

Als junger Erwachsener beginnt Herr H. dann, die katholische Kirche zunehmend kritisch zu sehen. „Es gab politische Gründe, also der Um-

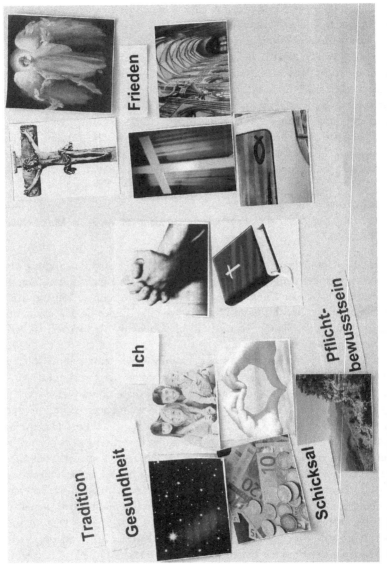

Abb. 8: Collage von Herrn H. (38 Jahre)

gang mit den Geldern [...] und der Umgang der katholischen Kirche mit Geburtenkontrolle in Entwicklungsländern und Homosexualität und insgesamt die Sexualmoral der Kirche." Das Erscheinungsbild der Kirche passt für Herrn H. nicht zu deren Anspruch. Außerdem kann er sich kaum noch mit kirchlichen Moralvorstellungen identifizieren.

Zu dieser Kritik an kirchlichen Positionen kommt eine innere Distanz zur Kirche hinzu. Für ihn gehören Glaube und Kirche nicht notwendig zusammen. Außerdem entspricht sein persönliches Gottesbild nur in groben Zügen der christlichen Vorstellung von Gott. So würde Herr H. „nicht sagen, dass ich an Gott glaube, jedenfalls nicht in dem Sinne des schöpferischen Gottes der christlichen Kirche. Ich würde es eher das Göttliche nennen, was aus dem Menschen heraus kommt oder kommen kann." In der Summe kommt Herr H. zum Schluss, dass seine „Religiosität oder auch Spiritualität [...] keine Heimat in der katholischen Kirche haben" kann.

Der Austritt selbst wurde dann durch die Kirchensteuer ausgelöst. Angesichts der Geldverschwendung in der Kirche sieht es Herr H. nicht ein, für etwas zu bezahlen, dem er kritisch gegenübersteht. „Aber das Papsttum zu finanzieren, war dann schon etwas, was ich nicht mit mir vereinbaren konnte." Allerdings betont Herr H., dass die Kirchensteuer der Anlass, nicht der Grund für den Austritt war. Letztendlich sei er ausgetreten, „weil ich auch schon vorher innerlich lange ausgetreten war. [...] Hätte ich [die Kirchensteuer] nicht bezahlen müssen, hätte ich vielleicht den Gang zum Gericht nicht auf mich genommen, weil es sonst keine Bedeutung für mich hatte."

In der Darstellung Herrn H.s wird deutlich, dass ihm jegliche innere Bindung an die katholische Kirche fehlt (vgl. Motiv: Entfremdung/fehlende Bindung). Obwohl viele Aspekte dieser Kirche positive Assoziationen bei ihm wecken, hat er sich im Lauf seiner Jugend von ihr entfremdet. Herr H. selbst nennt das Erscheinungsbild der Kirche, aber auch eine Diskrepanz zu ethischen Positionen dieser Kirche. Zusätzlich findet er sich mit seinem individuellen Glauben nicht mehr in der katholischen Kirche beheimatet. Hier wird das Motiv, dass man die Kirche für den Glauben nicht brauche, ebenso sichtbar wie das Motiv des Glaubenszweifels. Im Erzählduktus kommt ihnen ein zentrales Gewicht zu, denn sie versetzen Herrn H. in die Lage, seine fehlende Bindung zur Kirche in einem Kirchenaustritt umzusetzen. Dass es die Kirchensteuer ist, die den letzten Anstoß zum Austritt gibt, verweist darauf, wie stark die Beziehungslosigkeit zwischen Herrn H. und der römisch-katholischen Kirche

ist. Herr H. hat sich innerlich und äußerlich so weit von der Kirche gelöst, dass sie sein Leben nicht mehr tangiert und es deshalb keinen Grund
gibt, nicht aus ihr auszutreten. Erst die Kirchensteuer erinnert ihn wieder
daran, dass er Mitglied dieser Kirche ist, und so zieht Herr H. die entsprechende Konsequenz.

Die Austrittsporträts im Vergleich

Vergleicht man die acht Porträts, ergeben sich auffällige Parallelen. Zuerst kann festgehalten werden, dass alle der von uns Befragten als Kind
getauft und damit ohne eigenes Zutun Mitglied der römisch-katholischen Kirche wurden. Das konnte auf der einen Seite erwartet werden,
weil nahezu alle Mitglieder beider christlichen Kirchen in Deutschland
aufgrund der Entscheidung ihrer Eltern Mitglied der Kirche werden.[64]
Die Kindstaufe definiert aber die spezifischen Anfangsbedingungen eines
Prozesses, der in der vorliegenden Studie im Kirchenaustritt mündete.
Mit anderen Worten: Keiner der Befragten ist aus einer Kirche ausgetreten, für deren Mitgliedschaft sie oder er sich bewusst selbst entschieden
haben.

Angesichts dieser Ausgangsbedingungen dominiert ein Motivbündel
den Austritt, welches in der qualitativen Studie bei sechs von acht Befragten anzutreffen ist und bereits in den Antworten aus dem Fragebogen
eine zentrale Rolle gespielt hat: die Entfremdung von der Kirche bzw.
eine fehlende Bindung zur Kirche. Welche der beiden Ausprägungen vorliegt, hängt von der Beziehungsqualität ab, die die Befragten in ihrer
Kindheit gegenüber der Kirche entwickeln konnten. In drei Fällen (A, C,
E) steht der Austritt am Ende eines Entfremdungsprozesses. In diesen
Fällen wurde die Ortsgemeinde in der Kindheit als spirituelle (und/oder
soziale) Heimat empfunden, in der man sich wohl gefühlt hat, Freunde
traf und positive religiöse Erfahrungen machen konnte. Aus unterschiedlichen Gründen wurde diese Beziehung im Jugend- oder jungen Erwach-
senenalter brüchig und mündete in eine Entfremdung von einer Kirche,
mit der man nun nichts mehr anfangen kann. In drei Fällen (B, D, H)
stellte sich in der Kindheit keine positive bzw. enge Beziehung zur Ortsgemeinde ein. Man nahm am kirchlichen Leben im Maß des zeitgenössisch Üblichen teil, ohne sich dieser Gemeinde besonders verpflichtet zu

---

[64] Vgl. z.B. *DBK*, Katholische Kirche in Deutschland. Zahlen und Fakten 2015/16
(s. Anm. 1), 44.

fühlen. Angesichts dieser fehlenden inneren Bindung führen unterschiedliche Gründe zum Kirchenaustritt. Im Kontext dieses Szenarios liegt es nahe, die fehlende innere Bindung als zentralen Beweggrund für den Kirchenaustritt festzuhalten. Man tritt aus der Kirche aus, weil einen nichts (mehr) mit dieser Institution verbindet.

Die Gründe, die zur Entfremdung führen, bzw. angesichts einer fehlenden Bindung austrittsfördernd wirken, sind vielfältig. Allerdings lassen sich in dieser Vielfalt relativ klare Konturen identifizieren. So wird als Ursache der Entfremdung immer wieder das Erscheinungsbild der Kirche genannt, die als machtgierig und unglaubwürdig erlebt wird. Bei aller Individualität des einzelnen Falls scheinen auch in unseren Porträts die beiden großen Problembereiche auf, welche bereits die Dimension des oben rekonstruierten Spektrums an Austrittsmotiven prägten: Zum einen die Wahrnehmung der Kirche als Machtapparat, zum anderen deren Unglaubwürdigkeit, weil sie in den Augen der Befragten – z. T. sehr weit – hinter ihren eigenen Ansprüchen zurückbleibt. Dazu kommen öfters die rückständige Haltung der Kirche und eine persönliche Diskrepanz zu deren ethischen Positionen. Beide Motive sind aus dem oben skizzierten Spektrum bekannt und tragen auch in den Interviews ähnliche Konturen. So gelten etwa das Frauenbild der Kirche und der Zölibat als Indikatoren, dass es der Kirche nicht gelingt, mit der Zeit Schritt zu halten. Und wenn es um kirchliche Moral geht, werden immer wieder Sexualität, Umgang mit Schwangerschaft und Homosexualität genannt. Neu gegenüber dem obigen Spektrum ist, dass anhand der qualitativen Interviews die Funktion dieser Gründe näher bestimmt werden kann. In nur zwei Fällen (B, C) nimmt das Erscheinungsbild der Kirche eine so prominente Rolle ein, dass man von einem Hauptmotiv, das neben die Entfremdung tritt, sprechen kann. Aber selbst in diesen beiden Fällen erweist sich bei genauer Analyse das Erscheinungsbild als Ursache der Entfremdung. In allen anderen Fällen sind die hier genannten Gründe nicht das zentrale Motiv für den Austritt, sondern tragen dazu bei, dass man sich von der Kirche entfremdet bzw. sich angesichts einer fehlenden Bindung Gedanken macht, was einen eigentlich noch in dieser Institution hält.

In drei Fällen führen individuelle Glaubenszweifel zur Entfremdung (A, E, H). Hierbei handelt es sich einmal um die Frage nach Gottes Gerechtigkeit, einmal um die Suche nach einem individuell stimmigen Gottesbild und einmal um die Entdeckung der Wissenschaft als alternativer Sinnressource. Alle Motive stellen im obigen Spektrum der Austrittsmotive Unterkategorien des Glaubenszweifels dar. Demnach führt der

Zweifel am Glauben zu einer Entfremdung von der Institution, die exemplarisch für diesen Glauben steht. Dieser Zweifel kann entweder in eine nicht-religiöse (A) bzw. agnostische Haltung (E) münden oder zu einem Umbau des persönlichen Glaubenssystems führen, welches nicht mehr dem kirchlichen Glaubensverständnis entspricht (H). In allen Fällen ist die Konsequenz des Zweifels jedoch eine Entfremdung gegenüber der Kirche.

Der konkrete Anlass, der schließlich zum Austritt führt, ist gemäß den Erzählungen entweder ein persönlich enttäuschendes Erlebnis oder die Kirchensteuer. Das ist insofern von Bedeutung, als der Zustand der Entfremdung bzw. einer fehlenden Bindung allein – zumindest gemäß den Porträts – noch nicht in einen Kirchenaustritt mündet. Wer sich von seiner Kirche entfremdet, kann sie in der Regel weitgehend aus seinem Leben ausblenden. Dann gibt es aber auch keinen Grund, aus ihr auszutreten. Dieser Schritt ist erst dann notwendig, wenn Kirche im Leben wieder spürbar wird. In unseren Porträts tritt dieser Fall dann ein, wenn man entweder Kirchensteuer zahlen soll oder aufgrund einer Angelegenheit mit der Kirche in Kontakt kommt, und dieser Kontakt enttäuschend verläuft. Beide Motive haben das Potential, die Befragten zum Handeln zu motivieren und ihre Mitgliedschaft in der Kirche in den Status zu versetzen, der ihrer inneren Beziehung zu dieser Institution entspricht.

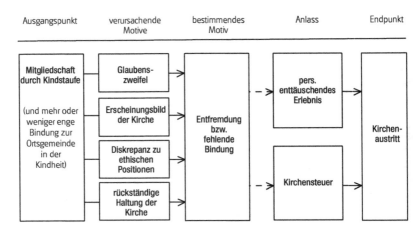

Abb. 9: Idealtypisches Modell des Kirchenaustritts

Aus diesen Beobachtungen lässt sich ein idealtypisches Modell des Kirchenaustritts rekonstruieren (vgl. Abb. 9). Es begreift den Austritt als Prozess von einer mehr oder weniger engen Bindung der Befragten an die katholische Kirche in ihrer Kindheit hin zu einer fehlenden Bindung. Den Beginn des Prozesses markiert die Mitgliedschaft in der römisch-katholischen Kirche, die nicht aus einem freien Entschluss heraus wirksam wird. Abhängig davon, ob in der Kindheit eine Beziehung zur Kirche entstanden ist, führen Glaubenszweifel, das Erscheinungsbild der Kirche (Macht, Unglaubwürdigkeit), eine persönliche Diskrepanz zu ethischen Positionen der Kirche und/oder deren rückständige Haltung zu einer Entfremdung von dieser Institution, bzw. dazu, dass man sich seiner fehlenden Bindung bewusst wird. Der Austritt aus der Kirche ist jedoch noch keine notwendige Konsequenz aus dieser Einsicht. Auslöser des Austritts im eigentlichen Sinn sind entweder die Kirchensteuer oder ein persönlich enttäuschendes Erlebnis mit der Kirche. Beide führen schließlich dazu, dass man formal aus der Kirche austritt.

Sechs der acht Austrittsporträts entsprechen ziemlich genau diesem Idealtyp. Zwei stellen individuelle Einzelfälle dar. Im einen Fall, in dem Frau G. wegen ihrer gelebten Homosexualität aus der Kirche austritt, führt die Unvereinbarkeit zwischen individueller Lebenssituation und der ethischen Position der römisch-katholischen Kirche zum Austritt. Der andere Fall gründet in einem pastoralen Versagen, indem der Ortsgeistliche nicht angemessen auf den überraschenden Tod des Kindes der Befragten reagieren kann.

Abschließend bleibt festzuhalten, dass die Befragten der vorliegenden Stichprobe vergleichsweise alt sind (Altersdurchschnitt: 51 Jahre). Das zeigt sich insbesondere in den Fällen A, C und E, in denen sich die Befragten mit einem Gehorsamsglauben auseinandersetzen mussten, wie er vor allem für die kirchliche Wirklichkeit in den 1950er und 1960er Jahren typisch war. Mit einem strafenden Gott werden sich heutige Gläubige eher weniger beschäftigen müssen. Mit Angst besetzte Motive, die den Glauben an sich betreffen, werden heute also kaum noch anzutreffen sein.

4. Diskussion des empirischen Befunds

Im Folgenden werden die Ergebnisse der vorliegenden empirischen Studien diskutiert. Die Rückbindung des Befunds an vorliegende Studien erfolgt in vier Schritten: Zuerst wird auf die Austrittsmotive als solche eingegangen. Dann wird der Prozesscharakter des Kirchenaustritts besprochen, um anschließend die Passung vorliegender Erklärungsansätze für denselben mit den Daten abzugleichen. Zuletzt werden die Grenzen der vorliegenden Untersuchung in den Blick genommen.

Austrittsmotive

Der Schwerpunkt der meisten vorliegenden Studien zum Kirchenaustritt liegt auf den Motiven, weshalb Menschen die Kirche verlassen. Dabei ergab die Zusammenschau eine relativ stabile Liste solcher Austrittsmotive, die sich in praktisch allen Studien wiederfinden lässt: die Entfremdung gegenüber der Kirche, der Ärger über Positionen der Kirche in politischen und ethischen Fragen, das negative Erscheinungsbild der Kirche, die Kirchensteuer und persönlich enttäuschende Erlebnisse mit der Kirche oder ihren Vertreterinnen und Vertretern. Alle diese Motive finden sich auch im vorliegenden Befund, und zwar sowohl im quantitativ erhobenen Spektrum an Austrittsmotiven als auch in den qualitativ rekonstruierten Austrittsporträts. Im Spektrum wird die Kirchensteuer am häufigsten genannt, gefolgt von der Entfremdung von der Kirche bzw. der fehlenden Bindung an diese, dem arroganten und machtbewussten Erscheinungsbild der Kirche und persönlich enttäuschenden Erlebnissen. Beide Listen sind somit fast identisch. In den Austrittsporträts dominiert das Motiv der Entfremdung bzw. der fehlenden Bindung, welches fast immer gepaart ist mit dem Erscheinungsbild der Kirche und der Diskrepanz zu deren ethischen Positionen.

Mögen diese Übereinstimmungen auf den ersten Blick enttäuschen, weil sie vermeintlich keine neuen Ergebnisse hervorbringen, belegen sie doch die Reliabilität der vorliegenden Studie. Es hätte wohl zu denken gegeben, wenn man mit vergleichbaren Fragestellungen zu diametral entgegengesetzten Untersuchungsergebnissen gekommen wäre. Darüber hinaus wirft die Stabilität der Austrittsmotive die Frage auf, inwieweit sich die katholische Kirche in der Wahrnehmung Ausgetretener in den letzten Jahrzehnten verändert hat. Immerhin fanden die ersten ernsthaften Untersuchungen zu solchen Beweggründen in den 1970er Jahren statt. So findet Gerhard Schmidtchen 1973 neben der Distanz zur Kirche, welche unserem Motiv der Entfremdung/fehlenden Bindung entspricht, unter den befragten Katholiken auch die Motive der Kirchensteuer, des Reichtums der Kirche, deren autoritären Verhaltens und deren Rückständigkeit.[65] Alle vier Motive finden sich auch im vorliegenden Befund wieder. Es bleibt damit festzuhalten, dass sich die Wahrnehmung der katholischen Kirche bei denen, die ihr kritisch gegenüberstehen, in den letzten fünfzig Jahren nicht wesentlich verändert hat.

In der aktuellen Stichprobe finden sich allerdings auch zwei Motive, die der Zeit geschuldet sind, in welcher sie erhoben wurden. Zum einen erwähnen einige Befragte im Fragebogen mit der katholischen Kirche assoziierte Skandale, namentlich den sogenannten Missbrauchsskandal, die Geschehnisse um den Limburger Bischof Franz-Peter Tebartz-van Elst und die verweigerte Notabtreibung in einem Kölner Krankenhaus. Solche Skandale spielen in früheren Untersuchungen keine große Rolle bzw. werden dort unter anderen Kategorien subsumiert. Insofern die genannten Ereignisse in den letzten Jahren die öffentliche Berichterstattung über die katholische Kirche prägten, konnten sie sich als eigenständige Kategorie in der Wahrnehmung der Ausgetretenen verfestigen. Was aber bedeutet dieser Befund? Wir vermuten, dass die enge Assoziation zwischen katholischer Kirche und Skandal in jüngerer Zeit eine neue Qualität erhalten hat. Insbesondere der sexuelle Missbrauch von Schutzbefohlenen, welcher von den drei obigen Skandalen im Fragebogen am häufigsten genannt wurde, berührt den kirchlichen Auftrag in seinem Kern. Hier geht es nicht mehr nur um eine Verschwendung materieller Ressourcen durch Missmanagement oder Eitelkeit, für welche die Geschehnisse um den ehemaligen Limburger Bischof herangezogen werden. Vielmehr geht es bei den Missbräuchen um die Verletzung der personalen Integrität junger – und damit in besonderer Weise wehrloser – Menschen durch Angehörige der Kirche, denen sie in der Regel – zumindest anfänglich – vertrauten. Dazu kommt die in den Augen der Öffentlichkeit wenig transparente Aufarbeitung der einzelnen Missbrauchsfälle durch die kirchliche Bürokratie. Beides – Missbrauch und Aufarbeitung – geschahen in einer Zeit, in der die Prinzipien der Transparenz und der Compliance als zentrale Anforderungen an das Handeln von Institutionen vorausgesetzt werden. Gegen beide Prinzipien verstieß – und verstößt – die katholische Kirche und steht damit in einer Reihe mit Konzernen wie VW und Sportverbänden wie der

---

[65] Vgl. *G. Schmidtchen*, Protestanten und Katholiken (s. Anm.6).

FIFA oder dem IOC. Damit wird der Skandal aber zu einer eigenen Kategorie in der öffentlichen Wahrnehmung der katholischen Kirche, statt wie früher als Indikator für die Rückständigkeit oder den Konservativismus der Kirche herangezogen zu werden. Die Zeit muss zeigen, ob sich die Assoziation von katholischer Kirche und Skandal, wie sie sich in der vorliegenden Untersuchung niederschlägt, als längerfristig wirksam erweist. Gegen diesen Effekt könnten die Austrittszahlen sprechen, die nach den entsprechenden Höhepunkten in den Jahren 2010 und 2014 wieder auf das Niveau von vor der jeweiligen medialen Aufbereitung zurückgingen. Demnach wäre besagte Assoziation nur dann wirksam, wenn sie medial zum Thema gemacht wird. Für diesen Effekt könnte sprechen, dass im Spektrum der Austrittsmotive der Missbrauchsskandal dominiert, obwohl die Ereignisse um den ehemaligen Limburger Bischof jünger sind und deshalb den Missbrauch hätten verdrängen können.

Neben dem Motiv des Skandals scheint auch die Wirkung des Motivs, dass man für den eigenen Glauben die Kirche nicht brauche, den gesellschaftlichen Veränderungen der letzten Jahrzehnte unterworfen zu sein. Dieses Motiv findet sich in fast allen Studien zum Kirchenaustritt und gehört zu den Standards aktueller quantitativer Umfragen.[66] Auch im obigen Spektrum an Austrittsmotiven findet sich dieser Grund, er wird allerdings nur von neun Befragten erwähnt. In den Austrittsporträts bildet dieses Motiv im Fall der Frau C. die Hintergrundfolie, ohne selbst als Motiv genannt zu werden. Bei Herrn H. dient es der Selbstvergewisserung, insofern er für sich einen Glauben reklamiert, der nicht mehr mit den Glaubensvorstellungen der katholischen Kirche übereinstimmt. Die Bedeutung dieses Motivs scheint damit in der heutigen Zeit stark relativiert zu sein. Im Kontext vorliegender Untersuchungen erweist sich dieser Sachverhalt als schlüssig. So hat die Kirche ihre Macht eingebüßt, das Leben ihrer Gläubigen zu bestimmen[67]; außerdem erweist sich alltäglicher Glaube als vielfältig und individualisiert.[68] Zudem gilt es zumindest unter Jugendlichen als selbstverständlich, dass der individuelle Glaube der Kirche nicht bedarf.[69]

---

[66] Vgl. z. B. *H. Bedford-Strohm/V. Jung*, Vernetzte Vielfalt. Kirche angesichts von Individualisierung und Säkularisierung, Gütersloh 2015.

[67] Vgl. *M. N. Ebertz*, Erosion der Gnadenanstalt. Zum Wandel der Sozialgestalt von Kirche, Frankfurt a. M. 1998.

[68] Vgl. *P. Heelas/L. Woodhead*, The Spiritual Revolution. Why Religion is Giving Way to Spirituality, Oxford 2004.

[69] Vgl. *H.-G. Ziebertz/U. Riegel*, Letzte Sicherheiten. Eine empirische Studie zu den Weltbildern Jugendlicher, Freiburg i. Br. und Gütersloh 2008, 70–75.

Die Unterscheidung zwischen Glaube und Kirche sowie die Eigenständigkeit des Glaubens gegenüber institutionellen Vorgaben und/oder Angeboten scheint heute somit allgemein als gültig anerkannt zu sein. Es gibt damit aber auch keinen Bedarf mehr, sich mit dieser Selbstverständlichkeit des Alltags auseinandersetzen zu müssen. Damit relativiert sich automatisch die Bedeutung des entsprechenden Motivs.

Weiterhin wird in dieser Studie eine Gruppe an Ausgetretenen sichtbar, welche bisher nur von Niemelä explizit erfasst wurde[70]: die Gruppe derer, die aus der Kirche austreten, weil Letztere nicht mehr fromm und spirituell genug ist und somit ihren göttlichen Auftrag verfehlt. Die explorative Anlage der vorliegenden Studie erlaubt es nicht, die absolute Größe dieser Gruppe zu rekonstruieren. Es lässt sich nicht sicher bestimmen, wie groß ihr Anteil unter den Ausgetretenen ist. Allerdings verweist dieser Befund darauf, dass der Austritt aus der Kirche nicht nur aus einer liberal-theologischen, indifferenten, agnostischen oder atheistischen Haltung heraus erfolgt, welche der Kirche vorwirft, nicht auf der Höhe der Zeit zu sein. Vielmehr gibt es auch Menschen, die aus der Kirche austreten, weil sich Letztere in ihren Augen zu sehr an die Zeit angepasst hat. Die entsprechenden Aussagen aus dem Fragebogen sind diesbezüglich eindeutig: „sie sich vom christlichen Glauben und katholischen Traditionen abgewandt hat", „ich den Eindruck hatte, dass sich die katholische Kirche mittlerweile nicht mehr dem Christentum, sondern einer linksgrünen Zivilreligion verpflichtet fühlt" oder „Sie ein wischt-waschiverein geworden ist; keine Linie und Lehre, ur noch Anbiederung". Hier sehen wir weiteren Forschungsbedarf, denn tatsächlich stellt sich die Frage, welche Bedeutung dieser Gruppe unter den Ausgetretenen zukommt. In der Studie Kati Niemeläs[71] kommt dieser Typ auf einen Anteil von 12 %, was ein bemerkenswert hoher Wert ist. Im Fragebogen können 15 von 306 Befragten diesem Motiv zugeordnet werden. Von den Austrittsporträts fällt keines in diese Gruppe.[72] Beide Befunde deuten eine eher marginale Bedeutung dieses Typs an, sind aber nicht belastbar, weil keine repräsentative Stichprobe vorliegt. Vom relativen Gewicht dieser Gruppe hängt es aber ab, ob die katholische Kirche auf ihre Bedürfnisse reagieren sollte oder nicht.

---

[70] Vgl. *K. Niemelä*, Alienated or Disappointed? (s. Anm. 30).

[71] Vgl. ebd.

[72] Auch in den telefonisch geführten Interviews findet sich kein Fall, der diesem Typ zugerechnet werden kann.

Schließlich sei noch darauf hingewiesen, dass keines der identifizierten Austrittsmotive eine spezifische Essener Signatur trägt. Mit anderen Worten: Die erhobenen Motive verdanken sich nicht der besonderen Situation im Bistum Essen, sondern gelten prinzipiell im gesamten Bundesgebiet. Anders ließe sich die große Vergleichbarkeit der vorliegenden Befunde mit den Erkenntnissen vorausgegangener Studien nicht erklären. Auch spielen Ortsangaben in den Antworten des Fragebogens oder in den Interviews keine Rolle für die Art und Weise des Motivs selbst, sondern dienen nur der Veranschaulichung desselben. Es gibt somit kein Austrittsmotiv, das speziell nur im Bistum Essen wirksam ist. Allerdings bestimmt die Situation vor Ort die Wahrscheinlichkeit, mit der ein Austrittsmotiv wirksam werden sollte. So erstreckt sich das Bistum Essen hauptsächlich auf städtisches Gebiet, was einen hohen Grad an Individualisierung nahelegt. In einem solchen Umfeld ist der Austritt wahrscheinlicher als in einem ländlichen Gebiet. In der Summe definiert die Situation des Bistums Essen den Kontext, innerhalb dessen sich der Austritt ereignet, nicht jedoch die Austrittsmotivation selbst.

Der Austritt als Prozess

Neben den einzelnen Motiven kommen verschiedene Studien zu dem Ergebnis, dass der Kirchenaustritt kein punktuelles Ereignis ist, sondern das Ende eines längeren Prozesses. Exemplarisch beschreibt ihn das Allensbacher Institut[73] als schrittweisen Prozess einer Entfremdung von der Kirche, für den oft kein konkreter Anlass genannt werden kann. Unsere Austrittsporträts bestätigen diese Erkenntnis und können sie weiter differenzieren. Zum einen stellt dieser Prozess – zumindest im Jahr 2017 – nicht notwendig eine Entfremdung dar, denn einige der von uns Befragten hatten zu keinem Zeitpunkt ihrer Mitgliedschaft in der römisch-katholischen Kirche eine engere Bindung zu dieser Institution. Neben einem Prozess der Entfremdung finden wir somit auch einen Prozess einer sich immer klarer abzeichnenden Beziehungslosigkeit. Darüber hinaus können wir mit dem Glaubenszweifel, dem Erscheinungsbild, der Diskrepanz zu ethischen Positionen der Kirche und der als rückständig empfundenen Haltung der Kirche konkrete Motive benennen, welche den Prozess der Entfremdung vorantreiben. Schließlich nennen die von uns befragten Personen konkrete

---

[73] Vgl. *Institut für Demoskopie Allensbach*, Begründung und tatsächliche Gründe für einen Austritt (s. Anm. 19).

Anlässe für den Austritt, nämlich die Kirchensteuer und persönlich enttäuschende Erlebnisse. Diese Einordnung findet sich so schon bei der Allensbacher Analyse[74] und konnte seitdem wiederholt bestätigt werden.[75] Schließlich kann unser idealtypisches Modell des Kirchenaustritts als Rahmen für die von Ebertz, Eberhardt und Lang[76] herausgearbeiteten Typen des Austrittsprozesses gelesen werden, denn besagte Typen stellen für sich genommen eine Variante des idealtypischen Modells dar. Der Austrittsprozess hat somit klar bestimmbare Konturen.

Dass ein solches Modell nicht alle Fälle von Kirchenaustritten erfassen kann, liegt auf der Hand. Reales Leben ist zu komplex, um mit einem Modell vollständig erfasst werden zu können. Bereits bei den vorliegenden Austrittsporträts stellen zwei Porträts eigenständige Typen dar, die nicht zum idealtypischen Modell passen. Die Pragmatik des idealtypischen Modells bemisst sich deshalb an der Frage, wie viele Ausnahmen es gibt. Auch hier besteht weiterer Forschungsbedarf. Angesichts des Befunds, der im Wesentlichen durch die Ergebnisse vorangegangener Studien gestützt wird, liegt es jedoch nahe, dass sich die Ausnahmen in Grenzen halten.

Theorien des Kirchenaustritts

Schließlich werfen die vorliegenden Studien zum Kirchenaustritt die Frage auf, welche Theorie den Austrittsprozess am angemessensten erklärt. Faktisch stehen vier unterschiedliche Theorien zur Debatte. Die erste Theorie erklärt den Austritt als eine Reaktion des Individuums auf ein politisches oder institutionelles Ereignis.[77] Eine zweite Theorie erfasst den Kirchenaustritt als Reaktion auf einen Traditionsabbruch, infolgedessen der Kirchenaustritt sozial kaum noch sanktioniert werden kann und deshalb geschieht.[78] Drittens wird der Kirchenaustritt mit einem Kosten-Nutzen-Modell erklärt, gemäß dem ein Mensch dann aus der Kirche austritt, wenn die Kosten für die Mitgliedschaft deren Nutzen übersteigen.[79] Schließlich findet sich auch die Theorie, dass der Austritt

---

[74] Vgl. ebd.

[75] Vgl. z. B. *K. Birkelbach*, Die Entscheidung zum Kirchenaustritt (s. Anm. 27).

[76] Vgl. *M. N. Ebertz/M. Eberhardt/A. Lang*, Kirchenaustritt als Prozess (s. Anm. 3).

[77] Vgl. z. B. *K. Engelhardt/H. von Loewenich/P. Steinacker*, Fremde Heimat Kirche (s. Anm. 23).

[78] Vgl. z. B. *A. Kuphal*, Abschied von der Kirche (s. Anm. 11).

[79] Vgl. z. B. *K. Birkelbach*, Die Entscheidung zum Kirchenaustritt (s. Anm. 27).

dann erfolgt, wenn sich das Individuum durch die Kirche in seiner Lebensführung eingeschränkt sieht, das heißt, dass sein Autonomiebedürfnis beschnitten wird.[80]

In unserem Befund lassen sich Indizien für alle vier Theorien finden.
Während die erste Theorie (Austritt als Reaktion auf institutionelle Ereignisse) heute kaum noch Unterstützung erfährt[81], scheint die Kategorie Skandale zu dieser Theorie zu passen. Alle in dieser Kategorie genannten Beispiele (Missbrauch, Tebartz-van Elst; Krankenhaus Köln)
beziehen sich auf ein – zumindest von den Ausgetretenen als solches
wahrgenommenes – Institutionsversagen der Kirche und treten im Fragebogen so auf, dass sie eine eigene Kategorie bilden. Zudem bildet der
jeweilige Skandal in knapp der Hälfte der Erwähnungen (N = 11) den
einzigen Inhalt der Rückmeldung, wird somit als einziger Grund für
den Austritt genannt. Es kann also durchaus der Fall sein, dass
Menschen auch heute noch wegen besonderer politischer oder institutioneller Ereignisse aus der Kirche austreten. Dies würde die obige Vermutung stützen, dass der Skandal im Zusammenhang mit der römisch-
katholischen Kirche in jüngster Zeit eine neue Qualität erhalten hat.
Die Reichweite dieser Theorie sollte aber beschränkt bleiben. Sie beruht
wesentlich auf der Voraussetzung, dass ein Skandal vorliegt, der das
Potential zu einem Medienereignis hat und dadurch eine große öffentliche Aufmerksamkeit auf sich zieht. Das ist umso notwendiger, als die
Kirche in einer säkularen Gesellschaft viel an Einfluss und damit auch
an öffentlicher Präsenz verloren hat. Der Kirchenaustritt als Reaktion
auf institutionelle Ereignisse sollte demnach nur punktuell vorliegen.
Als globale Theorie für den Kirchenaustritt taugt dieser Ansatz heute
sicher nicht mehr.

Die Theorie vom Traditionsabbruch, welche heute in der Regel unter
dem Theorem der religiösen Individualisierung diskutiert wird, ist mittlerweile gut belegt. Auch die Befunde der vorliegenden Studie widersprechen
dieser Theorie nicht. So macht die dominante Rolle des Entfremdungsmotivs nur dann Sinn, wenn das Individuum selbst entscheiden kann, ob
es in der Kirche bleibt oder nicht. In einer traditionalen Gesellschaft, in
der die Kirche die sozialen Machtmittel hat, eine Mitgliedschaft zu erzwingen, kann Entfremdung bestenfalls in die innere Emigration führen. Ein
Austritt ist dagegen eher unwahrscheinlich, weil er spürbare Konsequen-

---

[80] Vgl. z. B. *J. Hermelink,* Praktische Theologie der Kirchenmitgliedschaft (s. Anm. 25).
[81] Vgl. *A. Feige,* Institutionell organisierte Religionspraxis (s. Anm. 37).

zen mit sich bringt. In einer individualisierten Gesellschaft moderner Prägung bleiben solche Konsequenzen aus. Auch die Austrittsporträts lassen sich durchweg als Erzählungen eines sich selbst bewussten Individuums lesen, welches eigenverantwortlich auf seine Erfahrungen mit der Kirche reagiert. Wenn Herr A. den Austritt aus Rücksicht auf seine Eltern um mehrere Jahre verschiebt, widerspricht das nicht dem Individualisierungs-Theorem, denn Letzteres fordert nicht das asoziale Individuum, das keinerlei Rücksicht auf seine Umwelt nimmt. Vielmehr ist es Herr A., der selbst entscheidet, auf seine Eltern Rücksicht zu nehmen und deshalb später auszutreten. Am ehesten widerspricht noch die Angst, die Frau C. nach ihrem Austritt verspürt, dem Individualisierungs-Theorem, denn sie ist durch ein kirchliches Verhalten bedingt, welches dem Individuum noch keine religiöse Eigenverantwortlichkeit zutraut. Allerdings markiert der Kirchenaustritt Frau C.s gerade die Abwendung von diesem religiösen Ideal. Sprachlich markiert sie ihren Willen zur Selbstbestimmung durch die Worte „Frieden" und „renitent". Demnach zeigt sich gerade im Kirchenaustritt Frau C.s der besondere Charakter des Kirchenaustritts als realisierte religiöse Individualisierung.

Ein Kosten-Nutzen-Kalkül findet sich am häufigsten in unseren Austrittsporträts wieder. D und H treten wegen der Kirchensteuer aus, B, E und F wegen eines persönlich enttäuschenden Ereignisses. In allen diesen Fällen erweist es sich als theorie-konsistent, dass die genannten Austrittsgründe eher den Anlass darstellen, der an einen Entfremdungsprozess bzw. den Sachverhalt der fehlenden Bindung zur Kirche anschließt. Es sind gerade die genannten Anlässe, die den Betroffenen die Kosten der Kirchenmitgliedschaft bewusst machen und sie zum Austritt bewegen. Gerade die Fälle B, E und F zeigen dabei eindrücklich, dass es beim Kosten-Nutzen-Modell nicht nur um materielle Kosten geht. Auch soziale oder emotionale Kosten sind geeignet, die Waage im Kosten-Nutzen-Kalkül in Richtung Austritt kippen zu lassen.

Der Autonomie-Ansatz wird durch die Porträts der Fälle A, C und G gestützt. In den Fällen A und C reagieren die Betroffenen auf eine Kirche, die Glaube als Gehorsamspflicht inszeniert. Diese Form des Glaubens schränkt beide in ihrer individuellen religiösen Freiheit ein, wogegen sie sich wehren. Im Fall G lässt sich die individuelle Lebenssituation nicht mit den normativen Vorgaben der Kirche vereinbaren. Insofern die örtlichen Vertreter dieses Dilemma pastoral nicht abfedern können, reagiert Frau G. mit dem Kirchenaustritt. Auf diese Weise wahrt sie sich ihre individuelle Autonomie.

Setzt man die vier Theorien zueinander in Beziehung, lassen sich das Kosten-Nutzen-Kalkül und die Autonomie-Theorie als Spielarten des Individualisierungs-Theorems begreifen, denn beide setzen die Möglichkeit des Individuums zu einem selbstbestimmten Handeln voraus. Auch die Theorie der Reaktion auf institutionelle Ereignisse setzt in der Form, wie sie sich in unseren Daten zeigt, das individualisierte Individuum voraus. Das Individualisierungs-Theorem kann somit als grundlegender Bezugspunkt jeglichen Kirchenaustritts eingestuft werden. Das bedeutet, dass jeder Kirchenaustritt als – mehr oder weniger bewusste – eigenverantwortliche (Re-)Aktion der austretenden Person begriffen werden kann.[82] Innerhalb dieses Rahmens dürften dann die meisten Austritte im Sinn des Kosten-Nutzen-Kalküls oder des Autonomie-Ansatzes verlaufen, denn die Theorie einer Reaktion auf ein institutionelles Ereignis setzt voraus, dass ein ebensolches Ereignis vorliegt. Dem dürfte in der Regel aber nicht so sein.

Grenzen der vorliegenden Studien

Zum Abschluss der Diskussion sollen noch kurz die Grenzen der vorliegenden Studien in den Blick genommen werden. Es wurde schon mehrfach erwähnt, dass auch sie nicht repräsentativ ist, auch nicht für das Bistum Essen. Verallgemeinerungen des vorliegenden Befundes unterliegen damit einer doppelten Kontingenz: Zum einen können wir nur vermuten, dass das Gros der Antworten aus dem Gebiet des Bistums Essen stammen. Zwar überwiegen bei den Antworten, die eine Postleitzahl angegeben haben, Nummern aus dem Bistumsgebiet. Es gibt aber auch viele Antworten, die das Feld mit der Postleitzahl leer gelassen haben. Und selbst bei den angegebenen Nummern müssen wir darauf vertrauen, dass sie die tatsächliche Herkunft angeben. Zum anderen gewinnen Verallgemeinerungen des eigenen Befunds nur dort eine größere Zuverlässigkeit, wo sie den bisher vorliegenden Befund bestätigen. Neue Ergebnisse, wie etwa die Rolle der jüngeren Skandale, können dagegen nur hypothetisch verallgemeinert werden und bedürfen einer eigenen empirischen Be-

---

[82] Einschränkend sei hier angemerkt, dass diese Annahme nur für Menschen gilt, die selbst über ihr Leben entscheiden können. Auf Kinder und viele Jugendliche trifft das z. B. nicht zu. Wenn G. *Pickel/T. Spieß*, Religiöse Indifferenz (s. Anm. 34) also das soziale Umfeld als einen wesentlichen Faktor im Austrittsgeschehen identifizieren, liegen oft solche Fälle vor (vgl. auch die entsprechenden Items bei G. *Pickel/T. Spieß*, Religiöse Indifferenz [s. Anm. 34]).

stätigung. Für die vorliegenden Befunde bedeutet das z. B., dass das aus dem Fragebogen rekonstruierte Spektrum ein realistisches Bild auf die im Bistum Essen wirksamen Austrittsmotive gibt, aus der Verteilung der Antworten auf die Kategorien jedoch nicht auf die Bedeutung der Kategorien beim Kirchenaustritt geschlossen werden kann. Wir haben deshalb eine Aufbereitung dieser Kategorien nach Anteilen im Gesamtspektrum unterlassen, um die Leserinnen und Leser nicht auf eine falsche Fährte zu locken.

Betrachtet man die beiden Samples, erweisen sie sich als durchschnittlich älter und besser gebildet als die Grundgesamtheit derer, die aus der Kirche ausgetreten sind. So fällt z. B. die Stichprobe, die Michael Ebertz und Kollegen für ihre Analyse des Austrittsprozesses befragen konnten, deutlich jünger aus.[83] Insbesondere die Rekrutierung von Menschen, die sich für ein persönliches Gespräch zur Verfügung gestellt haben, erwies sich als sehr aufwendig. Das kleine Sample von acht Interviews der hier dokumentierten qualitativen Studie verweist auf diese Problematik, wobei sich hier wohl auch die relativ kurze Projektlaufzeit von einem halben Jahr niederschlägt. Allerdings bleiben die vorliegenden Austrittsporträts für den Untersuchungszweck hinreichend und auch beim Alter müsste noch eigens geprüft werden, ob es zu einer nachhaltigen Verzerrung der Befunde durch den relativ hohen Altersdurchschnitt kommt. Stärker sollte sich unseres Erachtens die Tatsache auswirken, dass sämtliche von uns Interviewten noch einen Rest an Sympathie für die römisch-katholische Kirche aufwiesen. Eine starke und emotional aufgeladene Ablehnung dieser Institution, wie sie in vielen Aussagen des Fragebogens spürbar war, findet sich hier nicht. Hier findet sich eine echte Grenze im qualitativen Sample, welche es zu berücksichtigen gilt.

Wie in allen qualitativen Studien kann die Zuordnung der Codes zu den Kategorien und die Bildung der Kategorien selbst sicher diskutiert werden. So lässt sich fragen, ob die Kategorie Entfremdung/fehlende Bindung nicht eigentlich zwei eigenständige Kategorien darstellt. Da beide Unterkategorien denselben Effekt repräsentieren, dessen unterschiedliche Dynamik nur durch die unterschiedliche Ausgangslage bedingt ist, haben wir uns dazu entschieden, hier eine Kategorie zu vergeben. Ebenso könnte man fragen, ob man den Zölibat und das Frauenbild nicht der Kategorie der rückständigen Haltung der Kirche hätte unterordnen können. Beim Frauenbild wäre dabei jedoch die Unterkategorie der mangeln-

---

[83] Vgl. *M. N. Ebertz/M. Eberhardt/A. Lang*, Kirchenaustritt als Prozess (s. Anm. 3).

den Gleichberechtigung unterdrückt worden. Und der Zölibat stellt einen besonderen Reizpunkt des Selbstverständnisses der römisch-katholischen Kirche dar, weshalb wir uns für eine explizite Ausweisung dieser Kategorie entschieden haben.

Schließlich haben wir einen kulturellen Ansatz gewählt, indem wir Motive nicht als individuelle Dispositionen begreifen, sondern als kognitive, kulturelle Ressource. Hier folgen wir zum einen der Kritik Kuphals am individual-psychologischen Ansatz in der Forschung zum Kirchenaustritt.[84] Zum anderen ist die Anlage beider gewählten Zugriffe auf den Kirchenaustritt nicht geeignet, individuelle, zeitlich stabile Dispositionen zu ergründen. Die vorliegenden Befunde sagen somit nichts über die Psyche der Ausgetretenen aus. Sie beschreiben vielmehr den kulturell gültigen Referenzrahmen, innerhalb dessen ein Kirchenaustritt kognitiv verarbeitet wird. Durch die Austrittsporträts lässt sich dieser Referenzrahmen zu einem Prozessmodell ordnen, welches die groben, idealtypischen Konturen des Austrittsprozesses absteckt. Beides steckt den Rahmen ab, innerhalb dessen sich ein Kirchenaustritt in der Regel ereignet. Beides lässt jedoch keinen Schluss auf die individuelle Motivation einer austretenden Person zu, geschweige denn auf die konkrete Ausprägung ihrer individuellen Austrittsmotive im Sinn einer psychischen Disposition.

5. Handlungsempfehlungen

In diesem Abschnitt werden die Forschungsergebnisse daraufhin ausgewertet, welche Bedeutung sie für das Bistum Essen haben und welche Handlungsoptionen für dieses Bistum aus ihnen abgeleitet werden können. Da damit der Boden abwägender Diskussion verlassen wird, erfolgen die folgenden Überlegungen als thesenartige Darstellung.

1. Auch wenn die acht Porträts sehr anschaulich illustrieren, wie Austrittsmotive heute subjektiv erlebt werden, passen sich die Befunde gut in den vorliegenden Forschungsstand ein und zeigen damit, dass die Austrittsmotive über die letzten 50 Jahre hinweg im Wesentlichen stabil geblieben sind. Das wirft die Frage auf, inwieweit sich die römisch-katholische Kirche in dieser Zeit dem Thema angenommen hat, bzw. wie weit es mit der Bereitschaft dieser Kirche ist, sich auf das Thema des Kirchen-

---

[84] Vgl. A. *Kuphal*, Abschied von der Kirche (s. Anm. 11), 115–127.

austritts einzulassen. Vor diesem Hintergrund ist das Bistum Essen zu beglückwünschen, sich diesem Thema zu stellen.

2. Sämtliche Befragten wurden als Kind Mitglied der katholischen Kirche. Angesichts des Aufwands, den es bedeutet, Menschen zur Konversion zu bewegen bzw. Ausgetretene wieder für die Kirche zu gewinnen, liegt es nahe, sich auf die Menschen zu konzentrieren, die noch Mitglied der Kirche sind. Unbeschadet des Heilsangebots Gottes an alle Menschen scheint es aus ökonomischer Perspektive günstiger, Menschen in der Kirche zu halten als Menschen (wieder) für diese zu gewinnen.

3. Sämtliche Studien verweisen darauf, dass sich der Kirchenaustritt als längerer Prozess ereignet. Es gibt keine Studie, die andeutet, dass dieser Prozess nicht gestoppt werden könnte. Hieraus lässt sich Hoffnung und Optimismus für die zukünftige Entwicklung im Bistum Essen schöpfen. Ferner stellt sich die Frage, ob es prophylaktische, niederschwellige Berührungspunkte in diesem Prozess geben kann. Drei Optionen scheinen uns bedenkenswert:

3.1 Es könnte überlegt werden, ob Anlaufstellen eine Möglichkeit sind, die negativen Erfahrungen und Begegnungen strukturell aufzufangen, z. B. durch eine offizielle Stelle für Beschwerden.

3.2 Ferner scheint eine neue Beachtung der vorliegenden niederschwelligen Begegnungen wie bspw. Kasualien und Festtagsgottesdienste hilfreich, um Menschen durch positive Begegnungen aus ihren negativen Motiven herauszuholen. Solche punktuellen, in der Regel affektiv wirksamen Erfahrungen mit Kirche können ein ausschlaggebender Punkt im Kosten-Nutzen-Kalkül der Menschen sein, also dazu führen, in der Kirche zu verbleiben. Außerdem könnten sie „Duftnoten" darstellen, die tendenziell zu einem besseren Image der Kirche beitragen.

3.3 Schließlich könnten punktuelle, niederschwellige spirituelle Angebote (z. B. Nacht der Lichter, Orgelmeditation zu bestimmter Tageszeit) eine Möglichkeit schaffen, dass Menschen Kirche positiv erfahren. Dadurch könnten ähnliche Dynamiken ausgelöst werden wie in 3.2 beschrieben.

4. Das entscheidende Motiv für den Kirchenaustritt ist gemäß den vorliegenden Befunden die fehlende bzw. nur noch sehr lose Bindung des Individuums an die römisch-katholische Kirche. Um Menschen in der Kirche zu halten, gilt es deshalb eine besondere Aufmerksamkeit für die Menschen zu entwickeln, die formal zwar Mitglied der Kirche sind, deren Angebote jedoch kaum bis gar nicht wahrnehmen. Es liegt deshalb nahe, in der Ausbildung zukünftiger Hauptamtlicher im Kirchendienst

ein Modul zu integrieren, wie man solche Menschen erkennt und wie man sie anspricht. Wahrscheinlich modifiziert bereits die Erfahrung, dass sich „die Kirche" (repräsentiert durch ihre Vertreterinnen und Vertreter) für mich interessiert, den Zustand fehlender Bindung.

4.1 Mögliche Ansatzpunkte einer Ansprache sind die Übergänge und Kontingenzen der modernen Normalbiographie, etwa der Umzug in eine neue Stadt, die Betreuung des Kindes, die Einschulung des Kindes, etc. In solchen Situationen ist die Wahrscheinlichkeit groß, dass die Betroffenen aufgeschlossen für echtes Interesse und echte Hilfe sind. Ganz praktisch könnte dies bedeuten, dass katholische Neubürgerinnen und Neubürger ein Begrüßungspaket zum Einzug bekommen mit relevanten Informationen und Gutscheinen vom Bistum.

4.2 Ferner bieten die Kasualien eine gute Möglichkeit, mit Menschen ins Gespräch zu kommen, die eine nur lose Beziehung zur Kirche pflegen. Da sich diesem Aspekt bereits drei Projekte des Zukunftsbildes des Bistums Essen widmen, wird hier nicht näher darauf eingegangen.

4.3 Ein positives Bild in der Bevölkerung hat die Caritas, diese wird aber nicht zwangsläufig mit der römisch-katholischen Kirche verbunden. Es wäre erstrebenswert, dass Caritas und Kirchgemeinden wieder mehr miteinander kooperieren und gemeinsam sichtbar werden.

4.4 Auch könnte sich das Bistum fragen, wo Kirche wie in der Öffentlichkeit sichtbar und „anfassbar" – gerade auf regionaler und lokaler Ebene – ist bzw. werden kann. Wo gibt es natürliche Kontakte in die Lebenswelt der Menschen, wie Kindergärten, Schulen, Lebensberatungen etc., die für das Bistum neu entdeckt werden können, um als Kirche Menschen positiv zu erreichen. Desgleichen gilt es zu fragen, welche neuen Kooperationen nötig wären, um als Bistum nah bei den Menschen zu sein.

4.5 Schließlich können sich auch die Gemeinden fragen, was sie tun können, um von den Menschen in ihrem Umfeld als offen und zugänglich erfahren zu werden. Auch hierzu existiert bereits ein Projekt im Rahmen des Zukunftsbildes.

5. Ein überraschendes Ergebnis der Studie ist, dass Menschen aus der Kirche austreten, weil diese ihnen nicht mehr traditionell und spirituell genug ist. Hier stellt sich die Frage, wie es neue traditionelle Spiritualitätsangebote im Bistum geben kann, die nicht von einzelnen Kirchgemeinden getragen, sondern überregional angeboten werden.

6. Die beiden zentralen Anlässe für den Kirchenaustritt sind die Kirchensteuer und persönlich enttäuschende Erlebnisse. Zumindest letzteres kann in der Personalplanung und in der Aus- und Weiterbildung der

Hauptamtlichen im Bistum Essen gezielt angegangen werden. Zum einen kann in der Auswahl des Personals darauf geachtet werden, welche Fähigkeiten die einzustellenden Menschen im Umgang mit anderen Menschen mitbringen. Zum anderen kann der Umgang mit anderen Menschen in Veranstaltungen der Aus- und Weiterbildung gezielt weiterentwickelt werden. Beide Maßnahmen tragen potentiell dazu bei, zumindest die Erfahrungen persönlicher Enttäuschungen in der Seelsorge zu minimieren.

7. Einige Motive rühren an Sollbruchstellen zwischen einer römisch-katholischen Morallehre und einem modernen Zeitgeist. Das gilt vor allem für den Umgang mit Homosexualität, den Umgang mit wiederverheirateten Geschiedenen und die kirchliche Sexualmoral. Das Dilemma dieser Sollbruchstellen liegt darin, dass sich in den besagten Positionen Kernideale einer römisch-katholischen Spiritualität und Lebensphilosophie niederschlagen. Sie sind nicht beliebig verhandelbar. Gleichzeitig zeigen die Befunde, dass ein barmherziger Umgang mit diesen Sollbruchstellen Menschen durchaus in der Kirche halten könnte. Daraus ergeben sich folgende Konsequenzen.

7.1 Da es sich bei den besagten Sollbruchstellen um theologisch relevante Thematiken handelt, sollte das Bistum Essen für sich selbst klären, welche Position es in den genannten Thematiken vertritt. Diese Positionen sollten klar und präzise herausgearbeitet sein und theologisch für Hauptamtliche nachvollziehbar begründet sein, sodass die Menschen, die diese Positionen vertreten müssen, wissen, aus welchem Geist heraus sie das tun.

7.2 Jede Positionierung sollte darauf hin befragt werden, welchen Gewinn Menschen daraus ziehen, wenn sie sich an der ethischen Weisung im betreffenden Fall orientieren. Z. B. wissen viele Menschen sofort, was die kirchliche Sexualmoral verbietet. Warum es sich lohnt, sich an diese Normen zu halten, kann dagegen kaum jemand sagen. Ein klares Profil des Zugewinns der erfolgten ethischen Positionierung versetzt die Menschen, die diese Position vertreten sollen, in die Lage, im Gespräch Rede und Antwort zu stehen.

7.3 Das Bistum Essen sollte klar herausarbeiten, welche pastoralen Konsequenzen sich aus den jeweiligen ethischen Positionierungen ergeben. Eine prinzipielle Ablehnung von Homosexualität muss z. B. nicht bedeuten, dass man homosexuelle Menschen verachtet und aus der Gemeinde ausschließt. Indem pastorale Konsequenzen klar herausgearbeitet und präzise kommuniziert werden, gewinnen haupt- und nebenamtliche

Vertreterinnen und Vertreter des Bistums Essen Sicherheit für ihren eigenen Umgang mit den Menschen.

7.4 Es liegt auf der Hand, dass eine ethische Positionierung nicht von allen Menschen geteilt wird. Ein solcher Anspruch lässt sich in einer pluralen Gesellschaft nicht mehr durchsetzen. Allerdings gewinnt das Bistum Essen durch solche Positionierungen Profil. Inwieweit dieses Profil auch von Menschen anerkannt wird, die eine eher lose Bindung an das Bistum haben, wird davon abhängen, wie transparent das Bistum seine Positionierung begründet und wie respektvoll es die pastoralen Konsequenzen aus diesen Positionierungen umsetzt.

8. Ein zentrales Motiv, welches die Kirchenbindung unterminiert, ist das schlechte Erscheinungsbild der römisch-katholischen Kirche. In Norwegen gelang es der protestantischen Kirche, ihr schlechtes Image erheblich zu verbessern, indem sie eine symbolische Führungsrolle in der Aufarbeitung des Breivik-Anschlags übernommen hat.[85] Eine solche symbolische Führungsrolle zeichnet sich dadurch aus, dass eine Institution eine klare Deutung eines gesellschaftlich relevanten Ereignisses anbietet, an der sich die Menschen orientieren und Sicherheit gewinnen können. Die sog. Flüchtlingskrise war z. B. so ein Ereignis, in dem die Kirchen eine symbolische Führungsrolle hätten übernehmen können (die dann faktisch Horst Seehofer übernommen hat).

8.1 Vor diesem Hintergrund stellt sich die Frage, ob es im Bistum ein Narrativ gibt, das die Lebenslage der im Bistum lebenden Menschen aufgreift und das identitätsstiftend für sie wirken könnte – und zwar nicht nur für die Menschen, die Mitglied der römisch-katholischen Kirche sind. Z. B. wird das Bistum Essen als „Ruhrbistum" bezeichnet. Lässt sich aus diesem Label eine identitätsstiftende Erzählung entwickeln? Und falls ja, wo wird dieses „Narrativ" für die Menschen sichtbar? Menschen suchen Identifikationspunkte und suchen sie auch in ihrer Kirche; gehen diese verloren, verliert die Kirche zunächst an Bedeutung und dann auch an Mitgliedern.

8.2 Narrative müssen repräsentiert werden. An dieser Stelle ließe sich die hierarchische Struktur der römisch-katholischen Kirche positiv nutzen, denn der Bischof gilt als natürliche Repräsentanz eines Bistums und

---

[85] Vgl. *A. Kalvig*, Death in Times of Secularization and Sacralization. The Mediating and Re-Mediating of the Utoya-Tragedy in the Norwegian Public Sphere, in: D. Refslund Christensen/K. Sandvik (Hrsg.), Mediating and Re-Mediating Death, London 2016, 23–41.

ist in der Regel hervorragend mit den verschiedenen Institutionen, die das öffentliche Leben prägen, vernetzt. Wir empfehlen dem Bischof von Essen deshalb zu prüfen, ob er es sich zutraut, eine symbolische Führungsrolle, wie oben beschrieben, zu übernehmen und welches Narrativ ihm dabei helfen könnte.

Literatur

H. Bedford-Strohm/V. Jung, Vernetzte Vielfalt. Kirche angesichts von Individualisierung und Säkularisierung, Gütersloh 2015.

Ch. Berg/M. Milmeister, Im Dialog mit den Daten das eigene Erzählen der Geschichte finden. Über die Kodierverfahren der Grounded-Theory-Methodologie, in: Forum Qualitative Sozialforschung/Forum: Qualitative Social Research 9 (2008), Art. 13 (o. S.).

K. Birkelbach, Die Entscheidung zum Kirchenaustritt zwischen Kirchenbindung und Kirchensteuer. Eine Verlaufsdatenanalyse in einer Kohorte ehemaliger Gymnasiasten bis zum 43. Lebensjahr, in: Zeitschrift für Soziologie 28 (1999), 136–153.

J. Bortz/N. Döring, Forschungsmethoden und Evaluation für Sozialwissenschaftler, Berlin 1995.

Sekretariat der Deutschen Bischofskonferenz (Hrsg.), Katholische Kirche in Deutschland. Zahlen und Fakten 2015/16, Bonn 2016.

Th. Dresing/Th. Pehl, Praxisbuch Interview und Transkription. Regelsysteme und Anleitungen für qualitative ForscherInnen, Marburg 2012.

T. Eberhardt, Zufriedenheitsstudie. Katholiken des Bistums Münster, http://www.bistum-uenster.de/downloads/Genn2015/Zufriedenheitsstudie_Praesentation.pdf [letzter Zugriff am 02.05.2017].

M. N. Ebertz, Die Erosion der konfessionellen Biographie, in: M. Wohlrab-Sahr (Hrsg.), Biographie und Religion. Zwischen Ritual und Selbstsuche, Frankfurt a. M. 1995, 155–179.

M. N. Ebertz, Erosion der Gnadenanstalt. Zum Wandel der Sozialgestalt von Kirche, Frankfurt a. M. 1998.

M. N. Ebertz/M. Eberhardt/A. Lang, Kirchenaustritt als Prozess. Gehen oder bleiben?, Münster 2012.

J. Eicken/A. Schmitz-Veltin, Die Entwicklung der Kirchenmitglieder in Deutschland. Statistische Anmerkungen zu Umfang und Ursachen des Mitgliederrückgangs in den beiden christlichen Volkskirchen, in: Wirtschaft und Statistik 6 (2010), 576–589.

EKD – Evangelische Kirche in Deutschland, Engagement und Indifferenz. Kirchenmitgliedschaft als soziale Praxis, Hannover 2014.

K. Engelhardt/H. von Loewenich/P. Steinacker, Fremde Heimat Kirche. Die dritte EKD-Erhebung über Kirchenmitgliedschaft, Gütersloh 1997.

A. Feige, Kirchenaustritte. Eine soziologische Untersuchung von Ursachen und Bedingungen, Gelnhausen 1977.

A. Feige, Kirchenmitgliedschaft in der Bundesrepublik. Zentrale Perspektiven empirischer Forschungsarbeit im problemgeschichtlichen Kontext der deutschen Religions- und Kirchensoziologie nach 1945. Gütersloh 1990.

A. *Feige*, Institutionell organisierte Religionspraxis und religiöse Autonomieansprüche der Individuen. Über soziokulturelle Bestimmungsgründe für Kirchenmitgliedschaft und Kirchenaustritt. Eine soziologische Analyse, in: E. Güthoff/S. Haering/H. Pree (Hrsg.), Der Kirchenaustritt im staatlichen und kirchlichen Recht (Quaestiones Disputatae 243), Freiburg i. Br. 2011, 147–178.

U. *Flick*, Gütekriterien qualitativer Forschung, in: G. Mey/K. Mruck (Hrsg.), Handbuch Qualitative Forschung in der Psychologie, Berlin 2010, 395–407.

K. *Gabriel*, Zwischen Tradition und Modernisierung. Katholizismus und katholisches Milieu in den 50er Jahren der Bundesrepublik, in: A. Doering-Manteuffel/K. Nowak (Hrsg.), Kirchliche Zeitgeschichte, Stuttgart 1996, 248–262.

U. *Grouven/R. Bender/A. Ziegler/S. Lange*, Der Kappa-Koeffizient, in: Deutsche Medizinische Wochenschrift 132 (2007), 65–68.

P. *Heelas/L. Woodhead*, The Spiritual Revolution. Why Religion is Giving Way to Spirituality, Oxford 2004.

J. *Hermelink*, Praktische Theologie der Kirchenmitgliedschaft. Interdisziplinäre Untersuchungen zur Gestaltung kirchlicher Beteiligung, Göttingen 2000.

H. *Hild*, Wie stabil ist die Kirche? Bestand und Erneuerung. Ergebnisse einer Umfrage, Berlin und Gelnhausen 1974.

Chr. *Hopf*, Die Pseudo-Exploration. Überlegungen zur Technik qualitativer Interviews in der Sozialforschung, in: Zeitschrift für Soziologie 7 (1978), 97–115.

Institut für Demoskopie Allensbach, Begründungen und tatsächliche Gründe für einen Austritt aus der Katholischen Kirche, Allensbach am Bodensee 1993.

A. *Kalvig*, Death in Times of Secularization and Sacralization. The Mediating and Re-Mediating of the Utoya-Tragedy in the Norwegian Public Sphere, in: D. Refslund Christensen/K. Sandvik (Hrsg.), Mediating and Re-Mediating Death, London 2016, 23–41.

A. *Kaupp*, Biographieforschung, in: M. Zimmermann/H. Lindner (Hrsg.), Wissenschaftlich-religionspädagogisches Lexikon, https://www.bibelwissenschaft.de/stichwort/100111/ [letzter Zugriff am 02.05.2017].

G. *Kretzschmar*, Kirchenaustritte und Eintritte in die Kirche, in: R. Kunz/Th. Schlag (Hrsg.), Handbuch für Kirchen- und Gemeindeentwicklung, Göttingen 2014, 109–116.

A. *Kuphal*, Abschied von der Kirche. Traditionsabbruch in der Volkskirche, Gelnhausen 1979.

Chr. *Lubkoll*, Motiv, literarisches, in: Metzler Lexikon Literatur- und Kulturtheorie (2013), 542–543.

P. *Mayring*, Qualitative Inhaltsanalyse, in: Forum Qualitative Sozialforschung/Forum: Qualitative Social Research 1 (2000), Art. 20. (o. S.).

H. *Moosbrugger/A. Kelava*, Testtheorie und Fragebogenkonstruktion, Berlin 2012.

U. *Müller-Weißner/R. Volz*, Kirchenaustritte aus der Evangelischen Kirche. Beweggründe, Zusammenhänge, Perspektiven, in: U. Müller-Weißner/R. Volz/F. Borggrefe/W. Pröpper (Hrsg.), Kirche ohne Volk, Ludwigshafen 1991, 9–41.

H. *Mummendey/I. Grau*, Die Fragebogen-Methode, Göttingen 2008.

K. *Niemelä*, Alienated or Disappointed? Reasons for Leaving the Church in Finland, in: Nordic Journal of Religion and Society 20 (2007), 195–216.

G. *Pickel*, Religionssoziologie, Wiesbaden 2011.

G. *Pickel/T. Spieß*, Religiöse Indifferenz. Konfessionslosigkeit als Religionslosigkeit?, in: H. Bedford-Strohm/V. Jung (Hrsg.), Vernetzte Vielfalt. Kirche angesichts von Individualisierung und Säkularisierung, Gütersloh 2015, 248–266.

R. *Porst*, Fragebogen. Ein Arbeitsbuch, Berlin 2014.

R. *Puca*, Motiv, in: Dorsch – Lexikon der Psychologie (2014), 1113.

Chr. *Ramsenthaler*, Was ist „Qualitative Inhaltsanalyse"?, in: M. Schnell/Chr. Schulz/H. Kolbe/Chr. Dunger (Hrsg.), Der Patient am Lebensende. Palliative Care und Forschung, Wiesbaden 2013, 23–42.

G. *Schmidtchen*, Protestanten und Katholiken. Soziologische Analyse konfessioneller Struktur, München 1973.

G. *Schmied*, Kirchenaustritt als abgebrochener Tausch. Analyse von Lebenslaufinterviews im Rhein-Main-Raum, Mainz 1994.

J. *Stolz/J. Könemann/M. Schneuwly-Purdie/M. Krüggeler*, Religion und Spiritualität in der Ich-Gesellschaft. Vier Gestalten des (Un-)Glaubens, München 2014.

A. *Witzel*, Das problemzentrierte Interview, in: G. Jüttemann (Hrsg.), Qualitative Forschung in der Psychologie. Grundfragen, Verfahrensweisen, Anwendungsfelder, Weinheim 1985, 227–255.

A. *Witzel*, Das problemzentrierte Interview [25 Absätze], in: Forum Qualitative Sozialforschung/Forum: Qualitative Social Research 1 (2000), Art. 22. (o. S.).

H.-G. *Ziebertz/U. Riegel*, Letzte Sicherheiten. Eine empirische Studie zu den Weltbildern Jugendlicher, Freiburg i. Br. und Gütersloh 2008.

Offene Ränder – vielgestaltige Zugehörigkeiten
Theologische Reflexionen zu einer pluralitätsfähigen und engagierten Kirche in Bewegung

Jan Niklas Collet/Thomas Eggensperger/Ulrich Engel

1. Einleitung

Im Jahr 2011 sorgten hunderte Theologieprofessor(inn)en zwar nicht nur, aber doch hauptsächlich aus dem deutschsprachigen Raum mit der Unterzeichnung des Memorandums „Kirche 2011: Ein notwendiger Aufbruch"[1] für innerkatholische Debatten. Die unterzeichnenden Hochschullehrer(innen) sprechen darin von einer „beispiellosen Krise"[2] der katholischen Kirche – eine Diagnose, die einigen prominenten Debattenteilnehmern theologisch zu flach blieb. Gefragt wurde öffentlichkeitswirksam z. B. von Walter Kardinal Kasper, ob es sich bei der vermuteten *Kirchen*krise nicht vielmehr um eine *Gottes*krise handle?[3]

Mittlerweile dürfte es theologisch wie kirchlich zum Konsens gehören, dass beide Phänomene einander bedingen und folglich nicht gegeneinander ausgespielt werden können. So schreibt etwa der Generalvikar des Bistums Essen, Klaus Pfeffer: „In unserer Kirche gibt es zu wenig Raum für das offene und ehrliche Ringen der Menschen um die Fragen des Lebens – und vielleicht auch um die Frage nach Gott."[4] Solche Äußerungen zeigen, dass sowohl in der akademischen Theologie als auch innerhalb der inners-

---

[1] Vgl. Kirche 2011: Ein notwendiger Aufbruch. Memorandum von Theologieprofessoren und -professorinnen zur Krise der katholischen Kirche, in: J. Könemann/Th. Schüller (Hrsg.), Das Memorandum. Die Positionen im Für und Wider, Freiburg i. Br. 2011, 14–18.

[2] Ebd., 14.

[3] Vgl. W. *Kasper,* Theologen-Memorandum – kommen wir zur Sache!, in: J. Könemann/Th. Schüller (Hrsg.), Das Memorandum. Die Positionen im Für und Wider. Freiburg i. Br. 2011, 148–152, 149: „Glauben denn die Unterzeichner im Ernst, dass die Kirchenfragen die existentiellen Fragen der Menschen heute sind? Oder ist es nicht eher umgekehrt, dass nämlich die Kirchenkrise eine Folge der Gotteskrise ist?" Erstmals abgedruckt wurde Kaspers Replik auf das Memorandum zwei Tage nach dessen Erscheinen am 06.02.2011 in der Frankfurter Allgemeinen Zeitung.

[4] K. *Pfeffer,* Kirche wird anders – aber wie? Gedanken zum Veränderungsprozess im Bistum Essen 2016, 3.

ten Kreise der Ämterhierarchie der katholischen Kirche in Deutschland heute weitgehend Einigkeit darüber besteht, dass es nicht hilft, „[d]ie Ursachen für die schwierige Situation der Kirche nur außerhalb ihrer selbst zu suchen"[5]. Es gibt gegenwärtig eine Krise der katholischen Kirche in Deutschland, die mehr ist als eine Krise ihrer äußeren Strukturen. Die hohe Zahl der Kirchenaustritte und die zunehmende innere Distanzierung auch vieler Katholik(inn)en zeugen davon.[6] Gerade dies deutet darauf hin, dass jene Strukturen zum Teil einer grundlegenden Veränderung bedürfen. Denn wenn es stimmt, dass in ihr die fundamentalen Lebens- und Glaubensfragen der Menschen nicht ausreichend Raum finden, dann steht die Kirche tatsächlich vor der Herausforderung einer tiefgreifenden Transformation ihres Handelns und Selbstverständnisses – und zwar nicht bloß um ihrer sozialen Selbsterhaltung, sondern tiefer gehend um ihrer Sendung willen, „Zeichen und Werkzeug für die innigste Vereinigung mit Gott und für die Einheit des ganzen Menschengeschlechts" (LG 1) zu sein. Theologie und Kirche stehen vor der Aufgabe, Zukunftsperspektiven zu entwickeln: wenn die eingespielten kirchlichen Denk- und Handlungsmuster heute immer weniger tragen, wie kann und soll die Kirche ihre Sendung dann auf neuen Wegen erfüllen?[7]

Die vor diesem Hintergrund anstehenden Transformationsprozesse der Kirche betreffen zwei Ebenen. Zum einen müssen sie sich praktisch in der Sozialgestalt der katholischen Kirche in Deutschland abbilden. Zum anderen müssen sie aber auch grundsätzlich im Denken stattfinden, das heißt: in der gegenwartssensiblen und zukunftsorientierten Reflexion des kirchlichen Handelns und Selbstverständnisses. Auf dieser Ebene geht es demnach um die ekklesiologischen und pastoraltheologischen Implikationen der gegenwärtig relevanten Herausforderungen für Theologie und Kirche.

Die nachfolgenden Ausführungen wollen ein Beitrag zu dieser Aufgabe am Beginn des 21. Jahrhunderts sein. Die vorgelegte theologische Reflexion versucht dabei, verschiedene Dimensionen in den Blick zu nehmen und zusammenzuführen:

---

[5] *J. Könemann/Th. Schüller*, Das Memorandum – Anlass, Grundgedanke und Inhalte (2011), in: Dies. (Hrsg.), Das Memorandum. Die Positionen im Für und Wider, Freiburg i. Br. 2011, 19–27, 25.

[6] Vgl. die in diesem Band vorliegenden Studien des ZAP (im Folgenden zitiert als: *Szymanowski/Jürgens/Sellmann*) sowie der Universität Siegen/des Instituts empirica (im Folgenden zitiert als: *Riegel/Kröck/Faix*).

[7] Die hier vorgelegten Reflexionen betreffen ausdrücklich lediglich die römisch-katholische Kirche.

- sie ist *sozialwissenschaftlich basiert*, indem sie die gegenwärtige kirchliche Situation gleichermaßen religionssoziologisch wie von ihrer historischen Genese her zu verstehen sucht;
- sie ist *biblisch gegründet*, indem sie einen von der Heiligen Schrift inspirierten Vorschlag zur theologischen Deutung jener Situation als „Zeichen der Zeit" (GS 4) bietet;
- sie ist *systematisch-theologisch reflektiert*, indem sie erstens die auf diese Weise gewonnenen Leitlinien für ein zeitgemäßes kirchliches Selbstverständnis und Handeln theologiegeschichtlich einordnet, dabei zweitens Äußerungen des kirchlichen Lehramtes, besonders des Zweiten Vatikanischen Konzils, in die eigenen Überlegungen einbezieht und drittens vor diesem Hintergrund und unter Zuhilfenahme soziologischer Forschungsergebnisse theologische Perspektiven für die Ekklesiologie zu entwerfen versucht;
- sie ist *pastoraltheologisch orientiert*, da die entworfenen ekklesiologischen Perspektiven vor der beschriebenen Herausforderung kirchlicher Transformationsprozesse zu lesen sind und einen Beitrag zu ihrer theologischen und pastoralpraktischen Bewältigung leisten wollen.

Damit ist schlaglichtartig das leitende Theologieverständnis dargestellt, mit dem an die skizzierte Grundfrage herangegangen wird.

Dabei besteht die wesentliche Herausforderung für die katholische Kirche darin, auf die gesellschaftlichen Pluralisierungs- und Individualisierungsprozesse zu antworten, in deren Zuge individuelle Religiosität einerseits und Kirchenzugehörigkeit andererseits mehr und mehr auseinandertreten. Kann die katholische Kirche in Deutschland – und hier in besonderer Weise im Bistum Essen – die Bedürfnispluralität, die sich aus dieser gesellschaftlichen Konstellation ergibt, theologisch legitimiert zulassen und in der Praxis mit eigenen Angeboten bedienen? An der Antwort auf diese Frage dürfte sich ekklesiologisch und pastoralpraktisch einiges entscheiden – und mit ihr zugleich die Frage aufgeworfen werden, was die Kirche in aller Pluralität zusammenhält. Wie bleibt die Kirche in ihrer internen Vielfältigkeit gemeinsam auf dem Weg zu dem, was theologisch „Reich Gottes" genannt wird?

Um im Kontext dieser doppelten Fragestellung weiterführende ekklesiologische und pastoralpraktische Perspektiven aufzuwerfen, wird im Folgenden zunächst das in Europa und Deutschland lange Zeit erfolgreiche und tragfähige Konzept kirchlicher Vergemeinschaftung skizziert: die, mit einem Wort Philippe Baqcs, „Pastoral der Rahmung"[8], die auf enger kirchengemeindlicher Einbindung, das heißt auf umfassender sakramentaler Betreuung, aber auch auf biographischer Normierung und Kontrolle durch die kirchliche Institution beruhte. Dieses Konzept stößt heute angesichts tiefgreifender gesellschaftlicher Individualisierungsprozesse allerdings an Grenzen, die sich auf der Grundlage der Kategorie der „Rahmung" eben nicht mehr bewältigen lassen: zu plural, zu individuell verschieden gestalten sich heute (religiöse) Zugehörigkeiten (Kapitel 2).

Dieses Moment der Vielgestaltigkeit von Zugehörigkeiten wird in einer bibeltheologischen Relecture der gegenwärtigen gesellschaftlichen Situation der katholischen Kirche in einem zweiten Schritt als ekklesiologische Normalität gedeutet (Kapitel 3). In dieser Perspektive erscheinen Pluralisierungs- und Individualisierungsprozesse als begrüßenswerte Befreiungsprozesse. Ihre theologische Legitimierung finden sie bereits in der Schrift: Schon beim historischen Jesus waren die Möglichkeiten der Zugehörigkeit zu ihm und seiner Botschaft plural. Ausgehend von dieser Beobachtung lassen sich Pluralität, Vielgestaltigkeit und Vielstimmigkeit biblisch insgesamt als grundlegender Teil des göttlichen Schöpfungs- und Erlösungswillens interpretieren. Zugehörigkeit ist theologisch in diesem Sinne eine Kategorie im Plural – nicht im Singular.

Was die unterschiedlichen Zugehörigkeitsgestalten beim historischen Jesus indes zusammenhielt, war die gemeinsame und praktisch gelebte Hoffnung auf das von ihm verkündigte Reich Gottes auf Erden. Diese Hoffnung und das gemeinsame Engagement für das Anbrechen des Gottesreiches ermöglichten die Unterschiedlichkeit vieler Formen der Zugehörigkeit und zugleich die Verbundenheit dieser verschiedenen Lebens- und Glaubensformen innerhalb der Jesusbewegung. In diesem Sinne lässt sich die Jesusbewegung als Soziale Bewegung beschreiben. Denn für Soziale Bewegungen ist dieses Ineinander und gegenseitige Bedingungsverhältnis von möglichen Unterschieden in Gestalt und Intensität der Beteiligung einerseits und Identifikation mit einer gemeinsamen Zielperspektive konstitutiv. Auf diese Weise führen die nachfolgenden Überlegungen von der Kategorie der Rahmung über diejenige pluraler Zugehörigkeit zur Kategorie der Bewegung, die für die ekklesiologische Reflexion fruchtbar gemacht werden soll. Das Ziel dieser Rezeption der

---

[8] P. *Bacq*, Für eine Erneuerung vom Ursprung her. Auf dem Weg zu einer „zeugenden Pastoral", in: R. Feiter/H. Müller (Hrsg.), Frei geben. Pastoraltheologische Impulse aus Frankreich, Ostfildern ³2013, 31–55, 32.

Bewegungsmetapher besteht darin, die herausgestellte theologische Aufgabe einer Ekklesiologie in pastoralpraktischer Absicht zu bewältigen,
sich einer gleichermaßen pluralitäts- wie gemeinschaftsfähigen Kirche im
Denken anzunähern. So ergibt sich das Bild einer Kirche mit offenen Rändern, die pluralitätsfähig weil engagiert, engagiert weil pluralitätsfähig ist
(Kapitel 4 und 5).

Was dies konkret im Bistum Essen bedeuten kann, gilt es in konkreten
Projekten vor Ort zu realisieren. Eine solche Realisierung kann nicht vom
theologischen Schreibtisch aus geschehen. Die wissenschaftliche Reflexion
kann durch die Annäherung an ein entsprechendes Kirchenbild nicht
mehr – allerdings auch nicht weniger – leisten, als der kirchlichen Praxis
Möglichkeitsräume zu eröffnen. In diesem Sinne legen wir abschließend einige Handlungsempfehlungen vor, die unserer Meinung nach der Entwicklung einer Kirche mit offenen Rändern dienlich sein können (Kapitel 6).

2. Situationsanalyse: die Pastoral der Rahmung und ihre Erosion

Wer sich die Kirchenstatistik des Jahres 2015 anschaut, erhält schnell
ein eindeutiges Bild von den gegenwärtigen Entwicklungstendenzen
der katholischen Kirche in Deutschland. Den über 180.000 Austritten
aus der katholischen Kirche im Jahr 2015 stehen hierzulande gerade
einmal etwas mehr als 9.000 Konversionen und Wiedereintritte gegenüber, das entspricht 5 % der Ausgetretenen.[9] Im Bistum Essen liegt dieser Prozentsatz etwas höher, bei 6 %; 2015 standen den 5.246 Austritten hier 315 Konversionen (85) und Wiedereintritte (230) gegenüber.[10]
Auf lange Sicht lässt sich feststellen, dass die Zahl der Austritte aus der
katholischen Kirche in Deutschland seit 1955 zwar mit zwischenzeitlichen Schwankungen, aber doch kontinuierlich gestiegen ist. Die Zahl
der Eintritte (Konversionen) in die katholische Kirche in Deutschland
hatte sich seit den 1970er Jahren auf einem Niveau von ca. 4.000 Ein-
tritten im Jahr eingependelt, ist allerdings seit dem Jahr 2010 rückläufig und lag 2015 nur noch bei 2.685. Ein ähnliches Bild zeigt sich bei
den Wiederaufnahmen: Ihre Zahl war seit den 1970er Jahren sogar
steigend und betrug 2005 im Höchststand 11.210; seit 2006 zeigt sich

---

[9] Vgl. *Sekretariat der Deutschen Bischofskonferenz,* Katholische Kirche in Deutschland. Zahlen und Fakten 2015/2016, Bonn 2016, 48.
[10] Vgl. ebd.

allerdings ein kontinuierliches Absinken der Wiederaufnahmen, deren Zahl 2015 bei 6.477 lag.[11]

Unter anderem geben diese Zahlen Anlass zu der Vermutung, dass die klassische Sozialform kirchlichen Lebens – die Vergemeinschaftung innerhalb von Territorialgemeinden – eine immer größere Zahl von Menschen offenbar nicht (mehr) anspricht. Zumindest für diejenigen, die den Kirchenaustritt nach bürgerlichem Recht vollziehen, dürfte gelten, dass, auch wenn sie ihrer eigenen Selbstbeschreibung nach womöglich nicht ursächlich *wegen* dieser Sozialform ausgetreten sein mögen, diese sie davon aber auch nicht *abgehalten* hat. Gebunden an örtliche Kirchengemeinden jedenfalls scheinen sie sich in der Regel nicht zu fühlen.[12] Davon unberührt bleibt die Frage, ob für diejenigen, die bleiben, der direkte Kontakt zur örtlichen Kirchengemeinde ein zentraler Faktor für den Verbleib in der Kirche ist.[13] Angesichts der skizzierten Zahlen dürfte heute niemand mehr bezweifeln, dass am Beginn des 21. Jahrhunderts die klassische kirchliche Sozialform einer erheblichen Erosion ausgesetzt ist. Darin zeigt sich ein Entwicklungstrend, der nun schon mindestens seit Mitte der 1950er Jahre mit nur geringfügigen zwischenzeitlichen Schwankungen anhält.[14]

Philippe Bacq hat mit Bezug auf die Sozialform der Territorialgemeinde von einer „Pastoral der Rahmung" gesprochen[15], die unter

---

[11] Zu den Entwicklungen der Zahlen seit 1955 vgl. *Sekretariat der Deutschen Bischofskonferenz*, Katholische Kirche in Deutschland. Wiederaufnahmen, Eintritte, Austritte 1950–2015.

[12] Vgl. *Szymanowski/Jürgens/Sellmann* in diesem Band: Individuelle Dimension/Die Kirche als Heimat, wonach je nach Studie lediglich für ein Fünftel bis ein Drittel der Katholik(inn)en die Kirche eine Heimat, somit „größtenteils ‚Heimat für andere'" ist; vgl. auch *Riegel/Kröck/Faix* in diesem Band: Die Austrittsmotive im lebensweltlichen Kontext/Die Austrittsporträts im Vergleich, nach deren qualitativer Studie die Motive „Entfremdung von der Kirche" und „fehlende Bindung zur Kirche" den Austritt von Menschen maßgeblich verursacht.

[13] Vgl. *Szymanowski/Jürgens/Sellmann* in diesem Band: Interaktive Dimension/Der Gemeinschaftscharakter. Die Studie zeigt, dass kirchennahe Milieus die integrative Funktion der Kirche schätzen. Zugleich wird betont, dass das „Gemeinschaftsgefühl […] sich als eine sekundäre Gratifikation – ein […] ‚Nice-to-have' beschreiben [lässt]. Es entfaltet seine bindende Wirkung erst vollständig in Kombination mit anderen primären kirchenbindenden Faktoren – den ‚Must-haves'".

[14] Vgl. *Riegel/Kröck/Faix* in diesem Band: Diskussion des empirischen Befunds/Austrittsmotive, die diese quantitative Feststellung dadurch untermauern, dass sie festhalten, „dass sich die Wahrnehmung der katholischen Kirche bei denen, die ihr kritisch gegenüberstehen, in den letzten fünfzig Jahren nicht wesentlich geändert hat."

[15] Vgl. *P. Bacq*, Für eine Erneuerung vom Ursprung her (s. Anm. 8), 32–34.

den gegenwärtigen gesellschaftlichen Bedingungen an ihre Grenzen stößt und im Niedergang begriffen ist. Das Wort „Rahmung" verweist dabei auf das zugrunde liegende Territorialprinzip, aber auch auf den Anspruch, „das Leben der Gläubigen von ihrer Geburt bis zu ihrem Tod zu ‚rahmen'".[16] Letzteres äußert sich zum einen in der Feier der Sakramente, mit denen die Gläubigen von der Wiege bis zur Bahre mit den Heilsmitteln der Kirche versorgt werden, und zum anderen in der Person des Pfarrers, der die Gemeinde versammelt, unterweist und kontrolliert.[17] Auf der Grundlage dieses Pastoralkonzepts konnte die Kirche das Verhalten ihrer Mitglieder lange Zeit in besonderer Weise steuern; sie hatte in diesem Sinne Macht über die Biographien der Menschen, das heißt über ihre Selbstbeschreibungen und die konkreten Formen der Gestaltung individuellen und gemeinschaftlichen Lebens.

Die Art und Weise der Ausübung solcher Biographiemacht hat *Michel Foucault* eindrücklich beschrieben. Seine Reflexionen über die von ihm so genannte kirchliche Pastoralmacht setzen entsprechend mit der spezifischen Art und Weise ein, in der sich die christliche Religion geschichtlich ausgebildet hat.

> „Das Christentum ist die einzige Religion, die sich als Kirche organisiert hat. Als solche vertritt das Christentum prinzipiell, daß einige Individuen kraft ihrer religiösen Eigenart befähigt seien, anderen zu dienen, und zwar nicht als Fürsten, Richter, Wahrsager, Wohltäter oder Erzieher usw., sondern als Pastoren (Hirten)."[18]

In diesem Modus der Seelsorge, im Modus des Dienstes, konstituiert sich kirchliche Pastoralmacht. Dies markiert einen wichtigen Unterschied zur Königsmacht; anders als jene ist die Pastoralmacht ihrem Wesen nach *selbstlos,* am Wohl der Person – im Sinne ihres individuellen Seelenheils in der jenseitigen Welt – interessiert, auf die sie sich richtet. Anders als die Königsmacht, die von den eigenen Untertanen Opfer fordert, ist die Pastoralmacht im Interesse dieses Ziels selbst bereit, Opfer zu bringen.[19] Darin, dass sich die Selbstlosigkeit auf das individuelle Seelenheil richtet, unterscheidet sie sich zugleich von der gemeinwohlorientierten juridischen Macht; Pastoralmacht ist demgegenüber *individualisierend*.[20]

---

[16] Ebd., 33.
[17] Vgl. ebd.
[18] *M. Foucault,* Botschaften der Macht. Der Foucault-Reader. Diskurs und Medien, hrsg. von J. Engelmann, Stuttgart 1999, 161–171, 168.
[19] Vgl. ebd., 169.
[20] Vgl. ebd.

Zugleich ist Pastoralmacht Foucault zufolge ihrem Charakter nach *totalisierend*, denn sie „erstreckt sich über das gesamte Leben" und ist außerdem mit „einer Produktion von Wahrheit verbunden, der Wahrheit des Individuums selbst".[21] Ein gesellschaftlicher Konsens über Sinn und Ziel menschlichen Lebens (Orthodoxie) sowie die Art und Weise, das eigene Leben zu führen (Orthopraxie), einerseits und der spezifische soziale Zusammenhang der kirchlichen Institution andererseits konnten sich gegenseitig stützen.

Zu Beginn der neuzeitlichen Theologie verdichtete sich dieser enge Konnex zwischen dem sozialen Zusammenhang einerseits und seiner diskursiven Legitimation andererseits im Bild der Kirche als „societas perfecta", das den spezifisch katholischen Modus der Ausbildung und Ausübung kirchlicher Pastoralmacht für weite Teile der neuzeitlichen Kirchengeschichte markiert. Die Vorstellung der Kirche als „societas perfecta" entwickelte sich bezeichnenderweise just in dem Augenblick, in dem die bis dahin als selbstverständlich geltende Verbindung von sozialer Praxis einerseits und theologisch-diskursiver Legitimation kirchlicher Pastoralmacht andererseits durch die Ausbildung der von der Kirche grundsätzlich unabhängigen Nationalstaaten brüchig wurde.[22] Indem sich die Kirche als „societas perfecta" begriff, konnte sie gegenüber dem Nationalstaat ihre Unabhängigkeit und Handlungsfähigkeit bewahren. Denn „[a]ls ,societas perfecta' bestimmt[e] die Kirche ihre Identität mittels der Ressourcen, die ihr aus ihr selbst heraus zur Verfügung stehen. Deshalb begr[iff] sie sich dem Staat rechtlich-formal ebenbürtig und durch ihr Gottesverhältnis übernatürlich-material überlegen."[23] Auf die Bedrohung katholischer Identität von außen reagierte die Kirche durch eine interne Verdichtung des Legitimationsdiskurses katholisch-kirchlicher Pastoralmacht.

Diese Entwicklung – Rettung der Identität gegen äußere Bedrohung durch interne Machtverdichtung – fand ihren Höhepunkt in der Ausbildung des katholischen Milieus im 19. Jahrhundert[24], nachdem die Pastoralmacht seit dem 18. Jahrhundert mehr und mehr von der Kirche zum

---

[21] Ebd.

[22] Vgl. *H.-J. Sander*, Theologischer Kommentar zur Pastoralkonstitution der Kirche in der Welt von heute *Gaudium et spes*, in: P. Hünermann/B. J. Hilberath (Hrsg.), Herders Theologischer Kommentar zum Zweiten Vatikanischen Konzil, Bd. 4, Freiburg i. Br. 2005, 581–886, 601–602.

[23] Ebd., 601.

[24] Zur Ausbildung des katholischen Milieus vgl. *K. Gabriel*, Christentum zwischen Tradition und Postmoderne, Freiburg i. Br. 1994, 96–104.

religionsunabhängigen Nationalstaat übergegangen war.[25] Mit dem Begriff des „katholischen Milieus" ist ein „abgrenzender und ausgrenzender katholisch-konfessioneller Gruppenzusammenhang mit einem gewissen Wir-Gefühl gemeint, der über eine eigene ‚Welt-Anschauung', eigene Institutionen und eigene Alltagsrituale verfügt."[26] Mittels der eigenen Institutionen konnten weite Teile des täglichen Lebens innerhalb der Grenzen des von der nicht-katholischen „Außenwelt" geschiedenen katholischen Milieus erledigt werden[27], und die umfassende Ritualisierung des Alltags eröffnete eine stabile religiöse Heimat im als bedrohlich empfundenen Modernisierungsprozess.[28] Diese beiden eher sozial-praktischen Elemente wurden diskursiv getragen von einem dualistischen Weltbild, wonach „der Welt Gottes und der Kirche [...] die Welt der bösen Mächte gegenüber[stand]. [...] Ohne die Vorbilder und Gnadenmittel, die die Kirche [aus sich selbst heraus; d. Verf.] zur Verfügung stellte, war ein unbeschadeter und erfolgreicher Weg durch die Gefahren des Lebens nicht denkbar und möglich. Daraus bezog die katholische ‚Welt-Anschauung' ihre besonders enge und alltagswirksame Verschränkung von Immanenz und Transzendenz."[29] Das katholische Milieu konnte sich in der beschriebenen Form zwischen der Mitte des 19. und der Mitte des 20. Jahrhunderts halten. Diese Zeit markiert den „Höhepunkt innerkirchlicher Pastoralmacht"[30], die jedoch in ihre „größte Krise"[31] geriet, als seit den 1960er Jahren das sie tragende katholische Milieu mehr und mehr zusammenbrach.

Als wichtigste theologische Antwort auf diesen Zusammenbruch kann die Gemeindetheologie gelten, wie sie im Anschluss an das Zweite Vatikanische Konzil in den 1970er Jahren besonders von Ferdinand Klostermann ausgearbeitet und vertreten wurde.[32] Sie kann mit Rainer Bucher als Versuch einer „spezifische[n] Transformation der katho-

---

[25] Vgl. M. *Foucault*, Botschaften der Macht (s. Anm. 18), 170.

[26] *K. Gabriel*, Christentum zwischen Tradition und Postmoderne (s. Anm. 24), 96.

[27] Vgl. ebd., 81.

[28] Vgl. ebd., 102.

[29] Ebd., 99f.

[30] *R. Bucher*, Aufgebrochen durch Urbanität. Transformationen der Pastoralmacht (2013), in: M. Sievernich/K. Wenzel (Hrsg.), Aufbruch in die Urbanität. Theologische Reflexion kirchlichen Handelns in der Stadt, Freiburg i. Br. 2013, 215–250, 220.

[31] Ebd.

[32] Vgl. zur Gemeindetheologie ebd., 230–238; ausführlich: *F. Klostermann*, Prinzip Gemeinde. Gemeinde als Prinzip des kirchlichen Lebens und der Pastoraltheologie als der Theologie dieses Lebens, Wien 1965.

lischen Variante der Pastoralmacht"[33] angesehen werden. Um dem kirchlichen Erosionsprozess zu begegnen, zielte die Gemeindetheologie auf die „Bildung verdichteter, ‚überschaubarer' Gemeinschaften unterhalb der Pfarrebene".[34] Dadurch sollte der „Zugriff der Kirche auf den Einzelnen [...] verstärkt werden".[35] Angesichts dessen resümiert Bucher, die Gemeindetheologie der 1970er Jahre sei der Versuch gewesen, „die katholische Kirche von einer amtszentrierten Heilsinstitution zu einer quasi-familiären gemeindlichen Lebensgemeinschaft umzuformatieren. Sie war ein kriseninduziertes sozialtechnologisches Rettungsprogramm", um „die freiheitsbedingten Erosionsprozesse kirchlicher Konstitution"[36] zu stoppen.

Dieser Versuch ist unter veränderten gesellschaftlichen Bedingungen für die heutige theologische Reflexion und pastoralpraktische Entwicklung jedoch nicht weiterführend. Er muss daher als mittlerweile überholt angesehen werden. Die von Forschern des Zentrums für angewandte Pastoralforschung (ZAP) im Rahmen der „Initiative für den Verbleib in der Kirche" des Bistums Essen erstellte Meta-Studie zur Kirchenbindung und -lösung zeigt dies eindrücklich. Der auf milieusensiblen Untersuchungen aufbauenden Studie lässt sich entnehmen, dass die klassischen Formen pastoralen Handelns und kirchlicher Kommunikation volle Zustimmung fast nur noch im konservativ-traditionellen Milieu finden.

Dieses Ergebnis betrifft alle sieben Dimensionen der Kirchenbindung, die die Bochumer Pastoralforscher im Rahmen ihrer Meta-Studie identifizieren.[37] Religiosität ist, so ein Ergebnis der Meta-Studie, nicht an Kirchlichkeit gebunden.[38] Insbesondere in postmodernen Milieus werden Antworten auf Sinnfragen und Orientierung für das eigene Leben von der Kirche kaum mehr erwartet.[39] Ein ähnliches Bild zeigt sich hinsichtlich sozialer Funktionen wie etwa familiärer Integration oder der Beheimatung in kirchlichen Gemeinschaftsformen. In vielen Fällen zeigt sich ein generationeller Abbruch: Die nachrückenden Generationen sind

---

[33] Ebd., 237.

[34] Ebd., 235.

[35] Ebd., 236.

[36] Ebd., 238.

[37] Vgl. den entsprechenden Beitrag von *Szymanowski/Jürgens/Sellmann* in diesem Band.

[38] Vgl. *Szymanowski/Jürgens/Sellmann* in diesem Band: Individuelle Dimension/Religiosität und Gottesglauben.

[39] Vgl. *Szymanowski/Jürgens/Sellmann* in diesem Band: Individuelle Dimension/Sinn, Halt und Orientierung.

immer weniger kirchlich verortet.[40] Drastisch fällt das Bild auch hinsichtlich der kirchlichen Lehre und kirchlicher Moralvorstellungen aus, die häufig nicht einmal innerhalb kirchlicher Milieus anschlussfähig sind, geschweige denn in postmodernen Kontexten.[41] Einen Lichtblick kann noch die hohe Wertschätzung für die Kasualien darstellen, in deren Bereich die Kirche in großen Teilen immer noch eine Monopolstellung hat.[42] Weitere, weithin als positiv wahrgenommene Aspekte kirchlichen Handelns sind das caritative und humanitäre Engagement der Kirche.[43] Doch auch auf diesen Feldern kirchlichen Handelns lassen sich erste Erosionsprozesse erkennen.[44]

Diese Ergebnisse werden auch durch die ebenfalls in diesem Band vorliegende Auswertung der quantitativen und qualitativen Erhebungen weitgehend gestützt,[45] die von Forschern der Universität Siegen und dem Institut empirica[46] durchgeführt wurden, um die Situation zu beleuchten, wie sie sich in spezifischer Weise im Bistum Essen darstellt. Eine Abweichung von der Meta-Studie des ZAP ergibt sich allerdings hinsichtlich einer in der Universität Siegen/Institut empirica-Studie identifizierten Gruppe von Menschen, die sich von der Kirche abwenden, weil diese sich von dem ihr zugeschriebenen grundlegenden Auftrag gottesdienstlicher Verkündigung und Anbetung entfernt habe.[47] Freilich ändert dies nichts daran, dass abseits des traditionell-konservativen Milieus kirchliche Sinnangebote und Praxisformen immer weniger anschlussfähig sind. Das Ergebnis zeigt jedoch, dass zu einem vollständigen Bild eben auch die andere Seite gehört, dass es nämlich auch Stimmen im traditionell-konservativen Milieu gibt, die die Kirche für allzu angepasst an (post-)moderne Lebensverhältnisse halten.

---

[40] Vgl. *Szymanowski/Jürgens/Sellmann* in diesem Band: Interaktive Dimension/Sozialisation und Mitgliedschaft.

[41] Vgl. *Szymanowski/Jürgens/Sellmann* in diesem Band: Gesellschaftliche Dimension/ Werte und Lehre der Kirche.

[42] Vgl. *Szymanowski/Jürgens/Sellmann* in diesem Band: Liturgische Dimension/Kasualien.

[43] Vgl. *Szymanowski/Jürgens/Sellmann* in diesem Band: Gesellschaftliche Dimension/ Das sozial-caritative Engagement der Kirche.

[44] Vgl. Ebd.

[45] Vgl. *Riegel/Kröck/Faix* in diesem Band: Die Austrittsmotive im lebensweltlichen Kontext/Die Austrittsporträts im Vergleich.

[46] Nachfolgend im Fließtext bezeichnet als „Universität Siegen/Institut empirica".

[47] Vgl. *Riegel/Kröck/Faix* in diesem Band: Diskussion des empirischen Befunds/Austrittsmotive.

Die Triebfedern der beschriebenen Entwicklung werden in der einschlägigen pastoraltheologischen Literatur in den Prozessen fortschreitender Individualisierung und Pluralisierung gesehen, die für die sogenannte (post-)moderne Gesellschaft typisch sind und entsprechend größere Entscheidungsspielräume für den bzw. die Einzelne(n) mit sich bringen.[48] Flächendeckend ist man sich einig, dass die mit diesen Worten verbundenen Entwicklungen quer liegen zu einem Pastoralkonzept, das auf dauerhafter Zugehörigkeit und institutioneller Kontrolle beruht. Religiöser Glaube löst sich unter den Bedingungen der pluralistischen (Post-)Moderne zunehmend von der Zugehörigkeit zu einer Kirche oder Religionsgemeinschaft. Diese würden nun vielmehr, so Winfried Gebhardt, als „Hemmschuh auf dem Weg zu einer selbstbestimmten Religiosität"[49] wahrgenommen.

Nicht unwesentlich ist in diesem Zusammenhang die Erfahrung der neuzeitlichen Religionskriege. Angesichts der vielen Toten, die diese gekostet haben, sei es, so Bucher, „[k]ein Wunder, dass danach die Gesellschaft begann, immer mehr ihrer Handlungssektoren religionsunabhängig zu machen."[50] Dieser Perspektive folgt auch José Casanova. Zweifellos werde

> „der Prozess der Säkularisierung in ganz Kontinentaleuropa mit der Befreiung von konfessionellen Bindungen der ländlichen oder städtischen Territorialgemeinden assoziiert, und in dieser Hinsicht findet der europäische Säkularisierungsprozess primär in Form der Entkonfessionalisierung statt."[51]

---

[48] Vgl. u. a. *R. Bucher*, ... wenn nichts bleibt, wie es war. Zur prekären Zukunft der katholischen Kirche, Würzburg ²2012; *J. Casanova*, Europäische Säkularisierung aus globaler vergleichender Perspektive. Diagnose und Antwort, in: Th. Dienberg/Th. Eggensperger/U. Engel (Hrsg.), Himmelwärts und weltgewandt. Kirche und Orden in (post-)säkularer Gesellschaft, Münster 2014, 41–54; *J.-M. Donegani*, Säkularisierung und Pastoral, in: R. Feiter/H. Müller (Hrsg.), Frei geben. Pastoraltheologische Impulse aus Frankreich, Ostfildern ³2013, 56–80; *Th. Eggensperger*, Individualisierung in der Moderne. Alternativentwurf zu einem Verständnis von Säkularisierung als Folge der Modernisierung, in: Th. Dienberg/Th. Eggensperger/U. Engel (Hrsg.), Säkulare Frömmigkeit. Theologische Beiträge zu Säkularisierung und Individualisierung, Münster 2013, 105–117; *Ders.*, Individualisierung und die Sphäre des Mundanen, in: Th. Dienberg/Th. Eggensperger/U. Engel (Hrsg.), Himmelwärts und Weltgewand. Kirche und Orden in (post-)säkularer Gesellschaft, Münster 2015, 247–254.
[49] *W. Gebhardt*, Believing without Belonging? Religiöse Individualisierung und neue Formen religiöser Vergemeinschaftung, in: A. Kreutzer/F. Gruber (Hrsg.), Im Dialog. Systematische Theologie und Religionssoziologie, Freiburg i. Br. 2013, 297–317, 298.
[50] *R. Bucher*, ... wenn nichts bleibt, wie es war (s. Anm. 48), 30.
[51] *J. Casanova*: Europäische Säkularisierung aus globaler vergleichender Perspektive (s. Anm. 48), 45.

Die Gründe für diese – wie Casanova dezidiert betont – *europäische* Perspektive auf die Säkularisierung sieht auch er in den Nachwirkungen der Religionskriege nach der Reformation.[52] Auf der Grundlage des Prinzips „cuius regio, eius religio" sei das „Problem der religiösen Vielfalt durch Emigration gelöst"[53] worden. Und als Befreiung von den festgelegten religiösen und konfessionellen Identitäten werde in Kontinentaleuropa Säkularisierung aufgefasst.[54] Säkularisierung kann für den europäischen Kontext also verstanden werden als geschichtlicher Prozess fortschreitender Begrenzung des gesellschaftlichen Einflussbereichs religiöser Institutionen durch Freisetzung der Individuen aus deren Macht- und Geltungsansprüchen.[55]

Der Terminus „Säkularisierung" meint hier also nicht das Verschwinden der Religion, sondern ihren Transformationsprozess. Abgelehnt wird nämlich heute in der Regel nicht *die* Religion oder *das* Religiöse, sondern religiöse Institutionen, die mit dem tatsächlichen oder vermeintlichen Anspruch auf sicheres Wissen als sanktionierende und kontrollierende Instanzen Macht über die Korrektheit in Orthodoxie und Orthopraxie ausüben bzw. ausüben wollen. Die

> „,Selbstermächtigung des religiösen Subjekts' verweigert sich der Unterwerfung unter die normativen Vorgaben der institutionalisierten Religion und den Machtanspruch ihrer Führer und stellt die ,eigene religiöse Kompetenz', die man sich oft mühevoll unter Einsatz beträchtlicher (auch finanzieller) Mittel erarbeitet hat, in den Mittelpunkt."[56]

Mit anderen Worten: Die Kirche in Europa hat ihre Macht in weiten Teilen der Gesellschaft *de facto* bereits in dem Maße verloren, in dem sich die Objekte ihrer Machtausübung – die Einzelnen – der Kontrolle und Sanktionierung durch die Institution einfach entziehen; dieser Entzug hat für sie heute keine Konsequenzen mehr. Über ihre Nähe und Ferne zur kirchlichen Institution entscheiden die zu sich selbst ermächtigten religiösen Subjekte in der (post-)modernen Gesellschaft nach eigenem Ermessen. Die eingespielten und über einen langen geschichtlichen Zeitraum auch wirksamen kirchlichen Kontroll- und Sanktionsmechanismen laufen ins Leere.

Diese Wertung sollte jedoch nicht anachronistisch in die Vergangenheit verlagert werden. Die Selbstermächtigung der religiösen Subjekte ist aus geschichtlich-gesellschaftlichen (kollektiven) Erfahrungen auch deshalb

---

[52] Ebd.
[53] Ebd.
[54] Ebd.
[55] Vgl. *J.-M. Donegani*, Säkularisierung und Pastoral (s. Anm. 48), 56.
[56] *W. Gebhardt*, Believing without belonging? (s. Anm. 49), 311.

erwachsen, weil sich die „rahmende Pastoral" und das damit verbundene kirchliche Selbstverständnis in der Praxis selbst den Rang abgelaufen haben. Solange dieses Konzept noch von einem gesellschaftlichen Konsens getragen wurde, kann allerdings kaum von einer Entfremdung gesprochen werden; erst in dem geschichtlichen Moment seiner praktischen gesellschaftlichen Delegitimation durch die Religionskritik wurde das Konzept der rahmenden Pastoral zu einem Dispositiv, von dem es geraten schien, sich gesellschaftlich und individuell zu emanzipieren.

Diese Erkenntnis hat nun allerdings Konsequenzen für das kirchliche Selbstverständnis und Handeln im 21. Jahrhundert. Angesichts des europäischen Säkularisierungsprozesses nämlich kann „eine Strategie der neuen Evangelisierung, die versucht, eine konfessionelle Kirche oder konfessionelle Territorialgemeinden wiederherzustellen, sicherlich nicht erfolgreich sein."[57] Denn unter (post-)modernen Bedingungen würde das Festhalten an der rahmenden Pastoral selbst zu einem Anachronismus, weil die Kirche die historisch gewachsene gesellschaftliche Situation auf diese Weise gerade nicht als ihre eigene Gegenwart übernehmen würde. In einem Festhalten am Konzept der rahmenden Pastoral würde sich vielmehr lediglich ausdrücken, dass die Kirche sich (mehr oder weniger bewusst) nach einer Gesellschaftsformation zurücksehnte, die aufgrund geschichtlicher Erfahrung delegitimiert worden ist. Die Zeit des hundertprozentigen „Belonging" in Gestalt von *lebenslanger* bzw. *ausschließlicher* Zugehörigkeit, die die rahmende Pastoral zugleich voraussetzte und selbst produzierte, ist vorbei. An dieser Einsicht führt heute aus religionssoziologischer Sicht kein Weg mehr vorbei.

Summa summarum lässt sich demnach sagen, dass die der (post-)modernen Gesellschaft eingeschriebenen Pluralisierungsprozesse die traditionellen Gestalten kirchlicher Pastoral schlichtweg unterlaufen. Das Pastoralmodell der „rahmenden Pastoral" verliert an Plausibilität und sozialer Kraft, wenn die Möglichkeiten kirchlicher Pastoralmacht ins Leere laufen. Die Kirche hat heute keine Deutungshoheit (mehr) über Sinn und Ziel menschlichen Lebens und in den allermeisten Fällen auch keine realen Sanktionsmöglichkeiten, die Lebensgestaltung von Menschen institutionell wirksam zu normieren. Menschen entscheiden heute immer eigenständiger und individueller über ihre Nähe oder Ferne zur kirchlichen Institution. Damit kommt es insgesamt zu hoch pluralen For-

---

[57] *J. Casanova*, Europäische Säkularisierung aus globaler vergleichender Perspektive (s. Anm. 48), 53.

men des Glaubenslebens, die sich nicht mehr in die eingespielte volks-
kirchliche Normalvorstellung einer unmittelbaren Verbindung zwischen
Kirchlichkeit und Religiosität einordnen lassen. Die Kirche steht darum
gegenwärtig vor der Herausforderung, neue und andere Formen des
kirchlichen Lebens und Glaubens zu erproben – und so ein erneuertes
Bild von sich selbst zu entwerfen, das der in vielerlei Hinsicht neuen Gegenwart in ihrer Pluralität entspricht.

3. Zugehörigkeiten: die Pluralisierung der Lebensformen als Zeichen der Zeit

Die zunehmende Vielgestaltigkeit religiöser Identitäten und Praxisformen lässt sich demnach als ein typisch (post-)modernes Phänomen
beschreiben, dessen Wurzeln in der Dynamik (post-)moderner Gesell-
schaften liegen, in deren Zuge Individualisierung und Pluralisierung zu-
nehmen und institutionelle Durchgriffe und Sozialkontrolle ihre Kraft
verlieren. Im Zuge einer theologischen Relecture der beschriebenen Prozesse lässt sich jedoch feststellen, dass diese Situation der Kirche trotz ihrer Neuigkeit nicht grundlegend fremd ist. Im Gegenteil: Schon neutestamentlich findet sich eine große Bandbreite an Zugangsformen zum
Glauben, die längst nicht alle in die feste und dauerhafte Gruppen-
konstellation der engsten Jünger(innen)schaft Jesu eingebettet sind.

Wie sich zeigen wird, eröffnet eine nähere Beschäftigung mit den neutestamentlich bezeugten, verschiedenen Weisen der Zugehörigkeit zum
historischen Jesus Möglichkeiten für eine theologische Deutung der gesellschaftlichen Pluralisierungsprozesse als Zeichen der Zeit. Dieser hier
vorgeschlagenen Interpretation zufolge kann in der beschriebenen Erosion der „rahmenden Pastoral" nicht nur der Niedergang eingespielter
Formen, sondern zugleich ein diesem Niedergang inhärentes, befreiendes
Moment entdeckt werden. In einem ersten Schritt wird darum an dieser
Stelle eine eingehendere Untersuchung jener unterschiedlichen Zugehörigkeitsformen unternommen (Kapitel 3.1).

Daran anschließend wird im Zuge einer weitergehenden bibeltheologischen Herangehensweise eine detailliertere Beschreibung jenes befreienden
Moments der gesellschaftlichen Pluralisierungsprozesse vorgeschlagen.
Dabei zeigt sich, dass das Moment der Befreiung sowohl die individuellen
Lebensformen (Kapitel 3.2) als auch das kirchliche Selbstverständnis betrifft (Kapitel 3.3). Zugleich lassen sich in diesem Zusammenhang eine
den gesellschaftlichen Pluralisierungsprozessen innewohnende Ambivalenz

theologisch aufhellen (Kapitel 3.4) und – auf der Grundlage der angestellten Reflexionen über das befreiende Moment gesellschaftlicher Pluralisierungsprozesse – zwei wesentliche Herausforderungen für ein angezieltes erneuertes kirchliches Selbstverständnis entwickeln, die zueinander in einem spannungsvollen Verhältnis stehen (Kapitel 3.5). Von hier aus können Leitlinien für eine Antwort auf die Frage entworfen werden, welche soziale Gestalt die Kirche unter den veränderten gesellschaftlichen Bedingungen der (post-)modernen Gegenwart haben sollte (Kapitel 3.6).

3.1 Zugehörigkeiten im Plural: wer ist ein(e) Jünger(in) Jesu?

Wer die Frage stellt, wer die Menschen waren, die sich dem historischen Jesus zugehörig fühlten, und auf welche Weise sie diese Zugehörigkeit je gestalteten, wird im neutestamentlichen Zeugnis auf eine ganze Palette unterschiedlicher Zugehörigkeitsformen stoßen. Neben dem engsten Jünger(innen)kreis Jesu lassen sich weitere, höchst individuelle Figuren entdecken, die Jesus ebenfalls auf die ein oder andere Weise zugehörten, aber nicht oder nur für einen kurzen Zeitraum Teil dieses engsten Jünger(innen)kreises wurden.

Was zunächst die Gruppe der engsten Jünger(innen) Jesu angeht, so sind dazu diejenigen zu zählen, die Jesus auf seinem gesamten öffentlichen Weg nachfolgen und eine Lebensgemeinschaft mit ihm bilden. Für sie gelten die gleichen Bedingungen wie für Jesus selbst: Familienlosigkeit (vgl. Lk 14,26), Besitzlosigkeit (vgl. Mt 10,10), Heimatlosigkeit (vgl. Mt 8,20; Mt 10,5ff.) und Schutzlosigkeit (vgl. Mt 5,38f.; Mt 5,41). Wer gehörte zu diesem engsten Kreis um Jesus? Lukas zählt 70 oder 72 Jünger(innen) (vgl. Lk 10,1.17). Namentlich benannt werden in den neutestamentlichen Schriften Matthias (Apg 1,22f.), Josef Barsabbas (Apg 1,22f.), Kleopas (Lk 24,18), Josef von Arimathäa (Joh 19,38), Natanaël (Joh 1,45ff.), Maria von Magdala (Mk 15,40f.; Lk 8,2f.), Maria, die Mutter von Jakobus dem Kleinen und Joses (Mk 15,40f.), Salome (Mk 15,40f.), Levi, der Zöllner (Lk 5,27), Johanna, die Frau des Chuzas (Lk 8,3) und Susanna (Lk 8,3).[58] Wer genau zu der Gruppe der engsten Jünger(innen) gehörte, lässt sich nicht exakt ausmachen; das ist an dieser Stelle aber auch nicht entscheidend, weil es hier

---

[58] Zu dieser Aufzählung vgl. *G. Lohfink*, Braucht Gott die Kirche? Zur Theologie des Volkes Gottes, Freiburg i. Br. 1998, 207. Levi fehlt in der entsprechenden Liste Lohfinks.

lediglich um die Grundzüge unterschiedlicher Formen der Anhänger(innen)schaft Jesu nach dem Zeugnis der Evangelien geht. Wichtiger ist dagegen die Beobachtung, dass man den Evangelien zufolge nur Jünger(in) werden kann, „wenn man von Jesus dazu erwählt wird – meist mit dem Ruf: ‚Auf, hinter mir her!' oder: ‚Folge mir nach!'"[59] Dieser Ruf Jesu ergeht aber längst nicht an alle Menschen, denen er unterwegs begegnet. Vielmehr muss festgehalten werden, dass es „kein Jesuswort [gibt], in dem er das gesamte Volk zur Jüngerschaft beziehungsweise zur Nachfolge auffordert."[60] Neben jenen, die Jesus auf seinem Weg dauerhaft begleiten, treten in den Evangelien unterschiedliche Personen auf, die „auf Jesus hören, auf ihn ihre Hoffnung setzen, ihn unterstützen und mit ihm sympathisieren"[61], *ohne* ihm – wie die Jünger(innen) – nachzufolgen. Zu ihnen gehören etwa Nikodemus, der aus Neugier nachts zu Jesus kommt (Joh 3,1f.), Josef von Arimathäa, ein geheimer Jünger Jesu (Joh 19,38), der Bettler Bartimäus, der nur zeitweise mit Jesus zieht (Mk 10,52), oder Lazarus und seine Schwestern, mit denen Jesus befreundet ist und in deren Haus er immer wieder einkehrt (Joh 11,1–45). Mit Lazarus verbindet Jesus ein so starkes emotionales Band, dass er über dessen Tod weint (Joh 11,35). Daran wird deutlich, dass Jesus „nicht von jedem Hörer diese einzigartige Bindung an seine Person und seinen Weg [forderte], die in der Nachfolge zum Ausdruck kam, er verkündigte ja – nach den synoptischen Evangelien – nicht in erster Linie sich selbst als den göttlichen Offenbarer, sondern die mit seinem Wirken anbrechende Gottesherrschaft."[62]

Zum engsten Jünger(innen)kreis Jesu zu gehören war für Jesus also offenbar „nicht die für alle geltende Bedingung zur Teilhabe am nahen Gottesreich".[63] Wohl war auch für die Sympathisant(inn)en und Unterstützer(innen) der Jesusgruppe, die ihr nicht in der skizzierten Weise angehörten, mit der Teilhabe am Gottesreich die Bereitschaft zur Umkehr, zu Barmherzigkeit, tätiger Liebe und Vergebung verbunden.[64] Für sie galten aber nicht die oben genannten Nachfolgebedingungen. Das strenge Ethos der Heimat-, Familien- und Besitzlosigkeit wird von Jesus also nicht zur soteriologisch unverzichtbaren Heilsbedingung erhoben, son-

---

[59] Ebd., 206.
[60] Ebd.
[61] Ebd., 207f.
[62] M. *Hengel,* Nachfolge und Charisma. Eine exegetisch-religionsgeschichtliche Studie zu Mt 8,21f. und Jesu Ruf in die Nachfolge, Berlin 1968, 68.
[63] Ebd.
[64] Vgl. ebd.

dern „lediglich als Berufsbedingung"[65] für jene angesehen. Das heißt: Nur wer auf Jesu Ruf hin *als Jünger(in)* mit ihm auf seinem Weg eine Lebens- und Schicksalsgemeinschaft teilen wollte, hatte diese Bedingungen als conditio sine qua non der konkreten Nachfolge Jesu auf seinem Lebensweg als Wanderprediger zu erfüllen. Sie galten nicht für jene, die ihre Anhänger(innen)schaft auf andere Weise gestalteten (z. B. die sesshaften Sympathisant[inn]en). Wer sie nicht erfüllte, war darum auch nicht heilsmäßig unterprivilegiert oder gefährdet; er oder sie gehörte dann eben nur nicht zum *engsten* Jünger(innen)kreis Jesu.

Neutestamentlich bezeugt sind also durchaus unterschiedliche Formen der Zugehörigkeit zum historischen Jesus und zum von ihm verkündigten Gottesreich. Der Rekurs auf den neutestamentlichen Sprachgebrauch legt vor dem Hintergrund der angestellten Reflexionen nahe, in diesem Zusammenhang zunächst nicht von Jünger(inne)n oder Nachfolgenden zu sprechen, sondern zurückhaltender von Anhänger(inne)n Jesu. Innerhalb der umfassenden Anhänger(innen)schaft Jesu gibt es dann einerseits den Kreis seiner engsten Jünger(inne)n mit dem radikalen Ethos der Jesusgruppe, das jedoch nicht für alle gilt und vor allem keine Heils-, sondern lediglich eine Berufsbedingung darstellt. Andererseits gibt es jene, deren Gestalt der Anhänger(innen)schaft Jesu sich nicht auf einen einheitlichen Begriff bringen lässt: die ortsfesten Anhänger(innen), Neugierige, befreundete Familien, zeitweilig Mitwandernde usw. Dass ein solcher einheitlicher Begriff nicht gefunden werden kann, ist jedoch nicht als Mangel aufzufassen. Vielmehr ist zu bedenken, dass mit einer entsprechenden nachträglichen Applikation eines einheitlichen Begriffs zugleich ein problematischer Gegensatz zwischen „eigentlichen" Jünger(inne)n einerseits und „uneigentlichen" Jünger(inne)n andererseits konstruiert würde, der das besondere (Berufs-)Ethos des engsten Jünger(innen)kreises Jesu zum Normal- oder Idealfall stilisiert, was jedoch nach neutestamentlichem Zeugnis nicht zutreffend ist. Jünger(innen)-schaft und Nachfolge sind diesem Zeugnis zufolge nämlich nicht der Normalfall, sondern vielmehr ein Sonderfall der umfassenderen Zugehörigkeit zur Jesusbewegung.[66]

---

[65] G. *Wenzelmann*, Nachfolge und Gemeinschaft. Eine theologische Grundlegung des kommunitären Lebens, Stuttgart 1994, 45.

[66] Vgl. M. *Hengel*, Nachfolge und Charisma (s. Anm. 62), 68f.: „[D]as Ziel der Predigt des historischen Jesus war ja eben nicht, daß alle Hörer seine ‚Jünger' im eigentlichen Sinne des Wortes werden sollten. Nicht er selbst, seine Person und Vollmacht bildete den Mittelpunkt seiner Verkündigung, sondern die Unbedingtheit des göttlichen

Für die hier angezielten Überlegungen über eine Ekklesiologie und
Pastoraltheologie in den Verhältnissen der (post-)modernen Gesellschaft
unter besonderer Berücksichtigung der Situation im Bistum Essen ist eine
weitere Beobachtung von besonderem Interesse, die den neutestamentlichen Sprachgebrauch betrifft.[67] Es fällt nämlich auf, dass erstens *ako-
loutheō* (nachfolgen) außerhalb der Evangelien nur in Apg 14,4 mit Bezug auf den erhöhten Christus begegnet und zweitens auch das Wort
mathētēs (Jünger, Schüler) hauptsächlich in den Evangelien gebraucht
wird[68] und dabei meist diejenigen aus dem engsten Jünger(innen)kreis
Jesu bezeichnet. Dieser Sprachgebrauch legt nahe, dass „Nachfolge"
und „Jünger(innen)schaft" nach neutestamentlichem Zeugnis nur mit
Bezug auf das öffentlichen Wirken des historischen Jesus bis zu seiner
Kreuzigung möglich war.[69] „Erst als aus dem ‚Verkündiger' der ‚Verkündigte' wurde, identifizierte man den ‚Nachfolgenden' und ‚Glaubenden',
und die ‚Jünger' wurden zur glaubenden Gemeinde."[70] Allerdings meinen diese Worte („Nachfolge" und „Jünger[innen]schaft") dann selbstverständlich nicht mehr die mit Heimat-, Besitz-, und Familienlosigkeit
verbundene Lebensgemeinschaft mit dem umherwandernden Jesus von
Nazareth. Weder also hat Jesus von Nazareth nach neutestamentlichem
Zeugnis das ganze Volk in seine engste Jünger(innen)schaft gerufen, noch
lässt sich das strenge Ethos seines engsten Jünger(innen)kreises unmittelbar auf diejenigen applizieren, die nach Jesu Tod zum Glauben an ihn als
den auferweckten Christus gekommen sind. Im Akt der nachösterlichen
Übertragung der Kategorie „Jünger(innen)schaft" auf alle Gläubigen findet vielmehr eine grundlegende Begriffsverschiebung statt. Der Begriff
„Jünger(innen)schaft" Jesu meint nun nichts anderes als „Anhänger(in-

---

Willens im Blick auf das nahe Hereinbrechen der [Gottesherrschaft]." Ähnlich Wenzelmann, Nachfolge und Gemeinschaft (s. Anm. 65), 45f.: „Nachfolge als charismati-
scher Akt kann nicht zur allgemeingültigen Norm erhoben werden. Nicht jeder erfährt
den gleichen Anruf. [...] Denn das Ziel des Wirkens Jesu war nicht, alle seine Hörer zu
Jüngern im engeren Sinn zu machen. Die speziellen Forderungen sind vielmehr funktional. Sie ergeben sich aus dem Gesandtsein der Jünger. Die Mitte der Verkündigung
Jesu, die Gottesherrschaft und der mit ihr gegebene Gotteswille, ist nicht allein den mit
ihm umherziehenden Jüngern zugänglich."

[67] Vgl. zur folgenden Beobachtung zum neutestamentlichen Sprachgebrauch M. *Hengel,* Nachfolge und Charisma (s. Anm. 62), 69.

[68] Außerhalb der Evangelien kommt er nur noch Apg 6,1–21,16 mehrmals vor.

[69] Vgl. *G. Wenzelmann,* Nachfolge und Gemeinschaft (s. Anm. 65), 39.

[70] M. *Hengel,* Nachfolge und Charisma (s. Anm. 62), 69.

nen)schaft" Jesu, die aber in der konkreten Lebenspraxis unterschiedliche Gestalten annehmen kann.

Vor diesem Hintergrund kann die Kategorie der „Anhänger(innen)schaft" oder – im nachösterlichen Sinne – der „Jünger(innen)schaft" Jesu für eine ekklesiologische und pastoraltheologische Reflexion Anlass geben, in der beschriebenen (post-)modernen gesellschaftlichen Situation fortschreitender Individualisierung und Pluralisierung zwar ein neues, der Kirche aber dennoch nicht grundlegend fremdes Moment zu entdecken. Denn mit Hilfe dieser Kategorie lässt sich die typisch (post-)moderne Vielgestaltigkeit von (Glaubens-)Identitäten und Lebenspraktiken als Normalfall christlicher Glaubenspraxis auffassen. Christliche Glaubenspraxis als „Jünger(innen)schaft" Jesu im Sinne von Anhänger(innen)schaft ist offen genug für unterschiedlichste Gestalten der heute vorfindbaren Zugehörigkeit und unterschiedliche Grade der Nähe und Ferne zur kirchlichen Institution.

So kann der Blick dafür geöffnet werden, in den beschriebenen gesellschaftlichen Entwicklungen und der damit einhergehenden Erosion der „rahmenden Pastoral" nicht einen Verfall zu erkennen, sondern vielmehr einen Prozess der Befreiung der Kirche von einer gewissen institutionellen Erstarrung, die sich im Zusammenhang der Zugehörigkeitskategorie im volkskirchlichen Vorurteil einer relativ klar umrissenen katholischen Idealbiographie niederschlägt. Das befreiende Moment betrifft dabei, wie bereits erwähnt, zunächst und in erster Linie die autonome Befreiung von Menschen aus dem Dunstkreis kirchlicher Pastoralmacht: (Christliche) Glaubens- und Lebenspraxis ist nicht nur innerhalb institutionell verankerter, volkskirchlicher Vorstellungen möglich.

Dieses Verständnis der Pluralisierung der Lebensformen als Befreiung der Individuen *von* der Kirche führt in einem zweiten Schritt zur Deutung der Pluralisierung der Lebensformen als Befreiung der Kirche selbst. Auch dieser Zusammenhang lässt sich auf der Grundlage einer bibeltheologischen Herangehensweise theologisch besser verstehen. In der Auseinandersetzung mit ausgewählten Topoi der biblischen Tradition kann er auf diese Weise nicht nur als soziologische Tatsache angenommen, sondern auch als theologisch zu deutendes „Zeichen der Zeit" (vgl. GS 4) erhellt werden. Worin genau also besteht, theologisch gesehen, jenes befreiende Moment der Pluralisierung der Lebensformen und damit der Erosion der „rahmenden Pastoral"?

3.2 Die Pluralisierung der Lebensformen als Befreiung *von* der Kirche

In der Perikope vom Turmbau zu Babel (Gen 11,1–9) wird von einem Wandervolk erzählt, das „von Osten" (Gen 11,2) in ein neues Gebiet kommt und sich dort niederlässt. Geleitet vom Wunsch nach Sesshaftigkeit und vom Wunsch, sich „einen Namen" zu machen, beginnt diese Menschengruppe mit dem Projekt, eine Stadt und einen Turm zu bauen (Gen 11,4). So sollen die Bedingungen geschaffen werden, damit sich die Mitglieder der Gruppe „nicht über die ganze Erde zerstreuen" (Gen 11,4). Die Einheit der Sprache und der Kultur und die Einheit des Ortes sollen Stärke und Größe jener Menschengruppe garantieren. Der Text nennt keinen expliziten Grund, warum JHWH „herabsteigt" und sich das Treiben der Menschen ansieht (vgl. Gen 11,5). Allenfalls ein Hinweis lässt sich in der Bemerkung entdecken: Der Turm solle nach dem Willen der Menschen „eine Spitze bis zum Himmel" haben (Gen 11,4); möglicherweise handelt es sich hierbei um einen Hinweis, dass die turmbauende Menschengruppe unberechtigterweise in JHWHs eigenen, göttlichen „Bereich" eindringt und dieser sich dadurch gestört sieht. Wie es sich damit genau verhält, ist für unsere Zusammenhänge jedoch von geringerer Bedeutung. Von besonderem Interesse ist hier vielmehr die göttliche Reaktion auf das Vorhaben der Menschen, die in der Verwirrung der Sprachen der Menschen und ihrer Zerstreuung über die ganze Erde besteht (vgl. Gen 11,7–8). Von dieser göttlichen Tat her fällt retrospektiv ein neues Licht auf die Wünsche und das Vorhaben jener Menschengruppe. In dieser Perspektive interpretiert der Theologe Emmanuel Lartey den Akt des Turmbaus als „Abwenden von der Schöpfungsvielfalt".[71]

> Denn „[d]as Einssein von Sprache und Kultur hatte eine hegemoniale, Macht hortende und Namen suchende Menschengruppe entstehen lassen, deren Dominationsabsicht nicht auf Widerstand stoßen würde. [...] Sie hatten eine Sprache. Sie würden darauf bestehen, dass ihre Weise die Weise sei, die alle leben müssten."[72]

Die Homogenisierung von Sprache und Kultur ist ein auf Herrschaft angelegtes Projekt, das der ursprünglichen Schöpfungsintention JHWHs widerspricht. Diese Schöpfungsintention besteht nach Lartey in der

---

[71] *E. Y. Lartey*, Der postkoloniale Gott: ein Paradigmenwechsel für die praktische Theologie, in: Salzburger Theologische Zeitschrift 19 (2015), 9–23, 11.
[72] Ebd.

„Existenz von ‚gegenseitigen Kontrollen' oder ‚geteilter Macht', von vielen verschiedenen Stimmen, die gehört werden könnten, und von einer Vielzahl möglicher Kulturen, die angenommen werden könnten."[73] Diesen Widerspruch zu seiner ursprünglichen Schöpfungsabsicht durch eine hegemoniale Normierung der Lebensformen nehme JHWH nicht hin; was auf den ersten Blick wie eine Strafaktion wirkt, die „Verwirrung" und „Zerstreuung" der Menschen, interpretiert Lartey umgekehrt als göttliche Erlösungstat.[74] Die Zerstörung der Einheit durch die Tat JHWHs könne „als eine Bestätigung der Schöpfungsabsicht und als eine neue Wertschätzung der Vielfalt"[75] interpretiert werden.

In diesem Sinne hat nach neutestamentlichem Zeugnis auch Jesus Homogenitätsdiskurse zerstört. Die entscheidende Pointe des Gleichnisses vom barmherzigen Samariter etwa (Lk 10,25–37) besteht darin, dass Jesus „ein Volk, das seine Hörer am wenigsten erwarten und das seine tonangebenden Landsleute am wenigsten schätzen, zum Beispiel wahrhaften, verantwortlichen und moralisch zu bevorzugenden Handelns"[76] macht, und zwar gerade im Gegensatz zu den klassischen Vertretern des zeitgenössischen Judentums Jesu (Priester und Levit). Durch diesen Akt zerstört Jesus religiös und ethnisch aufgeladene Einheitsdiskurse; er problematisiert „die simple Gleichung von wahrem Glauben (Judentum) und richtigem Verhalten und zeigt die Möglichkeit auf, dass Menschen in einer häretischen Tradition für Gott akzeptabler sein können als Menschen aus traditionell anerkannten."[77] Auch wird uns Jesus im Neuen Testament nicht als „der Wundertäter [präsentiert], der seine ‚Geheilten' hinter sich herführt."[78] Dem Besessenen von Gerasa etwa (Mk 5,1–20) verbietet Jesus, ihm nachzufolgen, obwohl der Geheilte ihn darum bittet. „Da, wo sich ein ‚Gefesselter' nach seiner Befreiung erneut ‚binden' will, schickt Jesus ihn nach Hause."[79]

Eine weitere neutestamentliche Stütze kann diese Lesart im Ausgang von der Erzählung von der Heilung des blinden Bartimäus erhalten, die das Lukasevangelium überliefert (Lk 18,35–43). Zwei Momente der Erzählung sind von besonderem Interesse. Erstens muss der als Bartimäus

---

[73] Ebd.
[74] Vgl. ebd., 11f.
[75] Ebd., 12.
[76] Ebd., 18.
[77] Ebd.
[78] W. *Bruners*, Wie Jesus glauben lernte, Freiburg i. Br. ²1989, 86.
[79] Ebd., 85.

bekannte Blinde Jesu Aufmerksamkeit gegen die Unterdrückungsver-
suche der Umstehenden durch penetrantes, lautes Rufen geradezu errin-
gen (vgl. Lk 18,38–40). Dies ist der erste Schritt seiner Heilung, die er
sich sozusagen selbst in einem Akt der Befreiung gegen eine einheitliche,
normierende Menge erringt. Zweitens hört Jesus anders als die Umstehenden auf sein Rufen und lässt ihn zu sich führen; daraufhin begegnet
er ihm nicht als allwissender Wunderheiler, sondern als Fragender (vgl.
Lk 18,40–41). Dadurch hat Bartimäus „Gelegenheit, sich auszuspre-
chen, [seine] Not, [seine] Traurigkeit zu formulieren. Der helfende
Mensch begegnet nicht sofort als der, der alles weiß."[80] Bartimäus kann
durch diese Distanzierung Jesu vom Nimbus des immer schon wissenden
Wundertäters seine eigene Stimme und damit seinen Willen zu Gehör
bringen, um heil zu werden. So besteht „[d]ie eigentliche Macht Jesu
[...] nach dieser beispielhaften Erzählung darin, daß Jesus fragt (was
willst Du?) und den hilfesuchenden Bartimäus auf seine eigenen Glau-
benskräfte verweist (dein Glaube hat dich heil gemacht)."[81]

Zusammengenommen ergibt sich ein theologisches Bild, von dem aus
sich die gesellschaftlichen Pluralisierungsprozesse in der (post-)modernen
Gesellschaft als Ausdruck des göttlichen Schöpfungs- und Erlösungswillens deuten lassen, der sich in ihnen gegen hegemoniale Absichten (auch
kirchlicher) Pastoralmachtfantasien Bahn bricht (so unbewusst diese im
konkreten Fall auch sein mögen). „Zugehörigkeit" ist zuvorderst keine
soteriologische Kategorie. Nach diesem kurzen bibeltheologischen Zugang lässt sich vielmehr sagen, dass die Kategorie der Zugehörigkeit
theologisch zunächst nebensächlich ist. Ottmar Fuchs hat dies mit Bezug
auf die Taufe des Äthiopiers, von der die Apostelgeschichte berichtet
(Apg 8,26–40), eindrücklich herausgestellt. Fuchs schreibt: „Der Äthio-
pier [...] wird ‚durch Taufe und Geist zu einem vollgültigen Glied des
neuen Gottesvolkes', hier aber in einer neuen, noch zu entwerfenden sozialen Gestalt, und dies auf dem Hintergrund von vier Mängeln, die
durch die Taufe aufgewogen werden: einmal trotz seines körperlichen
Zustandes (sollte er tatsächlich ein Eunuch sein), dann obgleich er kein
Jude ist, dann ohne ein ausgeprägtes Glaubensbekenntnis und schließlich
ohne Gemeindebezug."[82] Diesen biblischen Befund liest er im Blick auf

---

[80] Ebd., 83f.
[81] Ebd.
[82] *O. Fuchs*, Die Taufe des Äthiopiers: eine alternative Theologie der Taufpastoral, in:
Pastoraltheologische Informationen 35 (2015), 261–279, 268.

heutige Taufpastoral, wobei er hinsichtlich des Zusammenhangs zwischen der Gnade des Sakramentes und der Kirchen- bzw. Gemeindezugehörigkeit zu dem Ergebnis kommt: „Kirchlich aktivierte Gotteskindschaft bezieht sich nicht nur auf die vorhandenen kompakten Kirchengestalten, sondern geht weit darüber hinaus in die unübersichtliche ‚Diaspora‘ disperser Kirchlichkeit, ja disperser Gotteskindschaft in allen Völkern und Religionen."[83] „Die Geschichte markiert deutlich: Der Taufbefehl ist nicht identisch mit kirchlicher Mitgliederwerbung. Vielmehr verdankt er seine Universalität auch und gerade einem weit darüber hinausgehenden Zuspruch. [...] Das Elend der Missionsgeschichte wurzelte [demgegenüber] in der fundamentalistischen Zwanghaftigkeit, durch die Taufe zugleich eine sehr machtförmige Kolonialisierung der neuen Bereiche in die eigenen Formen von Leben und Denken hinein betreiben zu müssen. Die entsprechende ‚Freigabe‘ fand wenig statt."[84]

Vervielfältigungsprozesse und das damit einhergehende Unterlaufen kirchlicher Normierungsansprüche sind aus theologischer Perspektive entsprechend der hier vorgeschlagenen Lesart nicht zu betrauern, sondern zu begrüßen. In ihnen verschaffen sich Stimmen Gehör, die zuvor – auch durch kirchliche Strukturen und Machtansprüche – unterdrückt wurden. Unterschiedliche Lebens- und Glaubensentwürfe sind nicht danach zu beurteilen, ob bzw. wie stark jemand sich an eine kirchliche Institution und die von ihr vorgesehenen Formen bindet; gerade in einer Distanzierung von einer kirchlichen Bindung kann ein erlösendes und befreiendes Moment bestehen, das dem ursprünglichen Willen Gottes entspricht. Eine Deutung, die übrigens, wie die Studien des ZAP und die Erhebungen der Forscher der Universität Siegen/des Instituts empirica verdeutlichen, der Selbstbeschreibung vieler Befragter entspricht. Häufig geht es ihnen um ihre persönliche Befreiung von der institutionellen Kirche, die als einengend und lebensfern erlebt wird.

3.3 Die Pluralisierung der Lebensformen als Befreiung *der* Kirche

Das Matthäusevangelium erzählt von der Begegnung Jesu mit einer syrophönizischen Frau (Mt 15,21–28), deren Bitte um Heilung ihrer erkrankten Tochter Jesus zunächst ablehnt. Jesus begründet diese Ablehnung mit

---

[83] Ebd., 277.
[84] Ebd., 273.

der Beschränkung seiner Sendung auf das Volk Israel (vgl. Mt 15,24), wobei er sich einer unverhohlen diskriminierenden und aus heutiger Sicht eindeutig als rassistisch zu beurteilenden Wortwahl bedient. Es sei „nicht recht, das Brot den Kindern [Israel] wegzunehmen und den Hunden [Heiden] vorzuwerfen." (Mt 15,26) Auch seine Jünger geben kein viel besseres Bild ab: Sie bitten Jesus zwar, der Frau zu helfen, aber die Motivation ihrer Bitte scheint sich darin zu erschöpfen, dass die Frau mit ihrem lauten Geschrei ihnen lästig ist (vgl. Mt 15,23). Hier ist eine strukturelle Parallele zur Bartimäus-Erzählung gegeben, der ebenfalls erst durch lautes Rufen gegen den Widerwillen der Umstehenden die Aufmerksamkeit Jesu auf sich lenken konnte. Hier ist die Situation jedoch noch brisanter: Einerseits handelt es sich bei denen, denen das Rufen der Frau lästig ist, um den unmittelbaren Jüngerkreis Jesu; und darüber hinaus ist Jesus, anders als im Fall des Bartimäus, der Frau gegenüber keineswegs wohlwollend eingestellt. Vielmehr ist es hier Jesus selbst, der die Frau durch seinen ausgrenzenden, ethnisch und religiös normierten und rassistischen Diskurs zum Schweigen zu bringen beabsichtigt. Der Evangelist erzählt dann, dass die Frau sich mit diesem Zum-schweigen-gebracht-Werden nicht abfindet. Sie, die diskriminierte Ausländerin, nimmt die diskriminierende Metapher Jesu auf, um sie so zu Fall zu bringen: „Da entgegnete sie: Ja, du hast recht, Herr! Aber selbst die Hunde bekommen von den Brotresten, die vom Tisch ihrer Herren fallen." (Mt 15,27) Die Argumentation der Frau wirkt. „Darauf antwortete ihr Jesus: Frau, dein Glaube ist groß. Was du willst, soll geschehen. Und von dieser Stunde an war ihre Tochter geheilt" (Mt 15,28).

Die Erzählung ist hier insofern von besonderem Interesse, als die Frau gegen die Vorstellungen Jesu von seiner Sendung eine andere Erzählung und eine andere Erfahrung zur Geltung bringt – und ihn damit überzeugt. „In Jesu Begegnung mit der syrophönizischen Frau geschieht ein kulturübergreifendes Lernen. Die gemeinsame Sorge gilt dem Wohl der kranken Tochter. Der Wunsch, die ‚gute Tat' auf sein ‚eigenes Volk' zu beschränken, wird hinterfragt und untergraben."[85] Die Art und Weise, in der das geschieht, ist nicht nebensächlich.

> Denn „[i]ndem sie um der Argumentation willen die rassisch, ethnisch und politisch herabwürdigenden Voraussetzungen der Vorstellungswelt Jesu aufnimmt, subvertiert sie die Rhetorik und benutzt sie, um die Mission und den

---

[85] E. Y. *Lartey*, Der postkoloniale Gott: ein Paradigmenwechsel für die praktische Theologie (s. Anm. 71), 20.

Lebenszweck des Meisters herauszufordern und ihn so zu der Einsicht zu bringen, dass er nach der Logik seiner eigenen vorurteilsbeladenen Haltung anders handeln müsste."[86]

Das Lernen, das bei Jesus vor sich geht, besteht dementsprechend formal darin, dass Jesus durch die Hartnäckigkeit und Widerständigkeit der Frau erkennt, dass seine eigene Sendung weiter reicht, als er selbst zuvor dachte. „[D]ie Frau [hat] für ihn eine Botschaft, die ihm in der Begegnung mit ihr gegeben wird und die er vorher so nicht sah. Und er versteht: Er ist auch für die ‚Hunde' (die Heiden) da."[87] Was die syrophönizische Frau bei Jesus in Bewegung setzt, ist nicht weniger als die Erweiterung seiner Mission und die Universalisierung seiner Botschaft; man könnte auch sagen: Sie belehrt Jesus über seinen Glauben, ja sie bringt ihm einen wesentlichen Aspekt seines Glaubens erst eigentlich bei.[88] In gewisser Weise befreit sie ihn von einer falschen Vorstellung, die er von seiner Sendung und damit im Grunde von sich selbst hat; Jesus lernt sich selbst neu kennen, er entdeckt eine Neuigkeit in seiner Identität. Diese Neuigkeit entdeckt er im Überschreiten des fest gefügten und klar abgrenzbaren ethnisch-religiösen Bezugsrahmens, den er seiner Sendung zuvor gegeben hatte. Eine besondere Pointe der Erzählung besteht darin, dass Jesus – der Belehrte – der Frau auf ihre kluge Hartnäckigkeit erwidert: „Frau, dein Glaube ist groß" (Mt 15,28). Bedeutet dies nicht umgekehrt, dass sein eigener Glaube kleiner war, bevor er sie traf und sich von ihr belehren (und in diesem Sinne: befreien) ließ?

Vor dem Hintergrund dieser so gelesenen Perikope lassen sich die Pluralisierungsprozesse der Gegenwart nicht nur als Befreiung der Menschen von kirchlichen Ansprüchen auf ihre Lebensweise und Weltdeutung interpretieren. Auch dieser Aspekt, der unter 3.2 bereits ausführlicher entfaltet worden ist, fehlt in der Erzählung von der syrophönizischen Frau nicht. Hier kommt aber noch ein weiterer Aspekt zum Tragen: Wenn Jesus von der Syrophönizierin von einer falschen Glaubensvorstellung zu einer neuen, offeneren Auffassung von seiner Sendung (seinem Lebenszweck) gelangen konnte, wieso sollte dies nicht auch für seine Nachfolgegemeinschaft möglich sein? (Post-)moderne Pluralisierungsprozesse können darum auch als Befreiung der Kirche von bestimmten Bildern und Vorstellungen gele-

---

[86] Ebd., 16.

[87] *W. Bruners*, Wie Jesus glauben lernte (s. Anm. 78), 93.

[88] Vgl. *E. Y. Lartey*, Der postkoloniale Gott: Ein Paradigmenwechsel für die praktische Theologie (s. Anm. 71), 16.

sen werden, die sie sich von sich selber und dem sie umgebenden Leben gemacht hat. Die Kirche hat in der Verabsolutierung solcher Bilder und Vorstellungen das Leben der Menschen übermäßig normiert und reglementiert – und es ist, wie anhand der Ergebnisse der Meta-Studie des ZAP sowie der qualitativen Erhebung der Universität Siegen/des Instituts empirica gezeigt werden konnte, häufig genau dieses Moment institutioneller Reglementierung, das immer mehr Menschen in einer pluralisierten und individualisierten Gesellschaft ablehnen. Die gegenwärtige Situation abnehmender Kirchenbindung aufgrund der Pluralisierungsschübe in der (post-)modernen Gesellschaft kann in dieser Situation aber gerade als Chance aufgefasst werden, die der Kirche zur Umkehr geschenkt ist. Nach der Pastoralkonstitution *Gaudium et spes* ist die Kirche, um wirklich Kirche zu werden, auf die „Anderen", die Andersglaubenden und Andersdenkenden angewiesen: Sie genügt sich nicht im Kreis ihrer Mitglieder, sondern ist verwiesen auf „Freude und Hoffnung, Trauer und Angst der Menschen von heute, besonders der Armen und Bedrängten aller Art" (GS 1). Auf sie also ist die Kirche verwiesen, um ihre eigene Mitte zu finden. Ohne die Anderen weiß die Kirche letztlich nicht, wer sie ist; die Zeichen der Zeit zu deuten (GS 4 und 11), ist für sie unmöglich, wenn sie sich in sich selber gegenüber ihrem Außen verschließt. „Folglich kann es seit dem Konzil zwischen den diversen Orten des Glaubens, dem eigenen *Topos* auf der einen und den – immer im Plural vorkommenden – *Heterotopoi* auf der anderen Seite, keinen auf Ausschließung beruhenden Gegensatz mehr geben."[89]

3.4 Vielfältig, aber nicht beliebig: Pluralität wozu?

Einen letzten Aspekt gilt es abschließend noch explizit zu machen. Er lässt sich in jeder der hier herangezogenen biblischen Erzählungen wiederfinden und ist in den beiden anderen bisher entfalteten Aspekten implizit bereits enthalten, nach denen die (post-)modernen Pluralisierungsprozesse als Befreiung von der Kirche und zugleich als Befreiung der Kirche verstanden werden können.

Wenn nämlich in der Erzählung vom Turmbau zu Babel JHWH das hegemoniale Projekt einer einheitlichen Stadt mit einer einheitlichen

---

[89] *U. Engel*, Politische Theologie „nach" der Postmoderne. Geistergespräche mit Derrida & Co., Ostfildern [3]2017, 68.

Sprache und einem riesigen Turm zerstört hat, dann geschah dies der oben vorgeschlagenen Auslegung zufolge nicht willkürlich, sondern weil dieses Projekt dem ursprünglichen Schöpfungswillen JHWHs zutiefst widersprach. Es widersprach diesem Schöpfungswillen, weil es um der Größe und Herrlichkeit der hegemonialen Absicht willen abweichende Sprachen und Kulturen zum Schweigen bringen musste. Der ursprüngliche Schöpfungswille bestand nämlich gerade in jener „Existenz von [...] vielen verschiedenen Stimmen, die gehört werden könnten, und von einer Vielzahl möglicher Kulturen, die angenommen werden könnten."[90]

Wenn Jesus den vom Besessenen von Gerasa erklärten Wunsch abschmetterte, ihm nach seiner Heilung nachfolgen zu dürfen, dann geschah das nach der hier vorgelegten Auslegung nicht, weil dieser Geheilte Jesus lästig gewesen wäre, sondern um den gerade Befreiten nicht in einer anderen, starken Bindung erneut zu verpflichten. Es ist offensichtlich, dass Jesus die Stimme des blinden Bettlers, der am Wegesrand seinen Namen schreit, hört, damit dieser heil werde; selbst die Art und Weise, mit der er sich Bartimäus zunächst im Modus der Frage nähert, steht in dieser Heilungsabsicht. Das gemeinsame Fundament, auf dem das beschriebene kulturübergreifende Lernen zwischen Jesus und der syrophönizischen Frau überhaupt erst stattfinden konnte, ist die zur Debatte stehende Heilung der erkrankten Tochter der Frau.

Im Markusevangelium wird erzählt, wie Jesus den Jüngern verbietet, einen fremden Wundertäter an seinem Wirken zu hindern (Mk 9,38–41). Die Jünger hatten dies versucht, „weil er uns nicht nachfolgt" (Mk 9,38). Dieses Argument entkräftet Jesus mit den Worten: „wer nicht gegen uns ist, der ist für uns" (Mk 9,40). Dies ist das genaue Gegenteil der Einstellung, dass *erst* oder *überhaupt* die Zugehörigkeit zur Jesusgruppe bestehen müsse, ehe jemand in Jesu Namen Gutes tun könne. Aber dass der fremde Wundertäter Jesu Namen im Mund führt, ohne dass dieser daran Anstoß nimmt, sondern dies vielmehr gutheißt, liegt eben daran, dass er in seinem Namen *Gutes* tut.

All dies – die Zerstörung des Einheitsprojekts in Babel wie die Heilungen Jesu und seine Wertschätzung des fremden Wundertäters – geschieht nach biblischem Zeugnis also nicht aus einer beliebigen Laune oder Willkür heraus, sondern zu dem sehr konkreten Zweck, in einem

---

[90] *E. Y. Lartey*, Der postkoloniale Gott: ein Paradigmenwechsel für die praktische Theologie (s. Anm. 71), 11.

je bestimmten Fall bisher unterdrücktes Leben aus der Unterdrückung zu befreien und neue Wege für das Leben zu ermöglichen.

Dieser Aspekt schlägt sich in der Qualifizierung der Pluralisierungstendenzen der (post-)modernen Gesellschaft als *Befreiung* nieder. Dieses Moment der Befreiung orientiert die theologische Deutung von Pluralisierungsprozessen und von Pluralität. Es wirkt der Gefahr entgegen, „zur Rechtfertigung von allem und jedem im kirchlichen Handeln zu dienen."[91] Es lenkt den Blick auf die erste Absicht, die kirchliches Handeln leiten sollte: nämlich die Absicht,

> „Leben zu wecken. Nicht nur christliches oder gar spirituelles Leben, sondern Leben in all seinen Dimensionen: physisch, psychisch, intellektuell, affektiv; und zuerst und vor allem Leben in seinen elementarsten Aspekten, in dem, was täglich nötig ist, um überhaupt menschenwürdig leben zu können."[92]

Vielfalt anerkennen heißt in diesem Sinne Minderheiten schützen. Dies stellt eine hohe Messlatte für kirchliches Handeln dar. Christliche Gemeinden müssten demzufolge nämlich überall dort anwesend sein, „wo das Leben schwach und bedroht ist"; sie müssten „nahe bei den Menschen [sein], die leiden oder die von der Geschichte an den Rand gedrängt oder ausgeschlossen werden; dass sie eine Dynamik der Solidarität um sich herum in Gang setzen."[93]

Das setzt aber zunächst voraus, dass diese Orte des bedrohten und beschädigten Lebens identifiziert und konkrete Ursachen benannt werden können, die zu der jeweiligen Marginalisierung geführt haben. Denn echte Solidarität bedeutet, diesen Ursachen aktiv entgegenzuwirken. In diesem Sinne ist mit Ambivalenzen innerhalb der Vielfalt der (post-)modernen Gesellschaft selbst zu rechnen, denen das hier angezielte erneuerte Kirchenbild Rechnung tragen muss.

---

[91] *M. Dörnemann*, Kirche in der Welt von heute. Ekklesiologische und pastoraltheologische Reflexionen im Blick auf das Zukunftsbild des Bistums Essen.
[92] *P. Bacq*, Für eine Erneuerung vom Ursprung her (s. Anm. 8), 42f.
[93] Ebd., 43.

3.5 Perspektiven einer Ekklesiologie in (post-)moderner Gesellschaft

Die hier vorgelegte Deutung der die Gegenwartsgesellschaft auszeichnenden Pluralisierungs- und Individualisierungsprozesse ergibt ein Gesamtbild, dessen innere Spannung sich nicht auflösen lässt.

Einerseits sind die (post-)modernen Pluralisierungsprozesse und die mit ihnen einhergehende Erosion der „rahmenden Pastoral" aus theologischer Sicht in erster Linie nicht als Verfall, sondern als Befreiungsprozess zu verstehen. Befreit werden zunächst die Individuen, die zu sich selbst ermächtigten religiösen Subjekte, aber durch deren Befreiung zugleich die Kirche aus einer gewissen institutionellen Erstarrung. Im Bewusstsein dieser Befreiung kann nach der vorgeschlagenen bibeltheologischen Herangehensweise in den Pluralisierungstendenzen (post-)moderner Gesellschaft wirklich ein theologisches Zeichen der Zeit und ein Wehen des Geistes entdeckt werden, dem die Kirche ohne Angst, sich selbst zu verlieren, vertrauen kann. Dem entspräche zunächst eine institutionell unvoreingenommene Wertschätzung unterschiedlicher möglicher Lebensentwürfe, Glaubenspraktiken und Zugehörigkeitsformen. Dabei kann an die weiter oben präsentierten Reflexionen zur Kategorie der „Jünger(innen)schaft" bzw. „Anhänger(innen)schaft"[94] angeschlossen werden, die eine solche Vielfalt und Unterschiedlichkeit christlicher Praxis theologisch als Normalfall legitimieren.

Eine Zurückhaltung bei normativen Wertungen unterschiedlicher Lebensstile durch kirchliches Handeln und Sprechen ist vor dem Hintergrund der oben skizzierten Geschichte der Pastoral verständlich und zu begrüßen. Die Prozesse der Individualisierung und Pluralisierung der Glaubensformen lassen sich ja gerade als Befreiungsprozesse von den Ansprüchen der institutionellen Kirche deuten, auf die Lebens- und Glaubensformen der Einzelnen normierend und sanktionierend zuzugreifen: als Befreiung *von* der Kirche. Wenn dies aber erkannt wird, müsste es als widersprüchlich gelten, wenn kirchlicherseits die negative Bewertung von angeblich normabweichenden Lebensstilen nicht abgelegt würde.

Darüber hinaus ist, was und für wen das „Reich Gottes" ist, keineswegs immer klar und eindeutig. Selbst Jesus hat, wie die Reflexion seiner Begegnung mit der syrophönizischen Frau zeigt, über den Inhalt seiner Sendung im Laufe seines öffentlichen Wirkens noch Neues gelernt; selbst

---

[94] Vgl. die entsprechende Reflexion unter 3.1. Zugehörigkeiten im Plural: Wer ist ein(e) Jünger(in) Jesu?

Jesus hat neu dazugelernt, dass das Reich Gottes weiter reicht und mehr umfasst – also: anders ist –, als er selbst dachte. Darum ist die *Wertschätzung und Anerkennung der Vielfalt in der (post-)modernen Gesellschaft*[95] eine wichtige und grundlegende Perspektive für ein zeitgemäßes kirchliches Selbstverständnis und Handeln. Kirche sollte in diesem Sinne „zu einer lernenden Organisation werden"[96], wie der Essener Bischof Franz-Josef Overbeck schreibt.

Andererseits wirft die hier vorgelegte bibeltheologische Reflexion auch ihr Licht auf die inneren Ambivalenzen jener Pluralisierungsprozesse. Von hier aus ergibt sich als Kriterium für eine gegenwärtige Ekklesiologie, über der geforderten Wertschätzung unterschiedlicher Lebens- und Glaubensformen deren Ambivalenzen nicht zu vernachlässigen. In dieser Hinsicht bedarf es einer stetigen „Unterscheidung der Geister" zwischen den Zeichen des Reiches Gottes einerseits und lebensverneinenden Kräften andererseits, die an jedem kirchlichen Ort stets mit zu leisten ist. Darum hat die Ekklesiologie zu bedenken, wie diese Unterscheidungsarbeit konkret geleistet werden kann und welche Konsequenzen diese Anforderung für ein entsprechendes Kirchenbild hat.

Für kirchliches Handeln und christliches Leben stehen in diesem Sinne auch die Fragen an, an welchen Orten sie sich abspielen und welchen Zwecken sie dienen sollen. Aus christlicher Perspektive ist gesellschaftliche Vielfalt nicht unterschiedslos, sondern zweckgebunden wertzuschätzen. Hier schlägt sich nieder, dass das Ende kirchlicher Pastoralmacht nicht bedeutet, dass Kirche sich in einem machtfreien Raum bewegt. Machtverhältnisse wurzeln nämlich, so Foucault, „tief im gesellschaftlichen Nexus", sie bilden nicht

> „über der ‚Gesellschaft' eine zusätzliche Struktur [...], von deren radikaler Austreibung man träumen könnte. In Gesellschaft leben heißt jedenfalls so leben, daß man gegenseitig auf sein Handeln einwirken kann. Eine Gesellschaft ‚ohne Machtverhältnisse' kann nur eine Abstraktion sein."[97]

Wie es in jeder Zeit Zeichen des beginnenden Gottesreiches gibt, so gibt es stets auch Kräfte, die es zurückhalten. Darum besteht eine zweite grundlegende Perspektive für das kirchliche Selbstverständnis und Han-

---

[95] Vgl. dazu das Zukunftsbild des Bistums Essen, in dem diesem Aspekt ein besonderer Stellenwert zukommt. *Bistum Essen* (Hrsg.), Zukunftsbild. Du bewegst Kirche. Vielfältig.

[96] *F.-J. Overbeck*, Ambivalenz und Gradualität. Kirchliche Selbstbeschreibung in moderner Gesellschaft, Vortrag bei den 52. Essener Gesprächen am 13. März 2017, 3.

[97] *M. Foucault*, Botschaften der Macht (s. Anm. 18), 195f.

deln in der *fortwährenden Auseinandersetzung mit den Ambivalenzen dieser Vielfalt.* Damit verbunden ist eine grundlegende Positionierung, die zu manchen Formen des menschlichen Lebens und Zusammenlebens in der pluralisierten Gesellschaft unter Umständen auch ein klares Nein bedeuten kann, wenn sie nämlich ihrerseits dem biblisch bezeugten göttlichen Schöpfungs- und Erlösungswillen widersprechen und ungehörte Stimmen unterdrücken und Lebensformen normieren wollen. Was dies inhaltlich konkret bedeutet, steht dabei nicht von vornherein fest; auch hier gilt also das Paradigma einer lernenden Kirche.

Die beiden skizzierten Perspektiven stehen offensichtlich in einer nicht aufzulösenden Spannung: Während im Sinne der Anerkennung und Wertschätzung vielfältiger Glaubens- und Lebensformen eine Positionierung (das heißt Wertung) zu vermeiden ist, ist sie im Sinne der Auseinandersetzung mit den Ambivalenzen der Gegenwartsgesellschaft gefordert. Was es für die ekklesiologische Reflexion wie für das konkrete Handeln der Kirche braucht, ist dementsprechend ein Kirchenbild, das beide Perspektiven in sich zu einer spannungsvollen Einheit verbindet. Dieses Kirchenbild ist das einer lernenden Kirche.

4. Zwischenreflexion: welche soziale Gestalt kann eine lernende Kirche haben?

Im Mittelpunkt der ekklesiologischen und pastoraltheologischen Reflexion steht demnach die Frage, wie sich eine lernende Kirche näher beschreiben lässt. Nach dem Niedergang der „rahmenden Pastoral" und dem damit verbundenen Kirchenbild dürfte kaum noch Zweifel daran bestehen, dass es sich bei solch einem zukunftsfähigen Kirchenbild um ein pluralitätsfähiges Kirchenbild handelt, in dessen Mittelpunkt nicht mehr die Kategorie der Institution steht. Denn klare Grenzen zwischen Innen und Außen sowie eindeutige Mitgliedschaftszuschreibungen gehören zum harten Kern einer institutionell verfassten Kirche. Trennschärfe in der Frage der Zugehörigkeit und Nicht-Zugehörigkeit zur Kirche ist darum, ob gewollt oder nicht, eine mindestens implizit immer mitlaufende Prämisse einer primär an der Institutionen-Metapher orientierten Ekklesiologie.

Auf dieser Grundlage dürfte sich das Kirchenbild einer lernenden Kirche allerdings kaum konkreter fassen lassen. Denn eine solche Kirche steht ja gerade vor der Herausforderung, die *binäre Logik* von Einschluss *und* Ausschluss mit Bezug auf einen fest umrissenen Sozialkörper zu überwinden. Eine binär kodierte Entweder-Oder-Logik transportiert nämlich zwangsläufig die Vorstellung von kirchlich anerkannten bzw. passenden Lebensentwürfen einerseits und nicht anerkannten bzw. unpassenden Lebensentwürfen andererseits. Im Blick auf die *Heils*verkündigung der Kirche steht dies in der latenten Gefahr, als wenigstens impliziter Urteilspruch über die „unpassenden" Lebensentwürfe wahrgenommen zu werden, der auf performative Weise praktisch wirksam ist, selbst wenn das Gegenteil behauptet wird.

Voraussetzung für eine Annäherung an die konkrete Gestalt einer lernenden Kirche dürfte demnach zunächst sein, sich von der Annahme einer möglichen Trennschärfe in der Frage der (Kirchen-)Zugehörigkeit zu verabschieden. Es dürfte hinreichend deutlich geworden sein, dass eine solche Annahme nicht der gegenwärtigen Situation gesellschaftlicher Pluralisierung entspricht und ein Festhalten an ihr einem kontrafaktischen Versuch der Aufrechterhaltung kirchlicher Biographie- bzw. Pastoralmacht gleichkommt. Dies wäre jedoch nicht nur aus soziologischer Perspektive widersprüchlich, sondern – wie in den vorangehenden bibeltheologischen Reflexionen gezeigt werden konnte – auch aus theologischer Perspektive problematisch. Die Verabschiedung eindeutiger Zugehörigkeitskategorien ist von der hier vorgeschlagenen theologischen Perspektive her folglich nicht nur möglich und legitim, sondern – aus soteriologischen Gründen – geradezu geboten.[98] Positiv lässt sich zugleich an die neutestamentliche Kategorie der Jünger(innen)schaft anschließen, die unterschiedliche Formen der Zugehörigkeit und Anhänger(innen)schaft umfasst.

Dass es mit der Kirchenzugehörigkeit nicht so einfach steht, wie eine „Institutionen-Ekklesiologie" mehr oder weniger bewusst annimmt, zeigt überdies auch ein Blick in die Kirchen- und Theologiegeschichte.[99] Viele Theologen haben sich mit diesem Problem auseinandergesetzt, so z. B. Luther in seiner Schrift über den geknechteten/unfreien Willen, *De servo arbitrio,* von 1525. In seiner Diskussion mit Erasmus von Rotterdam ging es dabei u. a. um die Frage, warum Gott die einen erwählt und die anderen nicht.[100] Letztlich gelang es Luther nicht, diese Differenz

---

[98] Vgl. die entsprechenden bibeltheologischen Reflexionen unter 3. Zugehörigkeiten: Die Pluralisierung der Lebensformen als Zeichen der Zeit.

[99] Vgl. *U. Engel,* Kirche unter leerem Himmel. Skizzen zu einer kenotischen Ekklesiologie für post/moderne Zeiten, in: futur2. Zeitschrift für Strategie und Entwicklung in Kirche und Gesellschaft 5 (2015).

[100] Vgl. *M. Luther,* De servo arbitrio, in: Martin Luthers Werke. Kritische Gesamtaus-

im unbegreiflichen Erwählungshandeln des verborgenen Gottes theologisch zufriedenstellend zu deuten. Folglich bemühte man konfessionsübergreifend die Hilfskonstruktion einer doppelt gedachten Kirche: Calvin etwa unterscheidet im 4. Buch seiner *Institutio* (1599) eine „unsichtbare" und eine „sichtbare Kirche"[101], die Kirchenkonstitution des Zweiten Vatikanums *Lumen gentium* eine Kirche „dem Leibe nach" und eine „dem Herzen nach" (LG 14; vgl. auch LG 8). Allerdings stellte bereits Augustinus in seiner Schrift *De Baptismo* (400/401 oder frühestens 405[102]) die ekklesiologische Erkenntnis für die Frage der Kirchenzugehörigkeit, die aus solchen scheinbar trennscharf markierten Differenzen folgt, grundlegend in Frage: „Manche scheinen drinnen zu sein, die in Wirklichkeit draußen sind, wogegen andere draußen zu sein scheinen, die in Wirklichkeit drinnen sind."[103]

Der Übergang von einem institutionellen zu einem alternativen, pluralitätsfähigen Kirchenbild erscheint also von der realen gesellschaftlichen Situation her notwendig, im Spiegel biblischer Reflexion geraten und vor theologiegeschichtlichem Hintergrund möglich und sinnvoll.

Die Anforderungen, denen ein entsprechendes Kirchenbild begegnet, sind ebenfalls bereits deutlich geworden. Einerseits sollte ein erneuertes Kirchenbild in der Lage sein, der Unübersichtlichkeit (post-)moderner Vielfalt gerecht zu werden und ein kirchliches Selbstverständnis zu ermöglichen, das zu dieser in einem positiven Verhältnis steht. Zugleich sollte ein pluralitätsfähiges Kirchenbild in der Lage sein, einen Prozess zu beschreiben, in dem die unterschiedlichen Lebens- und Glaubensfor-

---

gabe (WA), Bd. 18, Weimar 1908, 600–787, 632: „Corrigentur autem electi et pii spiritum sanctum, Caeteri incorrecti peribunt. Neque enim Augustinus dicit nullorum aut omnium opera bona coronari, sed aliquorum, ideo non erunt nulli, qui corrigant vitam suam." („Die Auserwählten und die Frommen aber werden durch den heiligen Geist gebessert werden, die übrigen werden ungebessert zu Grunde gehen. Denn Augustin sagt nämlich auch nicht, daß keines oder aller Menschen gute Werke belohnt werden, sondern: einiger, so daß es nicht gar keiner sein wird, der sein Leben besserte." Deutsche Übersetzung zitiert nach: https://www.heiligenlexikon.de/Literatur/Marin_Luther_unfreier_Willen.htm [letzter Zugriff am 06.07.2015]).

[101] Für beide Zitate vgl. *J. Calvin*, Unterricht in der christlichen Religion/Institutio Christianae religionis. Nach der letzten Ausgabe übersetzt und bearbeitet von Otto Weber, Neukirchen-Vluyn ⁶1997, 690.

[102] Zur Datierung von *De Baptismo* vgl. *H. J. Sieben*, Einführung, in: Augustinus: Opera – Werke, hrsg. von W. Geerlings. Bd. 28/1–4: De Baptismo – Die Taufe. Zweisprachige Ausgabe, Paderborn 2006, Teilbd. 1, 7–50, 11f.

[103] Vgl. *A. Augustinus, De Baptismo* Contra Donatistas Libri Septem V, zit. nach Y. *Congar*, Heilige Kirche, Stuttgart 1966, 436.

men zu einer gemeinsamen Vorstellung dessen gelangen können, was es in den Ambivalenzen der Gegenwart real bedeutet, vom Reich Gottes zu sprechen.

Inspiration kann für eine entsprechende ekklesiologische Reflexion mit dem Ziel eines pluralitätsfähigen Kirchenbilds das Phänomen Sozialer Bewegungen sein. Anders als Institutionen/formale Organisationen[104] sind Soziale Bewegungen nämlich „keine durchformalisierten Gebilde"[105]. Sie verfügen nicht über eindeutige (binäre) Mitgliedschaftsstrukturen, da sie im Unterschied zu Institutionen/formalen Organisationen über keine formalen bürokratischen Sanktionsmechanismen verfügen, um Anhänger(innen) an sich zu binden. Die Bindung von Anhänger(innen)n kommt durch deren Identifikation mit den Zielen der Bewegung zustande; dabei sind es die Anhänger(innen) der Bewegung, die deren Ziele (und die Mittel, sie zu erreichen,) in einem gemeinsamen Prozess je neu festlegen. Das bedeutet nicht, dass Institutionen/formale Organisationen für eine Soziale Bewegung überflüssig wären. Sie können wohl eine wichtige Funktion im Kontext einer Bewegung spielen; Bewegungen erschöpfen sich jedoch nicht im Sozialkörper durchstrukturierter Institutionen/formaler Organisationen.

Aufgrund dieser Verfasstheit Sozialer Bewegungen scheinen die beiden entworfenen Perspektiven ekklesiologischer Reflexion – Wertschätzung unterschiedlicher Lebenspraktiken *und* Positionierung angesichts der Ambivalenzen der pluralen Gegenwartsgesellschaft – im Rahmen der Bewegungsmetapher eher einzuholen zu sein als im Rahmen der Institutionenmetapher: *Lernend*[106] zu sein erscheint, wie sich zeigen

---

[104] Im Rahmen der soziologischen Auseinandersetzung wird eher zwischen „Sozialen Bewegungen" und „formalen Organisationen" unterschieden. Die soziologische Beschreibung dessen, was dabei unter dem Begriff „formale Organisation" firmiert, entspricht indes ziemlich genau der Institutionen-Metapher in der Ekklesiologie mit all den Konnotationen, die ihr infolge der Karriere des „societas-perfecta"-Gedankens in der katholischen Theologie anhaften. Daher wird die soziologische Unterscheidung Sozialer Bewegungen von formalen Organisationen hier mit Blick auf die Kirche als Institution übernommen.

[105] *D. Rucht/F. Neidhardt*, Soziale Bewegungen und kollektive Aktionen, in: H. Joas (Hrsg.), Lehrbuch der Soziologie, Frankfurt a. M. 2007, 627–651, 634.

[106] Vgl. dazu das Zukunftsbild des Bistums Essen, in dem wie im Falle der Wertschätzung (post-)moderner Vielfältigkeit der Lebens- und Glaubensformen sich auch dieser Aspekt niedergeschlagen hat. *Bistum Essen* (Hrsg.), Zukunftsbild. Du bewegst Kirche. Lernend.

wird[107], als grundlegendes Charakteristikum Sozialer Bewegungen. Zugleich können Institutionen/formale Organisationen in ihrer Funktion für die soziale Bewegung genauer bestimmt und positiv gewürdigt werden.

Am Beispiel Sozialer Bewegungen, so die These, lässt sich entsprechend die innere Struktur eines kontinuierlichen Lernprozesses systematisch erhellen, wie ihn die Kirche als lernende Organisation insgesamt und auf allen pastoralpraktischen Ebenen etablieren sollte. Im Folgenden wird zunächst eingehender dargestellt, was Soziale Bewegungen sind und wie sie entstehen (5.1).[108] Dabei wird auf Unterschiede zwischen Sozialen Bewegungen und Institutionen/formalen Organisationen hingewiesen, wo diese offensichtlich bestehen. Anschließend wird eine Perspektive für die theologische Rezeption der Bewegungsmetapher eröffnet (5.2). Zugleich ist zu zeigen, dass es sich bei der Bewegungsmetapher nicht um ein Kirche und Theologie grundlegend fremdes Konstrukt handelt, das aus der soziologischen Forschung auf die ekklesiologische Reflexion auf künstliche Weise übertragen wird. Vielmehr lassen sich die vorzustellenden Strukturmomente Sozialer Bewegungen an verschiedenen Brennpunkten der Kirchengeschichte vielfach wiederentdecken, wie am Beispiel der Soziologie der Jesusbewegung gezeigt werden soll (5.3). Abschließend werden die entsprechenden ekklesiologischen Konsequenzen gezogen, die die Rezeption der Bewegungsmetapher für das Bild einer lernenden, pluralitätsfähigen und engagierten Kirche hat (5.4).

5. Offene Ränder: ekklesiologische Rezeption der Bewegungsmetapher

5.1 Soziale Bewegungen im Unterschied zu formalen Organisationen/Institutionen

In ihrem Beitrag „Soziale Bewegungen und kollektive Aktionen" im „Lehrbuch der Soziologie"[109] machen Dieter Rucht und Friedhelm Neidhardt folgenden Vorschlag für eine Definition Sozialer Bewegung:

---

[107] Vgl. dazu die folgenden Kapitel 5.1 Soziale Bewegungen im Unterschied zu Organisationen/Institutionen sowie 5.2 Theologische Rezeption der Bewegungsmetapher.

[108] Dazu beziehen wir uns auf den entsprechenden Lehrbuch-Artikel von Dieter Rucht und Friedhelm Neidhardt im Lehrbuch der Soziologie. Vgl. *D. Rucht/F. Neidhart*, Soziale Bewegungen und kollektive Aktionen (s. Anm. 105).

[109] Vgl. *D. Rucht/F. Neidhart*, Soziale Bewegungen und kollektive Aktionen (s. Anm. 105).

„Soziale Bewegungen sind mobilisierte Netzwerke von Gruppen und Organisationen, die auf der Grundlage einer kollektiven Identität mit Mitteln des Protests sozialen Wandel herbeiführen oder verhindern wollen."[110]

Soziale Bewegungen sind demnach „keine durchformalisierten Gebilde [...]. Oft schließen sie Organisationen ein, [...] aber sie selber sind keine [Institutionen/formalen; d. Verf.] Organisationen."[111] Dies äußere sich vor allem in drei spezifischen Merkmalen Sozialer Bewegungen.

Keine klaren Mitgliedschaftszuschreibungen: Innerhalb Sozialer Bewegungen gibt es keine klaren Mitgliedschaftszuschreibungen. Unterscheiden lässt sich zwischen Aktivist(inn)en und Teilnehmer(inne)n der Bewegung sowie Unterstützer(inne)n und Sympathisant(inn)en im Umfeld der Bewegung. Darum sind die Übergänge zwischen Sozialen Bewegungen und ihrem Umfeld fließend. Denn ist es „schwer, mit dieser Unterscheidung klare Personenzuordnungen und genaue Größenbestimmungen zu verbinden."[112] Dies markiert einen wichtigen Unterschied zu Institutionen/formalen Organisationen, da Zugehörigkeit zu diesen durch formale Mitgliedschaft hergestellt wird und folglich entweder besteht oder nicht besteht.

Mangelnde Hierarchisierbarkeit: Aufgrund der hybriden Formen der Zugehörigkeit lassen sich Soziale Bewegungen nur schwer hierarchisieren. Eine „flächendeckende Durchstrukturierung horizontaler und vertikaler Differenzierungen von Positionen und Rollen" lässt sich nicht verbindlich durchsetzen.[113] Verhaltensunterschiede zwischen an Aktionen beteiligten Personen lassen sich daher nicht durch Rollenzuschreibungen erklären, sondern eher durch „unterschiedlich stark ausgeprägte individuelle Motivationen und spontane Einsätze ungleich verteilter Talente".[114] Im Gegensatz dazu wird das Rollenverhalten des Einzelnen innerhalb von Institutio-

---

[110] Ebd., 649. Die vorgelegte Definition hat auf einer analytischen Ebene ihre Schwachstellen, wie *H. Bender,* Die Zeit der Bewegungen – Strukturdynamik und Transformationsprozesse. Beiträge zur Theorie Sozialer Bewegungen und zur Analyse kollektiven Handelns, Frankfurt a. M. 1997, zeigt. Da das Interesse der Studie zur Kirchenbindung und -lösung allerdings nicht ein soziologisches bzw. analytisches, sondern ein primär theologisches ist, wird hier zunächst die von Rucht und Neidhardt vorgeschlagene Definition in Verbindung mit dem Ansatz der Ressourcenmobilisierung weiterverfolgt, weil sie für die systematisch- und praktisch-theologische Reflexion möglicherweise fruchtbar erscheint.
[111] Vgl. *D. Rucht/F. Neidhart,* Soziale Bewegungen und kollektive Aktionen (s. Anm. 105), 634.
[112] Ebd., 635.
[113] Ebd.
[114] Ebd.

nen/formalen Organisationen im Rahmen einer hierarchisch-bürokratischen Struktur so gesteuert, dass es vorhersehbar ist; individuelle Motivation und Talente werden den vorgegebenen Zielen der Organisation in dieser Weise wirksam untergeordnet.

Erstpersönliche Motivation: Dass Soziale Bewegungen sich nur schwer intern strukturieren lassen, hängt in diesem Zusammenhang auch damit zusammen, dass sie ihre „kollektive Handlungsfähigkeit allein aus dem inneren Engagement ihrer Anhänger" ableiten[115] – anders als Institutionen/formale Organisationen, die das Verhalten ihrer Mitglieder im Rahmen ihrer internen, auf bestimmte Handlungszwecke hin orientierten Struktur steuern und so Vorhersehbarkeit herstellen. Konstitutiv scheint dagegen für Bewegungen die „Verbindung von (individuellem) Motiv und (kollektivem) Zweck"[116]. Soziale Bewegungen besitzen daher anders als Institutionen/formale Organisationen „keine anderen Ressourcen, um ihre Akteure langfristig an sich zu binden und zu motivieren, als das zu tun, was die Individuen und Einzelgruppen in der Bewegung wünschen und wollen. Deren Engagement müssen sie über inneres *commitment* erlangen."[117]

Rucht und Neidhardt fassen zusammen,

> „dass Soziale Bewegungen in struktureller Hinsicht eher als Netzwerk denn als Organisationen definiert werden sollten. Als solche können sie, wenn ihnen Mobilisierung gelingt, kollektive Akteure von großer Reichweite und hoher Durchschlagskraft bilden. Ihre Stärke kann in der Wucht beeindruckender Massenaktionen und in einer Unbestimmbarkeit liegen, der auch von außen, z. B. mit sozialen Kontrollen, schwer zu begegnen ist. Dem entspricht allerdings ihre Schwäche in strategischen Belangen. Ihre Selbstkontrollkapazität ist angesichts ihres geringen Organisationsgrades und ihrer diffusen Entscheidungsstrukturen nicht hoch entwickelt. Sie eignen sich mehr zum Anstoßen und Blockieren als zum Steuern und Durchsetzen sozialen Wandels."[118]

Soziale Bewegungen sind darum grundlegend prozesshaft. Anders als verfasste Institutionen/formale Organisationen fehlen Sozialen Bewegungen eindeutig definierte Ränder. Undurchlässige Abgrenzungen zur Umwelt finden sich kaum. Damit weisen sie Ähnlichkeiten mit Organisationen in einem offeneren Sinne auf.[119] Anders als Institutionen/formale Organisa-

---

[115] Ebd.
[116] Ebd.
[117] Ebd., 636.
[118] Ebd.
[119] Ein entsprechender Organisationenbegriff entspricht nicht dem, was unter wir zu-

tionen, die zumeist als fertige und somit relativ unbewegliche Endprodukte wahrgenommen werden, existieren Soziale Bewegungen im Prozess ihres Entstehens. Darum ist für ein Verständnis des Phänomens Sozialer Bewegungen die Frage von besonderer Bedeutung, wie solche Bewegungen entstehen. Wichtige Entstehungsbedingungen Sozialer Bewegungen sind nach Rucht und Neidhardt vor allem die (a) subjektive Wahrnehmung und Interpretation von Deprivationen (relative Deprivation) und (b) das Vorhandensein sozialer Netzwerke, in denen diese Deprivationen kommuniziert werden und kollektives Handeln organisiert wird.

Relative Deprivation: Menschen handeln, so die Grundannahmen soziologischer Handlungsanalysen, „nicht auf Grund ihrer Situation, sondern auf Grund ihrer ‚Definition der Situation'"[120] – was sich historisch auch so belegen lässt. Frustration entsteht durch einen Vergleich zwischen den eigenen Erwartungen und der realen Situation. Sie wächst, wo entweder bei mindestens gleichbleibender Situation die eigenen Erwartungen steigen oder bei mindestens gleichbleibenden Erwartungen die Situation sich verschlechtert.

Solche Vergleiche werden vor dem Hintergrund sogenannter *frames* angestellt. Dabei handelt es sich um „Sinnkonstruktionen […], mit denen Gründe, Strategien und Zielsetzungen festgelegt und strukturiert werden."[121] *Frames* lassen sich dabei noch einmal intern differenzieren in *diagnostic frames, identity frames* und *agency frames. Diagnostic frames* liefern einen Bezugsrahmen zur Definition der Problemlage(n), die einen Protest rechtfertigen. *Identity frames* stiften ein Gemeinschaftsgefühl, indem sie ein „wir" gegenüber einem „sie" konstruieren, dem gegenüber es sich zu behaupten gilt. *Agency frames* entwerfen „die Utopie einer Möglichkeit […]. Ihre Funktion besteht darin, Mut zu machen."[122]

Vorhandensein sozialer Netzwerke: Zugleich entstehen Soziale Bewegungen und auch ein bestimmtes framing nicht spontan. Vielmehr lassen sich an der Basis Sozialer Bewegungen Gruppen und Netzwerke identifizieren, die die jeweiligen frames konstruieren und oft über längere Zeiträume

---

vor als „Institution/formale Organisation" gekennzeichnet haben; vgl. zu einem entsprechenden offeneren Verständnis von Organisationen A. *Kieser/M. Ebers* (Hrsg.), Organisationstheorien. Stuttgart [6]2014; A. *Kieser/P. Walgenbach*, Organisation. Stuttgart [6]2010.

[120] Vgl. *D. Rucht/F. Neidhart*, Soziale Bewegungen und kollektive Aktionen (s. Anm. 105), 645.
[121] Ebd., 646.
[122] Ebd.

hinweg Anhänger(innen)schaft mobilisieren. Nach den Ansätzen der *Ressourcenmobilisierung* kommt dabei sogenannten „Bewegungsorganisationen" oder „Bewegungsunternehmern"[123] besondere Bedeutung zu. Vertreter solcher Ansätze sind z. B. Mayer N. Zald und John D. McCarthy, die auf die Notwendigkeit aufmerksam machen, „Meinungsströme" zu mobilisieren und zu aktivieren.[124] Deprivationen seien aufgrund sozialer Probleme in einer Gesellschaft permanent vorhanden und daher sei mit einer grundsätzlichen Mobilisierungsbereitschaft zu rechnen.[125] Diese sei nutzbar zu machen, um Ressourcen zu generieren. Dabei gilt als Ressource „alles, was Handlungsoptionen eröffnet oder Handlungschancen erhöht, also z. B. Geld, Wissen, Teilnahmebereitschaft, Sachmittel, Informationen oder ähnliches"[126]. Diese Ressourcen können von Bewegungsorganisationen oder -unternehmern nutzbar gemacht werden. Ob dies gelingt, hängt für die jeweilige Bewegungsorganisation vom „subjektiven Nutzenkalkül" der betreffenden Personen ab, nach dem diese darüber entscheiden, „ob sie bereit sind, Ressourcen [...] zur Verfügung zu stellen."[127]

5.2 Theologische Rezeption der Bewegungsmetapher

Wie kann nun eine Rezeption dieser soziologischen Erkenntnisse zum Phänomen Sozialer Bewegungen in der Ekklesiologie aussehen? Sicher können keine Identitätsbehauptungen gemacht werden, wonach die Kirche eine Soziale Bewegung oder eine Bewegungsorganisation im engeren Sinne *ist*. Denn die Erscheinungsformen der (institutionellen) Kirche entsprechen nicht in jedem Fall deckungsgleich dem, was über Soziale Bewegungen oder Bewegungsorganisationen gesagt wurde. Die Kirche hat aufgrund ihrer bereits beschriebenen Verwiesenheit auf ihr Außen z. B. nicht ein bestimmtes sozialpolitisches Ziel (z. B. die Einführung eines be-

---

[123] Ebd., 650.

[124] Vgl. *J. D. McCarthy/M. N. Zald*, Resource Mobilization and Social Movements: A Partial Theory, in: Dies. (Hrsg.), Social Movements in an Organizationale Society, New Brunswick, NJ 1987, 15–42; *H. Bender*, Die Zeit der Bewegungen – Strukturdynamik und Transformationsprozesse (s. Anm. 110), 28.

[125] *D. Rucht/F. Neidhart*, Soziale Bewegungen und kollektive Aktionen (s. Anm. 105), 649.

[126] *H. Bender*, Die Zeit der Bewegungen – Strukturdynamik und Transformationsprozesse (s. Anm. 110), 29.

[127] Ebd., 30.

dingungslosen Grundeinkommens o. ä.), das ihr aus ihr selbst heraus zur Verfügung stünde und auf dessen Verwirklichung hin alle ihre Handlungen und ihr Selbstverständnis ausgerichtet wären. Der Zweck der Kirche, der ihrem Handeln und Selbstverständnis zugrunde liegende frame, ist die Verkündigung und Verwirklichung des Reiches Gottes, das aber nicht in einzelnen politischen Forderungen aufgeht. Es handelt sich dabei nämlich um ein universales Ideal von einer gerechten Gesellschaft und einem guten Leben für alle Menschen, aber dieses Ideal kann nicht bruchlos in partikulare politische Forderungen oder Ziele umgemünzt werden. Wie im folgenden Kapitel zur Soziologie der Jesusbewegung zu zeigen sein wird, eignet diesem frame ein theologischer Überschuss, der aus sozialen Zusammenhängen weder vollständig hervor- noch in ihnen aufgeht.

Dennoch können Theologie und Kirche im Blick auf die vorgestellten Erkenntnisse der Bewegungsforschung über den Entstehungsprozess Sozialer Bewegungen etwas über die Bedingungen gelingender Kirchen*bildung* und damit zugleich der Kirchen*bindung* (und -lösung) lernen. Am Beispiel Sozialer Bewegungen wird deutlich, dass soziale Realitäten, die Bindung ohne wirksame formale Sanktionsmechanismen herstellen und aufrechterhalten (müssen), diese Aufgabe in einem fortwährenden Prozess gemeinsamer Zielentwicklung und -vergewisserung bewältigen müssen. Da nur die Identifikation individueller Motivation mit allgemeinem Zweck Bindungen zwischen Personen und Bewegung bewirken kann, ist ein solcher Prozess die einzige Möglichkeit, effektiv Bindekräfte zu entwickeln.

Keine wirksamen formalen Sanktionsmechanismen (mehr) zur Verfügung zu haben, ist – wie zuvor beschrieben – eines der wesentlichen Kennzeichen der kirchlichen pastoralen Situation in der (post-)modernen Gesellschaft. Der Kirche wird unter dieser Voraussetzung kaum etwas übrig bleiben, als zu verfahren und sich zu verstehen *wie* eine Bewegungsorganisation, die Teil einer die formalen Grenzen der eigenen Organisation in vielfältiger Weise überschreitenden Sozialen Bewegung ist.

Die Kirche kann unter dieser Voraussetzung nicht davon ausgehen, es gebe so etwas wie einen unabhängig vom Wandel der Zeiten wie in einer Truhe aufbewahrten Glaubenskern, auf den sie Zugriff habe und den sie auf ihre jeweilige Gegenwart und Umwelt lediglich anzuwenden brauche. Was die Rede vom Reich Gottes jeweils bedeutet, *hat* die Kirche nicht, sondern *sucht* sie und *findet sie vor.* Sie *lernt,* was die Rede vom Reich Gottes in ihrer jeweiligen Gegenwart bedeutet. Was der Kirche anvertraut ist, ist eine Erzählung: die Erzählung von dem Gott, der alle Menschen liebt und ihnen Leben in Fülle zusagt; es ist eine Tradition dieser Erzählung, die von realen Menschen gelebt wurde, angefangen bei den Erzeltern des alten Israels, bei Jesus von Nazareth und seinen Freund(inn)en, bei den „Leuten vom Weg" (vgl. z. B. Apg 9,2), die die Erzählung vom liebenden Gott in einer oft wenig liebevollen Welt mit Leben gefüllt und andere angesteckt haben, die nach ihnen dasselbe getan haben.[128]

Die ekklesiologische Rezeption der Bewegungsmetapher weist also darauf hin, dass dieses Ringen um eine Realität, die der Rede vom Reich Gottes entspricht, keine Neuheit ist. Die Situation der Kirche in der (post-)modernen Gesellschaft ist keine Ausnahmesituation, sondern der Normalfall. Die soziale Gestalt der Kirche entsprach (und entspricht) ihrer Struktur nach immer eher einer Sozialen Bewegung, die ihre eigenen Ziele sozusagen im Gehen und lernend entwickelt, als einer (isolierten) Institution/formalen Organisation, die vorhandene Mittel nach im Vorhinein klar definierten Zielvorgaben im Rahmen eines hierarchisch strukturierten Verwaltungsapparats zuweist.[129]

5.3 Die Jesusbewegung als Soziale Bewegung

Um diese These zu stützen, kann auf die v. a. in den 1970er und 1980er Jahren publizierten Forschungsergebnisse zur „Soziologie der Jesusbewegung"[130] zurückgegriffen werden. Denn es lässt sich auf der Grundlage

---

[128] Zu denken wäre exemplarisch an die mittelalterliche Armutsbewegung, die Bürgerrechtsbewegung in den USA um Dr. Martin Luther King Jr., die Rolle der Kirchen in der DDR, die Rolle Johannes Pauls II. für die polnische Demokratiebewegung oder an die lateinamerikanische Befreiungstheologie. Diese Bewegungen und die Rolle, die Theologie und Kirche jeweils in ihr gespielt haben, sind sehr verschieden. Zwischen Johannes Paul II. und der Befreiungstheologie etwa herrschte bekanntlich ein angespanntes Klima. Gemeinsam ist allen Bewegungen unbeschadet inhaltlicher Unterschiede jedoch, dass auf je verschiedene Art und Weise die Schnittstelle zwischen der erinnerten Erzählung des Evangeliums und der gesellschaftlichen Realität getroffen wurde.
[129] Vgl. *K. Gabriel*, Christentum zwischen Tradition und Postmoderne (s. Anm. 24), 99, der gewissermaßen nebenbei darauf hinweist, dass selbst das katholische Milieu in einem Zusammenspiel von Bewegungselementen und institutionellen Strukturen gebildet werden konnte: „Erst die Verschränkung der Bewegungselemente mit dem Wandel in den Kirchenstrukturen und im kirchlichen Deutungssystem hat die Milieubildung im Sinne eines eigenen Wir-Gefühls mit gemeinsamer ‚Welt-Anschauung', eigenen Institutionen und eigenen Alltagsritualen möglich gemacht."
[130] Vgl. *G. Theißen*, Soziologie der Jesusbewegung. Ein Beitrag zur Entstehung des Frühchristentums, München 1977; *G. Theißen* (Hrsg.), Studien zur Soziologie des Ur-

der entsprechenden Forschungsergebnisse darlegen, dass die Jesusbewegung sich strukturell in den von der Bewegungsforschung bereitgestellten
Kategorien Sozialer Bewegungen beschreiben lässt. Dies betrifft die er-
mittelten Entstehungsbedingungen und die Sozialen Bewegungen eigenen
frames sowie ihre spezifische soziale Gestalt.

Was zunächst die soziale Gestalt der Jesusbewegung betrifft, so lässt
sich die für Soziale Bewegungen typische Vielgestaltigkeit möglicher Zugehörigkeitsformen von Aktivist(inn)en und Teilnehmer(inne)n im engsten Kreis der Bewegung sowie Unterstützer(inne)n und Sympathi-
sant(inn)en im weiteren Umfeld der Bewegung durchaus in der zuvor
bereits beschriebenen Vielgestaltigkeit der Anhänger(innen)schaft zum
historischen Jesus entdecken.

Neben jenem engsten Jünger(innen)kreis Jesu findet sich dem biblischen Zeugnis zufolge eine Vielzahl möglicher Zugehörigkeitsformen,
die nicht isoliert voneinander betrachtet werden sollten. Erstere werden
in der Literatur zur „Soziologie der Jesusbewegung" übereinstimmend
als „Wandercharismatiker"[131] bezeichnet und von „seßhafte[n] Sym-
pathisantengruppen"[132] unterschieden.[133] Dabei wird einerseits darauf
verwiesen, dass die Wandercharismatiker die „entscheidenden Gestalten
des frühen Urchristentums"[134] gewesen sind. Bei ihnen handele es sich
daher auch um die „Träger dessen, was sich später als Christentum ver-
selbstständigte".[135] Andererseits wird auch auf die Rolle der sesshaften
Sympathisant(inn)en als „Stützpunkte der Jesusbewegung"[136] hingewiesen, ohne die das radikale Ethos der Familien-, Heimat- und Besitzlosigkeit der Wandercharismatiker sich nicht hätte durchhalten lassen.[137] Bei

---

christentums, Tübingen [3]1989; *M. N. Ebertz*, Das Charisma des Gekreuzigten. Zur
Soziologie der Jesusbewegung, Tübingen 1987; *H.-J. Venetz*, So fing es mit der Kirche
an. Ein Blick in das Neue Testament, Zürich, Einsiedeln, Köln [3]1982.

[131] *H.-J. Venetz*, So fing es mit der Kirche an (s. Anm. 130), 71.

[132] Ebd.

[133] Vom Standpunkt der Bewegungsforschung *und* vom biblischen Befund her handelt
es sich dabei genau gesehen immer noch um eine Vereinfachung. Nicht in dieses Be-
griffsraster passen nämlich z. B. solche Menschen, die wie etwa Bartimäus nur zeitweise mit Jesus wanderten, aber nicht auf seinem ganzen Weg von Galiläa bis nach Jerusalem mit ihm unterwegs waren und eine Lebensgemeinschaft mit ihm bildeten.

[134] *G. Theißen*, Soziologie der Jesusbewegung (s. Anm. 130), 14.

[135] Ebd., 14f.; *G. Theißen*, Wanderradikalismus. Literatursoziologische Aspekte der
Überlieferung von Worten Jesu im Urchristentum, in: Ders. (Hrsg.), Studien zur Soziologie des Urchristentums, Tübingen [3]1989, 79–105.

[136] *G. Lohfink*, Braucht Gott die Kirche? (s. Anm. 58), 209.

[137] *G. Theißen*, Soziologie der Jesusbewegung (s. Anm. 130), 26: „Die Untersuchung

den sesshaften Sympathisant(inn)en konnten die umherziehenden Wandercharismatiker(innen) Obdach und Verpflegung finden. Als Gegenleistung boten die Wandercharismatiker(innen) „[g]egenwärtige Heilungen und eschatologischen Schutz"[138] im Endgericht. Das Verhältnis zwischen Wandercharismatiker(inne)n und sesshaften Sympathisant(inn)en war demnach eines der reziproken Verwiesenheit. Für die Jesusbewegung waren strukturell weder die einen noch die anderen entbehrlich. Dass sich demnach die soziale Gestalt der Jesusbewegung, was die Zugehörigkeitsformen betrifft, mit den Kategorien der Bewegungsforschung beschreiben lässt, dürfte umso deutlicher auf der Hand liegen, wenn das duale Schema „Wandercharismatiker(innen)" und „sesshafte Sympathisant(inn)en" um die, wie gezeigt werden konnte, im neutestamentlichen Zeugnis durchaus auffindbaren hybriden Formen der Anhänger(innen)schaft Jesu erweitert wird.

Diese vielfältigen Möglichkeiten der Zugehörigkeit zur Jesusbewegung sind insofern besonders bemerkenswert, als sie bei anderen innerjüdischen Erneuerungsbewegungen nicht unbedingt gegeben waren. Die Essener etwa verfolgten ein strenges religiöses und soziales Reinheitsethos, nach dem eine radikale Trennung von der sie umgebenden Welt als notwendig erachtet wurde und nicht-duale Formen der Zugehörigkeit nicht möglich waren.[139] Wer Teil der Essener-Gemeinschaft werden wollte, hatte als Bedingung seinen Privatbesitz radikal aufzugeben.[140] Besonders markant äußerte sich der Zusammenhang zwischen Zugehörigkeit zu den Essenern und der radikalen Trennung von der Welt im Verbot der Aggression gegenüber Mitgliedern der Gemeinschaft bei gleichzeitiger Verpflichtung, „[a]lle Menschen außerhalb der Gemeinschaft [...] zu hassen."[141]

Die Funktion, die die Radikalität dieses Ethos erfüllte, lässt sich bis zu einem gewissen Punkt soziologisch erklären. Sie kann nämlich als Ver-

---

von Ortsgemeinden hat gezeigt, daß sie ganz von ihrem komplementären Verhältnis zu den Wandercharismatikern her zu verstehen sind. Die Radikalität der Wandercharismatiker war nur möglich aufgrund der materiellen Basis in den Ortsgemeinden. Bis zu einem gewissen Grade wurden sie durch sie von alltäglichen Sorgen entlastet. Die Ortsgemeinden wiederum konnten sich Kompromisse mit der Umwelt erlauben, weil sich die Wandercharismatiker deutlich von der Umwelt abhoben. Ein abgestuftes Ethos verband und trennte beide Sozialformen der Jesusbewegung."

[138] G. *Theißen*, Wanderradikalismus (s. Anm. 135), 94.

[139] Vgl. *Ders.*, Soziologie der Jesusbewegung (s. Anm. 130), 77f.

[140] Vgl. ebd.

[141] Ebd., 78.

such verstanden werden, „die kulturelle Identität der jüdischen Gesellschaft angesichts politischer Unterwerfung und drohendem Verlust religiöser und kultureller Eigenständigkeit zu bewahren."[142] Die kulturelle Überlegenheit vor allem des römischen Imperiums wurde als krasser Widerspruch zum Bewusstsein Israels empfunden, auserwähltes Volk zu sein. Es liegt auf der Hand, dass dies zu einer tiefgreifenden Identitätskrise führen müsste. Vor diesem Hintergrund diente die in den innerjüdischen Erneuerungsbewegungen anzutreffende Normenverschärfung der interkulturellen Abgrenzung gegenüber der römischen Besatzungsmacht. Das Gesetz, das Israel seine Identität gab, wurde als Abgrenzungskriterium gegen das römische Imperium verschärft. So ließ sich die zur eigenen Identität eigentlich disparate Gegenwartserfahrung der Fremdherrschaft und kulturellen Unterlegenheit doch noch integrieren.

Diese Bewegung der interkulturellen Abgrenzung durch Normenverschärfung zeigt sich auch bei der Jesusbewegung. Zugleich offenbart sich jedoch auch ein bedeutsamer Unterschied, der erklärt, weshalb bei der Jesusbewegung im Unterschied zu den Essenern vielgestaltige Zugehörigkeitsformen möglich waren. Denn die Normenverschärfung führte bei der Jesusbewegung „nicht zur Verurteilung der anderen, sondern zum vernichtenden Urteil über alle".[143] Dadurch wurde jedoch zugleich „eine neue Solidarität [aufgerichtet]: die Solidarität derer, die auf Gnade angewiesen sind."[144] Dies erklärt, weshalb die Jesusbewegung sich von den Essenern in der Frage der Zugehörigkeit deutlich unterschied: Es musste den Jesus-Leuten „völlig fern liegen, sich von den anderen Gruppen der Gesellschaft abzugrenzen und sich gesondert zu organisieren. Hier wurde jeder akzeptiert."[145] Die Normenverschärfung schlägt um in Normenentschärfung. Anders als bei den Essenern und vielen anderen innerjüdischen Erneuerungsbewegungen führte also die interkulturelle Abgrenzung durch die Verschärfung des Gesetzes bei der Jesusbewegung nicht zu einer gleichzeitigen intrakulturellen Abgrenzung (radikale Trennung auch noch von der innerjüdischen Umwelt), sondern umgekehrt gerade zu einer Überbrückung der Gräben innerhalb der palästinisch-israelischen Gesellschaft. Universalisierung unter der verschärften Herrschaft

---

[142] G. *Theißen*, Legitimation und Lebensunterhalt. Ein Beitrag zur Soziologie urchristlicher Missionare, in: Ders. (Hrsg.), Studien zur Soziologie des Urchristentums, Tübingen [3]1989, 201–230, 206.
[143] Ebd., 207.
[144] Ebd.
[145] Ebd.

des Gesetzes war die Antwort, die die Jesusbewegung auf die zunehmende Schismatisierung durch intrakulturelle Abgrenzungen anderer Erneuerungsbewegungen gab. Wenig überraschend fand die Jesusbewegung entsprechend besonders bei „den sozial Deklassierten Anklang [...], gerade bei denen, die sich durch ihre Lebenspraxis gegenüber dem Gesetz kompromittieren mußten: den Zöllnern und Prostituierten, aber auch den anderen ‚Sündern‘, das heißt allen anderen, die den Normen der jüdischen Gesellschaft nicht gerecht werden konnten."[146]

Dieser Zusammenhang ist hier insofern von besonderem Interesse, als er geradezu exemplarisch für den für Soziale Bewegungen konstitutiven Entstehungszusammenhang von relativer Deprivation und framing angesehen werden kann. In den Kategorien der Bewegungsforschung ließe sich der dargestellte Vorgang etwa so reformulieren: Das kulturelle Bewusstsein Israels, JHWHs auserwähltes Volk zu sein, stellte den frame dar, vor dessen Hintergrund die Fremdherrschaft das Gefühl der kulturellen Unterlegenheit bis zu einer tiefgreifenden Identitätskrise steigerte. Hier haben wir es mit einem typischen Fall von relativer Deprivation zu tun, die zu einer grundsätzlichen Mobilisierungsbereitschaft in der palästinisch-israelischen Gesellschaft führte. Und mobilisiert wurde in diesem Feld ja auch tatsächlich von verschiedenen Gruppen: Anzutreffen sind neben den Essenern und der Jesusbewegung mindestens die Qumrangemeinde, die Zeloten, Widerstandsgruppen, die Pharisäer und die Täuferbewegung. In allen Bewegungen findet sich als Antwort auf die relative Deprivation der kulturellen Unterlegenheit die Antwort einer Verschärfung des Gesetzes.[147] Was nun insbesondere die Jesusbewegung betrifft, lässt sich noch spezifizieren, dass der beschriebene Umschlag der Normenverschärfung in Normenentschärfung eine Antwort auf die daraus resultierende innerjüdische Schismatisierung darstellte.

Der Zusammenhang zwischen relativer Deprivation, framing und Ressourcenmobilisierung ließe sich ausführlich nicht nur hinsichtlich der hier skizzierten sozio-kulturellen Voraussetzungen der innerjüdischen Erneuerungsbewegungen im Allgemeinen und der Jesusbewegung im Besonderen aufzeigen, sondern auch hinsichtlich der sozio-ökonomischen, sozio-ökologischen und sozio-politischen Voraussetzungen.[148] Sozio-

---

[146] Ebd.
[147] Vgl. ebd.
[148] Vgl. die ausführlichen Darstellungen bei G. *Theißen*, Soziologie der Jesusbewegung (s. Anm. 130); M. N. *Ebertz*, Das Charisma des Gekreuzigten (s. Anm. 130), 111–253.

ökonomisch lässt sich etwa die für die Wandercharismatiker(innen) typische soziale Entwurzelung v. a. der unteren Mittelschichten und marginalisierten Unterschichten[149] als Phänomen relativer Deprivation verstehen, das objektiv durch Hungersnöte, Überbevölkerung, zunehmende Besitzkonzentration und ein doppeltes Steuersystem (römisches Imperium und Tempelaristokratie) verursacht worden sein dürfte.[150] Sozio-ökologisch ließe sich auf das Gefälle zwischen Stadt und Land, besonders zwischen dem eher konservativen Jerusalem und den rebellischeren ländlichen Gebieten verweisen. Der Jerusalemer Konservatismus lässt sich nicht zuletzt durch die direkte oder indirekte Abhängigkeit eines großen Teils der Stadtbevölkerung vom Tempelbetrieb erklären; die rebellische Haltung der Landbevölkerung wurde u. a. durch ihre häufige Abhängigkeit von städtischen Gutsbesitzern hervorgerufen.[151] Auch die sozio-politische Situation in der palästinisch-israelischen Gesellschaft zur Zeit Jesu war von Spannungen und Konflikten geprägt, die durch die Gleichzeitigkeit verschiedener Herrschaftsstrukturen bedingt waren, welche sich nicht in ein ausgewogenes Verhältnis zueinander bringen ließen. Parallel oder unterhalb „westlicher" Herrschaftsstrukturen in den hellenistischen Stadtstaaten der Dekapolis und durch die römische Besatzungsmacht lebten „einheimische" politische Strukturen der Tempelhierarchie und der Monarchie der Hasmonäer und Herodäer fort[152], was zu einer tiefgreifenden Krise der traditionellen jüdischen Theokratie führte. „Spannungen zwischen irdischen Herrschaftsstrukturen förderten die Sehnsucht nach der Herrschaft Gottes."[153] Radikaltheokratische Bewegungen versuchten nicht nur diesen sozio-politischen Spannungen zu begegnen, sondern auch den anderen genannten relativen Deprivationen. Auch die Jesusbewegung war eine solche radikaltheokratische Bewegung[154], die mit der Botschaft vom anbrechenden Gottesreich den Widersprüchen der palästinisch-israelischen Gesellschaft begegnete. Die Reich-Gottes-Bot-

---

[149] Vgl. G. Theißen, „Wir haben alles verlassen" (Mc. X. 8). Nachfolge und soziale Entwurzelung in der jüdisch-palästinischen Gesellschaft des 1. Jahrhunderts n. Chr., in: Ders. (Hrsg.), Studien zur Soziologie des Urchristentums, Tübingen ³1989, 106–141, 135–141.

[150] Vgl. G. Theißen, Soziologie der Jesusbewegung (s. Anm. 130), 40–46.

[151] Vgl. ebd., 51–55.

[152] Vgl. G. Theißen, Legitimation und Lebensunterhalt (s. Anm. 142), 202f.

[153] G. Theißen, Soziologie der Jesusbewegung (s. Anm. 130), 73.

[154] Vgl. G. Theißen, Wanderradikalismus (s. Anm. 135), 203; ausführlich vgl. auch M. N. Ebertz, Das Charisma des Gekreuzigten (s. Anm. 130), 122–151, 165–195, 252–253.

schaft ist – in den Kategorien der Bewegungsforschung gesprochen – als der frame der Jesusbewegung anzusehen, vor dessen Hintergrund die bestehende Situation interpretiert wurde *(diagnostic frame)*. Auch regte die Reich-Gottes-Botschaft die Anhänger(innen) der Jesusbewegung in den alltäglich wahrnehmbaren Widersprüchen ihrer Gesellschaft zum Handeln an und stiftete Hoffnung *(agency frame)*. Weiterhin wurde die verbreitete Logik der Normverschärfung in der Jesusbewegung zugleich übernommen und überschritten, wodurch auf dem Boden der Reich-Gottes-Botschaft ein verbindendes Wir-Gefühl auch bei unterschiedlichen Formen der Zugehörigkeit zur Jesusbewegung hergestellt werden konnte *(identity frames)*.

In systematisch-theologischer Hinsicht entsprechen die drei hier aufgeführten Dimensionen von frames der Reich-Gottes-Botschaft dem in der Pastoralkonstitution *Gaudium et spes* formulierten Selbstverständnis der Kirche in der Welt von heute. Wenn nach GS der Kirche zur Aufgabe gegeben ist, „die Zeichen der Zeit zu erforschen" (GS 4) *(diagnostic frame)* und diese im hoffnungsvollen „Licht des Evangeliums auszulegen" (GS 4) *(agency frame)*, dann konstituiert sich genau durch und in diesem Prozess Kirche als Kirche. Sie reift „in ihrer Beziehung zur Welt aufgrund der Erfahrung der Zeiten" (GS 43) *(identity frame)* und wird so immer mehr zur Reich-Gottes-Akteurin (vgl. GS 45).

Vor diesem konzilstheologischen Hintergrund der Bestimmung kirchlichen Handelns in der heutigen Gesellschaft gilt es nun noch eine wichtige Bemerkung zur Reich-Gottes-Botschaft und ihrer Funktion als frame für die Jesusbewegung zu machen. Angesichts der Unterschiede zwischen den verschiedenen radikaltheokratischen, innerjüdischen Erneuerungsbewegungen ist nämlich deutlich, dass die von ihnen jeweils auf die gesellschaftliche Situation gegebenen Antworten sich aus den gesellschaftlichen Spannungen nicht in einer gewissen sozial-evolutionären Art und Weise ableiten lassen. „Wer Haus und Hof, Frau und Kinder verließ, um als Wandercharismatiker durch die Lande zu vagabundieren, wurde nicht nur vom Druck sozialer Widersprüche getrieben, sondern folgte der Verheißung eines neuen Lebens. Er folgte einem Ruf. Beides läßt sich freilich nicht trennen."[155] Bei aller sozialen Bedingtheit eignet der Reich-Gottes-Botschaft in der Jesusbewegung wie bei allen anderen Erneuerungsbewegungen ein (theologischer) Überschuss, der sich nicht deduktiv aus äußeren Einflüssen gewinnen lässt. Ein entsprechender Überschuss ist je-

---

[155] G. *Theißen*, Legitimation und Lebensunterhalt (s. Anm. 142), 209.

doch nicht nur theologischen frames eigen, sondern vermutlich auch jedem anderen frame, der eine Soziale Bewegung entstehen lässt und trägt. Dieser Befund widerspricht also nicht der These, dass sich die Jesusbewegung mit den Kategorien der soziologischen Bewegungsforschung als Soziale Bewegung beschreiben lässt, sondern stützt sie vielmehr.[156]

5.4 Ekklesiologische Rezeption: ein pluralitätsfähiges Bild einer lernenden Kirche

Die vorangegangenen Überlegungen zur Kategorie Sozialer Bewegungen waren von der These ausgegangen, dass sich auf dieser Grundlage ein pluralitätsfähiges Kirchenbild beschreiben lässt. Ein solches Kirchenbild konnte nach der Analyse der gegenwärtigen gesellschaftlichen Situation der katholischen Kirche in Deutschland und im Bistum Essen als eine drängende Herausforderung identifiziert werden. Soziologisch zeigte sich, dass die „rahmende Pastoral", die das kirchliche Selbstverständnis und Handeln (nicht nur) in Deutschland lange Zeit prägte, unter den Voraussetzungen gesellschaftlicher Pluralisierung und Individualisierung erodiert. Eine bibeltheologische Relecture der entsprechenden Prozesse machte allerdings gerade diese Erosionsprozesse als individuelle und theologisch zu würdigende Befreiungsprozesse von Individuen und der Kirche selbst verstehbar – und zeigte damit die theologische Aufgabe an, ein Kirchenbild zu entwerfen, welches duale Zugehörigkeitskategorien vermeidet. Dazu konnte auf die unterschiedlichen Formen der Anhänger(innen)schaft zum historischen Jesus und den nachösterlichen Bedeutungswandel des Begriffs „Jünger(in)" im Sinne von „Anhänger(in)" hingewiesen werden. Weil einerseits duale Zugehörigkeitskategorien zum harten Kern der Institutionenmetapher zählen und sich diese daher für die anstehende ekklesiologische Herausforderung nicht eignet, andererseits die institutionelle Kirche aber eine bleibende soziale und theologische Realität darstellt und daher nicht einfach negiert

---

[156] Zu ähnlichen Ergebnissen käme eine Untersuchung anderer kirchlicher Erneuerungsbewegungen, z. B. der mittelalterlichen Armutsbewegung. Vgl. dazu *I. W. Frank*, Reiche oder arme Kirche III. Zur sozialpolitischen Funktion der mittelalterlichen Armutsbewegung, in: Wort und Antwort 22 (1981), 174–180; *U. Horst*, Evangelische Armut und Kirche. Thomas von Aquin und die Armutskontroversen des 13. und beginnenden 14. Jahrhunderts (Quellen und Forschungen zur Geschichte des Dominikanerordens N. F. Bd. 1), Berlin 1992; *T. R. Peters*, Spirituelle Dialektik. Thomas von Aquin grüßt Karl Marx, in: Ders., Mystik, Mythos, Metaphysik. Die Spur des vermißten Gottes, Mainz 1992, 26–39.

werden kann, sollte ein gesuchtes pluralitätsfähiges Kirchenbild indes eine andere Kategorie in den Mittelpunkt ihrer Reflexionen stellen als die der Institution.[157]

Ein pluralitätsfähiges Kirchenbild negiert also nicht die institutionell verfasste Kirche. Im Mittelpunkt der ekklesiologischen Reflexion mit dem Ziel eines solchen Kirchenbildes steht jedoch eine andere Metapher als die der Institution/formalen Organisation. Damit wird in der ekklesiologischen Reflexion ein zentrales Anliegen des Zweiten Vatikanischen Konzils aufgegriffen, das in der Dogmatischen Konstitution über die Kirche *Lumen gentium* nach dem einleitenden Kapitel über das Mysterium der Kirche (LG 1–8) zunächst die Kirche als Volk Gottes (LG 8–17) behandelte – und erst danach die hierarchische Verfassung der Kirche (LG 18–29). Diese Reihenfolge war in den ersten Schemata nicht vorgesehen und erst auf ausdrücklichen Wunsch der Konzilsväter mit der Begründung aufgenommen worden, „[d]ie Ausführungen über das ‚Volk Gottes' gehören in Wahrheit zum Mysterium der Kirche".[158] Auch dachten die Konzilsväter über verschiedene mögliche Weisen der Zugehörigkeit zum Gottesvolk nach (LG 14–16). An diese Gedanken kann eine ekklesiologische Reflexion über ein pluralitätsfähiges Kirchenbild ebenso anschließen wie an die bereits erwähnte Einsicht der konstitutiven Bedeutung der Andersdenkenden und Andersglaubenden für die Kirche, die besonders die Pastoralkonstitution *Gaudium et spes* hervorhebt (vgl. GS 1; 4; 11).

In diesem Zusammenhang sind die dargestellten Einsichten der Bewegungsforschung insofern weiterführend, als an ihnen deutlich wird, dass – und wie – das Thema der Kirchenzugehörigkeit einerseits und das Thema

---

[157] In dieser Spannung ist der sachliche Grund für in unterschiedlichen pastoraltheologischen Debattenbeiträgen anzutreffende hölzerne Eisen wie das einer „institutionellen Absichtslosigkeit" (M. *Schüßler*, Liquid church als Ereignis-Ekklesiologie. Über Verflüssigungsprozesse in Leben, Lehre und Kirche, in: Pastoraltheologische Informationen 34 [2014], 25–43, 40) bzw. einem „Desinteresse am Erhalt der Institution" (*J.-M. Donegani*, Säkularisierung und Pastoral [s. Anm. 48], 69) als ekklesiologischer Grundhaltung zu vermuten. Wie kann eine Institution absichtslos oder am eigenen Bestehen desinteressiert sein?

[158] Acta Synodalia sacrosancti concilii oecumenici Vaticani II, 6 vol. in 32 partibus, Appendix (2 vol.), Indices, Typis Pol. Vaticanis, 1970–1998, III/1, 209f. Hier zitiert nach: P. *Hünermann*, Theologischer Kommentar zur dogmatischen Konstitution über die Kirche *Lumen gentium*, in: P. Hünermann/B. J. Hilberath (Hrsg.), Herders Theologischer Kommentar zum Zweiten Vatikanischen Konzil, Bd. 2, Freiburg i. Br. 2005, 264–582, 372.

der Verkündigung und Verwirklichung des anbrechenden Gottesreiches andererseits unlösbar miteinander zusammenhängen. Denn wie gezeigt werden konnte, gilt für die Kirche (nicht nur) in der pluralisierten und individualisierten (post-)modernen Gesellschaft, was auch für Soziale Bewegungen gilt: dass nämlich Zugehörigkeit zu ihnen nur durch die Verbindung von individueller Motivation der je einzelnen Person und allgemeinem Zweck der Bewegung hergestellt werden kann – und nicht durch normierende und sanktionierende Zugriffe auf das Bindungsverhalten der Individuen. Wie die Studien des ZAP und der Universität Siegen/des Instituts empirica zeigen, hat die institutionelle Kirche die Kontrolle über die Zugehörigkeit der Menschen zu ihr vielfach schon längst verloren; und dort, wo sie sie doch noch zu haben meint, treibt genau diese Einstellung der Kirche viele Menschen von ihr fort.

Aus der hier vorgelegten systematisch-theologischen Perspektive lässt sich aus eben diesem Grund nicht trennscharf feststellen, wer in welcher Form zur Kirche gehört und wer nicht. Dieser Umstand ist jedoch prinzipiell nicht zu bedauern, sondern eigentlich theologische Normalität: darauf, dass die Frage nach der Zugehörigkeit zur Kirche theologiegeschichtlich praktisch noch nie abschließend gelöst werden konnte, ist am Beispiel Augustins, Luthers, Calvins und des Zweiten Vatikanischen Konzils kurz hingewiesen worden; auch mit Blick auf den historischen Jesus konnte gezeigt werden, dass sich Zugehörigkeit zu ihm und seiner Verkündigung keineswegs in einem dualen Schema gestaltete, sondern Anhänger(innen)schaft Jesu sich in den vielfältigsten Formen niederschlagen konnte; und gerade vor diesem Hintergrund ließen sich die gesellschaftlichen Pluralisierungsprozesse der vergangenen Jahrzehnte ja als Befreiungsprozesse aus einer gewissen institutionellen Erstarrung der katholischen Kirche verstehen.

Diese Einsichten sind theologisch neu zu aktualisieren. In dieser Absicht steht die hier vorgeschlagene ekklesiologische Rezeption zentraler Einsichten der Bewegungsforschung. Sie erfolgt mit dem Ziel, das theologische Dilemma eines dualen Zugehörigkeitsschemas in der ekklesiologischen Reflexion zu vermeiden. Dazu wird auf die unterschiedlichen möglichen Formen der Zugehörigkeit zu Sozialen Bewegungen hingewiesen, zu denen Aktivist(inn)en und Teilnehmer(innen) ebenso unentbehrlich gehören wie Unterstützer(innen) und Sympathisant(inn)en. Wird die Bewegungsmetapher ekklesiologisch aufgegriffen, steht zu vermuten, dass es sich bei der Kirche ebenso verhält. So ergibt sich das Bild einer nicht streng gegen ein vermeintliches „Außen" abgegrenzten Kirche: einer Kirche mit offenen Rändern, in der die unterschiedlichsten Formen der Zugehörigkeit denkbar sind. Ein solches Kirchenbild mag unübersichtlicher sein als das einer klar umschreibbaren Institution/formalen Organisation. Nach den angestellten Überlegungen erscheint es jedoch erstens soziologisch angemessener und zweitens theologisch legitim und sachgerecht.

Denn zugleich bricht im Zuge der Rezeption der Bewegungsmetapher an der Zugehörigkeitsfrage theologisch die Frage nach der Sendung und dem Verkündigungsinhalt der Kirche auf. Da nämlich Kirchenbindung nur durch die Verbindung von individueller Motivation und allgemeinem Zweck – das heißt theologisch: dem Verkündigungsinhalt – hergestellt werden kann, stellt sich die Aufgabe der inhaltlichen Konkretisierung dieses Verkündigungsinhalts. In der Begrifflichkeit der Bewegungsforschung: die Aufgabe des framing. Was ist der Zweck oder frame, zu dem sich der oder die Einzelne in ein Verhältnis setzen können soll?

Nach *Lumen gentium* besteht dieser Zweck der Kirche – ihre Sendung – darin, „das Reich Christi und Gottes anzukündigen und in allen Völkern zu begründen", wobei sie zugleich „Keim und Anfang dieses Reiches auf Erden" darstellt (LG 5). Was aber ist das Reich Gottes? Was bedeutet es an den unterschiedlichen Orten etwa im Bistum Essen, das Reich Gottes anzukündigen und zu begründen?

In der Auseinandersetzung mit der Soziologie der Jesusbewegung ist deutlich geworden, dass Jesus seine Botschaft vom anbrechenden Gottesreich ausgehend von einem bestimmten gesellschaftlichen Spannungsfeld und auf dieses hin formuliert hat. Mit der Botschaft und Praxis des anbrechenden Gottesreiches antwortete Jesus auf vielfältige, sich gegenseitig bedingende relative Deprivationen in der palästinisch-israelischen Gesellschaft des 1. Jahrhunderts n. Chr. Dieser Zusammenhang zwischen Botschaft und Praxis auf der einen und relativen Deprivationen auf der anderen Seite ist ein hermeneutisch konstitutiver Zusammenhang. Wenn nämlich die Verbindung zwischen beiden aufgehoben wird, können erstens die Deprivationen nicht mehr im Modus der Reich-Gottes-Botschaft adressiert und daher auch nicht mehr wahrgenommen werden; und zweitens degenerieren die Worte der befreienden Botschaft von der anbrechenden Gottesherrschaft bei einer Entkoppelung von den relativen Deprivationen zu leeren Hüllen ohne materialen Bezug zum Leben und Zusammenleben der Menschen in der jeweiligen Gegenwart. Darum gilt dieser Zusammenhang auch unter den gegenüber der israelisch-palästinischen Gesellschaft zur Zeit Jesu sehr unterschiedlichen nordeuropäischen gesellschaftlichen Verhältnissen im 21. Jahrhundert. Denn ebenso wie damals gilt auch heute, dass

> „[d]as entscheidende Zeichen – die Verkündigung der guten Nachricht für die Armen – [...] leer [wäre], wenn es keine materiellen Wirkungen hätte – Augenlicht für die Blinden, Freiheit für die Unterdrückten – und damit einige der dringlichsten Probleme tatsächlich gelöst würden."[159]

Dies ist ein weiterer Grund, weshalb sich die Rezeption der Bewegungsmetapher in der Ekklesiologie nahelegt. Das daran sich anschließende Bild einer Kirche mit offenen Rändern erlaubt nämlich eine adäquate Beschreibung des Zusammenhangs zwischen framing und Zugehörigkeit. Mit dem zuletzt Gesagten ergibt sich ja ein Umschlag der Frage nach der Konkretisierung des kirchlichen Verkündigungsinhalts in die Frage nach der ihm entsprechenden Lebens- und Glaubenspraxis. Wenn die Rede vom Reich Gottes nicht inhaltsleer bleiben soll, muss sie sich an konkreten Praktiken materialisieren. Damit steht man vor der Frage, welche – und das heißt doch wohl: wessen – Praktiken dies eigentlich sein sollen. Folglich geht es erneut um die Frage der Zugehörigkeiten.

Was dabei nun allerdings theologisch nicht weiterführt, ist – nochmals – die Vorstellung trennscharfer Ränder zwischen einem eindeutig beschreibbaren Innen und Außen der Kirche. Man kommt nämlich zu keinen theologisch haltbaren Aussagen, wenn man einen strengen Innen-Außen-Dualismus aufrechterhält. Erneut ließe sich auf die entsprechenden Ausführungen der Pastoralkonstitution *Gaudium et spes* verweisen. Eine Kirche, die sich als lernende Kirche versteht, die das Reich Gottes nicht hat, sondern sucht – eine solche Kirche hat duale Zugehörigkeitsschemata hinter sich zu lassen, wenn sie glaubhaft das Reich Gottes ankündigen und begründen will.

Darum führt es auch hinsichtlich der Klärung der Sendung der Kirche ekklesiologisch weiter, sie von ihrer sozialen Gestalt her eher wie eine Soziale Bewegung zu beschreiben denn als Institution/formale Organisation. Als solche ist sie vorzustellen als eine Kirche mit offenen Rändern, die unterschiedliche Formen der Zugehörigkeit kennt und begrüßt: von der Inkorporation in eine örtliche Pfarrei oder Kirchengemeinde über die Arbeit in einem kirchlichen Verband oder in der kirchlichen Bildungsarbeit bis hin zu punktuellem Engagement, dem vielleicht auch nur gele-

---

[159] *I. Ellacuría*, Die Armen, in: Ders. (Hrsg.), Eine Kirche der Armen. Für ein prophetisches Christentum, Freiburg i. Br. 2011, 185–200, 191.

gentlichen (oder gar einmaligen) Besuch von Gottesdiensten oder anderen kirchlichen Angeboten.

6. Ausblick und Handlungsempfehlungen

Das vorgelegte, in der Auseinandersetzung mit zentralen Einsichten der soziologischen Erforschung Sozialer Bewegungen entwickelte pluralitätsfähige Kirchenbild trägt der theologisch gegründeten Einsicht Rechnung, dass das Reich Gottes die Menschen höchst individuell betrifft und sich in vielfältigen Formen verwirklicht, aber kein individualistisch-willkürliches Geschehen ist. Darum gestaltet sich auch eine Kirche, die das Reich Gottes in der Welt ankündigt und begründet, plural, ohne die unterschiedlichen Zugehörigkeitsformen zum Reich Gottes isolationistisch voneinander abzutrennen. Wie bei einer gelungenen musikalischen Harmonie handelt es sich um einen Vielklang, der nur im Zusammenspiel der verschiedenen Töne klingt. Wenn die Kirche – um im Bild zu bleiben – ein solches Zusammenspiel ermöglicht, vollzieht sie die im Reich Gottes sich gegen unterdrückende Mächte erneuernde, ursprüngliche Schöpfungsintention JHWHs nach, die nach dem Diktum Emmanuel Larteys in der „Existenz von ‚gegenseitigen Kontrollen‘ oder ‚geteilter Macht‘, von vielen verschiedenen Stimmen [besteht], die gehört werden könnten, und von einer Vielzahl möglicher Kulturen, die angenommen werden könnten."[160]

Zu diesen vielen verschiedenen Stimmen, die gehört (und vor allem: gesprochen) werden können, zählen auch die Menschen, die nur äußerst selten in Zusammenhängen kirchlicher Pastoral auftauchen. Es ist verräterisch, wenn kirchlicherseits von der Zugehörigkeit dieser Menschen zur Kirche häufig nur so gesprochen wird, als gehörten sie *trotz* ihrer *nur* seltenen Anwesenheit und Teilnahme doch *irgendwie* dazu. Spiegelt sich in dieser defizitorientierten Sprache und der ihr zugrunde liegenden Wahrnehmung nicht etwas von der Gleichzeitigkeit des Endes der rahmenden Pastoral, dessen man sich bewusst ist, und der Unsicherheit, die mit diesem Ende einhergeht? Zeigt sich hier nicht, dass die Denkkategorien der rahmenden Pastoral *idealiter* wohl überwunden werden wollen, *realiter* aber häufig doch noch wirksam sind und man auch nicht recht

---

[160] E. Y. *Lartey*, Der postkoloniale Gott: ein Paradigmenwechsel für die praktische Theologie (s. Anm. 71), 11.

weiß, wie es denn *praktisch* anders gehen soll? Und dass sie darum den von vielen geteilten *Wunsch* einer Kirche mit offenen Rändern doch wieder von hinten überholen und dieser darum schon im Denken Steine in den Weg legen? Vor dieser Beobachtung wird die Bedeutung eines veränderten Kirchenbildes im vorgeschlagenen Sinne schlagartig klar: weil es den Raum eröffnet, überhaupt die ersten Schritte zu tun, auch wenn noch nicht klar sein mag, wie das Ziel des Weges aussieht, der damit beschritten wird.

In Anlehnung an die Bewegungsforschung ist ein solcher anderer Weg möglich. Zu einer Sozialen Bewegung gehören nicht nur die Teilnehmer(innen) und Aktivist(inn)en, die z. B. Veranstaltungen planen, Demonstrationen organisieren, Transparente herstellen, Flugblätter verteilen und Kampagnenarbeit machen usw.; sondern zu einer Bewegung gehören auch – und nicht weniger wesentlich für ihre Vitalität und Reichweite! – jene Sympathisant(inn)en und Unterstützer(innen), die bspw. an einer Demonstration spontan wenige Straßenzüge mitlaufen, aus persönlichem Interesse an einer Podiumsdiskussion teilnehmen oder aus Sympathie mit den Zielen einer Bewegung einen kleineren oder größeren Geldbetrag spenden usw. Was hindert daran, analog dazu kirchlicherseits in der überwältigenden „unbekannten Mehrheit"[161] unter den Christinnen und Christen in Deutschland, die nur dann und wann in kirchlichen Kontexten auftauchen und anschließend wieder verschwinden, schlicht und einfach Sympathisant(inn)en und Unterstützer(innen) der Kirche und/oder der Sache des Gottesreiches zu sehen – und damit ihre Zugehörigkeit zu Kirche und Reich Gottes *positiv* zu beschreiben? Dem entspräche eine kirchliche Pastoral, die diese positive Beschreibung in konkreten Praxisformaten umsetzt.

Aus den Studien des ZAP und der Universität Siegen/des Instituts empirica, die in diesem Band vorliegen, haben wir ein relativ klares Bild davon, in welcher Weise Menschen einerseits punktuell und partiell in Beziehung zur Kirche treten und was ihnen eine positive Beziehung zum kirchlichen Leben andererseits von Seiten der Kirche her erschwert. Vor allem die Universität Siegen/Institut empirica-Studie unterstreicht im Anschluss an die Meta-Studie des ZAP die Bedeutung der individuellen Di-

---

161 So der emblematische Buchtitel von J. Först/J. Kügler: Die unbekannte Mehrheit (*J. Först/J. Kügler,* Die unbekannte Mehrheit. Mit Taufe, Trauung und Bestattung durchs Leben? Eine empirische Untersuchung zur Kasualienfrömmigkeit von KatholikInnen, Münster 2006).

mension der Kirchenbindung. Je stärker sich ein Mensch in der Kirche beheimatet fühlt, desto geringer ist die Wahrscheinlichkeit eines Austritts. Umgekehrt steht am Anfang eines Kirchenaustrittsprozesses entweder eine zunehmende Entfremdung von der Kirche oder eine von vornherein schwach ausgeprägte Beziehung zu ihr. Woran aber liegt es, ob ein Mensch sich in der Kirche beheimatet fühlt? Hier kommen die anderen Dimensionen ins Spiel; die durch die eigene Erfahrung vermittelte subjektive Wahrnehmung der kirchlichen Praxis in ihren unterschiedlichsten Formen – von der Liturgie über die Lehrverkündigung der Kirche bis hin zu ihrem diakonischen Handeln und politischen Engagement – figuriert die individuelle Nähe oder Ferne eines Menschen zum kirchlichen Leben.

Um das Ziel zu erreichen, Kirche als plurale und gleichzeitig an den individuellen Bedürfnissen der Menschen orientierte Bewegung wahrnehmbar zu machen, sollten vor diesem Hintergrund auf der einen Seite die kirchenbindenden Elemente kirchlicher Praxis gestärkt und entsprechende Formate (weiter-)entwickelt werden, die besonders die punktuell teilnehmenden Christinnen und Christen ansprechen. Zugleich sollten auf der anderen Seite bindungsirritierende Praxisformen abgestellt bzw. modifiziert werden. Ohne den Anspruch, die Studienergebnisse erschöpfend zu interpretieren, greifen wir einige wesentliche Punkte schlaglichtartig heraus und geben Handlungsempfehlungen für das Bistum Essen. Dabei gehen wir, wo es angebracht ist, auf Praxisformen ein, die im Bistum Essen bereits in der Umsetzung begriffen sind. Zugleich ordnen wir die Handlungsempfehlungen in systematisch-theologische Reflexionen ein, die am vorgeschlagenen Kirchenbild einer engagierten Kirche mit offenen Rändern orientiert sind.

Im Rahmen der ZAP-Meta-Studie sind als Faktoren mit einem besonderen kirchenbindenden Potential v. a. die Kasualien und das sozial-caritative Engagement hervorgehoben worden. Bindungsirritierend wirken nach übereinstimmender Analyse von ZAP und Universität Siegen/Institut empirica das Image der Kirche, das ein „Kulminationspunkt der verschiedenen kirchlichen Handlungsfelder ist".[162] Beide Studien stellen zudem das besonders bindungsirritierende Potential persönlicher Glaubenszweifel heraus, da sie die individuelle Dimension der Kirchenbin-

---

[162] *Szymanowski/Jürgens/Sellmann* in diesem Band: Kommunikative Dimension/Die Katholische Kirche: Image, Reputation, Marke; Vgl. *Riegel/Kröck/Faix* in diesem Band: Das Spektrum der Austrittsmotive/Kategorie 4: Erscheinungsbild der Kirche, wonach sich ein negatives Image der Kirche insbesondere aus der Wahrnehmung der Kirche als Machtinstrument oder als unglaubwürdige Institution ergibt.

dung maßgeblich beeinflussen.[163] Wir behandeln im folgenden Abschnitt
zunächst die bindungsstärkenden Kasualien sowie das sozial-caritative
Engagement der Kirchen und anschließend die bindungsirritierenden Elemente. Dabei gehen wir vor allem auf die Kirchenfinanzierung und die
Bedeutung von Glaubenszweifeln ein und geben zum Erscheinungsbild
der Kirche nur einige wenige Hinweise.

6.1 Bindungsstärkende Faktoren: Kasualien und sozial-caritatives Engagement

Kasualien

Unter Sakrament kann das „von Gott in Zeit und Geschichte den Menschen eröffnete ‚Geheimnis' seiner eigenen Wesenheit in Jesus Christus
[verstanden werden], das durch den H[eiligen] Geist im Raum der Kirche
rituell vollzogen wird."[164] Das im Mittelpunkt dieser Definition stehende
griechische Wort *mystērion,* das bereits in frühen lateinischen Überset-
zungen des Neuen Testaments mit *sacramentum* wiedergegeben wurde,
bezeichnet demnach nicht unmittelbar ein rituelles Geschehen; vielmehr
verweist dieser Ausdruck auf das von Gott eröffnete Heilsereignis des in
Jesus Christus anbrechenden Gottesreiches.[165]

Eine entsprechende liturgische Handlung ist demnach nicht mehr
und nicht weniger als der rituelle Vollzug des geoffenbarten „Geheimnis-
ses" der göttlichen Wesenheit in Jesus Christus (vgl. SC 2).[166] Sakra-

---

[163] *Riegel/Kröck/Faix* gehen auf diesen Punkt an zwei Stellen ein: vgl. *Riegel/Kröck/
Faix* in diesem Band: Diskussion des empirischen Befunds/Austrittsmotive; *Riegel/
Kröck/Faix* in diesem Band: Die Austrittsmotive im lebensweltlichen Kontext/Die Austrittsporträts im Vergleich; in der Meta-Studie von Szymanowski/Jürgens/Sellmann
wird er unter der individuellen Dimension der Kirchenbindung (*Szymanowski/Jürgens/
Sellmann* in diesem Band: Religiosität und Gottesglauben/Sinn, Halt und Orientierung) behandelt.
[164] *D. Sattler,* Art. Sakrament, in: Neues Lexikon der katholischen Dogmatik (2012)
556–564, 556.
[165] Vgl. *J. Finkenzeller,* Die Lehre von den Sakramenten im allgemeinen. Von der
Schrift bis zur Scholastik (1980), in: M. Schmaus u. a. (Hrsg.), Handbuch der Dogmengeschichte, Bd. IV/1a, Freiburg i. Br. 1980, 10–13.
[166] Vgl. den Kommentar von Reiner Kaczynski zu SC 2, der in diesem Sinne schreibt:
„In der Liturgie, besonders in deren Mitte, der Feier der Eucharistie, erfahren die Gläubigen nämlich den Vollzug des Erlösungswerkes Christi an sich. Das bedeutet für sie,
daß durch die Feier der Liturgie ihr Leben vom Christusmysterium, vom ganzen Chris-
tusereignis, erfüllt wird und sie gleichzeitig das wahre Wesen der Kirche erfahren,

mente sind also christologisch abgeleitet; denn „Jesus Christus ist das *eine* S[akrament] Gottes."[167] Ihren normativen Bezugspunkt haben die liturgischen Feiern der Kirche, die im Verlauf der Kirchen- und Theologiegeschichte dogmatisch als Sakramente definiert wurden, daher in Leben und Verkündigung des Menschen Jesus von Nazareth, den die Kirche als Messias Gottes, als Christus bekennt. Über die Feier der Sakramente hinaus dürfte auch für alle anderen liturgischen Feiern der Kirche gelten, dass sie dem Kommen des in Jesus Christus auf der Erde schon angebrochenen Gottesreiches Ausdruck verleihen, es darstellen und anrufen.[168] Sie sind normativ gebunden an den Schöpfungs- und Erlösungswillen Gottes, den er nach christlichem Glauben auf besondere und unüberbietbare Weise in Leben, Kreuzestod und Auferweckung Jesu von Nazareth kundgetan hat. Wenn zu diesem Schöpfungs- und Erlösungswillen, wie gezeigt werden konnte, im Kern die Anerkennung und Freisetzung vieler verschiedener Stimmen und Kulturen gehört, dann sollte dies auch ein Merkmal der liturgischen Vollzüge der Kirche sein, die „die Verleiblichung der rettenden Zuwendung Gottes in Jesus Christus"[169] ritualisieren.

---

durch die Christus ihnen sein Leben mitteilt." *R. Kaczynski,* Theologischer Kommentar zur Konstitution über die heilige Liturgie *Sacrosanctum Concilium,* in: P. Hünermann/B. J. Hilberath (Hrsg.), Herders Theologischer Kommentar zum Zweiten Vatikanischen Konzil, Bd. 2, Freiburg i. Br. 2005, 1–227, 54.

[167] *D. Sattler,* Art. Sakrament (s. Anm. 164), 557.

[168] Die sieben Sakramente, die die katholische Kirche kennt, sind als solche das Produkt einer dogmatischen Festlegung, die unter anderen theologie- und kirchengeschichtlichen Umständen auch anders hätte ausfallen können. Bevor sich Petrus Lombardus' Siebenerliste im Hochmittelalter durchsetzte und auf dem Trienter Konzil im Zuge der Abgrenzung gegen die Reformatoren dogmatisch bestätigt wurde, kursierte eine Vielzahl an Zählungen. Die theologische Begründung für die Siebenerliste erlaubt bei genauer Betrachtung jedoch keine scharfe Abgrenzung gegenüber Sakramentalien und anderen liturgischen Feiern der Kirche. Vgl. zur Entfaltung und Rechtfertigung der Siebenerzahl im 12. Jahrhundert *J. Finkenzeller,* Die Lehre von den Sakramenten im allgemeinen (s. Anm, 165), 158–166.

[169] *J. Werbick,* Sakrament und Sakramentalität in der Sicht römisch-katholischer Theologie, in: Internationale Kirchliche Zeitschrift 107 (2017), 23–43, 36. Werbick redet an dieser Stelle zwar enger gefasst von den Sakramenten als diesen Ritualisierungen; nach den bisherigen Überlegungen lässt sich diese Rede jedoch auch ausweiten. Auf dieser Linie liegen übrigens auch die Bemerkungen Werbicks selbst, dass der Gedanke der Wirksamkeit eines Sakraments *ex opere operato,* durch den die Wirkung eines Sakramentes objektiv in der „Priorität des göttlichen Handelns am Menschen" festgemacht wird, im Grunde „für jede Gnadenmitteilung gilt". Vgl. ebd., 35.

Aus dogmatischer Perspektive sind liturgische Feiern der Kirche im Allgemeinen und Sakramente im Besonderen christologisch zentriert und – eben darum – soteriologisch dezentriert. Denn „Rituale [brauchen] […] einen Sitz im Leben der Menschen […], um relevant zu werden."[170] Fehlt dieser Sitz im Leben, werden sie inhaltlich entleert, es bleibt zwar eine rituelle Form übrig, die aber nur noch eine fiktive und keine reale Bedeutung mehr hat. Daran wird deutlich, dass dort, wo das soteriologisch fundierte dezentrale Element der Liturgie der Kirche praktisch unterbestimmt ist, auch ihr christologisch bestimmtes Zentrum zerfällt. So kehrt sich das Verhältnis von Innen und Außen, Zentrum und Peripherie um, und der Rand wird zur Mitte (und umgekehrt).

Liturgische Feiern sind in diesem Sinne Korrelationsgestalten, d. h. „Konstruktionsprozess[e], in de[nen] sich Leben bzw. Erfahrungen im Leben in neuem Licht zeigen, indem diese verbunden werden mit Sichtweisen, die aus der Glaubenstradition stammen"[171]. Eine geglückte Liturgie changiert zwischen Innen und Außen, sie macht die Grenze zwischen christologischer Mitte und soteriologischer Adressierung praktisch durchlässig.

Angesichts der hohen Beliebtheit und Wertschätzung, der sich die Kasualien den vorliegenden empirischen Studien zufolge erfreuen, liegt hier eine große Chance der Kirche, ihre Sendung für das Reich Gottes in der Welt zu erfüllen. Eine Kirche mit offenen Rändern stellt sich daher stets die Frage, „welche Rituale für die Menschen tatsächlich heilend, befreiend und hilfreich sind – und was an unseren herkömmlichen Ritualen zu verändern ist, weil es dem eigenen Anspruch, Heil zu vermitteln, nicht gerecht wird."[172]

Im Bistum Essen geschieht dies im Rahmen des Zukunftsbildprozesses anhand von zwei Projekten. Dabei handelt es sich erstens um die Bildung eines pfarreiübergreifenden Teams für Trauungen und zweitens um die Gestaltung von Segensfeiern für Neugeborene an verschiedenen Orten im Bistum.

Die Bildung eines pfarreiübergreifenden Trauteams bedient das Feld der klassischen Kasualienpastoral und will in diesem Rahmen „die Wünsche von Brautpaaren aufgreifen und ihnen einen umfassenden Service

---

[170] J. *Pock,* Wandlung als Kern christlicher Botschaft. Die Replik von Johann Pock auf Helga Kohler-Spiegel, in: Lebendige Seelsorge 62 (2011), 246–248, 246.

[171] H. *Kohler-Spiegel,* Zum Heil der Menschen. Die Replik von Helga Kohler-Spiegel auf Johann Pock, in: Lebendige Seelsorge 62 (2011), 249f., 250.

[172] J. *Pock,* Wandlung als Kern christlicher Botschaft (s. Anm. 170), 246.

bieten"[173], um „die Hochzeit für das jeweilige Brautpaar zu einem nachhaltigen Erlebnis werden [zu] lassen".[174] Damit wird der theologischen Einsicht Rechnung getragen, dass das „Erschließen der Sakramente [...] nicht primär der Weitergabe des kirchlichen Sakramentenverständnisses u. ä. [dient], sondern dem Erschließen der Möglichkeit, christliche Sakramente heute zur Lebensdeutung aufzunehmen."[175]

Die Gestaltung von Segensfeiern für Neugeborene zielt anders als das Projekt des überregionalen Trauteams eher auf einen Moment, der von der klassischen Kasualienpastoral nicht bzw. nicht immer abgedeckt wird oder mit einem höheren katechetischen Aufwand und/oder sakramentenrechtlichen Hürden verbunden ist. Das Projekt „Segensfeiern für Neugeborene" folgt damit im besonderen Maße der Einsicht, dass „Religiosität und Glaube [...] sich nicht am Sonntagmorgen [orientieren], sondern an Lebensübergängen, an Lebenseinschnitten des Individuums – Geburt und Schuleintritt, Hochzeit und Trennung, Pensionierung, Krankheit und Tod"[176], und bietet in einer entsprechenden Lebenswendesituation ein ökumenisch gestaltetes, liturgisches Angebot auch für Menschen, die ihre Kinder aus gleich welchen Gründen (noch) nicht taufen lassen wollen, aber an einer niederschwelligeren liturgischen Segensfeier Freude finden. So heißt es auf der Internetseite des Zukunftsbildprojektes:

> „Eine Segensfeier für Babys ist keine Taufe und will es auch gar nicht sein. Die Taufe ist für den Täufling der Beginn einer lebenslangen Beziehung zu Jesus und der Beginn seiner Mitgliedschaft in Kirche und Gemeinde. Unabhängig davon, ob Sie sich für die Taufe entscheiden oder damit noch warten, ist Ihr Kind von Anfang seines Lebens an Gottes geliebtes Kind. Das wollen wir Ihrem Kind und Ihnen in der Segensfeier zusagen und mit Ihnen in der Gemeinschaft anderer junger Familien das Leben und die Geburt feiern!"[177]

Beide Projekte setzen damit praktisch die sakramententheologische Perspektive um, dass das Sakrament als wirksamer Zuspruch der Gnade immer zuerst kommt – vor den Werken des Glaubens – und die Zuwendung

---

[173] So die Projektbeschreibung im Infomaterial des Bistums Essen.

[174] *Bistum Essen* (Hrsg.), Zukunftsbild. Die 20 Bistums-Projekte. Pfarrübergreifendes Team für Trauungen.

[175] *H. Kohler-Spiegel*, Zum Heil der Menschen (s. Anm. 171), 249.

[176] *H. Kohler-Spiegel*, Sich verwandeln lassen. Wunden heilen und das Leben feiern, in: Lebendige Seelsorge 62 (2011), 240–245, 242.

[177] *Bistum Essen* (Hrsg.), Segensfeiern für Babys, http://segenfuerbabys.de/ [letzter Zugriff am 01.11.2017].

Gottes zu den Sakramentenempfänger(inne)n unabhängig von deren individueller (Glaubens-)Disposition gilt. So formuliert etwa Ottmar Fuchs, es sei

> „gut, nicht allzu schnell den Wechsel von Gott zu Menschen zu vollziehen: Gott bleibt Verursacher und Geber der Gnade und aller Sakramentalität. Der Glaube [...] ist nicht Wirkursache der Gnade, sondern disponierende Ursache für die *Erfahrung* der Gnade. Was das Sakrament zusagt, ist auch nicht davon abhängig, ob die Menschen das erfüllen, was im Sakrament geschenkt ist, sondern es bleibt auch dann gegeben, wenn dies nicht geschieht. Denn Gott lässt seine Sonne aufgehen über Bösen und Guten und er lässt regnen über Gerechte und Ungerechte (vgl. Mk 5,25)."[178]

Die liturgischen Feiern der Kirche im Allgemeinen und die Feier der Sakramente im Besonderen sind demnach kein Tauschgeschäft, bei dem die Feier nur gegen zuvor (oder hinterher) unter Beweis zu stellende Glaubenstreue oder – was wohl praktisch häufig auf dasselbe hinausläuft – Kirchenzugehörigkeit im Sinne einer rahmenden Pastoral angeboten wird.

Freilich ergeben sich von der hier vorgeschlagenen ekklesiologischen und sakramententheologischen Perspektive her in der Auseinandersetzung mit den beschriebenen Projekten auch zwei Folgefragen.

Erstens kann mit Blick auf die Gestaltung der Segnungsfeiern für Neugeborene z. B. nach der Vernetzung mit kirchlichen und nicht-kirchlichen Angeboten für junge Familien gefragt werden, die über die liturgische Feier hinaus die Belange junger Familien in unterschiedlichen Situationen betreffen. Denn die im Gottesdienst gefeierte Zuwendung Gottes zu den Neugeborenen und ihren Familien betrifft schließlich nicht nur den Moment der Geburt oder der Feier; sie betrifft das ganze Leben der Kinder und Familien, die sich in der Feier unter den Segen Gottes stellen. Gefragt werden kann also, ob bzw. wie sich die Verbindung zwischen der singulären liturgischen Feier einerseits und dem Interesse und dem Angebot der Unterstützung der Kirche auch im alltäglichen Leben der Familien praktisch verdeutlichen lässt. Gibt es z. B. Möglichkeiten, auf kirchliche und nicht-kirchliche Beratungsstellen o. ä. hinzuweisen, die in schwierigen Situationen Unterstützung anbieten können, oder auf andere Angebote, die für junge Familien von Interesse sein könnten?

---

[178] O. *Fuchs*, Sakramente – immer gratis, nie umsonst, Würzburg 2015, 25.

Zweitens stellt sich mit Blick auf die individuelle Gestaltung kirchlicher Trauungen die Frage, was mit jenen Paaren ist, die aus sakramentenrechtlichen Gründen keine kirchliche Trauung in Anspruch nehmen können oder es aus persönlichen Erwägungen heraus nicht wollen: Menschen, die nach einer Scheidung in einer neuen Beziehung leben und sich den Segen Gottes für diese Beziehung wünschen, denen eine kirchliche Trauung aber kirchenrechtlich verwehrt ist; oder homosexuelle Paare, für die dies ebenfalls gilt; oder Paare, die nicht heiraten wollen, weil eine(r) der beiden nicht gläubig ist und nicht vor Gott ein Versprechen abgeben will, an das er oder sie gar nicht glaubt – die Liste ließe sich leicht verlängern. Gibt es für diese Menschen die Möglichkeit, z. B. analog zu den Segensfeiern für Neugeborene jenseits der klassischen sakramentalen Gottesdienstgestalten liturgische Feiern für ihre realen, individuellen Lebenssituationen anzubieten? Bis wohin kann und will man in der individuellen Begleitung inklusive liturgischer Feiern im Bistum Essen gehen?

Eine andere Frage geht in dieselbe Richtung und betrifft Mitarbeiter im kirchlichen Dienst, die aus dienstrechtlichen Gründen wegen ihres Arbeitsverhältnisses heiraten müssen, obwohl sie in ihrer Beziehung möglicherweise an diesem Punkt noch nicht angelangt sind oder womöglich eine(n) Partner(in) haben, der/die gar nicht kirchlich heiraten will. Welche anderen praktischen und öffentlichen[179] Möglichkeiten gibt es hier, als den betreffenden Paaren um des kirchlichen Dienstrechts willen die kirchliche Eheschließung sozusagen abzuverlangen?[180]

An diesen Fragen wird deutlich, dass die in den empirischen Studien identifizierten Dimensionen der Kirchenbindung, die in diesem Band vorliegen, sich zwar unterscheiden, aber nicht trennen lassen. Beim Nachdenken über Sakramenten- und Kasualienpastoral kommt man bald ins

---

[179] Denn die Feier der Sakramente ist ein öffentlicher Akt. Hinterzimmerlösungen in Einzelfällen werden darum dem theologischen Problem nicht gerecht, sie verhindern nur, dass es öffentlich zum Anstoß wird.

[180] Diese Praxis ist aus sakramentenrechtlicher Perspektive auch deshalb zu hinterfragen, weil mit dem sozial-ökonomischen Druck, den die Kirche als Arbeitgeberin auf den oder die betreffende(n) Beschäftigte(n) damit faktisch ausübt, eine Bedingung für eine gültige Eheschließung quasi von der Kirche, die zugleich die Sakramente zuspricht, selbst ad absurdum geführt wird, nämlich die freie Entscheidung beider Partner(innen) für den Ehebund. Das mag man in einer bestimmten Auslegung des kirchlichen Rechts auf kohärente Weise anderen Rechtsgütern unterordnen können, wie z. B. der Identifikation der Mitarbeiter(innen) im kirchlichen Dienst mit den Zielen und Moralvorstellungen der katholischen Kirche; theologisch bleibt das Problem aber sozusagen als leider unvermeidbar trotzdem bestehen – aber kann das wirklich zufriedenstellen?

Nachdenken über die Morallehre der katholischen Kirche und ihre Konsequenzen für die Pastoral. In der Praxis steht die Antwort auf die Frage nämlich immer neu und eben unmittelbar in der Sakramenten- und Kasualienpastoral (und nicht erst am Schreibtisch der Theolog[inn]en) aus, was es konkret heißt, die Kirche solle sich „nicht damit zufrieden geben, gegenüber denen, die in ‚irregulären Situationen' leben, nur moralische Gesetze anzuwenden, als seien es Felsblöcke, die man auf das Leben von Menschen wirft." (*Amoris laetitia,* Nr. 305[181]) Um eine glaubwürdige und kohärente Sakramenten- und Kasualienpastoral umsetzen zu können, müssen diese Fragen in irgendeiner Weise für die Praxis so geklärt werden, dass sich dabei nicht hinter euphemistischen Spitzfindigkeiten versteckt zu werden braucht. Diese Klärung kann hier nicht mehr geleistet werden; an dieser Stelle geht es nur darum, sie als drängende Herausforderung für eine Kirche anzunehmen, die sich als Gemeinschaft mit offenen Rändern versteht und in ihrer sozialen Gestalt immer mehr zu einer solchen werden will.

Sozial-caritatives Engagement

Ähnlich verhält es sich mit Überlegungen zum sozial-caritativen Engagement der Kirche, zu welchem ihre liturgischen Feiern in einem engen und unauflösbaren Spannungsverhältnis stehen. Diese haben ja zum Inhalt das universale Heil für und die unbedingte Liebe Gottes zu den Menschen. Diese werden durch Zeichen und Worte erinnert, angerufen, zugesprochen. Restlos einlösen können sie es jedoch letztlich nicht; die in den liturgischen Feiern der Kirche vergegenwärtigte Heilszusage Gottes ist doch auch immer noch ausstehendes, noch nicht restlos eingelöstes Versprechen, das auf seine vollständige Einlösung noch wartet. Theologisch entspricht dem die Unterscheidung zwischen Endgültigkeit und Vollendung der Erlösung. Denn es gibt wohl

> „Zeichen, aber niemals Enklaven des Heils, solange unsere Welt noch unerlöst ist und die Erwartung Israels, seine Hoffnung auf eine universale Gerechtigkeit und eschatologischen Frieden, noch unerfüllt und strittig."[182]

---

[181] *Papst Franziskus,* Nachsynodales apostolisches Schreiben *Amoris laetitia* über die Liebe in der Familie.
[182] *Th. Pröpper,* Erlösungsglaube und Freiheitsgeschichte. Eine Skizze zur Soteriologie, München [3]1991, 216.

Steht die Vollendung der Zuwendung Gottes zu den Menschen also noch aus, so gilt dem christlichen Glauben die Selbstmitteilung Gottes in Jesus Christus doch als „geschichtlich unüberbietbar".[183] Denn in Verkündigung, Leben, Tod und Auferweckung Jesu hat Gott dem Glauben zufolge seine Liebe zu den Menschen nicht nur behauptet, sondern praktisch erwiesen. „In Gottes geschichtlicher Offenbarung *geschieht* [...], was offenbar wird, und nur *weil* es geschieht, kann es offenbar werden: eben Gottes für die Menschen entschiedene Liebe."[184] Hinter diese Liebe gibt es – wenn man dem Auferweckungszeugnis Glauben schenkt – innerhalb der Geschichte kein Zurück mehr. Die Offenbarung Gottes als unbedingt für die Menschen entschiedene Liebe ist also „durch kein geschichtliches Ereignis mehr widerlegbar und insofern Erweis [...] ihrer Endgültigkeit".[185]

Ohne jene Zeichen des Heils jedoch bliebe das noch auf seine Vollendung wartende Heilsversprechen Gottes, das in den liturgischen Feiern der Kirche behauptet wird, ohne wirklichen Anhaltspunkt in der Realität. Wie die Reflexion auf den Zusammenhang der Reich-Gottes-Botschaft mit realen Deprivationen gezeigt hat, würde die Hoffnung auf das Anbrechen des Gottesreiches inhaltsleer in der Luft hängen, wenn nicht „einige der dringlichsten Probleme [unserer jeweiligen Gegenwart; d. Verf.] tatsächlich gelöst würden."[186] Neben der Zusage von Gottes Heil für alle Menschen in den Gottesdiensten der Kirche braucht es darum stets das aktuelle Zeugnis der Kirche für das anbrechende Gottesreich; denn dieses existiert nicht an sich, sondern als „Realität in Realisierung".[187] Darum gehört das Zeugnis als Suche nach dem Gottesreich nicht erst sekundär zum Auftrag der Kirche, sondern zum grundlegenden Kernbestand ihrer eigenen Wirklichkeit und Sendung.

Das sozial-caritative Handeln der Kirche ist also nicht ein zusätzliches Handeln, das zu ihrer vermeintlichen Hauptaufgabe der gottesdienstlichen, liturgischen Verkündigung lediglich noch hinzuträte; vielmehr gehört es als ein Handeln, das „von dem Geist bestimmt ist, von

---

[183] *Th. Pröpper,* „Daß nichts uns scheiden kann von Gottes Liebe ...". Ein Beitrag zum Verständnis der „Endgültigkeit" der Erlösung, in: A. Angenendt/H. Vorgrimler (Hrsg.), Sie wandern von Kraft zu Kraft. Aufbrüche, Wege, Begegnungen. Festgabe für Bischof Reinhard Lettmann, Kevelaer 1993, 300–319, 310.

[184] Ebd., 308.

[185] Ebd., 310.

[186] *I. Ellacuría,* Die Armen (s. Anm. 159), 191.

[187] *I. Ellacuría,* Zum ideologischen Charakter der Theologie, in: Ders. (Hrsg.), Eine Kirche der Armen. Für ein prophetisches Christentum, Freiburg i. Br. 2011, 21–43, 36.

dem auch das Handeln Christi durchdrungen war"[188], in die Mitte der Reich-Gottes-Verkündigung Jesu, der in „radikale[r] Treue gegenüber seiner Botschaft"[189] gar den eigenen gewaltsamen Tod für diese auf sich genommen hat.

Der christliche Marytriumsbegriff schließt genau hier an, wenn er – insbesondere in seiner neuzeitlichen Variante – darauf verweist, dass das Martyrium als Konsequenz der Praxis der Nachfolge Jesu zu verstehen sei.[190] Ein solcher Tod, der Folge „der Ankündigung der Herrschaft Gottes und der in ihr antizipierten ganz neuen, die real existierenden Verhältnisse umstürzenden Gerechtigkeit"[191] ist, ist also gewissermaßen der Höchstfall des Zeugnisgebens, das die Praxis der Nachfolge Jesu in Gestalt von sozial-caritativem Handeln selbst ist.

> „Deshalb sind all diejenigen, die für die Wahrheit, Gerechtigkeit und den Frieden ihr Blut vergossen haben, unabhängig von den ideologischen Vorzeichen, unter denen das geschah, wahre Märtyrer im vollen Sinne des Wortes […]. Sie sind zwar keine Märtyrer für den christlichen Glauben, […] aber sie sind Märtyrer für das Reich Gottes, Märtyrer für die Sache, die auch die Sache des Sohnes Gottes war, als er unter uns weilte. In der Geschichte der Menschheit tragen sie zu der Politik Gottes bei."[192]

An ihnen wird deutlich, was für das sozial-caritative Handeln der Kirche auch dann gilt, wenn die Handelnden dabei nicht mit der Gefahr für ihr Leben rechnen müssen, dass es nämlich selbst Verkündigungshandeln ist, das Zeugnis gibt für die Gerechtigkeit des Reiches Gottes.

Vier Einsichten sind aus dieser Reflexion festzuhalten: erstens, dass das sozial-caritative Handeln der Kirche integraler Bestandteil ihres Verkündigungshandelns ist; zweitens, dass die liturgischen Feiern der Kirche mit ihrem sozial-caritativen Handeln in einem engen Zusammenhang stehen (und vice versa); drittens, dass sozial-caritatives Handeln auch dort wahres Zeichen des Reiches Gottes sein kann, wo es äußerlich nicht innerhalb des Sozialkörpers der institutionellen Kirche verortet ist oder sich nicht auf diesen explizit bezieht; viertens, dass sozial-caritativem Handeln stets eine

---

[188] *L. Boff*, Martyrium: Versuch einer systematischen Reflexion, in: Concilium 19 (1983), 176–181, 179.

[189] Ebd., 177.

[190] Vgl. *U. Engel*, Radikale Treue zum radikalen Zeugnis Jesu. Theologische Dimensionen des christlichen Martyriumbegriffs, in: Wort und Antwort 52 (2011), 101–106, 103: „Der Märtyrer orientiert sich in seinem Handeln also an der in der Schrift überlieferten Praxis Jesu."

[191] Ebd.

[192] *L. Boff*, Martyrium: Versuch einer systematischen Reflexion (s. Anm. 188), 180.

politische Dimension inhärent ist[193], weswegen es unter Umständen auch zu Konflikten mit anderen politischen Akteur(inn)en kommen kann.[194]

Im Rahmen des Zukunftsbildprozesses im Bistum Essen wird dem in verschiedenen Projekten nachgegangen, z. B. im Zuge des Aufbaus eines weiteren sozialpastoralen Zentrums in der Pfarrei St. Joseph, Gelsenkirchen[195], oder in der Suche nach neuen Formen der Gemeindecaritas.[196] Das letztgenannte Projekt zielt darauf, fünf ausgewählte Gemeinden im Bistum Essen bei der Entwicklung von Ideen zu unterstützen, die „die Lebenssituation in der Nachbarschaft verbessern können"[197]; die entwickelten Ideen sollen dabei von Menschen umgesetzt werden, „die sich in ihren Gemeinden und Pfarreien bedarfsorientiert und zeitlich befristet für diese […] engagieren".[198]

Dieses Projekt ist besonders hervorzuheben, da es der Gefahr entgegenwirkt, das sozial-caritative Handeln der Kirche ausschließlich den Einrichtungen des Caritasverbandes zu überlassen und es damit gewissermaßen aus den unmittelbaren Kontexten lokaler kirchlicher Gruppen und Gemeinschaften auszulagern. Denn dieses „Outsourcing" des sozialcaritativen Engagements ist vor dem Hintergrund der zuvor angestellten theologischen Reflexion über die Bedeutung des Zeugnisgebens und den Zusammenhang zwischen Liturgie und sozial-caritativem Handeln der Kirche problematisch. Wenn Professionalisierung etwa im Bereich der Altenpflege auch gut und richtig und im Sozialsystem der Bundesrepublik zu Recht juristisch vorgeschrieben ist, sind theologisch doch alle Bemühungen zu begrüßen und pastoral zu fördern, die umfassenden Prozessen der Auslagerung der sozial-caritativen Dimension kirchlicher Praxis aus Gemeinden und Gruppen entgegenwirken. In dieser Perspektive sollten dort, wo es möglich ist, entsprechende Formen der Gemeindecaritas, freier caritativer Initiativen[199] und der professionellen Ver-

---

[193] Die vorhergehenden Reflexionen rückwärts gelesen bedeutet dies, dass auch den liturgischen Feiern diese politische Dimension inhäriert.

[194] Solche Konflikte sind natürlich nicht zu schüren, sie sind aber, wo sie entstehen, in Treue zur Botschaft Jesu auszutragen.

[195] Vgl. *Bistum Essen* (Hrsg.), Zukunftsbild. Die 20 Bistums-Projekte. Sozialpastorale Zentren.

[196] Vgl. *Bistum Essen* (Hrsg.), Zukunftsbild. Die 20 Bistums-Projekte. Neue Formen der Gemeindecaritas.

[197] Ebd.

[198] Ebd.

[199] Darunter verstehen wir Initiativen, die sich organisatorisch weder der Berufs- noch der Gemeindecaritas zurechnen lassen, z. B. wenn Gruppen aus Eigeninitiative ohne or-

bandscaritas miteinander verbunden werden. Auf Projekte sozial-caritativen Engagements in Gemeinden sollte sich, um der Verbindung zwischen liturgischer Zusage und zeichenhaftem Zeugnisgeben für das Reich
Gottes praktisch zu entsprechen, im Kontext liturgischen Feierns nach
Möglichkeit auch explizit bezogen werden, wo dies möglich und sinnvoll
erscheint.

Dies scheint vor dem Hintergrund wichtig, dass die qualitative Studie
der Universität Siegen/des Instituts empirica unter den Ausgetretenen
auch eine (hinsichtlich ihrer Größe noch näher zu bestimmende Gruppe)
identifiziert, die als Austrittsgrund angeben, die Kirche sei „nicht mehr
fromm und spirituell genug [...] und [verfehle] somit ihren göttlichen
Auftrag"[200].

Zu fragen wäre hier zunächst, ob die Ablehnung der sozial-caritativen und öffentlich-politischen Aspekte der kirchlichen Praxis sich nur
formal auf diese Dimensionen kirchlicher Praxis als solcher oder eher
auf die partikularen Inhalte bezieht, die jeweils konkret vertreten werden. Hinsichtlich der Haltung der beiden großen Kirchen im Zusammenhang mit der asyl- und migrationspolitischen Debatte seit dem Herbst
2015 hat Hans Joas darauf hingewiesen, dass sich aus dem Evangelium
nicht unmittelbar sozialpolitische Forderungen ergeben.[201] Zuzustimmen
ist ihm dabei insofern, als sozialpolitische Inhalte nicht unmittelbar vom
Evangelium her generiert werden können; kritisch ließe sich aus theologi-

---

ganisatorische Anbindung an örtliche Kirchengemeinden Nachbarschaftshilfen o. ä.
organisieren; diese freien caritativen Initiativen lassen sich im an Sozialen Bewegungen
orientierten Bild einer Kirche mit offenen Grenzen als ekklesiale Wirklichkeiten im vol-
len Sinne ansehen.

[200] Vgl. *Riegel/Kröck/Faix* in diesem Band: Diskussion des empirischen Befunds/Aus-
trittsmotive.

[201] Vgl. *H. Joas*, Kirche als Moralagentur?, München 2016, 78f.: „Da [...] die Liebe in
eine supramoralische Dimension fällt, kann sie die Prinzipien der Organisation des sozialen Lebens wie das Prinzip der Gerechtigkeit in der Gestaltung eines Gemeinwesens
[...] nie ersetzen. Sie kann nur die Regeln der Moral jeweils neu interpretieren, uns
dazu befähigen, moralisch zu handeln, unsere Bindungen an die Moral stabilisieren,
Gnade, Großzügigkeit, Demut ermöglichen, eine Reduktion auf bloß kalkulatorische
Reziprozität verhindern. Nur in sektenhaften Randerscheinungen war das Christentum [...] eine radikale ‚weltlose' Hingabe an das Ethos der Brüderlichkeit ohne Rücksicht auf die Eigenlogik politischen und wirtschaftlichen Lebens. Die Kirchen waren
nie so orientiert. Es trägt nicht zu ihrer Glaubwürdigkeit bei, wenn sie plötzlich in einer
einzelnen national und international hoch umstrittenen Frage so tun, als sei gar kein
Zweifel möglich, dass dies für sie ebenso wie für den einzelnen Christen die offensicht-
liche Orientierung sei."

scher Perspektive jedoch anführen, dass es gleichwohl vom Evangelium
selbst her nicht gleichgültig ist, welche sozialpolitischen Forderungen
vertreten werden.[202] Die von Joas vorgetragene Einsicht, dass diese Forderungen nicht gleichsam „vom Himmel fallen", sollte kirchlicherseits
also nicht zum Rückzug aus dem Feld sozial-caritativen Engagements
und öffentlicher politischer Praxis führen; sie kann aber anregen, Wege
zu finden, wie sozialpolitische Forderungen – gerade dort, wo sie von
kirchlichen Akteur(inn)en vertreten werden – kirchenintern diskutiert
werden können. Hierzu wären entsprechende Formate zu entwickeln.
Diskussionsoffenheit ist dabei entsprechend für alle Seiten einzufordern.
Sie gilt es z. B. durch Bildungsarbeit zu stärken. Auch dies sollte aber
nicht darüber hinwegtäuschen, dass man es, wenn es konkret wird und
eine Positionierung ansteht, inhaltlich nie allen wird recht machen können. Diese Einsicht (nicht erst) der Neuen Politischen Theologie und der
Befreiungstheologie, dass es per se keine politisch neutrale Theologie geben kann, sollte die Debatte um öffentliche Positionierungen allerdings
nicht schwächen, sondern zu ihr gerade ermutigen.

Aus systematisch-theologischer Sicht fällt es nämlich schwer, der For-
derung nach weniger sozial-caritativem Engagement der Kirche und damit z. T. einhergehender – wenigstens impliziter, bisweilen auch expli-
ter – öffentlicher Positionierung in politischen Fragen umfänglich zu
entsprechen. Ein Rückzug der Kirche aus dem Feld ihres sozial-caritativen Engagements und ihrer öffentlichen Praxis der Solidarität mit den sozial Schwächsten würde das Profil ihrer Verkündigung des Evangeliums
für die Kranken und Gebeugten der Sache nach fundamental unterlaufen. Daher ist aus systematisch-theologischer Perspektive die Verbindung
zwischen dem liturgischen und dem sozial-caritativen und öffentlichen
Aspekt der Verkündigungsarbeit der Kirche von besonderem Gewicht,
um deutlich zu machen, dass Letztere nicht nachträglich und willkürlich
von außen hinzukommen, sondern zum eingeforderten „Kernbestand"
der Sendung der Kirche unmittelbar zugehören. Eine Kirche ohne sozial-

---

[202] Vgl. *I. Ellacuría*, Zum ideologischen Charakter der Theologie (s. Anm. 187), 25.
Ellacuría legt ausführlich dar, dass und weshalb es „kein geschichtlich und politisch
neutrales theologisches Produkt" geben kann. Denn Theologie hat auch dann ideologischen Charakter, wenn sie sich diesen nicht bewusst macht; dieser Charakter gehört
zum innersten Kern der Theologie. Darum verweist Ellacuría auf die theologische Aufgabe, über die eigenen ideologischen Anteile auch und gerade bezüglich gesellschaftlicher und politischer Spannungsfelder Rechenschaft abzulegen. Deswegen muss jede
Theologie irgendwann Position beziehen.

caritatives Engagement und ohne öffentliche Praxis der Solidarität mit den Schwächsten in der Gesellschaft würde ihren „göttlichen Auftrag" ebenso verfehlen wie eine Kirche ohne Liturgie.

6.2 Bindungsirritierende Faktoren: Glaubenszweifel und Kirchenfinanzierung

Glaubenszweifel

Sowohl die Studie des ZAP als auch diejenige der Universität Siegen/des Instituts empirica führen unter den bindungsirritierenden Aspekten das Moment des Glaubenszweifels an.[203] Dieser Zweifel kann, wie insbesondere die Universität Siegen/Institut empirica-Studie zeigt, etwa die Theodizee-Problematik, das christliche Gottesbild oder die Vereinbarkeit von Glaube und Wissenschaft betreffen.[204] Angesichts der Daten, die die ZAP-Studie hinsichtlich des christlichen, personalen Gottesbildes und der Gebetspraxis der Christinnen und Christen darlegt[205], steht zu vermuten, dass dieses Motiv in stärkerer oder schwächerer Form selbst unter denen relativ weit verbreitet ist, die der Kirche einigermaßen nahestehen.[206]

---

[203] Vgl. *Riegel/Kröck/Faix* in diesem Band: Die Austrittsmotive im lebensweltlichen Kontext/Die Austrittsporträts im Vergleich; *Szymanowski/Jürgens/Sellmann* in diesem Band: Individuelle Dimension/Religiosität und Gottesglaube.

[204] Vgl. *Riegel/Kröck/Faix* in diesem Band: Die Austrittsmotive im lebensweltlichen Kontext/Die Austrittsporträts im Vergleich.

[205] Vgl. *Szymanowski/Jürgens/Sellmann* in diesem Band: Individuelle Dimension/Religiosität und Gottesglaube; demnach glaubt lediglich ein Viertel der Katholik(inn)en an einen personalen Gott und die Gebetshäufigkeit bei Christ(inn)en mit „mittelstarker Religiosität" ist der Studie zufolge fast um 50 % eingebrochen.

[206] Die Ergebnisse zeugen auf handfeste Weise davon, was Johann Baptist Metz mit seiner viel zitierten Diagnose von der „religionsförmige[n] Gotteskrise" (*J. B. Metz,* Theodizee-empfindliche Gottesrede, in: Ders. [Hrsg.], „Landschaft aus Schreien". Zur Dramatik der Theodizee-Frage, Mainz 1995, 81–102, 83.) zum Ausdruck gebracht hat. In deren Fahrwasser könne das Wort Gott zu einer konturlosen Chiffre für alle möglichen Transzendenzvorstellungen herangezogen werden, bezeichne aber kaum noch den Gott der Bibel. „Religion als Name für den Traum vom leidfreien Glück, als mythische Seelenverzauberung, als postmodernes Glasperlenspiel: ja. Aber Gott, der Gott Abrahams, Isaaks und Jakobs, der Gott Jesu?" (ebd.) Der Einbruch der Gebetshäufigkeit kann sozusagen als Spiegel dieser Situation angesehen werden; denn wozu man zu einem „meta-theistische[n], kosmologische[n] [oder] immanente[n]" (*Szymanowski/Jürgens/Sellmann* in diesem Band: Individuelle Dimension/Religiosität und Gottesglaube) Gott, von dem vernünftigerweise keine aktive Reaktion auf das eigene Gebet erwartet werden kann, noch beten sollte, ist in der Tat schleierhaft. Vgl.

Für die Kirche ist dies folgenreich, denn mit diesem Befund steht die von ihr verkündigte Erzählung vom anbrechenden Gottesreich in Frage, von der Herrschaft eines Gottes, der Schöpfer und Erlöser ist und sich als in der Geschichte „mit starker Hand und ausgestrecktem Arm" (Dtn 5,15) Handelnder gezeigt hat.[207] Von der hier vorgeschlagenen theologischen Perspektive her, die vor allem die persönlichen Motivationen der Einzelnen in den Blick nimmt, dürfte es sich demnach bei den Motiven „Glaubenszweifel" und in einem weiteren Sinne „Entfremdung von der Kirche" nicht nur empirisch um die tatsächlich markantesten Austrittsgründe handeln, sondern auch um die fundamentalsten theologischen und ekklesiologischen Topoi.

Grundsätzlich gilt in dieser Situation, dass dort, wo Menschen aus metaphysischen Gründen – seien sie als solche benannt oder nicht – prinzipiell der Meinung sind, über Gott lasse sich ohnehin nicht sinnvoll sprechen, kirchliche Verkündigung auch personal kaum wird treffen können. Diese Situation sollte die Kirche um der Autonomie der religiösen Subjekte willen anerkennen und nicht versuchen, sozusagen durch die Hintertür der Universalisierung ihre Botschaft als „immer schon" bei den Menschen zu platzieren. Man mag aus theologischen Gründen auf den allgemeinen Heilswillen Gottes und die Universalität der Befreiungs- und Erlösungsbotschaft Jesu verweisen und an ihnen festhalten. Aber daraus kann nicht umgekehrt geschlossen werden, dass „eigentlich" doch alle Menschen „immer schon", wenn sie es vielleicht auch noch nicht wissen, an den Gott der Bibel, den Gott Jesu Christi glauben.[208] Handelt es sich dabei

---

dazu *Chr. Böttigheimer*, Die Not des Bittgebets. Eine Ursache der gegenwärtigen Gotteskrise?, in: Stimmen der Zeit (2011), 435–444, 443. Die Unmöglichkeit, ungebrochen an einen personalen, für den Menschen ansprechbaren und in der Geschichte handelnden Gott glauben zu können, ist insofern wohl tatsächlich ein Zeichen der Zeit.

[207] Zu den Gründen für diese Situation zählt sicher ein naturwissenschaftliches Weltbild streng deterministischen Zuschnitts, in dem kein Platz für die Vorstellung eines in den Weltlauf eingreifenden Gottes ist. Dieses Weltbild mag zwar dem neuesten Stand der naturwissenschaftlichen Forschung nicht mehr entsprechen. Es hält sich aber – wenn auch als Zerrbild – unabhängig von diesen neueren Entwicklungen hartnäckig und erschwert die Verkündigung eines liebenden und sich sorgenden Gottes. Damit zusammenhängend gehört sicher auch die neuzeitliche Metaphysikkritik zu den Gründen, die den Glauben an den von der Kirche verkündigten Gott erschweren. Zum naturwissenschaftlichen Weltbild vgl. ebd., 435–438; Zur Metaphysikkritik und dem damit zusammenhängenden „Zusammenbruch der ,Ontotheologie'" vgl. *J.-M. Donegani*, Säkularisierung und Pastoral (s. Anm. 48), 59.

[208] Diese Diskussion um die Frage, wie sich der universale Heilswille Gottes und die Freiheit des Individuums zueinander verhalten, ist im 20. Jahrhundert ausführlich um

nicht erneut um eine Form theologischer Vereinnahmung anderer, fremder Stimmen? Und besteht nicht zumindest das Risiko, dass man sich damit kirchlicherseits über die empirisch belegte Tatsache hinweghelfen kann, dass die eigene Erzählung immer weniger Menschen überzeugt? Allerdings besteht das Problem des Glaubenszweifels, wie die ZAP-Ergebnisse zur Gebetshäufigkeit unter den katholischen Christinnen und Christen zeigen, auch dort, wo die metaphysischen Zweifel noch nicht derart groß sind und sich Menschen selbst durchaus als mehr oder weniger religiös beschreiben. Es besteht also wohl ein Zusammenhang von konkretem Anhalt in der Realität und der Sprache des Glaubens bzw.

Karl Rahners Theorie des anonymen Christentums geführt worden. Zu Rahners Vorschlag vgl. *K. Rahner*, Bemerkungen zum Problem des „anonymen Christen", in: Ders., Schriften zur Theologie, Bd. 10, Einsiedeln 1972, 531–546. Im Ausgang von seinen gnadentheologischen Überlegungen zum übernatürlichen Existential argumentiert Rahner, man müsse damit rechnen, dass es unter den Nichtchrist(inn)en Menschen gebe, die den christlichen Glauben zwar dem Begriff nach nicht explizit bekennen, jedoch dem Inhalt und ihrer eigenen Lebensführung nach implizit sehr wohl mit ihm übereinstimmen. Rahner sieht in ihnen demnach gewissermaßen Christ(inn)en, die dies von sich selbst (noch) nicht wissen. Kritisch mit dieser Vorstellung hat sich besonders Hans Urs von Balthasar auseinandergesetzt. Vgl. dazu *H. U. von Balthasar*, Cordula oder der Ernstfall, Einsiedeln 1966. Balthasar weist auf das Problem der theologischen Vereinnahmung von Andersgläubigen u. a. dadurch hin, indem er die Begrifflichkeit umkehrt und im Blick auf Christ(inn)en von „anonymen Atheisten" spricht – was ihrer Selbstbeschreibung wohl grundlegend widerspricht und sie demnach zurückweisen würden. Kritik an dem Freiheitsverständnis, das dem rahnerschen Ansatz zugrunde liegt, hat weiterhin besonders Thomas Pröpper geübt. Er kritisiert, dass Rahner im Rahmen seines transzendentaltheologischen Ansatzes die menschliche Freiheit von ihrem Woraufhin her erklärt, das er als Bedingung der Möglichkeit dieser Freiheit ansieht und inhaltlich mit Gott identifiziert. Unter dieser Voraussetzung kann Rahner die willentliche Ablehnung des Gottesglaubens theologisch nicht mehr anders qualifizieren denn als performativen Selbstwiderspruch des Menschen gegen sich selbst: er verneint, was er im Akt der Verneinung, die Vollzug seiner Freiheit ist, als deren Möglichkeitsbedingung zugleich bejaht. Zu Recht fragt Pröpper, ob man in diesem Fall aber wirklich von Freiheit sprechen könne. Vgl. zur Kritik des rahnerschen Freiheitsbegriffs *Th. Pröpper*, Erlösungsglaube und Freiheitsgeschichte (s. Anm. 182), 123–137, 269–273. Zu den skizzierten Konsequenzen des transzendentaltheologischen Entwurfs Rahners vgl. *K. Rahner*, Grundkurs des Glaubens. Einführung in den Begriff des Christentums, Freiburg i. Br. [12]2008, 103: „Auch die transzendentale Möglichkeit des Nein der Freiheit lebt von jenem notwendigen Ja [zu Gott; d. Verf.]; jedes Erkennen und jedes freie Handeln lebt von jenem Woraufhin und Wovonher der Transzendenz. Aber eine solche reale Unmöglichkeit und Widersprüchlichkeit in sich selbst müssen wir in diesem Nein gelten lassen: die Widersprüchlichkeit, daß dieses Nein wirklich zu dem transzendentalen Horizont unserer Freiheit sich verschließend Nein sagt und dabei gleichzeitig von seinem Ja zu diesem Gott lebt."

der Verkündigung, die offenbar häufig nicht mehr zueinander gebracht werden können. Im Zusammenhang mit der theologischen Rezeption der Bewegungsforschung ist in diesem Sinne auf den Zusammenhang zwischen frames und relativen Deprivationen hingewiesen worden. Wo dieser Zusammenhang nicht mehr besteht, wird der frame, das heißt die Sprache des Glaubens aller Inhalte entleert. Denn religiöses Sprechen ist Sprechen über das menschliche Leben und Zusammenleben; die religiöse Dimension des Inhalts kirchlicher Verkündigung von seinen anderen Dimensionen – Körperlichkeit, zwischenmenschlicher Liebe und Freundschaft, Politik, Gesellschaft, Wirtschaft usw. – zu trennen, ist daher mit der Gefahr verbunden, dass gerade das spezifisch religiöse Moment im jeweiligen Inhalt kirchlicher Sprechakte inhaltlich entleert wird.

Angesichts dessen verwundert es nicht, dass „[d]ie religiöse Kommunikation, die in Kirchen gepflegt wird, [...] oft hilflos [ist]. Der ‚Kirchensprech‘ verliert sich regelmässig in Banalitäten oder Floskeln. Er will nett sein, ist aber häufig nur belanglos."[209] Die Krise der Sprache des Glaubens und der Verkündigung erscheint in diesem Sinne als Krise des Glaubens selbst. Die Kirchen haben „ein echtes und fundamentales Relevanzproblem, sie kämpfen gegen ihre weitgehende Bedeutungslosigkeit an."[210] Wenn es stimmt, dass angesichts dessen die kirchliche Verkündigungssprache über Belanglosigkeiten häufig nicht hinauskommt, wird das Problem durch die Verkündigung selbst perpetuiert. Mit anderen Worten: Das Sprachproblem ist ein Relevanzproblem ist ein Sprachproblem.

Mit einer Sprachoptimierung allein wird das zugrunde liegende Problem entsprechend nicht behoben werden können. Auch eine optimierte Verkündigungssprache darf nicht getrennt von den Alltäglichkeiten menschlichen Lebens in der Luft hängen, wenn sie nicht hohl bleiben will. Sie braucht, wenn sie treffen will, einen Anhalt in der äußeren Realität.

---

[209] *A. Bünker*, Jargon der Betroffenheit? Zum Hype um das Buch von Erik Flügge. Bünker bezieht sich in seinem Aufsatz auf das 2016 erschienene Buch von Erik Flügge „Der Jargon der Betroffenheit. Wie die Kirche an ihrer Sprache verreckt", das innerkirchlich breit wahrgenommen wurde. Flügge attestiert der kirchlichen Verkündigungssprache, sie bestehe vielfach nur noch aus einer „sinnbefreiten Aneinanderreihung von Banalitäten" (15) und zeuge allenfalls noch vom „Versuch der Effekthascherei" bei gleichzeitigem Mangel an „christlich-theologischer Substanz" (42).

[210] *A. Bünker*, Jargon der Betroffenheit? (s. Anm. 209)

Die Erzählung vom anbrechenden Gottesreich steht dabei aufgrund des eschatologischen Vorbehalts der Erlösung in einer bleibenden Spannung; eines ihrer grundlegenden Charakteristika besteht in der ihr eigenen metaphorischen Schwebe zwischen dem *schon* und dem *noch nicht* von Erlösung und Befreiung. Dass die metaphorische Rede von Gott „,vieldeutig' bleibt, gehört [daher] zu ihrer Angemessenheit, denn jede begrifflich exakte Definition macht aus Gott ein Objekt, ent-gottet ihn also. [...] Eben dieser Totalitätsanspruch der Begriffe schließt die terminologisch exakte Sprache als Sprache religiöser Mitteilung aus und zwingt zum poetisch-metaphorischen Ausdruck"[211] – eine Einsicht, die sich in der kirchlichen Frömmigkeitstradition in besonderer Weise die theologische Mystik zu eigen gemacht hat (nachzuvollziehen etwa bei Teresa von Ávila oder Meister Eckhart).[212] Gerade darum aber ist der Bezug zur erfahrbaren individuellen und gesellschaftlichen Lebensrealität für die Verkündigung von fundamentaler Bedeutung; denn die metaphorische Rede von Gott und dem anbrechenden und schon angebrochenen Gottesreich steht auch und insbesondere in aller ihr bleibend anhaftenden Vieldeutigkeit „für die Erfahrbarkeit Gottes in der menschlichen Wirklichkeit"[213]. Der im Rahmen der theologischen Rezeption der Bewegungsmetapher angesprochene theologische Überschuss, der dem Reich-Gottes-frame eignet, zielt in diesem Sinne eben nicht auf ein übernatürliches Jenseits der menschlichen Erfahrung, sondern auf Verheißungen für die kommende Zeit, die in der Verkündigung als Realität schon antizipiert werden, während sie zugleich auf ihre Realisierung innerhalb der individuellen, gesellschaftlichen und gemeinschaftlichen, kurz: der menschlichen Geschichte, noch warten.

Darum sollte, wo in der Liturgie und in anderen Verkündigungskontexten von der Gottesherrschaft für die Menschen gesprochen wird, darauf geachtet werden, mit der Sprache dieser Verkündigung nicht die Erfahrung der angesprochenen Menschen zu überfordern. Je stärker Bilder und Metaphern sind, die zur Verkündigung herangezogen werden, desto höher hängt die Messlatte für die reale Glaubenserfahrung und desto größer ist entsprechend das Enttäuschungspotential, wenn die Erfahrung nicht hält und vielleicht auch nicht halten kann, was die Rede zuvor versprach.

---

[211] H. *Halbfas*, Religiöse Sprachlehre. Theorie und Praxis, Ostfildern 2012, 78f.

[212] Zur theologischen Mystik vgl. das fünfbändige Werk von B. *McGinn*, Die Mystik des Abendlandes (5 Bde.), Freiburg i. Br. 1994–2016.

[213] I. *Senn*, Gotteswort in Menschenworten. Auf dem Weg zu einer Theologie der performativen Verkündigung, Innsbruck 2016, 288.

Es scheint deshalb gerade in einer Zeit, in der viele Menschen (ob sie dies nun so bezeichnen wollen oder nicht) Vorbehalte gegenüber starken metaphysischen Ansprüchen hegen, geraten, in der Verkündigung mit solchen Ansprüchen vorsichtiger zu sein und im Zweifelsfall bei aller bleibenden Metaphorik eher einen nüchternen Tonfall zu wählen.

Darum sollte in der Ausbildung für die pastoralen Dienste viel Wert auf die Ausbildung einer entsprechenden Verkündigungssprache gelegt werden, indem z. B. die Predigtausbildung nicht nur von Priesteramtskandidaten, sondern von allen künftig in der Pastoral Tätigen gestärkt wird. Empfehlenswert scheint in dieser Perspektive auch die Etablierung homiletischer Fortbildungsformate für alle kirchlichen Mitarbeiter(innen) in der Pastoral. Dabei sollte immer wieder besonderer Wert auf die Reflexion des Verhältnisses von eigener Verkündigungssprache einerseits und Erfahrbarkeit der mit ihr einhergehenden Ansprüche andererseits gelegt werden.

Kirchenfinanzierung

Die Kirchensteuer ist nach Erkenntnissen beider hier vorliegenden Studien häufig Anlass für einen Kirchenaustritt, zählt jedoch nicht zu den Gründen, die zu diesem Schritt ursächlich führen. Sie wird zum Ärgernis, wenn ihrem allgemeinen Zweck, der Kirchenfinanzierung, auf Seiten der zahlenden Person kein individuelles Motiv (mehr) entspricht. Wer keine hinreichenden Gründe mehr sieht, die Kirchen durch seinen steuerlich zu entrichtenden Beitrag zu finanzieren, entzieht der Kirche mit dem Mittel des Kirchenaustritts seinen Beitrag.[214]

Daraus folgt zunächst, dass sich durch eine Abschaffung der Kirchensteuer und eine entsprechende Änderung der Kirchenfinanzierung die seit Jahrzehnten wachsende Zahl von Kirchenaustritten womöglich formal senken ließe, das qualitative und theologisch bedenkliche Problem der sich in dieser Zahl ausdrückenden weit verbreiteten Entfremdung von der Kirche und ihrer Botschaft jedoch nicht lösen würde. Mit einem Ende der Kirchensteuer würde in vielen Fällen der Anlass für einen Kirchenaustritt ausfallen und sich die Zahl der Kirchenaustritte nach bürgerlichem Recht vermutlich verringern. Mit dem Anlass für diesen Schritt

---

[214] Vgl. dazu *Szymanowski/Jürgens/Sellmann* in diesem Band: Finanzielle Dimension/ Kirchensteuer; *Riegel/Kröck/Faix* in diesem Band: Die Austrittsmotive im lebensweltlichen Kontext/Die Austrittsporträts im Vergleich.

wären allerdings die Gründe nicht behoben, die den Anlass zu einem solchen erst präfigurieren. Dazu bedarf es, wie dargestellt, eines umfassenderen Wandels des kirchlichen Lebens auf allen hierarchischen Ebenen und in allen Bereichen des Handelns der Kirche.

Dennoch sollte das Bistum Essen sich unseres Erachtens auf die Suche nach alternativen Konzepten der Kirchenfinanzierung begeben, die pilotmäßig zu erproben wären. Dies erscheint uns politisch opportun, da nicht ohne weiteres klar sein dürfte, dass der notwendige gesellschaftliche und politische Wille zur Aufrechterhaltung der staatlichen Erhebung der Kirchensteuer auf Dauer noch gegeben sein wird. Insbesondere ein Bistum, dessen finanzielle Quellen zu den allergrößten Teilen Kirchensteuermittel sind, sollte sich daher auf den möglichen Fall einer Abschaffung der Kirchensteuer frühzeitig vorbereiten. Die Erprobung alternativer Kirchenfinanzierungsmodelle soll also die Kirchensteuer nicht ersetzen, sondern in Gleichzeitigkeit mit ihr auf ein mögliches zukünftiges Ende des Kirchensteuermodells vorbereiten.

Sinnvoll erscheint uns dabei ein Modell zweckgebundener, projektbezogener Finanzierung. Denkbar wäre bspw. die Querfinanzierung des pfarrübergreifenden Trauteams aus Kirchensteuermitteln. Für die Dienstleistung, die das Trauteam erbringt, könnte zugleich ein Beitrag für ein anderes Projekt erhoben werden, das das jeweilige Brautpaar aus einer Vorschlagsliste auswählen kann. Selbstverständlich handelt es sich dabei nur um ein hypothetisches Beispiel; dabei erscheint uns von der vorgelegten ekklesiologischen Reflexion her die anzuzielende Möglichkeit wichtig, mittels der Kirchenfinanzierung unterschiedliche kirchliche Projekte und Handlungsfelder sichtbar miteinander zu verknüpfen und zugleich bei den jeweiligen Menschen bekannt zu machen.

In dieser Absicht raten wir zu einem intensiven Austausch mit Organisationen, die sich anders finanzieren als klassische Mitgliederorganisationen bzw. entsprechende Finanzierungsmodelle durch Alternativen ergänzen. Zu denken wäre im Sinne der hier vorgelegten Reflexion über die Krise der Kirche als klassische Mitgliederorganisation und im Anschluss an die darum herangezogene Bewegungsforschung an größere Bewegungsorganisationen wie Greenpeace oder Campact, aber auch an Parteien oder Gewerkschaften. Außerdem sollte diesbezüglich auch eine entsprechende wissenschaftliche Expertise aus Wirtschafts- und Sozialwissenschaften akquiriert werden, die eine systematisch-theologische Reflexion der Natur der Sache nach nicht liefern kann.

6.3 Zusammenfassung

Nach den vorgelegten ekklesiologischen und pastoraltheologischen Reflexionen über eine Kirche mit offenen Rändern in Bewegung lassen sich die daran anschließenden Handlungsempfehlungen für das Bistum Essen folgendermaßen zusammenfassen. Nach unserer Reflexion sollte das Bistum Essen

1. bereits bestehende Projekte stärken und weitere initiieren, die wie das pfarrübergreifende Trauteam oder die Gestaltung von Segensfeiern für Familien mit Neugeborenen Gottesdienstformate gestalten bzw. neu entwickeln, die insbesondere jene Menschen ansprechen sollen, die ansonsten selten oder gar keine kirchlichen Angebote in Anspruch nehmen.

2. verstärkt reflektieren, welche gesellschaftlichen Gruppen aus welchen Gründen (seien sie theologischer, kirchenrechtlicher oder kirchenpolitischer Art etc.) von bestimmten liturgischen Vollzügen weiterhin ausgeschlossen sind, und von dieser Reflexion ausgehend Projekte initiieren, diesen Ausschlüssen praktisch zu begegnen und sie nach Möglichkeit abzustellen.

3. Projekte fördern und in Gang setzen, die der stärkeren Etablierung von Gemeindecaritas an möglichst vielen kirchlichen Orten dienen.

4. zu einer starken Verbindung von professioneller Verbands- und Gemeindecaritas an möglichst vielen kirchlichen Orten anregen und entsprechende Bemühungen unterstützen.

5. Formate für eine innerkirchliche Diskussionskultur insbesondere über das sozial-caritative Engagement der Kirche im Allgemeinen und die (sozial-)politischen Positionen der Kirche im Besonderen weiter erproben und stärken und dabei deutlich machen, dass das sozial-caritative, humanitäre und politische Engagement der Kirche zum „Kern ihres göttlichen Auftrags" gehört.

6. die Homiletikaus- und -weiterbildung der pastoralen Dienste in ihrer Attraktivität stärken und dabei u. a. besonderes Gewicht auf die Verwendung metaphorischer Sprache und die Bedingungen für ihr praktisches Gelingen legen.

7. in Gleichzeitigkeit mit dem bestehenden Kirchensteuermodell alternative Modelle der Kirchenfinanzierung erproben; dabei sollte insbesondere auf die Erfahrungen von großen Bewegungsorganisationen, aber auch von Parteien und Gewerkschaften zurückgegriffen werden; die Erprobung entsprechender Modelle sollte zugleich wirtschafts- und sozialwissenschaftlich begleitet werden.

Selbstverständlich handelt es sich bei diesen Handlungsempfehlungen lediglich um einige wenige Perspektiven für eine pluralitätsfähige und engagierte Kirche in Bewegung. Dass sich deren Realisierung nicht unmittelbar ins Werk setzen lässt, ist evident. Angesprochen sind damit allerdings einige wichtige Handlungsfelder, auf denen sich unserer Meinung nach die Kirche im Bistum Essen (noch) mehr zu einer Kirche mit offenen Rändern weiterentwickeln ließe.

Quellen

Bistum Essen (Hrsg.), Segensfeiern für Babys, http://segenfuerbabys.de/ [letzter Zugriff am 06.07.2017].

Bistum Essen (Hrsg.), Zukunftsbild. Die 20 Bistums-Projekte. Neue Formen der Gemeindecaritas, http://zukunftsbild.bistum-essen.de/die-bistums-projekte/die-bistumsprojekte/neue-formen-der-gemeindecaritas/ [letzter Zugriff am 06.07.2017].

Bistum Essen (Hrsg.), Zukunftsbild. Die 20 Bistums-Projekte. Pfarrübergreifendes Team für Trauungen, http://zukunftsbild.bistum-essen.de/die-bistums-projekte/die-bistumsprojekte/pfarruebergreifendes-team-fuer-trauungen/ [letzter Zugriff am 06.07.2017].

Bistum Essen (Hrsg.), Zukunftsbild. Die 20 Bistums-Projekte. Sozialpastorale Zentren, http://zukunftsbild.bistum-essen.de/die-bistums-projekte/die-bistumsprojekte/sozialpastorale-zentren/ [letzter Zugriff am 06.07.2017].

Bistum Essen (Hrsg.), Zukunftsbild. Du bewegst Kirche. Lernend, http://zukunftsbild.bistum-essen.de/das-zukunftsbild/vielfaeltig/ [letzter Zugriff am 06.07.2017].

Bistum Essen (Hrsg.), Zukunftsbild. Du bewegst Kirche. Vielfältig, http://zukunftsbild.bistum-essen.de/das-zukunftsbild/lernend/ [letzter Zugriff am 06.07.2017].

Dokumente des Zweiten Vatikanischen Konzils. Konstitutionen, Dekrete, Erklärungen. Lateinisch-deutsche Ausgabe, hrsg. von P. Hünermann, in: P. Hünermann/B. J. Hilberath: Herders Theologischer Kommentar zum Zweiten Vatikanischen Konzil, Bd. 1, Freiburg i. Br. 2004.

Papst Franziskus, Nachsynodales apostolisches Schreiben *Amoris laetitia* über die Liebe in der Familie, https://w2.vatican.va/content/dam/francesco/pdf/apost_exhortations/documents/papa-francesco_esortazione-ap_20160319_amoris-laetitia_ge.pdf [letzter Zugriff am 06.07.2017].

Kirche 2011: Ein notwendiger Aufbruch. Memorandum von Theologieprofessoren und -professorinnen zur Krise der katholischen Kirche, in: J. Könemann/Th. Schüller (Hrsg.), Das Memorandum. Die Positionen im Für und Wider, Freiburg i. Br. 2011, 14–18.

Sekretariat der Deutschen Bischofskonferenz, Katholische Kirche in Deutschland. Wiederaufnahmen, Eintritte, Austritte 1950–2015, http://www.dbk.de/fileadmin/redaktion/Zahlen%20und%20Fakten/Kirchliche%20Statistik/Eintritte%2C%20Wiederaufnahmen%20zur%20katholischen%20Kirche%20sowie%20Austritte%20aus%20der%20katholischen%20Kirche/2015-Wiederaufnahmen-Eintritte-Austritte-Zeitreihe_1950–2015.pdf [letzter Zugriff am 06.07.2017].

Sekretariat der Deutschen Bischofskonferenz, Katholische Kirche in Deutschland. Zahlen und Fakten 2015/2016, Bonn 2016.

Literatur

A. Augustinus, De Baptismo Contra Donatistas Libri Septem V, zit. nach Yves Congar: Heilige Kirche, Stuttgart 1966.

P. Bacq, Für eine Erneuerung vom Ursprung her. Auf dem Weg zu einer „zeugenden Pastoral", in: R. Feiter/H. Müller (Hrsg.), Frei geben. Pastoraltheologische Impulse aus Frankreich, Ostfildern ³2013, 31–55.

H. U. von Balthasar, Cordula oder der Ernstfall, Einsiedeln 1966.

H. Bender, Die Zeit der Bewegungen – Strukturdynamik und Transformationsprozesse. Beiträge zur Theorie Sozialer Bewegungen und zur Analyse kollektiven Handelns, Frankfurt a. M. 1997.

L. Boff, Martyrium: Versuch einer systematischen Reflexion, in: Concilium 19 (1983), 176–181.

Chr. Böttigheimer, Die Not des Bittgebets. Eine Ursache der gegenwärtigen Gotteskrise?, in: Stimmen der Zeit (2011), 435–444.

W. Bruners, Wie Jesus glauben lernte, Freiburg i. Br. ²1989.

R. Bucher, ... wenn nichts bleibt, wie es war. Zur prekären Zukunft der katholischen Kirche, Würzburg ²2012.

R. Bucher, Aufgebrochen durch Urbanität. Transformationen der Pastoralmacht (2013), in: M. Sievernich/K. Wenzel (Hrsg.), Aufbruch in die Urbanität. Theologische Reflexion kirchlichen Handelns in der Stadt, Freiburg i. Br. 2013, 215–250.

A. Bünker, Jargon der Betroffenheit? Zum Hype um das Buch von Erik Flügge, http://www.feinschwarz.net/jargon-der-betroffenheit-zum-hype-um-das-buch-von-erik-fluegge/ [letzter Zugriff am 06.07.2017].

J. Calvin, Unterricht in der christlichen Religion/Institutio Christianae religionis. Nach der letzten Ausgabe übersetzt und bearbeitet von Otto Weber, Neukirchen-Vluyn ⁶1997.

J. Casanova, Europäische Säkularisierung aus globaler vergleichender Perspektive. Diagnose und Antwort, in: Th. Dienberg/Th. Eggensperger/U. Engel (Hrsg.), Himmelwärts und weltgewandt. Kirche und Orden in (post-)säkularer Gesellschaft, Münster 2014, 41–54.

J.-M. Donegani, Säkularisierung und Pastoral, in: R. Feiter/H. Müller (Hrsg.), Frei geben. Pastoraltheologische Impulse aus Frankreich, Ostfildern ³2013, 56–80.

M. Dörnemann, Kirche in der Welt von heute. Ekklesiologische und pastoraltheologische Reflexionen im Blick auf das Zukunftsbild des Bistums Essen, https://www.euangel.de/ausgabe-2-2015/oekumene-und-mission/kirche-in-der-welt-von-heute/ [letzter Zugriff am 06.07.2017].

M. N. Ebertz, Das Charisma des Gekreuzigten. Zur Soziologie der Jesusbewegung, Tübingen 1987.

Th. Eggensperger, Individualisierung in der Moderne. Alternativentwurf zu einem Verständnis von Säkularisierung als Folge der Modernisierung, in: Th. Dienberg/Th. Eggensperger/U. Engel (Hrsg.), Säkulare Frömmigkeit. Theologische Beiträge zu Säkularisierung und Individualisierung, Münster 2013, 105–117.

Th. Eggensperger, Individualisierung und die Sphäre des Mundanen, in: Th. Dienberg/ Th. Eggensperger/U. Engel (Hrsg.), Himmelwärts und Weltgewand. Kirche und Orden in (post-)säkularer Gesellschaft, Münster 2015, 247–254.

I. Ellacuría, Die Armen, in: Ders. (Hrsg.), Eine Kirche der Armen. Für ein prophetisches Christentum, Freiburg i. Br. 2011, 185–200.

I. Ellacuría, Zum ideologischen Charakter der Theologie, in: Ders. (Hrsg.), Eine Kirche der Armen. Für ein prophetisches Christentum, Freiburg i. Br. 2011, 21–43.

U. Engel, Kirche unter leerem Himmel. Skizzen zu einer kenotischen Ekklesiologie für post/moderne Zeiten, in: futur2. Zeitschrift für Strategie und Entwicklung in Kirche und Gesellschaft 5 (2015), http://www.futur2.org/article/kirche-unter-leerem-himmel/ [letzter Zugriff am 06.07.2015].

U. Engel, Politische Theologie „nach" der Postmoderne. Geistergespräche mit Derrida & Co., Ostfildern [3]2017.

U. Engel, Radikale Treue zum radikalen Zeugnis Jesu. Theologische Dimensionen des christlichen Martyriumbegriffs, in: Wort und Antwort 52 (2011), 101–106.

J. Finkenzeller, Die Lehre von den Sakramenten im allgemeinen. Von der Schrift bis zur Scholastik (1980), in: M. Schmaus u. a. (Hrsg.), Handbuch der Dogmengeschichte, Bd. IV/1a, Freiburg i. Br. 1980.

E. Flügge, Der Jargon der Betroffenheit. Wie die Kirche an ihrer Sprache verreckt, München [3]2016.

J. Först/J. Kügler, Die unbekannte Mehrheit. Mit Taufe, Trauung und Bestattung durchs Leben? Eine empirische Untersuchung zur Kasualienfrömmigkeit von KatholikInnen, Münster 2006.

I. W. Frank, Reiche oder arme Kirche III. Zur sozialpolitischen Funktion der mittelalterlichen Armutsbewegung, in: Wort und Antwort 22 (1981), 174–180.

M. Foucault, Botschaften der Macht. Der Foucault-Reader. Diskurs und Medien, hrsg. von J. Engelmann, Stuttgart 1999, 161–171.

O. Fuchs, Die Taufe des Äthiopiers: eine alternative Theologie der Taufpastoral, in: Pastoraltheologische Informationen 35 (2015), 261–279.

O. Fuchs, Sakramente – immer gratis, nie umsonst, Würzburg 2015.

K. Gabriel, Christentum zwischen Tradition und Postmoderne, Freiburg i. Br. 1994.

W. Gebhardt, Believing without Belonging? Religiöse Individualisierung und neue Formen religiöser Vergemeinschaftung, in: A. Kreutzer/F. Gruber (Hrsg.), Im Dialog. Systematische Theologie und Religionssoziologie, Freiburg i. Br. 2013, 297–317.

H. Halbfas, Religiöse Sprachlehre. Theorie und Praxis, Ostfildern 2012.

M. Hengel, Nachfolge und Charisma. Eine exegetisch-religionsgeschichtliche Studie zu Mt 8,21f. und Jesu Ruf in die Nachfolge, Berlin 1968.

U. Horst, Evangelische Armut und Kirche. Thomas von Aquin und die Armutskontroversen des 13. und beginnenden 14. Jahrhunderts (Quellen und Forschungen zur Geschichte des Dominikanerordens N.F. Bd. 1), Berlin 1992.

P. Hünermann, Theologischer Kommentar zur dogmatischen Konstitution über die Kirche *Lumen gentium,* in: P. Hünermann/B. J. Hilberath (Hrsg.), Herders Theologischer Kommentar zum Zweiten Vatikanischen Konzil, Bd. 2, Freiburg i. Br. 2005, 264–582.

H. Joas, Kirche als Moralagentur?, München 2016.

R. Kaczynski, Theologischer Kommentar zur Konstitution über die heilige Liturgie *Sacrosanctum Concilium,* in: P. Hünermann/B. J. Hilberath (Hrsg.), Herders Theologischer Kommentar zum Zweiten Vatikanischen Konzil, Bd. 2, Freiburg i. Br. 2005, 1–227.

W. Kasper, Theologen-Memorandum – kommen wir zur Sache!, in: J. Könemann/Th. Schüller (Hrsg.), Das Memorandum. Die Positionen im Für und Wider. Freiburg i. Br. 2011, 148–152.

A. Kieser/M. Ebers (Hrsg.), Organisationstheorien. Stuttgart [6]2014.

A. *Kieser/P. Walgenbach,* Organisation. Stuttgart ^{6}2010.

F. *Klostermann,* Prinzip Gemeinde. Gemeinde als Prinzip des kirchlichen Lebens und der Pastoraltheologie als der Theologie dieses Lebens, Wien 1965.

H. *Kohler-Spiegel,* Sich verwandeln lassen. Wunden heilen und das Leben feiern, in: Lebendige Seelsorge 62 (2011), 240–245.

H. *Kohler-Spiegel,* Zum Heil der Menschen. Die Replik von Helga Kohler-Spiegel auf Johann Pock, in: Lebendige Seelsorge 62 (2011), 249–250.

J. *Könemann/Th. Schüller,* Das Memorandum – Anlass, Grundgedanke und Inhalte (2011), in: Dies. (Hrsg.), Das Memorandum. Die Positionen im Für und Wider, Freiburg i. Br. 2011, 19–27.

E. Y. *Lartey,* Der postkoloniale Gott: ein Paradigmenwechsel für die praktische Theologie, in: Salzburger Theologische Zeitschrift 19 (2015), 9–23.

G. *Lohfink,* Braucht Gott die Kirche? Zur Theologie des Volkes Gottes, Freiburg i. Br. 1998.

M. *Luther,* De servo arbitrio, in: Martin Luthers Werke. Kritische Gesamtausgabe (WA), Bd. 18, Weimar 1908, 600–787, https://archive.org/details/werkekritische-ge18luthuoft [letzter Zugriff am 06.07.2017].

J. D. *McCarthy/M. N. Zald,* Resorce Mobilisation and Social Movements: A Partial Theory, in: Dies. (Hrsg.), Social Movements in an Organizationale Society, New Brunswick, NJ 1987, 15–42.

B. *McGinn,* Die Mystik des Abendlandes (5 Bde.), Freiburg i. Br. 1994–2016.

J. B. *Metz,* Theodizee-empfindliche Gottesrede, in: Ders. (Hrsg.), „Landschaft aus Schreien". Zur Dramatik der Theodizee-Frage, Mainz 1995, 81–102.

F.-J. *Overbeck,* Ambivalenz und Gradualität. Kirchliche Selbstbeschreibung in moderner Gesellschaft, Vortrag bei den 52. Essener Gesprächen am 13. März 2017, https://www.bistum-essen.de/fileadmin/relaunch/Bilder/Bistum/Bischof/Texte_Ruhrbischof/Vortrag_-_Essener_Gespraeche_-_13.03.2017.pdf [letzter Zugriff am 06.07.2017].

T. R. *Peters,* Spirituelle Dialektik. Thomas von Aquin grüßt Karl Marx, in: Ders., Mystik, Mythos, Metaphysik. Die Spur des vermißten Gottes, Mainz 1992, 26–39.

K. *Pfeffer,* Kirche wird anders – aber wie? Gedanken zum Veränderungsprozess im Bistum Essen 2016, http://www.borromaeusverein.de/buechereiarbeit/grundsaetzliches/veraenderungsprozesse-in-kirche/ [letzter Zugriff am 06.07.2017].

J. *Pock,* Wandlung als Kern christlicher Botschaft. Die Replik von Johann Pock auf Helga Kohler-Spiegel, in: Lebendige Seelsorge 62 (2011), 246–248.

Th. *Pröpper,* „Daß nichts uns scheiden kann von Gottes Liebe …". Ein Beitrag zum Verständnis der „Endgültigkeit" der Erlösung, in: A. Angenendt/H. Vorgrimler (Hrsg.), Sie wandern von Kraft zu Kraft. Aufbrüche, Wege, Begegnungen. Festgabe für Bischof Reinhard Lettmann, Kevelaer 1993, 300–319.

Th. *Pröpper,* Erlösungsglaube und Freiheitsgeschichte. Eine Skizze zur Soteriologie, München ^{3}1991.

K. *Rahner,* Bemerkungen zum Problem des „anonymen Christen", in: Ders., Schriften zur Theologie, Bd. 10, Einsiedeln 1972, 531–546.

K. *Rahner,* Grundkurs des Glaubens. Einführung in den Begriff des Christentums, Freiburg i. Br. ^{12}2008.

D. *Rucht/F. Neidhardt,* Soziale Bewegungen und kollektive Aktionen, in: H. Joas (Hrsg.), Lehrbuch der Soziologie, Frankfurt a. M. 2007, 627–651.

H.-J. Sander, Theologischer Kommentar zur Pastoralkonstitution der Kirche in der Welt von heute *Gaudium et spes,* in: P. Hünermann/B. J. Hilberath (Hrsg.), Herders Theologischer Kommentar zum Zweiten Vatikanischen Konzil, Bd. 4, Freiburg i. Br. 2005, 581–886.

D. Sattler, Art. Sakrament, in: Neues Lexikon der katholischen Dogmatik (2012) 556–564.

M. Schüßler, Liquid church als Ereignis-Ekklesiologie. Über Verflüssigungsprozesse in Leben, Lehre und Kirche, in: Pastoraltheologische Informationen 34 (2014), 25–43.

I. Senn, Gotteswort in Menschenworten. Auf dem Weg zu einer Theologie der performativen Verkündigung, Innsbruck 2016.

H. J. Sieben, Einführung, in: Augustinus: Opera – Werke, hrsg. von W. Geerlings. Bd. 28/1–4: De Baptismo – Die Taufe. Zweisprachige Ausgabe, Paderborn 2006, Teilbd. 1, 7–50.

G. Theißen, Soziologie der Jesusbewegung. Ein Beitrag zur Entstehung des Frühchristentums, München 1977.

G. Theißen (Hrsg.), Studien zur Soziologie des Urchristentums, Tübingen [3]1989.

G. Theißen, Wanderradikalismus. Literatursoziologische Aspekte der Überlieferung von Worten Jesu im Urchristentum, in: Ders. (Hrsg.), Studien zur Soziologie des Urchristentums, Tübingen [3]1989, 79–105.

G. Theißen, „Wir haben alles verlassen" (Mc. X. 8). Nachfolge und soziale Entwurzelung in der jüdisch-palästinischen Gesellschaft des 1. Jahrhunderts n. Chr., in: Ders. (Hrsg.), Studien zur Soziologie des Urchristentums, Tübingen [3]1989, 106–141.

G. Theißen, Legitimation und Lebensunterhalt. Ein Beitrag zur Soziologie urchristlicher Missionare, in: Ders. (Hrsg.), Studien zur Soziologie des Urchristentums, Tübingen [3]1989, 201–230.

H.-J. Venetz, So fing es mit der Kirche an. Ein Blick in das Neue Testament, Zürich, Einsiedeln, Köln [3]1982.

G. Wenzelmann, Nachfolge und Gemeinschaft. Eine theologische Grundlegung des kommunitären Lebens, Stuttgart 1994.

J. Werbick, Sakrament und Sakramentalität in der Sicht römisch-katholischer Theologie, in: Internationale Kirchliche Zeitschrift 107 (2017), 23–43.

Ausblick – Oder: Wie Kirche sich verändern muss

Markus Etscheid-Stams/Regina Laudage-Kleeberg/Thomas Rünker

Mit dem Abschluss der vorliegenden Studie beginnen auch die Fragen nach der Umsetzbarkeit ihrer Ergebnisse: Wie kann es in der katholischen Kirche in Deutschland – und speziell im Bistum Essen – gelingen, dauerhaft die Anzahl der Kirchenaustritte zu senken? Wie kann es gelingen, die Attraktivität des Verbleibs in der Kirche zu erhöhen? Welche Strategien sind erfolgversprechend, welche sind es nur scheinbar? – Und dann: Zu welchen Themen müssen auf dieser Basis weitere theologische Diskussionen im Sinne des Zukunftsbildes im Bistum Essen angestoßen werden? Wie müsste die Kirche in diesem Sinne berührt, wach, vielfältig, lernend, gesendet, wirksam und nah sein? Wer muss für die Umsetzung gewonnen werden?

Um diesen Fragen fundiert zu begegnen, werden in die ausblickenden Überlegungen dieses Kapitels folgende Perspektiven einbezogen:

a) Die drei Studienteams haben anhand ihrer jeweiligen Studienergebnisse Handlungsempfehlungen formuliert. Diese Empfehlungen haben die Autoren und die Autorin dieses Kapitels gesichtet, geclustert und gewichtet.

b) Expertinnen und Experten aus Wissenschaft, Kirche und anderen gesellschaftlichen Bereichen haben bei einem Expertenhearing im Mai 2017 auf der Basis ihrer fachlichen Kompetenzen mit den Studienteams und der Bistumsleitung diskutiert. Im Anschluss haben sie in Kleingruppen ebenfalls Handlungsempfehlungen formuliert. Auch diese wurden systematisch ausgewertet.

c) Die Projektgruppe „Initiative zum Verbleib in der Kirche" im Bistum Essen hat die eigenen Hypothesen und Handlungsideen vom Beginn der Projektarbeit im Herbst 2015 für dieses Ausblickskapitel erneut gesichtet: Die darin enthaltenen Handlungsempfehlungen wurden in Beziehung zu den Studienergebnissen gesetzt.

1. Erkenntnisse

Der Blick auf die Hypothesen vom Beginn der Projektphase zeigt deutlich: Die Studie in ihrer Vielschichtigkeit unter Beteiligung von drei theologischen Disziplinen und den unterschiedlichen Studienpartnern hat ihr

Ziel erreicht, das Thema Kirchenaustritte und Kirchenbindung viel differenzierter zu erörtern, als alle verfügbare Literatur dies bis dahin anbot.

– Während im Herbst 2015 die Hypothese zum Zusammenhang von Kirchensteuer und Kirchenaustritt noch besonders virulent erschien, hat die Studie diesen Zusammenhang deutlich abgeschwächt. So bescheinigen alle Studienteams in ihrer jeweiligen Argumentation, dass die Kirchensteuer zwar ein möglicher Auslöser, aber nicht Ursache für den Kirchenaustritt ist. Die Kirchensteuer ist der Tropfen, der das Fass zum Überlaufen bringt, wenn die Mitgliedschaft nicht mehr als zufriedenstellend wahrgenommen wird.[1] Diese Erkenntnis führt u. a. dazu, dass die anfänglichen Handlungsideen, öffentlichkeitswirksam für das Zahlen der Kirchensteuer zu werben bzw. noch transparenter darzustellen, wie die Kirchensteuern ausgegeben werden, im Bistum Essen derzeit keine Priorität haben.

– Viele Hypothesen und Handlungsideen haben sich mit den Themen Serviceoptimierung und Qualitätsverbesserung in der Seelsorge bzw. im Umgang mit Sakramenten und Kasualien befasst. Sowohl die Ergebnisse der Studienteams, die alle in ihren Handlungsempfehlungen auf diesen Bereich Bezug nehmen, als auch die Empfehlungen der Expert(inn)en im Mai 2017 zeigen deutlich: Dieses Feld ist neuralgisch.[2]

– Ebenfalls häufig genannt haben die Projektgruppenmitglieder zu Beginn Themen des Mitgliedermanagements. Hier sind vor allem die Bereiche Kommunikation, Beteiligung und Beschwerdemöglichkeiten relevant sowie die bewusste Hinwendung der Kirche zu den Menschen, die in der Regel wenig oder keine der Angebote der katholischen Kirche nutzen, aber dennoch Kirchensteuern zahlen. Die Studienteams haben gezeigt, dass diese Zielgruppe enorm wichtig ist und derzeit im kirchlichen Handeln zu wenig Beachtung erfährt.[3]

– Zudem hatte die Projektgruppe das große Themenfeld „Erscheinungsbild der Kirche" im Blick, das natürlich eng mit inneren Haltungen und Überzeugungen der Kirche verbunden ist. Im Rahmen der Studien, vor allem der empirischen Studie des Teams Riegel/

---

[1] Vgl. etwa *Riegel/Kröck/Faix* in diesem Band: Kap. 3.1 Das Spektrum der Austrittsmotive.

[2] Vgl. *Szymanowski/Jürgens/Sellmann* in diesem Band: Schlaglicht 6. Vgl. *Riegel/Kröck/Faix* in diesem Band: Handlungsempfehlung 3.2. Vgl. *Collet/Eggensperger/Engel* in diesem Band: Handlungsempfehlung 1.

[3] Vgl. *Szymanowski/Jürgens/Sellmann* in diesem Band: Schlaglicht 4. Vgl. *Riegel/Kröck/Faix* in diesem Band: Handlungsempfehlung 4.

Kröck/Faix, ist deutlich geworden, dass die Kirche massiv an ihrem rückschrittlichen Image arbeiten muss, wenn sie dem Austrittstrend entgegenwirken will. Dies gilt vor allem in der öffentlichen Wahrnehmung von Macht- und Hierarchie-Strukturen sowie der kirchlichen Morallehre, hier konkret im Umgang mit Homosexuellen und mit wiederverheirateten Geschiedenen.[4]

2. Entwicklungsfelder

Durch die Sichtung der Handlungsempfehlungen aus den verschiedenen Perspektiven sind drei übergeordnete Entwicklungsfelder entstanden:
1. Qualität der Pastoral
2. Mitglieder-Management
3. Image und Identität der Kirche

Jedem Entwicklungsfeld sind im Folgenden Thesen und Handlungsempfehlungen zugeordnet, die aus Sicht der Autoren und der Autorin dieses Kapitels für die gesamte Kirche in Deutschland Relevanz haben. Die Entwicklung von Maßnahmen zur konkreten Umsetzung der Empfehlungen im Bistum Essen erfolgt nach Abschluss dieser Studie im Jahr 2018.

2.1 Entwicklungsfeld 1: Qualität der Pastoral

Alle Studienteams und Expert(inn)en betonen die Bedeutung der Qualität in der Seelsorge für die Kirchenbindung, denn hier begegnen Kirchensteuerzahler(innen) der Kirche und ihren Mitarbeiter(inne)n. Wenn man bedenkt, dass ca. 90 % der Kirchenmitglieder kaum oder keine regelmäßigen Angebote der katholischen Kirche wahrnehmen, ist es umso wichtiger, dass die entsprechenden Angebote und die damit verbundenen Kontakte zu kirchlichen Mitarbeitenden positiv erlebt werden.

1. Sakramente und Kasualien

Fast jedes Mitglied erfährt seine Mitgliedschaft in der Kirche über die Teilnahme an den sogenannten Kasualien und durch die Feier von Sa-

---

[4] Vgl. *Riegel/Kröck/Faix* in diesem Band: Kat. 4 „Das Erscheinungsbild der Kirche".

kramenten: Von der eigenen Taufe bis zur Beerdigung von Eltern oder anderen Verwandten, bei der eigenen Hochzeit oder der von Freund(inn)en, bei der Erstkommunion von Kindern oder Firmung von Jugendlichen oder im jährlichen Weihnachtsgottesdienst. Die kirchlichen Übergangsriten und Sakramente sind an liturgische und kirchenrechtliche Regeln gebunden. „Für den Großteil der Katholikinnen und Katholiken gehören Kasualien zu den Hauptgratifikationen der Kirchenmitgliedschaft. In ihnen drückt sich aber nicht nur der Wunsch nach einer Heirat in weiß aus. Kasualien sind punktuelle Identifikationsmarker vieler katholischer Christinnen und Christen und bieten zudem Anschlussmöglichkeiten für Konfessionslose."[5]

Eine individuell differenzierte Gestaltung von Kasualien und Sakramenten ist zwar eine Herausforderung für die Pastoral, aber eine der wichtigsten Erwartungen vieler Kirchenmitglieder. Zugleich ist es ein wichtiger kirchlicher Anspruch und Auftrag, Erfahrungen von Gottes Nähe zu ermöglichen. Berührende Momente sind dafür wichtig.[6] Die Gratwanderung zwischen kirchlichem Anspruch und individualisierter Feier ist eine schwierige Herausforderung – und manchmal kaum auflösbar. Gerade die Erfahrungen im Essener Zukunftsbild-Projekt „Pfarrübergreifendes Team für Trauungen" zeigen indes, dass eine höhere Differenzierung und Qualität bei der kirchlichen Assistenz der Trauung möglich ist – und stark honoriert wird. Natürlich ist dieses Angebot zugleich zeitlich aufwendig und persönlich anspruchsvoll.

Deshalb sind Maßnahmen zu entwickeln, die eine individuelle Begleitung, eine jeweils stimmige Ästhetik (und damit Vielfalt) und gute Service-Qualität garantieren, um die „Performance" pastoralen Handelns an Lebenswenden zu erhöhen.

2. Angebote zur Kontingenzbewältigung

Die Bewältigung von Kontingenz ist Teil einer „modernen Normalbiographie, etwa der Umzug in eine neue Stadt, die Geburt oder Einschulung des Kindes etc. In solchen Situationen ist die Wahrscheinlichkeit groß, dass die Betroffenen aufgeschlossen für echtes Interesse und echte Hilfe

---

[5] *Szymanowski/Jürgens/Sellmann* in diesem Band: Schlaglicht 6.

[6] Vgl. „berührt": […] Zu glauben heißt für uns [im Bistum Essen], in lebendiger Beziehung mit Gott zu stehen. Dies ist der Antrieb unseres Christseins und die Erfahrung, die wir weiter zu geben haben." – *Bistum Essen* (Hrsg.), Zukunftsbild. Du bewegst Kirche, Essen 2013, http://zukunftsbild.bistum-essen.de/ [letzter Zugriff am 03.11.2017].

sind."[7] So sind etwa erfolgreiche Angebote wie die Segensfeiern für Neugeborene[8], die in einem Zukunftsbild-Projekt entwickelt wurden, ein positiver und niedrigschwelliger Erstkontakt zu jungen Eltern. Ebenfalls lassen die vielfältigen Beratungs-, Bildungs- und Hilfsangebote Menschen die Erfahrung machen, dass die Kirche für sie da ist, wenn sie Rat suchen, denn auch der (gefühlte) Verlust von Freiheit und Sicherheit, das Scheitern einer Beziehung oder andere Krisen im Leben sind Momente, in denen Kirche Menschen „nah"[9] sein kann.

Die Kirche kann mit differenzierten Angeboten zur Bewältigung von Übergängen und Kontingenzen – zum Teil neue – Relevanz im Leben von Kirchenmitgliedern erfahren.

Deshalb sind lebensweltorientierte und christlich fundierte Maßnahmen (Beratungs- und Hilfsangebote der Caritas, liturgische Formen, Angebote der Kategorialseelsorge etc.) zu entwickeln oder weiterzuführen, die eine Kontingenzbewältigung erleichtern.[10]

3. Angebote der Glaubenskommunikation

Szymanowski/Jürgens/Sellmann beschreiben einerseits den hohen Wert von Gemeinschaft und Familienorientierung für bestimmte Milieus, können aber auch feststellen, wie sehr die „Wertschätzung des religiösen Individualismus […] hilft, modernere Lebensstile und Altersgruppen anzusprechen."[11] Riegel/Kröck/Faix stellen in ihrer Studie außerdem fest, „dass Menschen aus der Kirche austreten, weil diese ihnen nicht mehr traditionell und spirituell genug ist."[12] Szymanowski/Jürgens/Sellmann ergänzen an anderer Stelle: „Eine lebensweltbezogene und pluralitätsfähige Glaubenskommunikation in den kirchlichen Binnenraum hinein und darüber hinaus in die Gesamtgesellschaft gibt der religiösen Diversität aber einen Sitz im Leben der Kirche."[13]

---

[7] *Riegel/Kröck/Faix* in diesem Band: Handlungsempfehlung 4.1.

[8] http://segenfuerbabys.de/ [letzter Zugriff am 26.10.2017].

[9] Im Zukunftsbild heißt es zu dieser Perspektive: „Im Bistum Essen sind wir da, wo sich das Leben abspielt. Das ist am Wohnort genauso wie in Krankenhäusern, Gefängnissen, Kindergärten, Schulen und anderswo." – *Bistum Essen* (Hrsg.), Zukunftsbild (s. Anm. 6).

[10] Vgl. auch *Szymanowski/Jürgens/Sellmann* in diesem Band: Schlaglicht 15. Vgl. *Riegel/Kröck/Faix* in diesem Band: Handlungsempfehlung 4.1.

[11] *Szymanowski/Jürgens/Sellmann* in diesem Band: Schlaglicht 2.

[12] *Riegel/Kröck/Faix* in diesem Band: Handlungsempfehlung 5.

[13] *Szymanowski/Jürgens/Sellmann* in diesem Band: Schlaglicht 13.

Die Vielfalt und Individualität moderner Glaubensbiografien und Kirchenbindungen ist herausfordernd für die pastorale Praxis. Doch Glaubenskommunikation gehört schlicht zum pastoralen Auftrag der Kirche. Im Zukunftsbild des Bistums Essen heißt es, man habe „Lust auf die Vielfalt der Leute [… und] schätzt die freie Selbstbestimmung der Menschen und die Vielfalt der Lebensentwürfe, die modernes Leben und moderne Gesellschaft prägen."[14] Dies fordert zu einem vielfältigen Angebot für Glaubenskommunikation heraus.

Deshalb lohnt es sich, sowohl „punktuelle, niederschwellige Angebote"[15] als auch „neue traditionelle Spiritualitätsangebote"[16] zu entwickeln und anzubieten, die helfen, das Leben religiös zu deuten und den Glauben zur Sprache zu bringen.[17]

4. Dienstleistungs-Kirche

Viele Kirchenmitglieder nehmen ihre Zugehörigkeit zur katholischen Kirche unter gewissen Nützlichkeitserwägungen wahr.[18] Dabei geht es nicht nur, aber auch, um eine Abwägung mit Blick auf den „Preis" der Kirchenmitgliedschaft: die Kirchensteuer. „Bei vielen modernen, effizienzorientierten Milieus steht die Kosten-Nutzen-Kalkulation im Vordergrund. Schlüssel ist eine biographische Plausibilität der (spontanen und punktuellen) Kirchenbindung, die durch ein biographie- und milieuorientiertes Angebot erreicht werden kann. Die Kirche versteht diese Dienstleistungen als Ausfluss ihres Sendungsauftrags, als ‚Dienst am Nächsten'".[19]

---

[14] „vielfältig", *Bistum Essen* (Hrsg.), Zukunftsbild (s. Anm. 6).

[15] *Riegel/Kröck/Faix* in diesem Band: Handlungsempfehlung 3.3.

[16] *Riegel/Kröck/Faix* in diesem Band: Handlungsempfehlung 5.

[17] So ist es kein Zufall, dass gleich drei der 20 Zukunftsbild-Projekte im Bistum Essen diese Zielsetzung aufgreifen: (a) Das Projekt „Ansprachen und Glaubenszeugnisse" will helfen, dass Frauen und Männer künftig noch häufiger Gottesdienste und Katechese durch ein persönliches Glaubenszeugnis oder eigene Ansprachen bereichern. (b) Das Projekt „Exerzitien und geistliche Begleitung" sucht nach neuen Wegen der Kommunikation, um eine größere Zielgruppe für die vorhandenen Angebote anzusprechen. (c) Menschen, die pilgern, kommen mit sich selbst und anderen in Kontakt und erleben so Spiritualität und Religion. Im dicht besiedelten Ruhrbistum gibt es derzeit kaum eine sichtbare Pilgerinfrastruktur. Das Projekt „Pilgerwege im Ruhrgebiet" macht bestehende Wege sichtbarer und erschließt einen neuen Pilgerweg durch das Ruhrbistum. Vgl. http://zukunftsbild.bistum-essen.de/ [letzter Zugriff am 02.11.2017]

[18] Vgl. *Riegel/Kröck/Faix* in diesem Band: Die Forschungslage zu Austrittsmotiven.

[19] *Szymanowski/Jürgens/Sellmann* in diesem Band: Schlaglicht 7.

In verschiedenen Lebensphasen, besonders in existenziellen Situationen, wird von der Kirche eine besonders professionelle Dienstleistung erwartet. Das trifft auf die o. g. Kasualien und Sakramente genauso zu wie bspw. auf die Professionalität der Kommunikation, die Erreichbarkeit kirchlicher Einrichtungen, die persönliche Ansprache durch Seelsorger(innen) oder die Qualität eines ehrenamtlichen Engagements.

Deshalb ist es wichtig, dass alle, die für die Pastoral verantwortlich sind, sich mit der Erwartung an kirchliche Dienstleistungen und an die Mitarbeitenden als Dienstleister(innen) auseinandersetzen und einen positiven Zugang dazu entwickeln. Es geht im Sinne des Zukunftsbildes um eine lernbereite Haltung und darum, dass die Kirche als Organisation systematisch zunächst als eine lernende Organisation verstanden wird.[20]

5. Willkommenskultur

Das einzelne Kirchenmitglied erlebt Kirche meist zu bestimmten Gelegenheiten. Für Außenstehende wirken Gemeinden oder kirchliche Gruppen gelegentlich wenig einladend. Manche neigen dazu, sich in der eigenen Vertrautheit abzuschotten. Kirche soll aber offen sein für alle. „Um Menschen in der Kirche zu halten, gilt es deshalb, eine besondere Aufmerksamkeit für die Menschen zu entwickeln, die formal zwar Mitglied der Kirche sind, deren Angebote jedoch kaum bis gar nicht wahrnehmen."[21] Gute Erfahrungen gibt es dazu bspw. in einem Zukunftsbild-Projekt zur Willkommenskultur, in dem Ideen und Tipps für einladende Gemeinden entwickelt wurden, die an hauptberufliche und ehrenamtliche Gemeindemitarbeiter(innen) in speziellen Workshops vermittelt werden.

Die Mitarbeitenden in der Pastoral sind im Umgang mit denjenigen besonders herausgefordert, die kaum oder keine Angebote der Kirche nutzen. Sie benötigen deswegen ein hohes Maß an Sensibilität für diese Zielgruppe, sprachliche Anschlussfähigkeit und Lebensnähe sowie ein ausgeprägtes Qualitätsbewusstsein. Dies gilt beinahe im gleichen Maß für Hauptberufliche und Ehrenamtliche, die in katholischen Kindertagesstätten, Büchereien, Gemeindebüros, Krankenhäusern, Altenheimen, Beratungsstellen usw. oft der erste oder einzige Kontakt zu diesen Menschen sind.

---

[20] Vgl. „lernend", *Bistum Essen* (Hrsg.), Zukunftsbild (s. Anm. 6).
[21] *Riegel/Kröck/Faix* in diesem Band: Handlungsempfehlung 4.

Deshalb sind eine kompetenzorientierte Aus- und Fortbildung für kirchliche Mitarbeitende wichtig. Es braucht gemeinsame, angemessene und machbare Qualitätsstandards und geeignete Evaluations- und Reflexionsmodelle.

2.2 Entwicklungsfeld 2: Mitglieder-Management

Als Prämisse für die folgenden Thesen und Handlungsempfehlungen ist ein differenziertes Mitgliedschaftsverständnis unabdingbar. Die Mitglieder der Kirche fühlen sich ihr in unterschiedlicher Weise verbunden. Ein simples binäres Mitgliedschaftsverständnis greift deutlich zu kurz, da sich immer mehr Menschen nur punktuell oder auf eine bestimmte Zeit zugehörig fühlen oder dem Gesamt-Anspruch der Kirche nur teilweise zustimmen oder genügen können. Ein Mitgliedschaftsverständnis, das diesem Bindungsverhalten eher entspricht, lässt sich soziologisch beim Phänomen der Sozialen Bewegungen entdecken, die in dieser Studie vor allem durch drei Attribute beschrieben werden: keine klaren Mitgliedschaftszuschreibungen, mangelnde Hierarchiesierbarkeit und erstpersönliche Motivation.[22]

Eine Kirche, die einen „wachen Blick"[23] für diese Wirklichkeiten hat, ist eine, „die die ‚Zeichen der Zeit' zu lesen und deuten versteht. Sie weiß, dass Gott in dieser Welt eine Spur seiner Gegenwart gelegt hat."[24] Ein kirchliches Mitglieder-Management muss auf die Vielfalt der Zugehörigkeiten wertschätzend und differenzierend eingehen.

6. Halte-Strategie

Jedes Mitglieder-Management ist sich seiner Chancen und Grenzen bewusst: Die meisten Katholik(inn)en „wurden als Kind Mitglied der katholischen Kirche. Angesichts des Aufwands, den es bedeutet, Menschen zur Konversion zu bewegen bzw. Ausgetretene wieder für die Kirche zu gewinnen, liegt es nahe, sich auf die Menschen zu konzentrieren, die noch Mitglied der Kirche sind. Unbeschadet des Heilsangebots Gottes

---

[22] Vgl. *Collet/Eggensperger/Engel* in diesem Band: Offene Ränder. Ekklesiologische Rezeption der Bewegungsmetapher.

[23] Vgl. *Bistum Essen* (Hrsg.), Zukunftsbild (s. Anm. 6).

[24] *Bistum Essen* (Hrsg.), Zukunftsbild (s. Anm. 6).

an alle Menschen scheint es aus ökonomischer Perspektive günstiger, Menschen in der Kirche zu halten als Menschen (wieder) für diese zu gewinnen."[25]

Das heißt: Es ist leichter, bestehende Mitglieder zu halten, als neue oder ausgetretene (zurück) zu gewinnen. Die finanziellen Konsequenzen der frühen und dann in der Regel dauerhaften Kirchenaustritte unter jungen Erwachsenen sind dabei besonders ernst zu nehmen.

Deshalb müssten aus einer ökonomischen Logik heraus diejenigen Strategien und Maßnahmen Priorität haben, die auf die Stärkung der Bindung bestehender Mitglieder zielen und bestenfalls speziell die Situation „Austrittsgefährdeter" stabilisieren. Die bisherige Austrittsstatistik im Bistum Essen legt nahe, dass dabei eine Konzentration auf gut gebildete und gut verdienende Frauen und Männer im Alter von 20–35 Jahren anzuraten ist.

7. „Anti-Austrittspolster"

Der Verbleib in der Kirche wird von vielen Kirchenmitgliedern gegen einen möglichen Austritt abgewogen, in dem Sinne, dass bestimmte Gegebenheiten auf die Waagschale des Bleibens und andere auf die Waagschale des Gehens gelegt werden (rational-choice-Theorie).[26] Argumente, die für einen Austritt sprechen, sind für junge Katholik(inn)en – neben der mit dem Berufseinstieg beginnenden Kirchensteuerzahlung – fehlende positive bzw. alle negativen Erfahrungen mit der Kirche.[27] „Zwischen der eigenen Religiosität und der erlebten religiösen Sozialisation besteht ein extrem hoher Zusammenhang. Ein Großteil der Kirchenmitglieder ist in dieser Hinsicht familiär sozialisiert. Doch ist ein generationaler Abbruchprozess erkennbar. Weniger als die Hälfte der Jugendlichen hat eine religiöse Erziehung erfahren und nur die gleiche Anzahl beabsichtigt, ihre eigenen Kinder religiös zu erziehen."[28]

Religiöse Sozialisationsprozesse in Familien und frühe positive Erfahrungen mit der Kirche sind wichtige „Anti-Austrittspolster", wenn sie als positive Erinnerungen in der Biographie verankert werden. Solche Gelegenheiten könnten bspw. Abendgebete mit den Eltern, die Firmkateche-

---

[25] *Riegel/Kröck/Faix* in diesem Band: Handlungsempfehlung 2.
[26] Vgl. *Riegel/Kröck/Faix* in diesem Band: Die Forschungslage zu Austrittsmotiven.
[27] *Szymanowski/Jürgens/Sellmann* in diesem Band: Schlaglicht 11.
[28] *Szymanowski/Jürgens/Sellmann* in diesem Band: Schlaglicht 3.

se, Verantwortung in der Jugendarbeit, Tage religiöser Orientierung, der Religionsunterricht oder Lagerfeuerabende im Zeltlager sein.

Deshalb ist es wichtig, familiäre religiöse Sozialisationsprozesse zu unterstützen. Noch wichtiger ist es, vielen Kindern, Jugendlichen und jungen Erwachsenen unmittelbare konkrete und von ihnen als positiv empfundene Kontakte und Erfahrungen mit der Kirche zu ermöglichen.

8. Alternative Modelle der Kirchenfinanzierung

Viele Kirchensteuerzahler(innen) erwarten von ihrer Kirchenmitglied-schaft bestimmte, konkrete Vorteile: den vereinfachten Zugang zu kirchlichen Kindertagesstätten oder Schulen, den Anspruch auf seel-sorgliche Leistungen bei Lebenswenden, die verbesserte Chance auf ei-nen Arbeitsplatz bei einem kirchlichen Dienstgeber. Die Idee einer le-benslangen, kostenpflichtigen Mitgliedschaft steht dieser konkreten, oft auf bestimmte Lebenssituationen hin ausgerichteten Erwartungen vielfach entgegen. Hier zeigen große Wohltätigkeits- und Mitglieder-organisationen, aber auch kommerzielle Projekte, dass neben einer dau-erhaften Mitgliedschaft mit einem entsprechenden Beitrag auch punk-tuelle oder zeitlich begrenzte Spenden Teilhabe an den Vorteilen der Organisation ermöglichen und dieser zugleich Mittel zur Umsetzung ih-rer Ziele bereitstellen.

Derzeit steht eine Abschaffung des deutschen Kirchensteuersystems – schon aufgrund seiner Funktion als Haupteinnahmequelle für die Kirche – nicht zur Diskussion. Alternative Finanzierungsmodelle könn-ten indes sowohl der finanziellen Lage vieler Bistümer als auch den Be-dürfnissen einiger Zielgruppen entgegenkommen.

Deshalb schlagen Collet/Eggensperger/Engel auf der Basis weiterer Studien vor, „in Gleichzeitigkeit mit dem bestehenden Kirchensteuer-modell alternative Modelle der Kirchenfinanzierung [zu] erproben; dabei sollte insbesondere auf die Erfahrungen von großen Bewegungs-organisationen, aber auch von Parteien und Gewerkschaften zurück-gegriffen werden".[29]

---

[29] *Collet/Eggensperger/Engel* in diesem Band: Handlungsempfehlung 7.

9. Mitbestimmung bei Finanzen

„Zu den Hauptmotiven für den Austritt zählt die Kirchensteuer nicht. Vielmehr ist der kirchliche Umgang mit Finanzen im Allgemeinen Gegenstand von Kritik."[30] Auch Riegel/Kröck/Faix kommen zu dem Ergebnis, dass die Kirchensteuer zwar häufig als Austrittsgrund genannt wird, dies aber in der Regel verbunden mit weiteren Gründen geschieht.[31]

Eine reine Erhöhung der Finanztransparenz in Bezug auf die Verwendung der Kirchensteuermittel scheint wenig relevant – wohl auch, weil diese heutzutage auch von vielen Katholik(inn)en als selbstverständlich angenommen wird, wenn es um den Umgang mit dem Geld der Mitglieder geht. Stattdessen könnten verbesserte Mitsprachemöglichkeiten bei der Verwendung der Gelder hilfreich sein. Und die schon längst gegebene Verantwortung für die Verausgabung und die Aufsicht über kirchliches Vermögen sollte für die Kirchenmitglieder nachvollziehbarer werden. Gerade in größeren Pfarreien steigt dadurch der Anspruch an die Arbeit der Kirchenvorstände.

Deshalb sollte geprüft werden, inwieweit Kirchensteuerzahler(innen) unmittelbar bestimmen können, wie die von ihnen gezahlten Beiträge eingesetzt werden oder wie die Gesamtheit der Kirchenmitglieder an der Beratung und Entscheidung über die Mittelverwendung intensiver teilhaben kann – ergänzend zu den bisherigen Formen der kirchlichen Vermögensverwaltung.

10. Differenzierte Formen der Beteiligung und des Engagements

Einerseits ist der Bedarf unter traditionellen und konservativen Kirchenmitgliedern hoch, sich in der Gemeinde zu beteiligen bzw. zu engagieren. Andererseits zeichnet „gerade postmoderne Milieus [...] ein besonderes Bindungsverhalten aus: Es ist punktuell, spontan und unkonventionell. Ein derartiges Partizipationsverhalten ist aber kein Merkmal eines defizitären Christseins, sondern bedarf im Gegenteil der Wertschätzung der Kirche als eine alternative, aber gleichwertige Lebensform."[32]

Die Kirche sollte noch bewusster differenzierte Möglichkeiten des ehrenamtlichen Engagements anbieten und diese mehr an den Bedürfnissen

---

[30] *Szymanowski/Jürgens/Sellmann* in diesem Band: Schlaglicht 11.
[31] Vgl. auch *Riegel/Kröck/Faix* in diesem Band: Das Spektrum der Austrittsmotive.
[32] *Szymanowski/Jürgens/Sellmann* in diesem Band: Schlaglicht 4.

der Kirchenmitglieder ausrichten. Kirche kann sich dabei als Geburts-
helferin, Talentscout und Mentorin für die gottgeschenkten Gaben der
Menschen verstehen. Solche Reflexions- und Veränderungsprozesse in
Gemeinden und anderen kirchlichen Einrichtungen unterstützt bspw.
die Ausbildung von Ehrenamtskoordinator(inn)en.[33]

Deshalb sollen Bedingungen und Formate der Beteiligung so weiterentwickelt bzw. ergänzt werden, dass mehr Kirchenmitglieder für sie persönlich stimmige Möglichkeiten finden, sich zu engagieren. Eine stärkere
Differenzierung für verschiedene Zielgruppen und eine gute Kommunikation dieser Angebote sind wichtig.

11. Strukturierte Mitglieder-Kommunikation

Viele Mitglieder der Kirche haben sich bewusst für einen Verbleib in dieser Wertegemeinschaft entschieden. Mit ihrer Mitgliedschaft verbinden
sie individuelle Gratifikationen, etwa im Sinne eines Heilsversprechens
bzw. eines transzendenten Haltes im Leben, der Sicherheit gibt, oder als
Möglichkeit, bestimmte Dienstleistungen in Anspruch zu nehmen.

Sowohl Szymanowski/Jürgens/Sellmann als auch Collet/Eggensper-
ger/Engel sprechen sich deutlich für eine gesprächs- und konfliktbereite
sowie diskussionsermöglichende Kirche aus.[34] Diese kann thematisch bezogen z. B. in Foren oder Beteiligungsprozessen stattfinden, bedarf aber
vor allem alltäglicher, allgemeiner, niedrigschwelliger Möglichkeiten,
mit der Kirche in Kontakt zu treten. Denn die Nähe der Kirche ist nicht
nur eine geografische, sondern vor allem eine mentale Dimension, wie es
das Zukunftsbild beschreibt: „Ob mir jemand nah ist, erkenne ich daran,
mit wieviel Einsatz er sich für mich erreichbar macht."[35] Eine differenzierte Mitglieder-Kommunikation kann Austritten vorbeugen, indem sie
dem Entfremdungsprozess entgegenwirkt, der einem Austritt in der Regel jahrelang vorausgeht.

Deshalb ist ein regelmäßiger und strukturierter Dialog mit den Kirchenmitgliedern wichtig, der auch diejenigen einbezieht, die wenig oder
keine Angebote der Kirche nutzen und eventuell bereits über einen Kirchenaustritt nachdenken, weil sie sich der Kirche fern fühlen. Dabei ist

---

[33] Vgl. http://ehrenamt.bistum-essen.de/ehrenamtskonzeption/ [letzter Zugriff am
02.11.2017].

[34] Vgl. *Szymanowski/Jürgens/Sellmann* in diesem Band: Schlaglicht 9. Vgl. *Collet/Eg-
gensperger/Engel* in diesem Band: Handlungsempfehlung 5.

[35] *Bistum Essen* (Hrsg.), Zukunftsbild (s. Anm. 6).

abzuwägen, was zentral (bspw. durch ein bistumsweites Mitgliedermagazin und Social-Media-Aktivitäten oder eine „Beschwerde-Stelle") und was dezentral (z. B. durch einen attraktiv gestalteten und an alle Gemeindemitglieder verteilten Pfarrbrief) sinnvoll und möglich ist – und wie diese Kommunikationsmittel aufeinander verweisen. Dafür ist es wichtig, kirchliche Kommunikation weniger als eigenen „Arbeitsnachweis", sondern umgekehrt und damit sehr viel konsequenter vom Kirchenmitglied her zu denken. Zudem darf Kirche diese Kommunikation nicht nur als Einbahnstraße hin zum Kirchenmitglied denken, sondern muss – gerade in Zeiten größer werdender pastoraler Räume – auf verschiedenen Wegen für die Mitglieder erreichbar sein.

12. Kommunikation nach Austritt

Wer ausgetreten ist, hat oft nicht ganz mit der Kirche gebrochen. Viele glauben weiter an Gott und fühlen sich der Gemeinschaft verbunden, sind aber vielleicht durch konkrete Situationen zuvor massiv enttäuscht worden.

Der Kontakt zu Ausgetretenen ist für beide Seiten potentiell lohnend: Die/der Ausgetretene nutzt ein Gesprächsangebot als weiteres Ventil und zur Thematisierung der Austrittsgründe – und weiß um die Möglichkeit der Rückkehr. Ein ernst gemeintes Dialogangebot verhilft der Kirche zu einem ehrlichen und kritischen Feedback, aus dem die Organisation lernen kann.

Deshalb ist eine strukturierte Kommunikation nach dem Austritt ratsam, um die Chance des Wiedereintritts oder zumindest einer ernst gemeinten Rückmeldung zu erhöhen. Eine systematische Auswertung der Reaktionen böte wichtige Erkenntnisse für die Steuerung der Kirche. Um in diesem Sinne erfolgreich zu sein, müsste eine solche Kommunikation deutlich über das Standardschreiben hinausgehen, das bislang in den meisten katholischen Pfarrgemeinden in Deutschland nach einem Kirchenaustritt verschickt wird. Dieses ist zwar verwaltungslogisch und dogmatisch korrekt durchdacht, wirkt aber auf die Ausgetretenen wenig empathisch und für viele zudem unverständlich.

2.3 Entwicklungsfeld 3: Image und Identität der Kirche

Die in diesem ausblickenden Kapitel beschriebenen Thesen und Handlungsempfehlungen können nur fruchtbar werden, wenn sie nach außen glaubwürdig wirken. Von Kirche wird Klarheit, Erkennbarkeit und Authentizität erwartet. Das äußere Handeln und Aussehen muss den inneren Haltungen und Überzeugungen entsprechen – und umgekehrt. Der Kirche hängt ein rückschrittliches Image an. Es bleibt daher nötig, massiv am Erscheinungsbild der Kirche zu arbeiten. Gleichzeitig wird dies nur erfolgreich wirken, wenn sich das „Innenleben" der Kirche entsprechend mitbewegt.

13. Modernisierung in heiklen Themen

Besonders im Studienteil von Riegel/Kröck/Faix wird deutlich, dass das kirchliche Image in Bezug auf die Diskrepanz zwischen gesellschaftlicher Meinung und kirchlichen Moralvorstellungen äußerst negativ ist. „Das gilt vor allem für den Umgang mit Homosexualität, den Umgang mit wiederverheirateten Geschiedenen und die kirchliche Sexualmoral."[36] Die drei Wissenschaftler empfehlen eine profilierte Auseinandersetzung und Positionierung zu diesen Themen, sodass Mitarbeitende argumentationsfähig sind, warum die Kirche diese Ansichten vertritt. Gleichzeitig empfehlen sie, deutlicher herauszustellen, warum es sich für Menschen lohnen kann, sich an die kirchlichen Normen zu binden. Und schließlich raten sie an, pastorale Konsequenzen verständlich darzustellen. Collet/Eggensperger/Engel empfehlen hingegen, „verstärkt [zu] reflektieren, welche gesellschaftlichen Gruppen aus welchen Gründen (seien sie theologischer, kirchenrechtlicher oder kirchenpolitischer Art etc.) von bestimmten liturgischen Vollzügen weiterhin ausgeschlossen sind, und von dieser Reflexion ausgehend Projekte zu initiieren, diesen Ausschlüssen praktisch zu begegnen und sie nach Möglichkeit abzustellen."

Beides erscheint sinnvoll und sollte mit Augenmaß und Mut verfolgt werden. Kirchliche Mitarbeitende sollten ermutigt werden, verantwortlich, aktiv und barmherzig Menschen in die Gemeinden zu integrieren, deren Biografien Facetten enthalten, die sie kirchenrechtlich von bestimmten Sakramenten ausschließen.

---

[36] Vgl. auch *Riegel/Kröck/Faix* in diesem Band: Handlungsempfehlung 7.

Deshalb sollte reflektiert werden, inwiefern entsprechende Gottesdienstformen und Dialogformate (weiter-)entwickelt werden können.

14. Integriertes Kirchen-Image

Kirchenmitglieder erwarten, dass ihre Kirche „wirksam" ist; die Kirche
soll Lebensbedingungen verbessern – aktiv, sichtbar und nachhaltig.[37]
Viele einzelne kirchliche Bereiche, Dienste und Einrichtungen werden
deshalb hoch geschätzt, insbesondere auch die Caritas, wie alle Studienteams feststellen. „Die Sozialfunktion ist ein bedeutungsvolles Moment
kirchlichen Prestiges in der Gesellschaft. Sowohl der caritative Einsatz
für Bedürftige und Kranke als auch die Trägerschaft vieler Bildungs-
und Sozialeinrichtungen wird positiv bewertet."[38] Neben den vielen positiv bewerteten Bildungs- und Sozialangeboten der Kirche „stellt sich die
Frage, ob es im Bistum ein Narrativ gibt, das die Lebenslage der im Bistum lebenden Menschen aufgreift und identitätsstiftend für sie wirken
könnte – und zwar nicht nur für die Menschen, die Mitglied der römisch-
katholischen Kirche sind."[39]

Derzeit werden viele Angebote aber nicht unbedingt immer als kirchliche erkannt: Die Vielfalt der Träger – u. a. im Sozial-, Gesundheits- und
Bildungsbereich – erschwert eine übergreifende Erkennbarkeit als Kirche. Das bedeutet: Faktisch erfüllt Kirche die Erwartung der Menschen
in einzelnen Themenfeldern – das Gesamtbild bleibt ihnen aber verborgen und so bleibt ihre Erwartung an Kirche und an die Verwendung ihrer
Kirchensteuer scheinbar unerfüllt bestehen.

Deshalb ist es wichtig, die gemeinsame, integrierende Kommunikation bewusst zu stärken und zu verdeutlichen, dass die vielen Träger gemeinsam Kirche sind. Dies kann durch eine bessere gemeinsame Erkennbarkeit und durch ein geeignetes Narrativ unterstützt werden.

---

[37] Vgl. *Bistum Essen* (Hrsg.), Zukunftsbild (s. Anm. 6).
[38] *Szymanowski/Jürgens/Sellmann* in diesem Band: Schlaglicht 5.
[39] Vgl. auch *Riegel/Kröck/Faix* in diesem Band: Handlungsempfehlung 8.1.

15. Innovationsmanagement

Der katholischen Kirche haftet pauschal das Image der Rückschrittlich-
keit an.[40] „Selbst unter konservativen Milieumitgliedern stimmen weniger als die Hälfte der Aussage zu, dass die Kirche gut in die heutige Zeit
passe."[41]

Von der Kirche wird also erwartet, sich der Gegenwart und Zukunft
aktiv zu stellen. Umgekehrt gehört das „Zu-allen-Menschen-Gesendet-
Sein" zum Selbstanspruch der Kirche.[42] Es ist die Aufgabe der Kirche,
den Glauben an Gottes Gegenwart in der jeweiligen Zeit zu ermöglichen.[43]

Deshalb sollten Ressourcen für Innovationen bereit stehen und dies
sollte offensiv kommuniziert werden. Dies betrifft genügend Experimen-
tier-Räume, Fehlertoleranz, Personalressourcen, Qualifikation von Ehrenamtlichen sowie finanzielle Mittel.

3. Kirchliche Erneuerung – nicht nur im Bistum Essen

Kirchliche Erneuerung braucht mehr als ein Zukunftsbild und auch mehr
als eine Studie, die beleuchtet, warum viele Menschen die Kirche verlassen und gleichzeitig viele bleiben; es braucht mehr als ein paar „Manage-
ment-Phrasen", die vielleicht gut klingen, faktisch aber ohne Konsequenz
bleiben. Kirchliche Erneuerung braucht vor allem viel Ehrlichkeit und
großen Mut, einen langen Atem und Vertrauen auf Gottes Geist.

Die Entwicklung der Kirchenaustritte ist schon seit vielen Jahren dramatisch. Trotzdem scheinen erst wenige Schritte in eine Zukunft getan,
die auf diese und viele andere Herausforderungen reagieren. Der Weg
wirkt noch lang und das Ziel verbirgt sich noch im Nebel. Aber es gibt
bereits viele Lernorte, Experimente und Erfahrungen, die zu unterscheiden helfen, was zukunftsweisend ist – und was nicht. Kirchliche Erneuerung geschieht nämlich längst – im Bistum Essen auf der Grundlage des
Zukunftsbildes und auch an vielen anderen kirchlichen Orten in
Deutschland. Ein konsequenter Aufbruch bleibt notwendig und ist oft
noch zu zaghaft, zu verborgen oder wird zu kritisch beäugt.

---

[40] Vgl. auch *Riegel/Kröck/Faix* in diesem Band: Das Spektrum der Austrittsmotive.
[41] *Szymanowski/Jürgens/Sellmann* in diesem Band: Schlaglicht 12.
[42] Vgl. u. a. *Lumen Gentium*, Nr. 1.
[43] Vgl. dazu die Perspektive „gesendet", *Bistum Essen* (Hrsg.), Zukunftsbild (s. Anm. 6).

Kirchliche Erneuerung steht – wie vielleicht auch die zuletzt beschriebenen Thesen und Handlungsempfehlungen dieser Studie – schnell im Verdacht, pauschale Kritik an allem Bisherigen zu üben und die pastorale Wirklichkeit nicht ausreichend ernst zu nehmen und gar zu wenig wertzuschätzen. Vielleicht empfindet manche(r) Ohnmacht, Überforderung oder reibt sich an der ökonomischen oder organisationalen Logik, wenn sie/er diese Studie liest. Angesichts der Wucht der Veränderungen, auf die reagiert werden muss, ist das nicht verwunderlich. Denn die Lage ist sicher prekär, schaut man realistisch auf die Ab- und Umbrüche.

Die vorliegende Studie will für die anstehenden Entwicklungen einen Reflexions-Rahmen bieten. So könnten die zahlreichen Kirchenaustritte – auch mit ihren massiven finanziellen Konsequenzen – zum Korrektiv und Katalysator für die weitere Entwicklung der katholischen Kirche in Deutschland und vielleicht auch darüber hinaus werden. Die Voraussetzungen dafür sind die Bereitschaft, Feedback hören zu wollen – gerade von denen, die nicht zum innersten Kern der Kirche gehören, sondern vielleicht schon mit ihr gebrochen haben – und die Absicht, daraus Konsequenzen zu ziehen und umzusetzen. So ist das Aggiornamento, also die Inkulturation der Kirche in heutige Verhältnisse, möglich, wie es das Zweite Vatikanische Konzil anstrebte. Diese Veränderung ist dann keine simple Anpassung an die Verhältnisse der Zeit. Es geht vielmehr darum, die „Zeichen der Zeit" zu deuten und die Botschaft des Evangeliums tiefer zu verstehen und zu verwirklichen. Es geht um eine Erneuerung der Kirche, die im Dialog geschieht und die kontinuierlich errungen werden muss.

Im Bistum Essen sind nun weitere Abwägungen nötig, welche Handlungsempfehlungen mit welcher Priorität aufgegriffen und mit welchen Maßnahmen umgesetzt werden sollen – verbunden mit den übrigen großen diözesanen Entwicklungsprozessen der Pfarreien, der pastoralen Dienste und der 20 Zukunftsbild-Projekte. So werden auf der Basis der vorliegenden Strategie- und Handlungsempfehlungen konkrete Maßnahmen entwickelt, die zu einer Reduzierung der Kirchenaustritte im Bistum Essen führen sollen.

Das Bistum Essen und einige andere Diözesen sind aus regionalen Gründen schon seit längerer Zeit mit Erosionen und Veränderungen konfrontiert als andere Bistümer.[44] Andere Kirchenregionen können sich die Erkenntnisse, welche Konzepte Erfolg versprechen und welche Fehler man nicht zweimal machen muss, zunutze machen. Letztlich steht die ge-

---

[44] Vgl. dazu *Etscheid-Stams/Laudage-Kleeberg/Rünker* in diesem Band.

samte katholische Kirche in Deutschland vor der Aufgabe, grundsätzliche Erneuerungsprozesse zu wagen, wenn sie der Erosion durch die Kirchenaustritte angemessen begegnen und weiterhin eine Kirche für möglichst alle Menschen sein will.

Autorenverzeichnis

Jan Niklas Collet, Mag. Theol., ist im Rahmen des Forschungsprojekts „Kirchenbindung" des Bistums Essen als Wissenschaftlicher Mitarbeiter am Institut M.-Dominique Chenu Berlin tätig. Zudem nimmt er Lehraufträge im Bereich der Systematischen Theologie an der Universität zu Köln wahr. Zu seinen besonderen Forschungsinteressen und -schwerpunkten zählen die Befreiungstheologie und die neue Politische Theologie.

Prof. Dr. Thomas Eggensperger OP, M. A., ist Geschäftsführender Direktor des Institut M.-Dominique Chenu Berlin und Professor für Sozialethik an der Philosophisch-Theologischen Hochschule Münster. Seine Forschungsinteressen und -schwerpunkte sind: Transformationsprozesse von Kirche und Gesellschaft in Deutschland und Europa; Freizeit und Tourismus.

Prof. Dr. Ulrich Engel OP, ist Direktor des Institut M.-Dominique Chenu Berlin und hat die Professur für Philosophisch-theologische Grenzfragen an der Philosophisch-Theologischen Hochschule Münster inne; zudem ist er Prorektor der Hochschule. Seine Forschungsinteressen und -schwerpunkte bilden die Philosophie der Postmoderne und ihre theologischen Anschlussmöglichkeiten sowie die neue Politische Theologie.

Markus Etscheid-Stams, Dipl.-Theol., begleitet seit 2013 als Persönlicher Referent des Generalvikars die Entwicklungen im Bistum Essen. Auf der Grundlage des Zukunftsbildes gestaltet er Wandel und Wachstum. Davor leitete er die Arbeitsstelle für Jugendseelsorge der Deutschen Bischofskonferenz (afj) und war auf verschiedenen Ebenen der Jugendpastoral aktiv.

Prof. Dr. Tobias Faix ist Professor für Praktische Theologie an der CVJM-Hochschule in Kassel und leitet dort das Forschungsinstitut empirica für Jugendkultur & Religion. Seine Forschungsschwerpunkte liegen in diesen Schnittpunkten sowie in den Auswirkungen der gesellschaftlichen Transformationsprozesse auf Kirche und Religion.

Dr. Benedikt Jürgens leitet seit 2015 am Bochumer Zentrum für angewandte Pastoralforschung die Arbeitsstelle für kirchliche Führungsforschung. Zuvor war er als Berater, Projektleiter und Geschäftsführer bei der PEAG-Unternehmensgruppe.

Dr. Thomas Kröck ist wissenschaftlicher Mitarbeiter am Seminar für katholische Theologie der Universität Siegen und daneben als Studienleiter für Development Studies an der Akademie für christliche Führungskräfte in Gummersbach und als Dozent für interkulturelle Arbeit am MBS-Bibelseminar in Marburg tätig.

Regina Laudage-Kleeberg, M. A., leitet seit 2015 die Abteilung Kinder, Jugend und junge Erwachsene im Bistum Essen, zu der unter anderem die jugendpastoralen Handlungsorte der Diözese, die Hochschulseelsorge und das Angebot der Freiwilligendienste im Ruhrbistum gehören. Vor ihrem Wechsel nach Essen hat sie als Referentin im Kinder- und Jugendschutz und im interreligiösen Dialog gearbeitet.

Prof. Dr. Ulrich Riegel ist Professor für Praktische Theologie/Religionspädagogik im Seminar für Katholische Theologie der Universität Siegen. Seine Forschungsschwerpunkte liegen auf der empirischen Untersuchung zeitgenössischer Religiosität und den Effekten religiösen Lehrens und Lernens im Rahmen von Schule.

Thomas Rünker ist Journalist und Diplom-Kaufmann und seit 2013 als Redakteur in der Stabsabteilung Kommunikation des Bistums Essen tätig. Seit 2015 leitet er zudem die Zukunftsbild-Projektgruppe „Initiative für den Verbleib in der Kirche", die die vorliegende Studie beauftragt hat. Vor seinem Wechsel zum Bistum Essen arbeitete er unter anderem als Wirtschaftsredakteur für die Neue Ruhr/Neue Rhein Zeitung in Essen.

Prof. Dr. Matthias Sellmann ist Inhaber des Lehrstuhls für Pastoraltheologie an der Ruhr-Universität Bochum. Zudem ist er Gründer und Leiter des 2012 entstandenen Zentrums für angewandte Pastoralforschung, das sich mit der Leitfrage nach einer zukunftsfähigen, innovativen, attraktiven und ambitionierten Entwicklung von Kirche beschäftigt.

Björn Szymanowski, B. A., studiert katholische Theologie an der Ruhr-Universität Bochum. Seit 2013 arbeitet er am Lehrstuhl für Kirchengeschichte des Mittelalters und der Neuzeit bei Professor Dr. Wilhelm Damberg. Seit 2015 ist er an der Arbeitsstelle für kirchliche Führungsforschung am Bochumer Zentrum für Angewandte Pastoralforschung tätig.